U0907220

欧洲语言文化研究

Chinese Journal of European Languages and Cultures

第七辑

Volume VII

北京外国语大学欧洲语言文化学院　编

时 事 出 版 社

图书在版编目（CIP）数据

欧洲语言文化研究．第七辑/北京外国语大学欧洲语言文化学院编．—北京：时事出版社，2013.2

ISBN 978-7-80232-566-1

Ⅰ.①欧… Ⅱ.①北… Ⅲ.①文化语言学—研究—欧洲 Ⅳ.①H0－05

中国版本图书馆CIP数据核字（2012）第315135号

出版发行：时事出版社
地　　址：北京市海淀区巨山村375号
邮　　编：100093
发行热线：（010）82546061　82546062
读者服务部：（010）61157595
传　　真：（010）82546050
电子邮箱：shishichubanshe@sina.com
网　　址：www.shishishe.com
印　　刷：北京百善印刷厂

开本：787×1092　1/16　印张：25　　字数：427千字
2013年3月第1版　2013年3月第1次印刷
定价：68.00元

本书的出版得到教育部、财政部 2007 年度
第一批高等学校特色专业建设点（TS2077）项目经费、
教育部区域和国别研究培育基地“中东欧研究中心”经费的资助

The publication of this volume has received funding from the
Grant for the First Batch of Feature Programs in Higher Education
in 2007（No. TS2077, Ministry of Education and Ministry of Finance）
and the Grant for Regional & Country Studies by Ministry of Education
（Center for Central and Eastern European Studies, BFSU）

编辑委员会

Chinese Journal of European Languages and Cultures

School of European Languages & Cultures,
Beijing Foreign Studies University

EDITORIAL BOARD

Mailing Address: Editorial Office of *the Chinese Journal of European Languages and Cultures*, School of European Languages & Cultures, Beijing Foreign Studies University, 2 North Xisanhuan Roab, 100089, Beijing, PRC

Email Address: ozyywhyj@ bfsu. edu. cn

目　　录

·欧洲国别与地区研究·

·中国与欧洲·

·北外芬兰语专业创办十周年暨中芬文化交流特辑·

·新书评介·怀念·

CONTENTS

European Studies

China and Europe

Tenth Anniversary of Finnish Language Program at BFSU & Sino-Finnish Cultural Exchanges

New Book Review & Memorial Articles

波兰总统布罗尼斯瓦夫·科莫罗夫斯基在“中波大学校长论坛”开幕式上的讲话*

2011年12月20日

尊敬的校长先生，

各位来宾：

我满怀希望参加今天在北京举行的中波大学校长论坛，这是因为，我们渴望历史悠久的波中友谊与合作，能在高校和学术机构之间的合作中得到新的体现，因为当今时代，我们所有人都深切感受到，中国发生了怎样的巨变，波兰发生了怎样的巨变，世界发生了怎样的巨变。我们感到，在新的时代，传统的友谊非常重要，而同样重要，甚至日益变得更为重要的，不仅是那些能带来经济和商业利益的交往，还有那些能使我们强烈感受并且深信的，即有一些领域、有一些事业，是我们共同的领域和事业，科学、文化就属于这样的领域。我希望通过我们的共同努力和关注，使得我们今天正在经历的这个新时代，这个让我们欢欣鼓舞的时代，也同样是科学领域合作和文化领域合作的时代。

* 2011年12月20日，波兰共和国总统布罗尼斯瓦夫·科莫罗夫斯基对中国进行国事访问期间，出席由中国教育部与波兰科学和高等教育部共同主办、中国教育国际交流协会承办、北京外国语大学协办的“中波大学校长论坛”，并为“波兰研究中心”揭牌。陪同出席活动的有波兰科学和高等教育部部长芭芭拉·库德雷茨卡、波兰共和国驻华大使塔德乌什·霍米茨基、中国教育部副部长郝平、中国驻波兰大使孙玉玺、教育部国际司副司长徐永吉、中国教育国际交流协会副秘书长杨孟、外交部欧洲司副司长李晓驷等，来自波兰20余所高校和我国30所高校的领导和代表一并出席。北京外国语大学党委书记杨学义致欢迎辞，副校长金莉主持开幕式。

征得波兰驻华使馆同意，我们在此刊登科莫罗夫斯基总统的讲话，中文稿由赵刚根据录音整理翻译。——编注

女士们、先生们：

无论是东方还是西方，在几千年的历史长河中，都创造了对对方具有吸引力的无数科技成果。今天我知道，与其让世界上东西方不同的发展模式相互对立，不如将不同的文明作为保持相互接触、不断互相学习的生命体。有许多东西将波兰和中国联系在一起。在过去几十年里，两国作为独立的国家主体，有许多东西将我们紧密相连。我们始终会非常自豪地强调，我们的国家是在 1949 年最早承认中华人民共和国并与之建立外交关系的国家之一。我们也始终会强调，过去的几十年，也是我们两国教育科学交流非常活跃的时期。我们还要非常自豪地强调，我们在思想上的交流，已经存在了好几个世纪。在东西方的思想交流中，波兰这个位于欧洲心脏地带的国家也参与其中。波兰文化界涌现出一系列杰出的科学家并非偶然。在最杰出的波兰科学家中，大家可以找到很多熟悉天文、熟悉宇宙人物，而这些对东西方来说都具有普遍意义。这其中有停住了太阳，推动了地球的尼古拉·哥白尼，正是尼古拉·哥白尼和他的继承者们，勇于仰望天空，梦想新的答案。还有最早制作了月球地图的杨·海韦琉什——格但斯克杰出的星象学家、天文学家。再有就是玛丽亚·斯克沃多夫斯卡·居里，她迄今仍是历史上唯一一位两次获得诺贝尔奖的女性。在波兰悠久的文化和科学发展史上，能够出现如此杰出的人物并非偶然。

我们了解并且高度评价中国在几千年文明发展史上取得的成就，这些成就不仅具有吸引力，而且对整个西方世界异常重要。有许多杰出的中国人，对包括波兰人在内的欧洲人和西方世界的世界观产生过重大影响。

波中两国的传统交往在当代得到了很好的继承。在中华人民共和国建立之初，两国就开始进行教育合作。在波兰派往中国的第一批留学生中，有一些人后来成为我国驻中国的使节。在两国多年的科学教育合作历史上，北京外国语大学也发挥了极其重要的作用。这所大学的波兰语专业有50余年的发展历史，它的许多毕业生在毕业后积极投身于文化、政治、经济等社会生活的不同领域，为波中合作做出自己的贡献。正是由于这所大学的很多毕业生，波中两国彼此亲近，成为友好国家。一会儿库德雷茨卡部长可能也要谈到，波兰正处于迅猛发展的阶段，这种发展涉及生活的方方面面，既包括经济方面，也包括科学和高等教育领域。我们总会自豪地强调，在过去的20年中，波兰的大学生数量扩大了几倍，大学的数量也扩大了几倍，这本身就是波兰人民有雄心使自己保持世界领先地位的明证。我相信，在中国发生的情况也与此类似。

在为大学生数量和高校数量迅猛增长而自豪的同时，我们同样要自豪地强调，我们拥有即便对欧洲来说也相当悠久的高等教育历史。波兰有欧洲最古老的大学之一，当然肯定是我们这一地区最古老的大学之一——雅盖隆大学。它建立之初名为克拉科夫学院，成立于1364年。我们会努力记住这个悠久的传统，我们会始终怀着自豪谈起这悠久的历史。我肯定，在座的各位有一天会来到克拉科夫——波兰的古都，也许就是去雅盖隆大学。各位一定会有机会参观优美的克拉科夫。我想提到的是，恰恰在这所大学，在克拉科夫雅盖隆大学，尼古拉·哥白尼曾经就读。我深信，大家在那里一定可以找到我们两国文化重要的相似之处——追求、勇敢和想象力，这些使波兰和中国文化紧密相连。

我知道，1月22日将是中国的新年，我知道新的一年将是龙年，但我也想让大家知道，我们在波兰也有很多龙的传统，包括与瓦维尔龙相关的传说。在中国，龙的传说至今仍能激起人们的诸多想象，它鼓励人们勇敢、创新，鼓励人们以乐观的态度看待世界和未来。除中国外，龙仍然扮演重要角色的国家并不多，而波兰正是这少数国家之一。如果在座的各位中有人能够站到波兰国王城堡——克拉科夫的瓦维尔宫前，在波兰的母亲河——维斯瓦河畔也能看到龙洞。据传说，波兰的龙曾居住在那个洞中。它居住在波兰国王城堡下方的山洞里，所以从某种意义上说，龙不仅存在于波兰的传说中，而且存在于波兰国家的根基之中，存在于波兰的传统和波兰人的思维观念之中。所以我认为，我们可以将龙年的到来，看作一种对勇气的召唤，一种对想象力的召唤，一种对世界前途的乐观态度的召唤。这也是对波中两国合作美好前景的召唤，包括在科学领域的合作。我当然没有听说过瓦维尔龙曾经到克拉科夫大学学习，因为它生活的时代大概更早一点。但是值得记住，有许多联想，有许多文化和历史因素，有利于波兰人民和中国人民相互理解、互相尊重。我也深信，这些有助于两国人民建立深厚的友谊。波兰今天也希望在远离经济的领域，在科学和高等教育领域，在文化领域与中国合作，这绝非偶然。

昨天我非常荣幸地参加了一场音乐会，在音乐会上，波兰华沙音乐厅交响乐团和中国艺术家同台演出，与郎朗先生和其他中国音乐家一起表演。我当时就想，除了今天国家和社会运行的内容之外，也就是说除了经济之外，还应该关注其他领域，使人们看到，我们也关注东西方之间共通思想的基础，除文化之外，构成这种基础的当然还包括科学和高等教育方面的合作。这种合作有意义且有可能，是因为近年来波兰在教育方面进行了大规模的投资，波兰的高校目前拥有以前曾是弱势的一些条件：优美现代的校园、现代化教育手段，有设备非常好的实验室，非常好的运动设施。更重要的是，波兰高校是欧洲一体化教育体系的一部分。所有知名高校都能提供英语授课的课程，而他们的文凭也被整个欧盟承认。由于学分制的引入，波兰高校的学生可以自由地在欧洲其他国家的大学继续完成学业。受到波兰学生欢迎的“伊拉斯谟计划”，也方便了波兰学生在其他欧盟国家继续学习。

我们非常希望加强波中两国高校之间的合作，我们也非常欢迎更多的中国学生。除经济领域外，波兰在科学和高等教育领域都敞开大门，由此可以进入整个欧洲。我们诚挚地欢迎大家，我们期待这将是一种互利的合作，超越传统上的对国家间合作的理解，因为这将是建立和发展我们已经持续数千年的东西方之间的合作。

谢谢！

语言与外语教学

Language and Foreign Language Teaching

斯洛文尼亚语教学要略

[斯] 娜塔丽娅·托普利谢克
(卢布尔雅那大学)

一、斯洛文尼亚和斯洛文尼亚语

斯洛文尼亚语言和文学是斯洛文尼亚民族身份的关键要素，在斯洛文尼亚由民族到形成国家的历史进程中起着至关重要的作用。2011 年，斯洛文尼亚共和国举国欢庆独立 20 周年。然而，倘若没有文化的支撑，如果斯洛文尼亚语不成为全面发展的标准官方语言，那么这个国家几乎不可能存在。

今天的斯洛文尼亚共和国是欧洲中部一个年轻的独立国家。她坐落于阿尔卑斯山脉、潘诺尼亚平原和地中海世界的交汇处。斯洛文尼亚西部与意大利毗邻，东部和南部与克罗地亚接壤，东北部与匈牙利交界，北部与奥地利相连，西南濒亚得里亚海。国土面积为 20273 平方公里，人口 200 万。卢布尔雅那是斯洛文尼亚的首都，也是国内最大的城市。今天斯洛文尼亚的领土在 20 世纪以前先后分属于罗马帝国、神圣罗马帝国、哈布斯堡王朝、奥匈帝国等。到了 20 世纪，斯洛文尼亚成为了南斯拉夫的一部分，先是叫做塞尔维亚人—克罗地亚人—斯洛文尼亚人王国，后又成为南斯拉夫社会主义联邦共和国。1991 年，斯洛文尼亚宣布独立，很快成为前南地区最发达的国家，并跻身于经济发达的欧洲国家行列——这也是斯洛文尼亚作为成功转型的范例而被广泛提及的原因。

斯洛文尼亚语是斯洛文尼亚共和国的官方语言。全球约 250 万人讲斯洛文尼亚语，其中大多数居住在斯洛文尼亚，也有部分聚居在邻国意大利（弗留利、威尼斯朱利亚）、奥地利（克恩腾州）和匈牙利（拉巴河流域），或者是移民国外，大多数人去了美国、澳大利亚、阿根廷、加拿大、德国以及法国。

斯洛文尼亚语属印欧语系 S 类语①群中的斯拉夫语族。尽管斯拉夫诸语源自共同的原始母语，但各种各样的斯拉夫方言和语言之间依然存在较大差异，这使得操持不同斯拉夫语言的人沟通出现困难。从地理学和历史的角度，斯拉夫语族被分为东斯拉夫语支（包括俄语、乌克兰语、白俄罗斯语、罗塞尼亚语）、西斯拉夫语支（包括捷克语、斯洛伐克语、波兰语、卡舒布语以及劳济茨地区的上索布语和下索布语方言群）以及南斯拉夫诸语言。斯洛文尼亚语与克罗地亚语、塞尔维亚语、波黑语、黑山语、马其顿语、保加利亚语以及已消亡的古教会斯拉夫语（最早的南斯拉夫标准书面语）同属于南斯拉夫语支。虽然斯洛文尼亚语与其他南斯拉夫语言有相似之处，却因其仍保留原始斯拉夫语的特性及词汇特点而有别于其他南斯拉夫语言。

首都卢布尔雅那位于斯洛文尼亚中部两大方言，即戈兰方言和多兰方言的交汇处，当代标准斯洛文尼亚语正是以卢布尔雅那方言为基础而形成的。标准斯洛文尼亚语在很多方面与日常口语有所差别，但它终究是斯洛文尼亚的官方语言，其口语教学在所有教学机构得以开展，且是所有官方沟通的书面语言。

二、斯洛文尼亚语言小史

按照年代顺序，斯洛文尼亚书面语言史可追溯为三个历史时期：古斯洛文尼亚语时期、标准（书面）斯洛文尼亚语时期、当代斯洛文尼亚语时期。

（一）古斯洛文尼亚语时期（7—16 世纪）

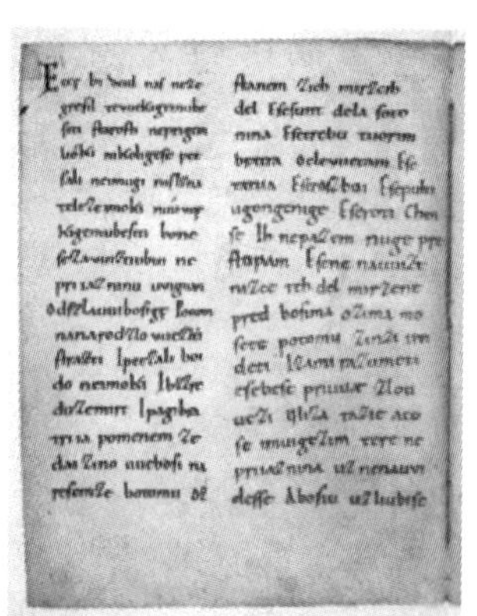

弗赖幸手抄本

从 7 世纪到 12 世纪的早期封建主义社会，斯洛文尼亚语已经从古老、原始的斯拉夫语中逐渐发展脱离出来，词汇扩充和演变均受到基督教影响。最早用斯洛文尼亚语记录斯洛文尼亚地理和人名的资料可追溯至 7 世纪。而早期最重要的古斯洛文尼亚语文字资料则是名为 *Brižinski spomeniki*（弗赖幸手抄本）的文献集，于 1807 年在慕尼黑被发现，这是第一份用古斯洛文尼亚语记录礼拜仪式的书面资料。这份由三大部分组成的资料诞生于公元 972—1039 年间，不仅是最

① S 类语言：Satem Languages。与其对应的是 K 类语言：Centum Languages。

早的古斯洛文尼亚语文献，也被证明是最早用拉丁文书写的斯拉夫文献，被称为“加洛林小写字体”（carolingian minuscule）。之后数世纪出现了更多近似风格的文字资料，这些显然是为斯洛文尼亚教会而编写的。

（二）标准斯洛文尼亚语时期（16—20 世纪）

斯洛文尼亚文字文明始于 16 世纪，推动力是当时普里莫日·特鲁巴尔（Primož Trubar，1508—1586）领导的斯洛文尼亚“新教改革”。特鲁巴尔也因此被尊为“斯洛文尼亚民族和语言之父”。1550 年，最早的斯洛文尼亚语书籍《教义问答》（*Cathechism*）和《识字课本》（*Abecedarium*）出版，其初衷是向未受教育的普通斯洛文尼亚民众传授上帝的旨意——他在前言中称呼人们为“我亲爱的斯洛文尼亚人民”，这既是宗教同时也是教育。他将斯洛文尼亚语字母表与《教义问答》一书同时出版，以帮助人们阅读。这是个非常了不起的成就。特鲁巴尔不得不从众多斯洛文尼亚语方言中挑选一种作为规范的书面斯洛文尼亚语，他挑选了卢布尔雅那方言这一中央方言，因为当时大多数斯洛文尼亚人讲这种方言，而且其产生之初就融合了多兰地区（特鲁巴尔的故乡）、戈兰地区以及诺特拉尼三个地区的主要方言。此外，特鲁巴尔还需要从哥特文字及拉丁文字中选择一种作为斯洛文尼亚语的书写文字。他最初的两本书使用哥特文字印刷，之后的书则均使用拉丁文字母。正是因为这些，特鲁巴尔被后世称作“斯洛文尼亚语之父”，足见其影响非凡。特鲁巴尔撰写的书籍标志着斯洛文尼亚民族将语言作为统一元素这一意识的开始。

普里莫日·特鲁巴尔像

特鲁巴尔奠定了斯洛文尼亚语的书写基础后不久，一大批斯洛文尼亚语书籍相继出版。16 世纪末，教士尤利·达尔马廷（Jurij Dalmatin，1547—1589）完成了《旧约圣经》和《新约圣经》的翻译，于 1584 年出版发行。这是第一部被完整翻译成斯洛文尼亚语的《圣经》，也是宗教改革运动后 12 种最早用民族语言翻译的《圣经》之一。令人不可思议的是，仅在第一部斯洛文尼亚语书籍出版 34 年后，即 1584 年，第一本斯洛文尼亚语语法书《冬天的小时》（*Articae hourlae*）面世，作者是阿达姆 · 博霍里奇（Adam Bohorič，1520—1598）。反宗教改革运动时期，斯洛文尼亚语出版物数量有所减少。人们在行政管理及商业贸易领域使用德语，学习时使用拉丁语，斯洛文尼亚语主要在乡村和教堂使用，而城镇里的日常交流则既使用德语也使用斯洛文尼亚语。

弗朗茨 · 普雷舍伦的诗歌《祝词》（Zdravljica）经谱曲成为斯洛文尼亚国歌

19 世纪初，随着法国大革命带来的巨变及人文主义的兴起，再次推动了斯洛文尼亚人民民族意识的高涨。斯洛文尼亚语空前地被市民们广泛使用。而小学开始采用斯洛文尼亚语教学，标志着斯洛文尼亚语正式被官方接纳。斯洛文尼亚语进入了高速发展的时代。教士兼诗人瓦伦丁 · 沃德尼克（Valentin Vodnik，1758—1819）出版了《年历》一书，书中包括日历、农业活动实用建议以及一些琅琅上口的斯洛文尼亚爱国诗篇。图书馆学专家、语言学家耶尔内 · 柯皮塔尔（Jernej Kopitar，1780—1844）于 1808 年编纂了首部具有权威性的斯洛文尼亚语语法。身为律师的弗朗茨 · 普雷舍伦（France Prešeren，1800—1848）作为斯洛文尼亚首位、也是最伟大的一位诗人，发表了一系列脍炙人口的诗歌，标志着斯洛文尼亚语文学抵达第一个巅峰时期。19 世纪末，斯洛文尼亚文学再达高峰，四位诗人开启了斯洛文尼亚现代文学，其文学创作可与当时欧洲文学最高成就相媲美。

三、今日斯洛文尼亚语

20 世纪是斯洛文尼亚语言和文学努力发展的非凡时代。斯洛文尼亚语已经发展成为复杂而成熟的现代语言。斯洛文尼亚人对斯洛文尼亚语抱有强烈的自豪感，为之作长期的历史抗争，将其奉为无价之宝。随着斯洛文尼亚文学作品被翻译成英语和其他欧洲语言，现代斯洛文尼亚诗人和作家被越来越广泛地为世人所了解。

自1991年斯洛文尼亚独立以来，斯洛文尼亚语从一种民族语言转变成为国家的官方语言。根据国家语言政策计划的规定，斯洛文尼亚语作为国家语言受到法律保护这一政策将持续贯彻下去并辅以适当调整，以适应欧盟框架中的现代斯洛文尼亚人的生存现状。作为欧盟23种官方语言之一的斯洛文尼亚语如今正面临新的挑战。在移民潮和语言多样化的影响下，当代斯洛文尼亚语处在了充满活力的多语种的语言环境之中。语言政策一直在寻求解决语言文化领域日益突出的多样化发展问题的答案，并为多元文化和多样性语言的融合与共存寻找最佳出路。

然而，由于斯洛文尼亚语明确了斯洛文尼亚作为民族和国家的概念，因此，可以说斯语是斯洛文尼亚人民最宝贵的文化遗产。在全球一体化的大背景下，我们能够感受到文化的多样性。期待并希望这种多元文化能保持某种平衡，使斯洛文尼亚人在斯洛文尼亚独特的语言和历史进程中受到保护。

尽管从语言使用的广泛程度来说，斯洛文尼亚语是个很小的语言，但是她却拥有数量众多的方言。从现存方言的数量以及各方言之间不同程度的互通难度来看，斯洛文尼亚语可谓是多样化程度最高的斯拉夫语言。斯语中共有46种迥异的方言，分布在7大方言区。尽管各地方言在发音和重音上差别显著，但这些差别并不会严重影响互相理解。斯洛文尼亚标准语主要用于官方会见或是其他正式场合。

斯洛文尼亚方言分布图，Fran Ramovš 制图

（一）字母和语音

斯洛文尼亚的字母拼音文字属于拉丁字母，叫做 Gajica。它是由 19 世纪的捷克语演变而来的。斯语中共有 25 个字母：

A a B b C c Č č D d E e F f G g H h I i J j K k L l M m N n O o P p R r S s Š š T t U u V v Z z Ž ž

这 25 个字母包含 29 个音位：

字母	音位（国际音标）	词语示例	单词发音	类似于英语中的发音（仅为近似发音）
A（a）	/a/	*abeceda*（字母）	[abɛtséda]	father，but
B（b）	/b/	*beseda*（单词）	[bɛséda]	to be
C（c）	/ts/	*cena*（价格）	[tséna]	Switzerland
Č（č）	/ʧ/	*čelo*（前额）	[čʧélɔ]	chocolate
D（d）	/d/	*dim*（烟）	[dìm]	day
E（e）	/e/	*pesek*（沙子）	[péəsk]	made（非双元音）
/	/ɛ/	*reči*（说）	[réʧi]，	fat
/	/ə/	*sem*（我是）	[səm]	the
F（f）	/f/	*fant*（男孩）	[fànt]	far
G（g）	/g/	*grad*（城堡）	[gràd]	gun
H（h）	/x/	*hiša*（房屋）	[xíʃa]	Bach
I（i）	/i/	*imeti*（动词"有"）	[iméti]	bee（如果长时间强调） sit（如果短时间强调） pit（如果不强调）
J（j）	/j/	*jabolko*（苹果）	[jábɔlkɔ]	yes
K（k）	/k/	*krava*（母牛）	[kráva]	king
L（l）	/l/ /w/	*ljubézen*（爱）	[ljubezɛn]	leap，（与单词 know 同）
M（m）	/m/	*miza*（桌子）	[míza]	mum
N（n）	/n/	*novice*（新闻）	[nɔʋítsɛ]	nobody
O（o）	/ɔ/	*okno*（窗户）	[ɔkno]	Jaw，hot（如果短时间强调）
/	/o/	*opica*（猴子）	[ópitsa]	horn
P（p）	/p/	*pomoč*（帮助）	[pɔmótʃ]	path
R（r）	/r/	*red*（顺序）	[ɾét]	/
S（s）	/s/	*svet*（世界）	[sʋét]	sit
Š（š）	/š/	*šola*（学校）	[ʃóla]	shall

续表

字母	音位 （国际音标）	词语示例	单词发音	类似于英语中的发音 （仅为近似发音）
T（t）	/t/	*ti*（你）	[tí]	taxi
U（u）	/u/	*ulica*（街道）	[ulitsa]	do（如果长时间强调） full（如果短时间强调）
V（v）	/ʋ/ /w/	*voda*（水）	[ʋɔda]	vision
Z（z）	/z/	*zrelo*（成熟）	[zrélo]	zero
Ž（ž）	/ʒ/	*Žena*（女人们）	[ʒɛna]	vision
/	/dʒ/	*Madžar*（匈牙利人）	[madʒár]	Jane

（二）音位系统

斯洛文尼亚语的音位系统由21个辅音和8个元音构成：

1. 元音

与波斯尼亚语、克罗地亚语、塞尔维亚语和马其顿语的五元音体系不同，斯洛文尼亚语中有8个元音字母，分别是a、e、ɛ、ə、i、o、ɔ、u。所有元音的发音均可长可短，可强调可不强调。元音o和元音e的发音亦可宽可窄。

2. 辅音

斯洛文尼亚语有21个区别性的辅音音位，其中m、n、r、l、v、j为浊辅音，清辅音则分为响音和非响音。

响音	p	f	t	c	s	č	š	k	h
非响音	b		d		z	dž	ž	g	

辅音“l”可读作“l”或者“w”，辅音“v”根据前面及后面的音位，可读作“v”、“u”或“w”。

（三）单词韵律

除了附着形式（某些无重音的单词）之外，斯洛文尼亚语单词中至少有一个重读音节。单词的重音是既定的，又无规律可循，所以词汇的习得必须通过近距离的倾听以及对词汇和发音的反复记忆。此外，重音位置一旦确立，有时不会随任何屈折形式及变化而改变重音位置，有时却又随之改变。单词的韵律特征一般不会标注在斯洛文尼亚拼字法中。只有出现因重音位置的不同而产生内容上的差异这种极少见的情况时，才会予以标注——即便出现这种情况，我们一般也可以通过上下文轻而易举地分辨词义。在斯洛文尼亚不同的方言区，至少存在两种明显不同的标注重音的方式。在卢布尔雅那、上卡尼尔拉和下卡尼尔拉方言，或卡林西亚方言中可能存在音高重音（调位）体系。而来自其他地区的人则大体上使用动态重音（重音）体系。本文中，我们将针对大多数外国学生选择使用的重音体系进行讨论。

在单纯的重音体系中，我们使用以下几种符号：

- 尖音符（ˊ）：表示长元音，出现在“o”和“e”上时也为窄元音（如：*máma*，*mésto*，*resníca*，*pót*，*úra*）。

- 抑扬符号（ˆ）：表示长宽同步音“o”/ɔ/和“e”/ɛ́/（如：žêna，vôda）。

- 沉音符（ˋ）：表示短元音（如：fànt，pès，mìš，krùh，otròk）

（四）词类

斯洛文尼亚语的词类有 9 种。名词、形容词性词汇、动词和部分副词属于屈折变化一类，其他词类则没有形态变化。单词的屈折是通过三种不同的形态学词形变化实现的：变格（名词和形容词）、动词变位（动词）以及比较级（形容词和副词）。

名词性单词	*jezik*	语言、舌头
形容词性单词	*lep*	美丽的
动词	*govoriti*	说
副词	*danes*	今天
介词	*v*	在……里
连词	*ali*	或者
小品词	*seveda*	当然
表语性单词	*všeč*	像
感叹词	*joj*	啊哟

（五）语法的性

斯洛文尼亚词汇至少由两个成分构成，词汇词素或词根加语法词素或词尾（knjig- + -a）。词尾一般是由 1 至 4 个音位或由 1 至 2 个音节组成的短小语素，用以表示例如格、语法的性、数（名词、形容词）或人称、数、性以及时态（动词）等语法范畴。从语法角度来说，斯洛文尼亚语属于高度屈折的语言，名词、形容词、代词共有6个格、3个性以及3种时态。除了单数和复数之外，斯语还保留着双数形式，即：不仅有knjiga（书）的单数形式和knjige（很多书）的复数形式，还有dve knjigi（两本书）的双数形式。

与仅剩一个性的英语（例如he-she-it）不同，斯洛文尼亚语共有3个性：阳性、阴性和中性：

阳性		阴性		中性	
on	他	ona	她	ono	它
sin	儿子	hčerka	女儿	dete	儿童
oče	父亲	mati	母亲	telo	身体
Prešeren	普列舍仁（斯洛文尼亚诗人）	Slovenija	斯洛文尼亚	Visoko	维索科（地名）
svinčnik	铅笔	knjiga	书	pismo	信

男性和大多数雄性动物的词汇为阳性，女性和雌性动物的词汇为阴性，动物幼崽（有-e）则通常为中性。至于其他事物或物体，我们只能通过记忆来掌握它们的性别。学习斯语的外国学生有时可以通过主格单数形式的词尾来判别其语法的性：以-a结尾（如：knjiga）的单词几乎都是阴性；以-o和-e结尾的单词几乎全是中性（如：pismo，sonce）；以辅音字母结尾的单词既有可能是阳性，也有可能是阴性（如：svinčnik，luč），但是以-i和-u结尾的单词通常为阳性（如：taksi，Peru）。

形容词、分词和大多数代词也会根据语法性别的不同辅以不同的形式：

形容词：lep moški（阳性）（帅气的男人）–lepa ženska（阴性）（漂亮的女人）–lepo mesto（中性）（美丽的城市）。

分词：je delal（阳性）（他工作过）– je delala（阴性）（她工作过）– je delalo（中性）（它工作过）；pojoči deček（阳性）（唱歌的男孩）– pojoča deklica（阴性）（唱歌的女孩）– pojoče dete（中性）（唱歌的孩子）。

代词：moj（阳性）– moja（阴性）– moje（中性）（我的）；mi（阳性）– me（阴性）– me（中性）（我们）；ves（阳性）– vsa（阴性）– vse（中性）（全部）。

（六）数

除了单数和复数之外，斯洛文尼亚语还有双数。单数和复数的用法与英语中用法相同，但是当客体的数量为“两个”时，应使用双数，而不是复数。我们在下表中举例说明名词、形容词、代词和动词三性的单数、复数和双数形式的变化。

名词

	单 数	复 数	双 数
阴 性	ena knjiga（一本书）	tri knjige（三本书）	dve knjigi（两本书）
阳 性	en svinčnik（一支铅笔）	trije svinčniki（三支铅笔）	dva svinčnika（两支铅笔）
中 性	eno pismo（一封信）	tri pisma（三封信）	dve pismi（两封信）

形容词

	单 数	复 数	双 数
阴 性	lepa（漂亮的）	lepe	lepi
阳 性	lep	lepi	lepa
中 性	lepo	lepa	lepi

代词

	单 数	复 数	双 数
阴 性	ona（她）	one	onidve
阳 性	takšen（这样的）	takšni	takšna
中 性	to（这个）	ta	ti

（七）变格

通过斯洛文尼亚语词汇的词尾，我们不仅能够判断单词的数和性，还可以辨析不同单词在句子中的关系（这在英语中是通过介词来实现的）。斯语中共有六种形式来表示这些关系，称作“格”，包括：主格、属格、与格、受格（宾格）、方位格和工具格。名词、形容词、分词、数词和代词均可根据其在句中的位置以及与其他单词的关系进行词形变化。

下面我们以名词为例，介绍其格的变化。大多数名词根据下列四种模式进行词形变化。

单数

主 格	属 格	与 格	受格（宾格）	方位格	工具格
knjig-a 阴性模式 1	-e	-i	-o	-i	-o
miš- 阴性模式 2	-i	-i	-	-i	-jo
svinčnik-阴性模式	-a	-u	-	-u	-om
pism-o 中性模式	-a	-u	-o	-u	-om

复数

主 格	属 格	与 格	受格（宾格）	方位格	工具格
knjig-e	-	-am	-e	-ah	-ami
miš-i	-i	-im	-i	-ih	-mi
svinčnik-i	-ov	-om	-e	-ih	-i
pism-a	-	-om	-a	-ih	-i

双数

主 格	属 格	与 格	受格（宾格）	方位格	工具格
knjig-i	-	-ama	-i	-ah	-ama
miš-i	-i	-ima	-i	-ih	-ima
svinčnik-a	-ov	-oma	-a	-ih	-oma
pism-i	-	-oma	-i	-ih	-oma

疑问代词 kdo（谁）和 kaj（什么）的词形变化见下表：

kdo	kaj
koga	česa
komu	čemu
koga	kaj
kom	čem
kom	čim

（八）动词

斯洛文尼亚动词可分为时态（现在时、过去时、将来时）、人称（现在时、过去时、将来时的陈述式和祈使式）、数、体、语式和语态的变化。需要注意的是，将来时、过去时和条件式都是由助动词 +l – 分词构成，用以区分性别和数。不定式和动名词形式用以区别体和语气；另外，动名词也用来表明意图。斯语主要的动词形式有不定式（以-ti 或-či 结尾）以及现在时时态（第一人称单数以-m 结尾）。下面，我们将不定式和现在时时态的所有其他形式用列表进行总结：

不定式	govoriti（说话）	peči（烘焙）
动名词	govorit	peč
以-l 结尾的分词	govoril	pekel
以-n 或-t 结尾的分词	govorjen	pečen
动词性名词	govorjenje	pečenje
现在时	govorim	pečem
祈使式	govori	peci
以č结尾的分词	govoreč	pekoč

1. 动词变位

斯洛文尼亚语的动词可进行变位。动词变位是根据斯洛文尼亚语法规则，通过对一个动词主要部分的屈折过程派生出来的语法产物。动词变位受人称（第一、二、三人称）、数（单数、复数、双数）、性（阳性、阴性、中性）以及时态、体、语气和语态等因素影响。同一个动词的所有不同形式构成了词位以及在字典中所查到的通常情况下用来代表该动词典型形式的动词形式。

下面所列出的是动词现在时的词形变化表，以动词 *govoriti*（讲话）为例：

单 数	复 数	双 数
第一人称（jaz）govorim	（mi，me）govorimo	（midva，midve）govoriva
第二人称（ti）govoriš	（vi，ve）govorite	（vidva，vidve）govorita
第三人称（on，ona，ono）govori	（oni，one）govorijo	（onadva，onidve）govorita

现在时的动词变位，以动词 *biti*（是）为例：

单数	复数	双数
第一人称（jaz）sem	（mi，me）smo	（midva，midve）sva
第二人称（ti）si	（vi，ve）ste	（vidva，vidve）sta
第三人称（on，ona，ono）je	（oni，one）so	（onadva，onidve）sta

2. 时态

斯洛文尼亚语中有三个时态：现在时、过去时和将来时。过去时和将来时在形式上通过助动词和-l 分词表现。但动词 *biti*（是）属于例外。

现在时：govorim

过去时：sem govoril

将来时：bom govoril

3. 语式

斯洛文尼亚语动词包含三种语式：

陈述式：govorim – govoril sem – govoril bom

祈使式：govori

条件式：govoril bi

在间接引语中，使用“*naj* +表语”的语气代替祈使式。

4. 语态

斯洛文尼亚语有两种语态：

主动语态

被动语态，由包含-t 或-n 的分词构成：govorjen je bil（据说）

5. 体

大多数斯洛文尼亚动词存在两种形式的体。两个动词的差异通常用动词性后缀表达，但也可能通过前缀或添加不同词根的方式表达其差异。

完成体（行为被理解为有界限的）：reči（说）、dvigniti（举起）、povabiti（邀请）

未完成体（行为无界限）：govoriti（讲话）、dvigati（正在举起）、vabiti（正在邀请）

（九）形容词

形容词是按后面的名词来做性、数和格的变化。但是，形容词有单独的比较级和最高级变化。在斯洛文尼亚语中，形容词比较级的构成有两种方式：

1. 比较级需加单词 bolj（更），最高级需加 najbolj（最）：

bel – bolj bel – najbolj bel（白—更白—最白）

2. 比较级加后缀-ejši，-ši 和-ji，最高级则在比较级前加前缀 naj-。多音节形容词的比较级需加-ejši

ljubezniv – ljubeznivejši – najljubeznivejši（善良—更善良—最善良）

后缀 *-ejši*：*bogat – bogatejši – najbogatejši*

Ana je bogatejša kot Nina.（Ana 比 Nina 富有。）

后缀 *-ji*：*visok – višji – najvišji Simon je višji kot Peter.*（Simon 比 Peter 个子高。）

后缀 *-ši*：*lep – lepši – najlepši Ana je najlepša punca.*（Ana 是最美丽的女孩。）

（十）数词

在斯洛文尼亚语中，数词包括基数词、序数词、析取数词和倍数词四种。基数词包括：

1 = ena	11 = enajst	10 = deset	100 = sto
2 = dve	12 = dvanajst	20 = fridesef	200 = dvesto
3 = tri	13 = trinajst	30 = trideset	300 = tristo
4 = štirje štiri	14 = štirinajst	40 = štirideset	400 = štiristo
5 = pet	15 = petnajst	50 = petdeset	500 = petsto
6 = šest	16 = šestnajst	60 = šestdeset	600 = šeststo
7 = sedem	17 = sedemnajst	70 = sedemdeset	700 = sedemsto
8 = osem	18 = osemnajst	80 = osemdeset	800 = osemsto
9 = devet	19 = devetnajst	90 = devetdeset	900 = devetsto
10 = deset	20 = dvajset		
1000 = tisoč	1000000 = milijon	21 = enaindvajset	151 = sto enainpetdeset
2000 = dva tisoč	2000000 = dva milijona	45 = petinštirideset	1003 = fisočfri isočtri
3000 = tri tisoč	3000000 = trije milijoni	92 = dvaindevetdeset	1800 = tisočosemsto
4000 = štiri tisoč	1000000000 = milijarda	73 = triinsedemdeset	
5000 = pét tisoč	2000000000 = dve milijardi	104 = sto štiri	117 = sto sedemnajst
100000 = sto tisoč			

第一至第四在斯语中分别为：prvi，drugi，tretji，četrti。从第五开始，只需在基数词词尾加上-i：pet – peti，enajst – enajsti，tisoč – tisoči，但是 stó 的

序数词表达为：stoti。

以基数词为基础，我们通过添加-krat 表达诸如 enkrat（一次）、dvakrat（两次）等意思。也可以在序数词上添加-krat，构成 prvikrat（第一次）等；或者是在序数词后加上-*ič*，构成 prvič（第一次）、drugič（第二次）、stotič（第一百次）等。

四、斯洛文尼亚语实用短语

Dober dan. 日安！

Dobro jutro. 早上好！

Dober vecer. 晚上好！

Živijo. 你好！

Dobrodošli. 欢迎！

Hvala. 谢谢！

Prosim. 不客气！/请！

Na zdravje. 祝你身体健康！/上帝保佑你！/干杯！

Kako ti je ime? –Ime mi je Ana. 你叫什么名字？我叫 Ana。

Kako se pišeš? –Pišem se Novak. 你姓什么？我姓 Novak。

Od kod prihajaš? –Prihajam iz Slovenije. 你来自哪里？我来自斯洛文尼亚。

Oprostite, kje je Pekinška univerza za tuje študije? 对不起，请问北京外国语大学在哪里？

Študiram slovenščino. 我学习斯洛文尼亚语。

Koliko je ura? 几点了？

Kdaj gre vlak za Šanghaj? 去上海的火车什么时候出发？

To je Kitajska. 这是中国。

On je Kitajec. 他是中国人。

Ona je Kitajka. 她是中国人。

Rada imam kitajsko hrano. 我喜欢中国菜。

五、北京外国语大学的斯洛文尼亚语教学

作为对斯洛文尼亚语上述简介的补充，下面我将本人在中国教授斯语以

来的经验做如下总结。

斯洛文尼亚语教学于2009年9月14日正式启动，刚刚到任的斯洛文尼亚驻华大使玛丽娅·阿达尼娅女士和北京外国语大学钟美荪副校长共同出席启动仪式。由于中国此前没有斯洛文尼亚语官方教学的历史，因此，这一天对于中、斯两国以及欧洲语言文化学院首批40名斯洛文尼亚语学生来说都具有重要意义。这一批学生被分为两个班，能力较强的学生在完成课业学习后，通过考试就可以进入高级班，继续参加2010—2011学年的学习。同年，斯洛文尼亚语课程不仅面向欧洲语言文化学院的学生，同时也对北外其他院系学生开放。目前，已有约35名学生完成了一学年的斯洛文尼亚语课程学习。

斯语课程设置为每周4节，这对于掌握一门外语来说可能不够，但足以让学生了解斯语与其他语言的基本差别，以及学习美丽小国斯洛文尼亚的历史、文化及传统。外语专业的学生在斯语入门阶段比非外语专业学生更容易，因为他们已经掌握了学习外语的语言学技巧。值得一提的是，操持其他斯拉夫语言的学生在学习斯语时通常会感觉比想象中的困难一些，这是因为语言间会互相干扰。人们可能认为学塞尔维亚语、克罗地亚语的学生应更容易掌握斯语，但是实际上他们也同样面临很多困难。因为语言之间过于相似，反而使得他们很难记住每一个词及其细微差别。

对于初学者来说，语音通常都是一个难点。比如很多人不会发“r”音，听不出响音、非响音辅音字母“p”和“b”、“k”和“g”、“t”和“d”的差别。但通过一段时间的实践和练习，培养出对音响的感觉，就会逐渐区分并发音了。另一个令初学者感到困惑的情况是，斯语没有规律性的或可预见性的重音位置，甚至根本不会标注重音的位置及数量，使学生们觉得很难记忆。初学者需要面对的第三个问题是，斯语不同于中文，它具有高度屈折性。因此，对教师而言，了解中文的特点非常重要，并在此基础上制订一套合适的（针对中国学生）教学方法，逐步地、循序渐进地让中国学生了解这门完全不一样的语言。

我本人作为一名斯洛文尼亚语言文化志愿者教师，为每一名能用斯语交流的中国学生感到自豪。希望在不久的将来，斯洛文尼亚语也能成为欧洲语言文化学院招收本科生的一个专业。

（北京外国语大学欧洲语言文化学院　王秋萍　译）

爱沙尼亚语：世界上最小的语种？

［爱］凯特琳·亚尼斯
（塔尔图大学语言中心）

爱沙尼亚语课程已于2010年秋季在中国开课。北京外国语大学是中国第一所也是到目前为止唯一将爱沙尼亚语作为选修课开设的大学。本文为您简要介绍或许是世界上最小语言之一的爱沙尼亚语。首先，让我们从这个国家的基本情况说起。

一、爱沙尼亚：事实和数字

国名：爱沙尼亚共和国。

首都：塔林。

国庆日：独立日，2月24日（爱沙尼亚在1918年宣布独立）。

国土面积：45227平方公里。

边境线：1450.2公里，其中海上边界线768.6公里，陆上边界线681.6公里。北向芬兰湾，西临波罗的海，南与拉脱维亚接壤，东面是佩普西湖并与俄罗斯相连。穿过波罗的海，西面是瑞典，北面是芬兰。

从首都塔林出发到各地的距离：赫尔辛基85公里，里加310公里，圣彼得堡350公里，斯德哥尔摩375公里。

气候：湿润温带气候。

岛屿数量：1521个，最大的岛屿是萨雷马岛、希乌马岛和穆湖。

最大的湖泊：佩普西湖和沃尔茨湖。

最高点：大穆纳迈吉山，318米。

森林和湿地：覆盖大约70%的国土。

人口：134万（数据来源：2000年人口统计）。

人口密度：每平方公里 31 人。城市人口占 69%（2010 年），农村人口为 31%（2010 年）。

民族：爱沙尼亚族（69%）、俄罗斯族（26%）、乌克兰族（2%）、白俄罗斯族（1%）以及芬兰族（1%）。

主要城市：爱沙尼亚的首都塔林（40 万居民，占总人口的 29.8%）。其他大城市有：塔尔图（103300 人）、纳尔瓦（65900 人）、科赫特拉—耶尔韦（44500 人）、派尔努（44000 人）。

货币：2011 年 1 月 1 日起开始使用欧元。

语言：爱沙尼亚官方语言是爱沙尼亚语，爱沙尼亚语属于乌拉尔语系芬兰—乌戈尔语族，与芬兰语相近。除芬兰语以外，英语、俄语以及德语在爱沙尼亚也有广泛的使用。

宗教：16 世纪宗教改革之后，路德教在爱沙尼亚成为主要宗教，其他宗教还有希腊东正教、俄罗斯东正教、浸礼会、卫理公会以及罗马天主教。

国体：议会民主制。

国家元首：总统，由议会或选举机构选举。任期年限：5 年。现任总统（2011 年）为托马斯·亨德里克·伊尔维斯。

国家立法机构：国会，一院制议会，共 101 个议席。任期：4 年。

由总理为首的政府行使行政权力，现任总理是安德鲁斯·安西普，属于改革党。

行政区划：15 个省、33 个城镇、194 个村镇。

爱沙尼亚于 2004 年 3 月 29 日成为北约成员国，2004 年 5 月 1 日成为欧盟成员国。

联合国将爱沙尼亚列为一个具有“非常高”人类发展指数的发达国家。该国也被认为是具有高度新闻自由、经济自由、民主和政治自由以及教育自由的国家。①

二、爱沙尼亚语简史

爱沙尼亚语（eesti keel）是爱沙尼亚的官方语言，使用者约 110 万人。

① http：//estonia.eu/about-estonia/country/estonia-at-a-glance.html，http：//en.wikipedia.org/wiki/Estonia.

其中大约95万人居住在爱沙尼亚，其余15万人居住在国外，比较集中的国家有瑞典、加拿大、美国、俄罗斯、澳大利亚、芬兰以及德国。①

爱沙尼亚语属于芬兰—乌戈尔语族。芬兰语、匈牙利语以及爱沙尼亚语是最为人所知的属于芬兰—乌戈尔语族的语言，而少为人知的同语族语言有：南爱沙尼亚语、沃提克语、利沃尼亚语、因格里亚语、外坡思语、卡累利阿语、萨米语、厄尔茨亚语、莫克沙语、马里语、乌德穆尔特语以及科米语，使用范围从斯堪的纳维亚半岛到西伯利亚。②

尽管爱沙尼亚语和芬兰语、匈牙利语同属于芬兰—乌戈尔语族，但是爱沙尼亚语和芬兰语之间的差别要明显小于和匈牙利语的差别。

历史上，爱沙尼亚语受到了瑞典语、德语（最初是中古低地德语，后来是标准德语）以及俄语的影响，但是从语源上来说，爱沙尼亚语和它们当中的任意一种语言都没有联系。③

爱沙尼亚语和冰岛语一样，都是世界上最小的语言之一。尽管如此，爱沙尼亚语具备了成为一种独立语言所必须的功能。从小学到大学的教学中都使用爱沙尼亚语。它同样也是现代科学的语言（分子生物学、天文学、计算机科学、符号学等等）。④

最早关于爱沙尼亚语文字的记录可追溯到公元8世纪：牧师Aethicus Ister在他的书（*Cosmographia*）中提到一个名叫Taraconta（Tharaconta）的岛，这个岛就是现在被认为整个爱沙尼亚或者是爱沙尼亚最大的萨雷马岛（Saaremaa）。Taraconta这个词可以理解为是Taara + kond。Taara是古代爱沙尼亚最重要的神之一；-kond这个词缀表示人们的伙伴群属关系或者领土单位。⑤

代表爱沙尼亚的这个词Eesti来源于古代的斯堪的纳维亚人，他们把那些住在斯堪的纳维亚东部的人称作esti。公元98年，塔西佗（Publius Cornelius Tacitus，约55—约120）在他的《日耳曼尼亚志》（*Germania*）里使用了一个略有不同的新词型-aestii。爱沙尼亚人对代表国家名字的词汇Eesti的广泛使

---

① http：//www. estinst. ee/publications/language/language. html

② *Ibid.*

③ http：//en. wikipedia. org/wiki/Estonian_ language.

④ http：//www. estonia. gov. uk/estonia/cat-394.

⑤ http：//www. estinst. ee/publications/language/language. html.

用则是在 19 世纪以后。①

关于爱沙尼亚语的更多的记载始见于 13 世纪。这段时期，德国人和斯堪的纳维亚的十字军到达了当时欧洲最大的异教国爱沙尼亚。十字军对爱沙尼亚人发起的战争记录在 13 世纪初拉丁语编年史（*Heinrici Chronicon Livoniae*）中。在这本书中已经有爱沙尼亚语的只言片语。②

最早的连贯完整的爱沙尼亚语文本至今仍然存在，这就是 *Kullamaa Manuscript*，写于 1524—1528 年间，包含天主教教义和两段祷告词。震动北欧的宗教改革在 16 世纪初传到爱沙尼亚，为了用本地语言进行传教，将宗教文献翻译成北部和南部爱沙尼亚语成为迫切需要。③

第一部爱沙尼亚语语法书和词典成于 17 世纪。从这时起，爱沙尼亚语文学就不断发展直至今天。④

在 19 世纪中期的民族大觉醒期间，爱沙尼亚语从农民的口头习语发展成为规范的正式语言。爱沙尼亚语开始使用于文学和科学研究中，与此同时，第一本关于爱沙尼亚语的语言论著发表出版。1884 年，Karl August Hermann 用爱沙尼亚语写就了第一部爱沙尼亚语法书，这成为爱沙尼亚语言标准化的重要标志。⑤

与此同时，在 19 世纪晚期，土著的爱沙尼亚人们开始称自己为 eesti。直到那时，大部分的爱沙尼亚人（农民）称自己为 maarahvas，意思是乡间人口，而他们的语言被称为 maakeel，意思是乡间土语。⑥

在 20 世纪第一个十年中，爱沙尼亚的知识分子们给自己设定了自觉的义务，把爱沙尼亚语变成一种欧洲文化语言。在这项任务中起关键作用的角色就是 Johannes Aavik，他尝试让文学词汇更加丰富和富有美感。他立足于芬兰语和爱沙尼亚方言，但同时也创造了新的词汇和形式。Johannes Voldemar Veski 的另一个从创新角度看来也同样意义重大的贡献是，他引领了重在关注语言规范化和术语建设的趋势。他最高的成就就是对爱沙尼亚语派生词缀的规范化。同样值得一提的是，在这段时期，专家权威们在科学乃至生活各个

---

① http：//estonia. eu/about-estonia/culture-a-science/estonian-language. html.

② http：//www. estinst. ee/publications/language/history. html.

③ *Ibid.*

④ *Ibid.*

⑤ *Ibid.*

⑥ *Ibid.*

领域创建了数以千计的术语。①

在20世纪中，对塑造标准化语言产生巨大作用的就是规范化的词典。第一部规范化爱沙尼亚语词典出现于1918年。②

在爱沙尼亚被苏联占领的1940—1991年期间，语言的标准化和紧跟标准成为了爱沙尼亚民族斗争的一部分。这也成为了爱沙尼亚人反抗以俄语为象征的苏联意识形态的一种方式。语言成为爱沙尼亚民族认同的最重要标志之一。苏联统治时期，包括高等教育在内的公共生活的绝大多数领域内，爱沙尼亚语研究和使用并未被官方禁止，这也使得爱沙尼亚人和他们的语言免于俄罗斯化和殖民化。在20世纪90年代，人们对于语言标准化的态度变得更加开放，不同的社会方言和语言的多样化再一次得到重视和发展。③

三、爱沙尼亚语字母表

爱沙尼亚语字母表由32个字母组成，其中9个元音字母（a、e、i、o、u、õ、ä、ö、ü），23个辅音字母。全部字母如下：

A B C D E F G H I J K L M N O P Q R S Š Z Ž T U V W Õ Ä Ö Ü X Y

其中一些字母只出现在外来语、外语单词以及姓名中（c、f、q、š、ž、w、x、y）。

Õ是爱沙尼亚语中很特别的一个元音字母，甚至于不是所有的爱沙尼亚本地人都可以正确地发音。居住在爱沙尼亚西部最大岛屿萨雷马岛上的人就经常用ö来代替它。

爱沙尼亚语中有很多双元音（两个元音的组合）。所有的9个元音都可以是双元音组合中的首字母，a、e、i、o、u也可以是双元音组合中的第二个字母。

例子：*pea*（头）、*sai*（面包）、*sein*（墙）、*kaos*（乱）、*laud*（桌子）

一个单词中的元音组合最多可以是7个，像合成词*kõueööaimdus*（anticipation of a thundery night）、*hauaööõudused*（terrors of the night in the grave）。4个元音连在一起的情况出现在诸如*jäääär*（the edge of ice）、*töö*

① http：//www. estinst. ee/publications/language/history. html.

② *Ibid.*

③ *Ibid.*

（night work）和 *kuuuurija*（Moon explorer）这类单词中。

辅音组合是非常少有的，特别是在单词的开始部分。一个单词中的辅音组合最多可以使用 5 个，例如单词 *vintsklema*（to writhe）。

四、发音

爱沙尼亚语中四个辅音 l、n、s、t 可以腭化（软化）。爱沙尼亚语中有些单词拼写相似但是意义却不同，这就取决于单词的发音有没有腭化。

举例：*palk* – salary　　*pal'k*（palatilized）– log

kann – jug　　（*mängu*）*kann'*（palatilized）– toy

kott – old shoe　　*kott'*（palatilized）– bag

在爱沙尼亚语中每一个音素的数量或发音长度有三级：短、长、非常长。音素的长以及非常长在拼写上是没有区别的，它们的区别只在于发音。例如：

元音 a：*sada* – hundred（短）

saada – send！（imperative）（长）

saada – to get（非常长）

辅音 n：*lina* – linen（短）

linna – town's（possessive）（长）

linna –（in）to town（非常长）

爱沙尼亚语中重音一般在第一音节上。但也有一些例外，像 *aitäh* – thanks，*sõbranna* – female friend，它们的重音就在第二音节上。外语单词以及外来语中重音一般不在第一音节上（*professor*，*internatsionaalne*，*elekter*）。

五、拼写法

现代爱沙尼亚语沿用 19 世纪后半叶由 Eduard Ahrens 基于芬兰语拼写法创造的拼写法。早前的爱沙尼亚语的书写使用过一种基于拉丁语和中古低地德语的拼写法，也受到了一些标准德语拼写法的影响，例如，将 v 写成 w 的现象一直存留到了 20 世纪 30 年代。①

① http://en.wikipedia.org/wiki/Estonian_language.

爱沙尼亚语的拼写具有很强的表音性。然而，在学习发音的过程中，有几个点应该引起注意。

字母 g、b 和 d 作为单词的首字母的时候，应分别发成 k、p 和 t，如：buss→puss、gass→kass、dušš→tušš。

字母 h 作为单词的首字母时，通常发得很轻，几乎不发声，如：hobune→oubune。

在拼写过程中，既显示不出第二级和第三级（即长音和超长音）的音长区分，也显示不出是否腭化。

六、书面语

最早的连续性爱沙尼亚文本出现于 16 世纪。第一部含有爱沙尼亚文本的书出版于 1525 年，但是现已失传。1535 年出版的路德教问答录中发现 11 页的残片，该书由德国牧师 Simon Wanradt 所作并由爱沙尼亚的神职人员 Johan Koell 翻译整理。17 世纪出版了多部爱沙尼亚语手册（用德语和拉丁语写成），同时还出版了德语爱沙尼亚语词典。词类书最早出现于 1637 年，作者是德国牧师 Heinrich Stahl。①

到了 18 世纪中期，有两种不同的语言版本争着成为标准的爱沙尼亚语：北部塔林地区语言和南部塔尔图地区语言。《新约》于 1686 年用南爱沙尼亚的塔尔图方言出版。1739 年，第一本完整的爱沙尼亚语《圣经》用北爱沙尼亚语出版，为北部方言赢得了主导地位。另一个导致南爱沙尼亚语衰落的原因是南爱沙尼亚的中心塔尔图被烧毁，以及在 1708 年俄国瑞典北方战争中人们被驱赶到俄国。到了 19 世纪末，南爱沙尼亚语作为书面语实际上已经消失。但在 20 世纪的最后十年里，以 Võro 方言为基础的南爱沙尼亚书面语却得以复兴。②

直至 17 世纪末，爱沙尼亚书面语受德语影响巨大。德国的借词经常原封不动地使用于爱沙尼亚语中，主要出现在由德国神职人员用爱沙尼亚语写成的宗教文本中，而他们使用的爱沙尼亚语与民众实际使用的爱沙尼亚语差别较大。他们的词汇拼写不一致，并且加入了拉丁语、低地德语和高地德语的

---

① http：//www. estinst. ee/publications/language/alphabet. html.

② *Ibid.*

拼写元素。在 17 世纪初期的反宗教改革运动中，基于波兰语的拼写规则也被使用于南爱沙尼亚语中。①

Johan Hornung 和 Bengt Gottfried Forselius 在 17 世纪晚期的爱沙尼亚书面语改革中起了绝对的先导作用。一些源自德语的句式结构被弃置，一套严格的拼写系统被确立，但是这套拼写系统仍旧依靠了德语的拼写法。②

在 19 世纪前半期里，掀起了一波新的旨在普及爱沙尼亚文学语言的改革浪潮。1818 年，Otto Wilhelm Masing 开始使用一个独立的字素 õ 来表示介于 ö 和 o 之间的中元音音素。19 世纪中期，Eduard Ahrens 发明了一种新的芬兰语形式的拼写法，这种拼写法在 19 世纪最后一个十年里得到广泛使用并沿用至今。③

七、词形

在爱沙尼亚语里，构词的主要方式是词干 + 派生词缀。爱沙尼亚语里有大约 100 个派生词缀，绝大部分（除了 *eba*-和 *mitte*-，相当于英文 *un*-，*non*-，*in*-以外）为后缀。④

从词的形态方面看，爱沙尼亚语是一种黏着语的观念很是流行。黏着语的特征是带有语法信息的词素和词干连结，而这样的词素只有一个意义。事实上，爱沙尼亚语正在迅速远离黏着性特征，而朝每个词素有几个语法意义屈折语转变。爱沙尼亚语和它最邻近的语言——芬兰语（黏着语）有无数的差别。一些学者甚至认为属印欧语系的拉脱维亚语虽然在语系上与爱沙尼亚语不相关，但事实上却比芬兰语更接近爱沙尼亚语。⑤

例如：

- *sõpradegagi* – *sõpra/de/ga/gi* – 甚至/也和好朋友在一起。

sõpra – 词干，“朋友”，单数分词；*-de* – 复数标志；*-ga* – “和……一起”；*-gi* – “甚至，也”。

- *läheksin* – lähe/ksi/n – 我要去。

---

① http：//www. estinst. ee/publications/language/alphabet. html.

② *Ibid.*

③ *Ibid.*

④ http：//www. estinst. ee/publications/language/morphology. html.

⑤ *Ibid.*

lähe – 词干，“去”；*-ksi* – “想要”；*-n* – 第一人称（我）的动词后缀。

八、词汇

爱沙尼亚语的词汇受历史上统治过爱沙尼亚的国家语言影响——德语、瑞典语和俄语，在当今也受法语和英语的影响。

标准爱沙尼亚语的词汇因为这些影响而变得相当丰富，同时也因为各种词缀频繁派生单词从而使词汇量得到增加。

动词派生以 *nägema*（看）为例：*nägu*（脸），*nägematu*（看不见的），*nägemine*（视力），*nägemus*（视觉），*nägemuslik*（有眼光的、空想的），*nägevus*（景象、看见），*nägija*（预言家），*nägupidi*（通过脸知道），*nägus*（英俊的），*nähe*（迹象），*nähtamatu*（看不见的），*nähtav*（可见的），*nähtaval*（看得见），*nähtavalt*（明显地、清晰地），*nähtavasti*（透明地、明显地），*nähtavus*（可见度），*nähtus*（现象），*nähtu*（被看到的人或物），*nähtuma*（出现、变得清楚）等。①

爱沙尼亚语词汇由本族词和外来词组成，但是由于爱沙尼亚语具有众多的派生可能，所以更确切地说应该是由本族词干和外来词干组成。爱沙尼亚语词干包括那些和其他芬兰—乌戈尔语族共有的词干其自身独有的词干。语言学家认为，爱沙尼亚独有的词干与外来词干的比例大约为 50 ∶ 50，如果古希腊语和拉丁语词干忽略不计，爱沙尼亚语词干占 2/3。②

九、格

爱沙尼亚语有 14 种格（德语 4 种，俄语 6 种，匈牙利语 18 种）。首先是三种语法格——主格、属格和部分格；其余是语义格。英语中需要使用介词的时候，在爱沙尼亚中几乎都用前缀或后缀来表示。掌握名词的三种基本形式，即三种语法格对于构成其他格很重要。单数属格是除主格和部分格之外其他所有单数格的基础，同时也是复数主格的基础。单数部分格也是除复数主格与部分格以外所有复数格的基础。（详见本节附表）

① http：//www. estinst. ee/publications/language/vocabulary. html.

② *Ibid.*

需要注意的是，爱沙尼亚语的最后四种格有属格形式的形容词，而标志着格的词尾只加在名词的后面。

爱沙尼亚语没有一个确切的宾格，取而代之的是语法中前三种格的运用。单数的直接宾语在爱沙尼亚语中以主格、属格以及部分格的形式来表达；而复数宾格则使用主格或者部分格。使用属格的单数宾语和使用主格的复数宾语标志着动作作用于宾语的完整性和限定性，而使用部分格则表示动作的偏向性或者未完成性。①

有格变化的词类有：名词、形容词、数词和代词。

爱沙尼亚语中格的构成情况表

	格	问题	词尾	单数	复数
1	**Nominative** 主格	kes? mis? *who? what?*	∞	see huvitav raamat （这本有趣的书） ilus tüdruk （漂亮姑娘）	need huvitavad raamatud （这些有趣的书） ilusad tüdrukud （漂亮姑娘们）
2	**Genitive** 属格	kelle? mille? *whose? what's?* *belonging to whom/what?*	-a，-e， -i，-u，-o	selle huvitava raamatu ilusa tüdruku	nende huvitavate raamatute ilusate tü drukute
3	**Partitive** 部分格	keda? mida? *whom? what?*	-a，-e，-i， -u，-d，-t	seda huvitavat raamatut ilusat tüdrukut	neid huvitavaid raamatuid ilusaid tüdrukuid
4	**Illative To** 形式	kellesse? millesse? kuhu? （*in*）*to whom/what?* *where to?*	-sse，ø	sellesse huvitavasse raamatusse ilusasse tüdrukusse	nendesse huvitavatesse raamatutesse ilusatesse tüdrukutesse
5	**Inessive In** 形式	kelles? milles? kus? *in whom/what? where?*	-s	selles huvitavas raamatus ilusas tüdrukus	nendes huvitavates raamatutes ilusates tüdrukutes

① http：//www. estinst. ee/publications/language/vocabulary. html.

续表

	格	问题	词尾	单数	复数
6	**Elative** From 形式	kellest? millest? kust? *from whom/what?* *about whom/what?* *where from?*	-st	sellest huvitavast raamatust ilusast tüdrukust	nendest huvitavatest raamatutest ilusatest tüdrukutest
7	**Allative** （on） to 形式	kellele? millele? kuhu? （*on*） *to whom/what?* *where to?*	-le	sellele huvitavale raamatule ilusale tüdrukule	nendele huvitavatele raamatutele ilusatele tüdrukutele
8	**Adessive** On 形式	kellel? millel? kus? *on whom/what?* *who/what has?* *where?*	-l	sellel huvitaval raamatul ilusal tüdrukul	nendel huvitavatel raamatutel ilusatel tüdrukutel
9	**Ablative** From 形式 II	kellelt? millelt? kust? *from whom/what?* *where from?*	-lt	sellelt huvitavalt raamatult ilusalt tüdrukult	nendelt huvitavatelt raamatutelt ilusatelt tüdrukutelt
10	**Translative** Into 形式	kelleks? milleks? *for/into whom/what?*	-ks	selleks huvitavaks raamatuks ilusaks tüdrukuks	nendeks huvitavateks raamatuteks ilusateks tüdrukuteks
11	**Terminative** Until 形式	kelleni? milleni? *until/to whom/what?*	-ni	selle huvitava raamatuni ilusa tüdrukuni	nende huvitavate raamatuteni ilusate tüdrukuteni
12	**Essive** As 形式	kellena? millena? *as whom/what?*	-na	selle huvitava raamatuna ilusa tüdrukuna	nende huvitavate raamatutena ilusate tüdrukutena
13	**Abessive** Without 形式	kelleta? milleta? *without whom/what?*	-ta	selle huvitava raamatuta ilusa tüdrukuta	nende huvitavate raamatuteta ilusate tüdrukuteta
14	**Comitative** With 形式	kellega? millega? *with/by whom/what?*	-ga	selle huvitava raamatuga ilusa tüdrukuga	nende huvitavate raamatutega ilusate tüdrukutega

十、动词

爱沙尼亚语中有四种时态：现在时、简单过去时、现在完成时和过去完成时。从语法角度上说是没有将来时态的，将来时用现在时加上可以表示将来的单词（如“明天”、“明年”等）来表示。

动词有主动态和被动态，有陈述、祈使、条件、间接语式，有肯定形式以及否定形式。

Olema 是唯一在第三人称单数和复数上一致的动词（*on* – is，are）。所有其他动词在不同的人称下有不同的词尾。

在爱沙尼亚语中没有“他”和“她”的区别，tema（简写：*ta*）既表示“他”也表示“她”，有时也可表示“它”。

单数

Ma lähen I go

Sa lähed You go

Ta läheb He/She goes

复数

Me läheme We go

Te lähete You（*Pl*）go

Nad lähevad They go

爱沙尼亚语词典中，动名词是在不定式动词后加上后缀。例如动词 to love，在动名词情况下是 *armastama*，在不定式情况下是 *armastada*。①

动名词原是动词在 illative 的形式下，这也沿用至今。由动名词也可以组合成其他的格，例如，inessive *armastamas*（in the act of loving）、elative *armastamast*（from the act of loving）和 abessive *armastamata*（without loving）；动名词总是以 ma 为后缀，例如：*pidama*（must）、*hakkama*（begin）和 *minema*（go），又如：ma *pean minema*（I must go）。②

动词不定式也有部分格形式。通常情况下不定式的词尾为 da 和 ta。③

① http：//www. estinst. ee/publications/language/verb. html.

② *Ibid.*

③ *Ibid.*

也有一些以 a 结尾的动词，一般跟在重叠辅音之后，例如，*olla*（to be）、*minna*（to go）和 *surra*（to die）。

十一、句法

和多数欧洲语言一样，典型的爱沙尼亚语句子的语序结构为主语 + 谓语 + 宾语。爱沙尼亚语中语序排列比较自由，但是在较长的语句中，最为重要的信息会排在句首或者句末。

由于爱沙尼亚语中的格可以清楚地表现出语句中的关系，一个句子中的成分可以调整位置而意思不变，而这在英语中是不可能的。例如：*koer hammustas poissi*（a dog bit a boy），*poissi* 在这个句子中是属于部分格形式，也就是说只有这个单词可以是宾语，即使语序改变也如此。在英语中 a boy bit a dog 和 a dog bit a boy 表示的意义不同，因为没有格可以表示哪一个单词是宾语，因此宾语必须在主语和动词之后。

十二、方言

标准爱沙尼亚语大部分源自于北爱沙尼亚语方言。除了北爱沙尼亚语，史前爱沙尼亚部落使用的语言还有南爱沙尼亚语，它是爱沙尼亚另一主要方言群的鼻祖。在爱沙尼亚共有 16 种不同的方言。瓦若语（Võro），一种在爱沙尼亚南部通用的方言，和标准爱沙尼亚语相差甚远。元音和谐定律出现在大部分芬兰族语言，不包括标准爱沙尼亚书面语，却竟然出现在瓦若语中。元音和谐定律就是如果第一个音节中含有一个前元音（ä、ö 和 ü），则在后面连续音节中只能跟前元音；如果第一个音节中是后元音（a、o 和 u），则后面连续音节中就只能跟后元音。

十三、当今爱沙尼亚语

爱沙尼亚语的规范使用工作由爱沙尼亚语研究所统一领导，该机构于 1993 年在语言文学研究所重组的基础上成立，现任所长为乌尔马斯·苏特罗普（Urmas Sutrop）。爱沙尼亚语研究所除了出版爱沙尼亚语词典和书籍以外，也管理一个专门的网页和热线电话，主要为当地人提供语言上的指导和服务。（参见 http：//keeleabi. eki. ee/）

为了找到合适的爱沙尼亚语新词替代国际外来词，爱沙尼亚语研究所于 2002 年和 2010 年组织了两次竞赛。2002 年，诸如 integration（一体化）和 globalization（全球化）等词寻求爱沙尼亚语新词。2010 年，列入竞赛的术语和单词有：public-private partnership（公私伙伴关系）、directive（指令）、infrastructure（基础设施）、sustainable（可持续的）、othering（他者化）等。

从 1996 年起，爱沙尼亚人在每年 3 月 14 日（爱沙尼亚诗人 Kristjan Jaak Peterson 的诞辰日）庆祝他们的母语日，旨在吸引民众对爱沙尼亚语的关注和保护。该节日的名称以及庆祝方式最先由爱沙尼亚语教师 Meinhard Laks 发起。母语日那天，学校和媒体组织测试和听写，人们可以检测他们的语言知识。

高中毕业之前，每位学生都必须通过一个母语水平考试。考试是以作文的形式进行，学生可以从每年新出的 10 个话题中任选，话题与当今爱沙尼亚的生活、文化、文学、运动、政治等相关。

十四、国外大学的爱沙尼亚语教学

国外的爱沙尼亚语教学由爱沙尼亚教育研究部以及爱沙尼亚语研究所提供协调和支持。（参见 http：//www. estinst. ee）

全世界有超过 30 所大学设有爱沙尼亚语言及文化课程（中国、美国、英国、加拿大、德国、俄罗斯、芬兰、法国、匈牙利、捷克、拉脱维亚、立陶宛、意大利、荷兰、波兰、瑞典、乌克兰和奥地利）。中国的北京外国语大学是最新加入到这一行列的。

在“国外爱沙尼亚语言及文化学术研究”项目的框架下，爱沙尼亚语研究所也给外国学生（非在爱沙尼亚大学注册）提供由各爱沙尼亚大学安排的爱沙尼亚语言及文化暑期班课程。

芬兰和瑞典的爱沙尼亚语教学传统最悠久。早在 1833/1834 学年，赫尔辛基大学的芬兰语讲师 Karl Niclas Keckman 就介绍了爱沙尼亚语。瑞典乌普萨拉大学最早的爱沙尼亚语课程在 1901/1902 学年由 Karl Bernhard Wiklund 组织。1923 年，赫尔辛基大学设立了爱沙尼亚语教职，讲师是一位名叫 Villem

Grünthal-Ridala 的爱沙尼亚诗人。①

十五、学说爱沙尼亚语

Tere – Hello

Nägemist – Good bye

Minu nimi on … – My name is …

Mis sinu nimi on? – What is your name?

Aitäh – Thank you

Palun – You're welcome / Please / Here you are (when giving something to someone)

Vabandust – I'm sorry / Excuse me

Kuidas läheb? *Hästi. Aga sul*? – How are you doing? I'm fine. What about you?

Tere tulemast Eestisse! – Welcome to Estonia!

参考网页资料：

http：//ekkm. estinst. ee/sisu/estonian-studies/.

http：//en. wikipedia. org/wiki/Estonia.

http：//en. wikipedia. org/wiki/Estonian_ language.

http：//estonia. eu/about-estonia/country/estonia-at-a-glance. html.

http：//estonia. eu/about-estonia/culture-a-science/estonian-language. html.

http：//www. estinst. ee/publications/language/alphabet. html (written by Urmas Sutrop).

http：//www. estinst. ee/publications/language/cases. html (written by Urmas Sutrop).

http：//www. estinst. ee/publications/language/history. html (written by Urmas Sutrop).

http：//www. estinst. ee/publications/language/language. html (written by Urmas Sutrop).

http：//www. estinst. ee/publications/language/morphology. html (written by Urmas Sutrop).

① http：//ekkm. estinst. ee/sisu/estonian-studies/.

http：//www. estinst. ee/publications/language/verb. html(written by Urmas Sutrop) .

http：//www. estinst. ee/publications/language/vocabulary. html(written by Urmas Sutrop) .

http：//www. estonia. gov. uk/estonia/cat-394.

扩大阅读链接：

http：//portaal. eki. ee/ - The Institute of the Estonian Language.

http：//translate. google. com/ - includes Estonian language.

http：//www. estinst. ee/ - Estonian Institute.

http：//www. estonica. org - Encyclopedia about Estonia.

http：//www. keeleveeb. ee/ - Online dictionaries.

（北京外国语大学欧洲语言文化学院　张甜译/柯静审订）

堪称印欧语言“活化石”的立陶宛语

[立] 罗卡斯·利伍特凯维奇伍斯
（维尔纽斯大学）

引言：欧洲版图中的立陶宛

立陶宛位于欧洲东北部、波罗的海东部海岸，是波罗的海国家中领土面积最大、人口最多的国家。① 它北与拉脱维亚接壤，东南紧邻白俄罗斯，而西南则分别与波兰和俄罗斯的加里宁格勒州相邻。立陶宛的海岸线长 60 英里，其中 24 英里面向广阔的波罗的海。

一、立陶宛语

立陶宛语属于印欧语系波罗的语族东支，与拉脱维亚语最为相近。立陶宛语主要在立陶宛境内使用，自 1918 年起被确立为立陶宛的官方语言。同时，立陶宛语也是欧洲联盟（以下简称欧盟）的官方语言之一。目前在立陶宛国内有大约 300 万人使用立陶宛语。海外使用立陶宛语的人大约有 100 万（2011 年统计数据），主要是生活在白俄罗斯、拉脱维亚和波兰境内的立陶宛族以及生活在美国、阿根廷、澳大利亚、巴西、加拿大、丹麦、爱沙尼亚、法国、德国、冰岛、爱尔兰、挪威、俄罗斯、瑞典、英国、乌拉圭和西班牙的立陶宛移民。

立陶宛语至今仍保留着印欧语系的原始语音系统和语言形态特征，被认

① 爱沙尼亚、拉脱维亚和立陶宛这三个波罗的海国家，由于在 20 世纪历史发展过程中有着相似的政治命运，往往被视为姊妹国家，简称为波罗的海国家。如今，这一称谓也用于整个地区（Subačius，2002 年 3 月）。

为是现存印欧语系语言中保留最为完好的一支。因此，立陶宛语非常适合用来进行语言学研究（Zinkevičius，1993）。

二、立陶宛语的发展历史和现状

"波罗的语族"这个名词最早由一名德国语言学家费迪南德·尼塞尔曼于 19 世纪提出，用以形容波罗的海东岸印欧语系的一支。当时为语言学家所知的印欧语系语言只有日耳曼语族、罗曼语族和斯拉夫语族，如今他们又发现了印欧语系中新的一支，即波罗的语族，它包括仍在使用的立陶宛语、拉脱维亚语和一些已经消亡的语言，如库罗尼亚语、塞米加里亚语、塞罗尼亚语、约特文基语和迦林丹语。对于波罗的语族来说，13 世纪初是一个关键时期，正是那时，它从被人们的遗忘中回到了欧洲历史舞台。至此，波罗的语族便永远留了下来。当时，两个日耳曼骑士团——条顿骑士团和利沃尼亚骑士团也首次出现在了波罗的海居民居住的这一地区，他们渐渐在古代普鲁士人和拉脱维亚人的部落领地安顿下来。同时，一个皈依基督教信仰前的立陶宛也逐渐形成，并顽强地抵御了相邻骑士团的入侵。现在的立陶宛民族主要是在立陶宛族部落和萨摩基提亚族部落的基础上发展形成的，其中还包括一些小的部落，如塞米加里亚人、库洛尼亚人、索多维亚人和约特文基人。立陶宛国家形成于 13 世纪中叶，并一直发展至今，但历程并非一帆风顺。1990 年以前的立陶宛历史可以用波澜壮阔来形容（Subačius，2002 年 11 月）。

拉脱维亚语是现存语言中唯一一种无论从发音还是词尾变化都与立陶宛语极为相近的语言。但如果拉脱维亚人与立陶宛人在一起讲各自的语言，彼此还是无法沟通，不像丹麦人与挪威人或者意大利人与西班牙人，再如乌克兰人与俄罗斯人那样，说各自的语言，互相也能够沟通无碍。拉脱维亚人和立陶宛人只能从对方的讲话中零星分辨出几个单词，但这并不足以让其组成整段对话。所以我们可以说，只有学过立陶宛语的人才能真正听懂这一语言。而且，即使同为立陶宛人，但如果操不同地域的方言（例如高地立陶宛语和低地立陶宛语），他们互相之间也难以沟通，除非他们都说标准语。因此，立陶宛人必须学习标准立陶宛语（Subačius，2002 年 3 月）。

自 19 世纪语言学家注意到立陶宛语与梵文之间的相似性之后，立陶宛人惊奇地发现，立陶宛语是现存最古老的印欧语系语言之一，并以此为骄傲。现在，对于许多立陶宛人来说，其民族身份的认同主要是基于对语言的认同。

因此，他们常自豪地引用法国语言学家安托万·梅耶的话——“谁想要听一听最古老的印欧语系语言就去听听立陶宛农民说的话吧。19 世纪流行的语言越古老越好的准则，至今在立陶宛仍有生命力”（Subačius，2002 年 4 月）。

从语音变化的历史可以看出，立陶宛语的 sūnus、德语的 sohn、英语的 son、波兰语的 syn 并非互相借用关系，而是采自一个源头。同样关系的还有立陶宛语的 duktė、德语的 Tochter、英语的 daughter、波兰语的 córka，以及立陶宛语的 mėnuo、英语的 month、德语的 Monat 等。虽然这些语言现在各不相同，但它们的语音表明，在几个世纪前，情况却大不一样。此外，语音演变的历史也揭示了各种语言间的相互借用词汇的关系。例如，德语中的 Rathaus（市政厅），波兰语为 ratusz，立陶宛语为 rotušė。波兰语的 ratusz 本源自德语，尔后立陶宛人又从波兰人那里引进了这个词（Subačius，2002 年 4 月）。

语音发展史犹如一门生物科学：追寻其 DNA 序列就是追寻和重建其语音序列。因此，我们可以说，几个世纪以来，立陶宛语“DNA 序列”的变化远少于其他语种，这也是它被认为是一种古老语言的原因。（Subačius，2002 年 4 月）。

要研究立陶宛语的社会发展史就离不开它与其他语言之间的关系。几个世纪以来，立陶宛语主要受到两种语言的影响——德语和波兰语（Subačius，2002 年 4 月）。

立陶宛语和意第绪语、俄语以及其他一些语言也有着一定关联。在现今的立陶宛和拉脱维亚以东很远的地区，也就是在第聂伯盆地的中部及上部，奥卡盆地以及伏尔加河上游，语音学家发现有几个水文名称以及好几百个地名均源于波罗的语言。据推测，一些孤立的波罗的海小岛直到公元 13 世纪还存在于东边。由此推断，波罗的民族和斯拉夫民族有着悠久的历史渊源（萨摩基提亚文化协会编辑董事会，1998）。

立陶宛西部地区的一些水文名称有源自芬兰语的迹象，因此一种观点认为波罗的海的芬兰人可能曾居住过这些地方。一般认为，波罗的人与芬兰人的接触可追溯到公元前。芬兰人从波罗的部落那里学会了耕种和畜牧业，这从一些芬兰语的词汇中可以看出，例如谷物、黑麦、鹅等等，都来自于波罗的语。波罗的语中的“媳妇”一词也成为芬兰语的外来词。显然，它们之间的关系非常紧密（萨摩基提亚文化协会编辑董事会，1998）。

东普鲁士的立陶宛文化深受德国文化的影响。从 16 世纪一直到 20 世纪中叶，东普鲁士出版了一大批立陶宛语书籍：圣经译本、圣经诗篇、语法书、字典以及识字读本等，其中包括第一部立陶宛语《圣经》译本（由乔纳斯·布雷特克于1590—1620年间翻译）和第一本立陶宛语语法（由达涅留斯·克雷纳斯于1653年编写）。在这些出版活动中，立陶宛语与德语联系密切。第一部立陶宛《圣经》主要译自马丁·路德译本；而第二部立陶宛语语法也是用德文编写出版（1954）；大量的赞美诗也是16世纪根据德文翻译，17世纪几乎所有双语词典都是立陶宛语—德语词典或者德语—立陶宛语词典（Subačius，2002年5月）。

立陶宛语在立陶宛波兰组成联合王国期间（1569—1795）以及被俄国占领期间（1795—1914）深受波兰语的影响。中世纪立陶宛的公爵和贵族绅士们都说立陶宛语；到了文艺复兴时期，他们则改说波兰语。渐渐地，波兰语成为文化语言。所以，现如今立陶宛人更为欣赏较早以前会说立陶宛语的贵族，而对后来不说立陶宛语的贵族们则嗤之以鼻。波兰语在立陶宛的主导性地位还表现为，在立陶宛语中引进和使用波兰成语字母，如波兰语中的二合字母sz和cz（现代立陶宛语中的š和č），以及字母l，z，i和s（Subačius，2002年5月）。

到了19世纪末，之前对立陶宛语影响较大的普鲁士语和波兰语都未能成为现代标准立陶宛语的基础。立陶宛民族运动希望形成有别于该区域其他语言的标准立陶宛语。首先，他们淘汰了波兰字母l，拒绝使用德语和波兰语字母w，并用捷克语中的č和š代替了sz和cz。最后，标准立陶宛语终于在立陶宛形成。而与此同时，在东普鲁士，该语言却与德语一起逐渐消亡，在新出现的加里宁格勒地区被俄语替代。然而即使如此，一些东普鲁士语的书写习惯仍被标准立陶宛语沿用，如字母ė以及字母i和y的使用，还有大多数格的词尾（Subačius，2002年5月）。

有趣的是，这些字母恰恰是在当时的俄国政府禁止立陶宛人民使用立陶宛字母或拉丁字母的情况下成为立陶宛语拼写中不可分割的部分。标准立陶宛语之后的发展也造就了其现代特征，例如ą，ę，į，ų，ė，č，š，ž，ū就是拉丁字母的一些新的变形（Subačius，2002年5—6月）。

与苏联时期截然相反的是，现在的立陶宛宪法规定“立陶宛语是立陶宛共和国的官方语言”。这意味着在公共生活的各个层面必须使用立陶宛语。立陶宛还特别设立了立陶宛语国家委员会，负责监督语言的正确使用。委员会甚至有权对公共广告中的语言错误进行惩罚。另一方面，国家也致力于保护一些少数民族语言，如俄语、波兰语和白俄罗斯语等（Subačius，2002年7月）。

对于立陶宛语的未来，有些立陶宛人认为随着苏联的解体，它的使用范围得以扩大，并且为此感到高兴。同时，也有立陶宛人对欧盟统一进程中本国语言受到的威胁表示担心。另一方面，越来越多的立陶宛人学习外语，他们明白，只会立陶宛语在与世界的交流中是不够的。

三、立陶宛方言

传统的立陶宛方言可以分为两种：低地立陶宛语（萨莫吉希亚语）和高地立陶宛语（西部、东部和南部）。以下地图中的粗线条将这两种方言区分开来。这两种方言差别非常大，以至于来自于低地方言区的居民无法与来自东部或南部高地立陶宛语区的居民进行沟通，除非他们都说标准立陶宛语。这恰好证明了过去人们生活的封闭性。一种方言的形成需要人类在一个地方居住几个世纪。4—6 世纪，欧洲的两次大迁徙改变了当地语言和方言的一些特征，而立陶宛居民逃脱了大部分迁徙民族的冲击，同时也改变了某些语言特征和音调（Subačius，2002 年 9 月）。

图 1：低地立陶宛语（萨莫吉希亚语）和高地立陶宛语的分布

四、立陶宛语正字法

第一个立陶宛语字母表出现于 1547 年马尔蒂纳斯·马兹维达斯所写的《教义问答》中。现在的立陶宛语字母表有 32 个字母：除拉丁字母之外还有几个鼻音字母（ą、ę、į、ų）和几个有附加符号的字母（č、š、ž、ė、ū），它们被按顺序排列在相应的位置。

表 1：立陶宛语字母

A	Ą	B	C	Č	D	E	Ę	Ė	F	G	H	I	Į	Y	J	K	L	M	N	O	P	R	S	Š	T	U	Ų	Ū	V	Z	Ž
a	ą	b	c	č	d	e	ę	ė	f	g	h	i	į	y	j	k	l	m	n	o	p	r	s	š	t	u	ų	ū	v	z	ž

元音

立陶宛语里有 12 个元音字母（详见表 2）。在许多情况下，为了强调长元音，在有些字母上加上了一个“小尾巴符号”（“小鼻音符”，也就是拉丁文的 caudata，意为“有尾的”），例如字母 ą［a:］、į［i:］和 ų［u:］。这一历史遗留现象，是由于这些元音的鼻音化所造成的，更早之前它还曾以双元音带 n 的形式存在（现在只有在南部奥库斯塔提亚方言中还存在）。在其他情况下，长元音［i:］被 y 所代替，长元音［u:］被 ū 所代替。

因为字母 y［i:］和字母 į［i:］（短音 i［I］的长音形式）发音相同，因此字母 y 很快便被字母 į 所代替。

表 2：立陶宛语中的元音字母

大写字母	A	Ą	E	Ę	Ė	I	Į	Y	O	U	Ų	Ū
小写字母	a	ą	e	ę	ė	i	į	y	o	u	ų	ū
国际音标	ɐ a:	a:	ɛ æ:	æ:	e:	I	i:	i:	ɔ o:	ʊ	u:	u:

辅音

立陶宛语中有 20 个辅音字母（见表 3）。除此之外，二合字母 ch 代表不发声的软腭摩擦音 X；另外两个二合字母 dz 和 dž 的发音可以从它们的组合字母中推断出来，Dz dz 发音为［dz］（dzė），Dž 和 dž 发音为［ʤ］（džė），Ch ch 发音为［x］（cha）。

表 3：立陶宛字母中的辅音字母

大写字母	B	C	Č	D	F	G	H	J	K	L	M	N	P	R	S	Š	T	V	Z	Ž
小写字母	b	c	č	d	f	g	h	j	k	l	m	n	p	r	s	š	t	v	z	ž
国际音标	b	ts	ʧ	d	f	g	ɣ	j	k	l	m	n	p	r	s	ʃ	t	ʊ	z	ʒ

立陶宛语的书写大部分由音素来决定，也就是说一个字母往往跟一个音素是对应的。但也有一些例外：例如，字母 i 既代表元音［I］，犹如英语中的 sit；也可以不发音，表示前面的辅音被颚化。除了在某些外来词中存在外，这种情况大多只出现在字母 i 前接辅音后接元音时（例如，lūšis（猞猁）中的第一个辅音与 liūtas（狮子）一词中被颚化的第一个辅音就有些许的不同，但这些辅音后面都接了一个相同的元音长音［u：］，liūtas 一词中就没有［I］这个音）。

一个长音符号可以标记一个元音的长度，而小尖符、抑音符、波浪符号则强调重音。但除了在字典里、语法书中或者需要表示清楚的地方之外，这些往往都不作标注。

五、立陶宛语语法

立陶宛语是一种高度屈折的语言，各类词的词性以及它们在句子中的作用可以通过词形变化表现出来。

立陶宛语有两种语法性别——阴性和阳性，没有中性，但有些词语的形式却起源于历史上原有的中性，尤其是一些做定语修饰的形容词。另外，名词有五个格（见表4），形容词则有三个格。

表4：名词变格词尾

格	I	II	III	IV	V
单数名词变格词尾	*-(i)as* *-is*	*-(i)a* *-i* *ė*	*-is*	*-(i)us*	*-uo* *ė*
单数属格变格词尾	*-ys* *-(i)o*	*-(i)os* *ės*	*-ies*	*-(i)aus*	*-(en)s* *-(er)s*
例	*miškas*（森林） *kelias*（路） *broils*（兄弟） *gaidys*（公鸡）	*ranka*（手） *vyšnia*（樱桃） *pati*（女人） *upė*（河流）	*širdis*（心） *žvė ris*（野兽） *pirtis*（澡堂） *dantis*（牙齿）	*sūnus*（儿子） *lietus*（雨） *vaisius*（水果） *derlius*（产量）	*akmuo*（石头） *vanduo*（水） *duktė*（女儿） *sesuo*（姐妹）

与英语和法语不同，立陶宛语中名词的格变化复杂，与拉丁语、希腊语和梵文相似。名词（见表4）和其他一些名词性词类有 7 个格，分别是：主格、属格、与格、宾格、工具格、位置格和呼格。

表 5:名词变格词尾

	单数												
主格	-as (mas. g.)	-ias (mas. g.)	-is (mas. g)	-ys (mas. g.)	-a (fem. g.)	-ia (fem. g.)	-ė (fem. g.)	-i (fem. g.)	-is (fem. g.)	-us (mas. g.)	-ius mas. g.)	-uo (mas. g.)	-ė (fem. g.)
属格	-o	-io	-io	-io	-os	-ios	-ės	-ios	-ies	-aus	-iaus	-ens	-ers
与格	-ui	-iui	-iui	-iui	-ai	-iai	-ei	-iai	-iui/-iai	-ui	-iui	-eniui	-eriai
宾格	-ą	-ią	-į	-į	-ą	-ią	-ę	-ią	-į	-ų	-ių	-enį	-erį
工具格	-u	-iu	-iu	-iu	-a	-ia	-e	-ia	-imi	-umi	-iumi	-eniu	-erimi
位置格	-e	-yje	-yje	-yje	-oje	-ioje	-ėje	-ioje	-yje	-uje	-iuje	-enyje	-eryje
呼格	-ai! /-e!	-iau!	-i!	-y!	-a!	-ia!	-e!	-ia!	-ie!	-au!	-iau!	-enie!	-erie!
	复数												
主格	-ai	-iai			-os	-ios	-ė s	-ios	-ys	-ūs	-iai	-enys	-erys
所属格	-ų	-ių			-ų	-ių	-ių	-ių	-ių	ų	-ių	-enų	-erų
与格	-ams	-iams			-oms	-ioms	-ė ms	-ioms	-ims	-ums	-iams	-enims	-erims
宾格	-us	-ius			-as	-ias	-es	-ias	-is	-us	-ius	-enis	-eris
工具格	-ais	-iais			-omis	-iomis	-ė mis	-iomis	-imis	-umis	-iais	-enimis	-erimis
位置格	-uose	-iuose			-ose	-iose	-ė se	-iose	-yse	-ūse	-iuose	-enyse	-eryse
呼格	-ai!	-iai!			-os!	-ios!	-ė s!	-ios!	-ys!	-ūs!	-iai!	-enys!	-erys!

立陶宛语中的名词有着最为复杂的变化——7 个阳性词尾和 6 个阴性词尾（见表5）。立陶宛语中的阳性名词 namas（房子）和阴性词语 antis（鸭子）的变格如下（见表6）：

表 6：阳性名词 namas（房子）和阴性词语 antis（鸭子）的变格

	单数	复数
主格	*namas*；*antis*	*namai*；*antys*
所属格	*namo*；*anties*	*namų*；*ančių*；
与格	*namui*；*ančiai*	*namams*；*antims*
宾格	*namą*；*antį*	*namus*；*antis*
工具格	*namu*；*antimi*	*namais*；*antimis*
位置格	*name*；*antyje*	*namuose*；*antyse*
呼格	*name*!；*antie*!	*namai*!；*antys*!

立陶宛语的重音具有自由性和移动性，重音是其很大的特点。立陶宛语的重音对全世界的语言学家来说也是极其独特的，与英语、德语、俄语以及其他语言不同，立陶宛语有三种不同的重音。这一点早在 19 世纪就被科学家们发现了。立陶宛语中的重音一般说来有两种形式：压低音和抬高音。小尖符号、小圆符号和重读符号适用于立陶宛语中的长短元音。重音无疑是立陶宛语音中最复杂的特征。

立陶宛语动词的形态变化显示出了许多创新之处。首先，立陶宛语失去了综合被动语态（根据早已消失的古老印欧语系语言所推断）、综合完成时（通过叠字而形成）以及简单过去时；虚拟语气和命令式的构成则是依靠后缀加屈折变化，而不是如古希腊语仅仅依靠屈折变化；立陶宛语失去了愿望式；表示第三人称单复数的-t-和-nt-亦融合消失（这一语法现象却在拉脱维亚语和古普鲁士语中出现，显示了波罗的语的集体特征）。

另一方面，立陶宛语中动词的形态构成保留了一些在其他现代的印欧语系语言中看不到的古老特征（拉脱维亚语也如此），包括用后缀 s 来表示将来时，以及由现在时主干加上中缀 n 和 st 形成三个基本的动词形式。另外，动词有三种变位。所有动词都有陈述式的现在时、过去时、未完成时、将来时，有虚拟语气、命令式（虚拟语气和命令式没有时态）和不定式。除了不定式，这些形式都有人称变化，包括两个单数人称、两个复数人称和一个既适用于单数也适用于复数的第三人称。立陶宛语中的分词形式也是印欧语系语言中最为丰富的，所有时态都有分词形式，但根据主动和被动语态的变化，形式不一。另外，立陶宛语中还有若干动名词形式。

在实际运用中，丰富而全面的词形变化使得句子中的词序变得不像英语中那么重要。例如“一个男人正走过来”这句话在立陶宛语中既可以写成“ateina vyras”，也可以调换顺序写成“vyras ateina”。

立陶宛语词语有着众多的派生词和一大批小称后缀。立陶宛语的另一大特点就是其小称多种多样，由一个或几个相互制约的后缀构成。其中最为常见的小称后缀是阳性形式的 elis/-ėlis、-(i)ukas、-utis、-ytis、-aitis 和阴性形式的-ė：elė /-ėlė、-(i)ukė、-utė、-ytė、-aitė（Dabašinskienė，2009）。

名词加后缀构成的小称词是立陶宛语中数量最大的派生词。从语义学上看，这类词应由日常生活中的各种名称构成，但实际上它并不限于物理实体的名称；表示抽象意义的名词也可以被小化，如：*laikas* – *laikelis*：*Aš visai neturiu laikelio.*（时间：我根本（一丁点儿）时间都没有）；*oras* – *orelis*：*Orelis šiandien nekoks.*（天气：今天（小）天儿不好）（Dabašinskienė，2009）。

同一词根本也可以加上不同后滋来表示不同意思（至少有三种或四种后缀可以交替着加进同一词根，如：*kepurė*“帽子” – *kepur-ytė*、*kepur-aitė*、*kepur-ėlė*、*kepur-iukė*，然而抽象名词却不归为此列，抽象名词的小称一般都以后缀-elis/-elė（-ėlis/-ėlė）结尾，例如：*nuotaika*“心情” – *nuotaikėlė*，*sveikata*“健康” – *sveikatėlė*，*oras*“天气” – *or-elis*，*darbas*“工作” – *darb-elis*）（Dabašinskienė，2009）。

现代立陶宛语中两个后缀构成小称的形式非常常见，例如：*dal-el-yt-ė*“颗粒—儿—儿”，*žmog-el-iuk-as*“男人—儿—儿”，*saul-utėlė*“太阳—儿—儿”。双后缀加强了小称的效果和意义。在同一词中，小称后缀之间的短横线可多达六条。形式变化最为多样的小称形式可以在民间语言中找到，而在现代立陶宛语中，无论是口语还是书面都少得多。

立陶宛语中的小称不限于某些固定的结构模式中，它也可以同时出现在命令式、虚拟语气和陈述语气的构成中（Dabašinskienė，2009）。

六、立陶宛语词汇

印欧语词汇

如上所述，立陶宛语是现代印欧语系语言中保留最为完好的语言（Zinkevičius，1993）。它保留着许多古代语言中的词源。这些词语都是从原始印欧语中传承下来的。例如，立陶宛语中的 *sūnus*“儿子”一词跟梵文中的 son 一词就很接近；立陶宛语中的 antras 和梵文中的 antaras（“第二，另一个”）也很类似；立陶宛语中的 vyras 和拉脱维亚语中的 vir（一个男人）以及梵文中的 vīras（男人、英雄）都很相似。这种情况不占少数。（Zinkevičius，1993）

立陶宛语中的名词变格含有多种词尾，这在立陶宛语语法中是比较复杂的。在这点上，立陶宛语与拉丁语、希腊语和梵文较为相似，而与英语、法语较为不同。（Klimas，1982）

参见以下短语：

1. The wolf stands. （nominative ending，subject word）狼站着。（主格词尾，主语）

梵文 Sanskrit – Vŕk-as tiśthati

立陶宛语 Lithuanian – Vilk-as stóvi

拉丁语 Latin – Lup-us stat（Klimas，1982）.

2. The wolf's mother. （genitive ending “of” word）狼的妈妈。（所属格词尾）

梵文 Sanskrit – vŕk-asya mātā

立陶宛语 Lithuanian – vilk-o mótina

拉丁语 Latin – lup-i māter

希腊语 Greek – lúk-ou mētēr（Klimas，1982）.

3. （He）gives to the wolf. （dative ending，indirect object）他给了狼。（与格词尾，间接宾语）

梵文 Sanskrit – dá-dāti vrk-āya

立陶宛语 Lithuanian – dúoda vilk-ui

拉丁语 Latin – dat lup-ō

希腊语 Greek – dí-dōsi lúk-ō（Klimas，1982）.

另一方面，波罗的语族在词汇和语法上与斯拉夫语族的大量相似揭示了两个语族之间存在的联系。然而，关于两个语族之间的关系和历史上究竟有何渊源，学界说法不一，至今也没有定论。

外来词

1934 年，在一部名为《立陶宛语中的日耳曼词汇 / 第一部分：立陶宛语中的德语外来词》（K. Alminauskis）的书中发现 2 770 个外来词，其中的 130 个无法找到出处。现今发现的立陶宛语中的外来词主要来自于波兰语、白俄罗斯语和德语，有证据表明，这些语言皆是在立陶宛大公国时期与普鲁士进行贸易往来时获取的外来词（Čepienė，2006）。在 1547 年出版的第一部立陶宛语书籍 Martynas Mažvydas 的《教义问答》中可以发现，20% 的词汇都是外来词（Zinkevičius，1996）。而 20 世纪立陶宛语中的大部分外来词则来自于俄语（Sakalauskienė，2006）。20 世纪末，一些英语单词和表达式也进入了立陶宛城市居民的口语中，尤其在年轻人中这种现象极为普遍（Klimas，1994）。

立陶宛政府的语言政策是鼓励开发相对应的立陶宛语词汇来代替外来词。然而，不管政府如何努力避免这些外来词在立陶宛语中的使用，许多英语词汇还是被接收并写进了立陶宛语词典里。特别是一些涉及高新科技的词汇已经完全渗透到立陶宛语中，例如 *kompiuteris*（电脑）、*monitorius*（监控）、*faksas*（传真）。

其他一些外来词汇也同样被立陶宛语采用，包括 *telefonas*（电话）、*teatras*（剧院）、*taksi*（出租车）等。

七、作为外语的立陶宛语教学

对于许多外国人来说，立陶宛语中一些拉丁字母的变体一直保留着它的神秘色彩，它的变音符号和重音符号就像是音乐录制中嘈杂的背景又或是雪白桌布上的油渍——它既是一个不可避免的小玩意儿，但又要忽视它以免影响自己的心绪。而外国学生要用功学习很长一段时间才能明白为什么在立陶宛语词典中 cinikas（愤世嫉俗者）一词排在čekistas（秘密警察）前面。

另一个涌现出来的问题是，随着互联网的普及，一些在英语中保留下来并维持其原始形态的古拉丁字母，在立陶宛语中却成了现代的流行字母。

在过去的几年中，字体的发明者、因特网浏览器和邮件软件的开发者们都做出了极大努力，使这些字母便于使用，使它们得到尊重，避免任何形式的歧视。

对于一个熟悉古老印欧语系语言如拉丁语、古希腊语的人来说，立陶宛语语法不算什么难事。但对于说英语、西班牙语、意大利语、法语和德语的人来说就不一样了。由于立陶宛语语法中存在许多古老特征，多数外国学生都觉得很难学。要掌握五种变格法，每种有 7 个格，且都有单复数的区别，对于一个只说英语的人来说词尾变化是非常难的。有些学习者对于同一个词出现的不同重音感到崩溃，不过这些对于有些立陶宛人来说也都是难题。

最近，立陶宛语远渡重洋来到了遥远的东方——中国。北京外国语大学的学生对于学习这门最古老的印欧语系语言产生了极大的兴趣，他们努力钻研不放过任何一个语法细节。

对于中国人来说，学习立陶宛语是一个极大的挑战。这主要是因为两种语言的语态上存在着极大的差异，更不用说那完全不一样的书写了。

欧洲的语言教学理念认为交流是外国语言学习中的重中之重。中国老师则更注重在语法和书写上打好基础。虽然许多知名的应用语言学家认为这是一种过时的教学方法，但这种方法对学习一种新语言无疑是有它的优势的。中国的语言教学和学习也是硕果累累的。这当然是由于中国学生比欧洲学生学习更为努力、掌握得更快有关，他们在记忆立陶宛语动词的主要形式、掌握复杂的变格系统等方面都比欧洲学生快得多。

然而，同样是学习语言，学习立陶宛语和学英语、德语、法语或其他以拉丁语为基础的语言，对于中国学生来说，难度是差不多的。因此，外国语言专家把语言交流和对话视为对中国学生教学的重点。

我们都知道，语言首先是交流的工具。如果一个人会说一门外语，他一定掌握这门语言。而对于以拉丁语为基础的语言来说，会说一门语言也代表会写这门语言。

总的说来，我们需要强调是，书面语言与口头语言同样重要，写作和会话在教学中应该同步进行。然而，教学中必须以会话为起点，为写作做好铺垫，毕竟，口语是人们最常用的。

目前开设立陶宛语课程的大学有

Beijing Foreign Studies University，People’s Republic of China　中国北京外国语大学

Tartu Ülikool, Estonia　爱沙尼亚塔尔图大学

HelsinginYliopisto, Finland　芬兰赫尔辛基大学

Institut National des Langues et Civilisations Orientales, Paris, France　法国国立东方语言文化学院

Ernst-Moritz-Universität-Greifswald, Germany　德国格赖夫斯瓦尔德大学

Humboldt-Universittä zu Berlin, Germany　德国柏林洪堡大学

Westfalische Wilhelms-Universität, Münster, Germany　德国明斯特大学

Central European University, Budapest, Hungary　匈牙利中欧大学

Università degli Studi di Firenze, Italy　意大利佛罗伦萨大学

Università degli Studi di Milano, Italy　意大利米兰大学

Università degli Studi di Pisa, Italy　意大利比萨大学

Latvijas universitāte, Rīga, Latvia　拉脱维亚大学

Universitetet i Oslo, Norway　挪威奥斯陆大学

Uniwersytet Warszawski, Poland　波兰华沙大学

Uniwersytet Adama Mickiewicza w Poznaniu, Poland　波兰波兹南大学

Uniwersytet Jagielloński, Kraków, Poland　波兰雅盖隆大学

Moscow Lomonosov State University, Russia　俄罗斯莫斯科国立大学

St Petersburg State University, Russia　俄罗斯圣彼得堡国立大学

Univerzita Komenského v Bratislave, Slovakia　斯洛伐克考门斯基大学

Lunds Universitet, Sweden　瑞典隆德大学

Universitet i Stockholm, Sweden　瑞典斯德哥尔摩大学

Universität Bern, Switzerland　瑞士伯尔尼大学

University of Illinois at Chicago, USA　美国伊利诺伊大学芝加哥分校

University of Washington, USA　美国华盛顿大学

Pennsylvania State University, USA　美国宾夕法尼亚州立大学

八、非结语：体验立陶宛语

- 你好：labas（非正式），laba diena（正式）
- 再见：iki!（非正式），viso gero（正式）
- 请：prašau
- 谢谢：a čiū

- 是：taip
- 不：ne
- 对不起：atsiprašau
- 我不明白：aš nesuprantu
- 你会说中文吗?：Ar kalbate kiniškai?
- 你叫什么名字：Koks jūs vųardas?（非正式），Koks tavo vardas?（正式）
- ……在哪?：Kur yra...?
- 商店：parduotuvė
- 茶：arbata
- 咖啡：kava
- 例子：pavyzdys

参考书目：

1. Čepienė, Nijol. 2006. *Ways of Germanisms into Lithuanian*, Acta Baltico-Slavica, 241 – 250.

2. Dabašinskienė, Ineta. 2009. *Intimacy, Familiarity and Formality: Diminutives in Modern Lithuanian*, Lituanus（55 – 1）.

3. Klimas, Antanas. 1982. *Special issue: The Lithuanian Language – Past and Present*, Lituanus（28 – 1）.

4. Klimas, Antanas. 1994. *The Anglicization of Lithuanian*, Lituanus（40 – 2）.

5. Sakalauskienė, V. 2006. *Slavic Loanwords in the Northern Sub-dialect of the Southern Part of West High Lithuanian*, Acta Baltico-Slavica, 221 – 231.

6. *Samogitian Cultural Association Editorial Board*. 1998. – http://postilla. mch. mii. lt/Kalba/kalbarast. en. htm（accessed 2011 05 20）.

7. Subačius, Giedrius. 2002. *The Lithuanian Language: Traditions and Trends*, Inter Se., 1 – 21.

8. Zinkevičius, Zigmas. 1993. *Rytų Lietuva praeityje ir dabar*, Vilnius: Mokslo ir enciklopedijų leidykla, 9.

9. Zinkevičius, Zigmas. 1996. *Martynas Mažvydas Language*. – http://pirmojiknyga. mch. mii. lt/Leidiniai/History. en. htm（accessed 2011 05 14）.

（北京外国语大学欧洲语言文化学院　何娟译／柯静审订）

基于配价理论对冰岛语动词的分类研究

王书慧
（北京外国语大学欧洲语言文化学院）

提　要：配价理论虽然从国外引入，但是非常适合母语是汉语的学生的认知和接受。用这一理论来分析变格体系复杂的冰岛语，不仅有助于对这门语言有较为清晰和系统的认识，也为教学提供了思路。同时，冰岛语与配价理论相关的、更加多样的语言现象也可以丰富和拓展这一理论的内涵。

关键词：配价理论；论元；动词；冰岛语

Classification of Icelandic Verbs Based on Valence Theory

WANG Shuhui
(School of European Languages & Cultures, Beijing Foreign Studies University)

Abstract: Valence theory is an imported tool, but is easily understood and accepted by students with Chinese as their mother tongue. Applying the theory in the study of Icelandic would enable a clearer and more systematic understanding of the language, as well as offer a useful pedagogical approach. At the same time, the rich inflection system of the verbs in Icelandic would also enrich the valence theory.

Key words: valence theory; theta-role; verbs; Icelandic

一、引言

配价理论是动词研究的重要理论。其关键是把句子的主要动词作为完整句子的中心，而对其他成分则从它们与主要动词的关系进行分析和考察的一种分析方法。在学习汉语的过程中，短语结构一直是分析结构的重点。而通过母语的概念会影响到外语的学习。在汉语学习的过程中，主谓结构、动宾结构、动补结构从基础教育阶段就开始出现在课本里（见义务教育初级中学《语文》教材），由此可见，汉语为母语的学生对配价理论应该不会太陌生。不陌生，是因为汉语短语的结构分析过程中很重视把动词作为重心，这一点和配价理论在根本上是一致的。

既然汉语的句法结构和传统汉语教育让母语为汉语的学生易于接受配价理论，而母语又会对外语学习产生正面迁移，那么恰当的使用配价理论，会对外语学习产生积极的促进作用。

二、文献综述

语言学家吕叔湘认为，“句子的重心就在那个动词上，此外凡动作之所由起，所于止，以及所关涉的各方面，都是补充这个动词把句子的意义说明白，都可称为‘补词’”（吕叔湘，1982，53）。定义中“把句子的意义说明白”揭示了划分“重心”和其他“各方面”的依据：之所以说重心在动词上，其他处于从属和服务动词的地位，其定位是基于词的意义的。根据周国光给出的定义，词语的配价指的是一定的词语以其语义为基础，在构句过程中要求一定数目的、具有一定特定成分与之组配结合（周国光，1993）。在这个理论下，首先考察动词所能搭配成分的个数，由个数决定了动词是一价、二价或三价动词。下面的几个例子直观反映了动词价的概念：

（1）公主睡了。

（2）我看书。

（3）妈妈喂孩子土豆泥。

从上面的句子看，“睡”这个动作是一价动词，跟它关联只需要一个行为主体，在例子（1）中是“公主”。“看”这个动作是个二价动词，跟它关联的需要一个行为主体，在例子（2）中是“我”以及一个动作的受事——在例子（2）中是“书”。“喂”这个动词是三价动词，在一个符合语法规则的句子中要求出现动作的主体，如例子（3）的“妈妈”，动作的受事——“土豆泥”，还有动作的对象——“孩子”。不管是动作的主体、动作的受事，还是动作的对象，这些和动词产生关系的词语被称为论元。

汉语短语的结构分析过程中很重视动词作为重心，这一点和配价理论在根本上是一致的，然而不同之处在于，配价理论比以动词为中心的短语结构分析更加抽象和概括。提到主谓、动宾、动补、动词和“主”“宾”“补”所指代名词的关系就很具体，而在配价理论框架下，名词和动词之间究竟是什么关系不是关注的重点，关注的重点在于一个特定的动词究竟可以和几个名词形成怎样的结构。不关注单个动词和单个名词在固定语境中的搭配关系，而是从更加抽象和概括的高度探寻动词和名词的关联结构，这一点早在1944年吕叔湘的《从主语宾语的分别谈国语句子的分析》一文中也有提到。

> 细想起来，“施”和“受”本是对待之词，严格说，无“受”也就无“施”，只有“系”。一个具体的行为必须系属于事物，或是只系属于一个事物，或是同时系属于两个或三个事物。系属于两个或三个事物的时候，通常有施和受的分别；只系属于一个事物的时候，我们只觉得这么一个动作和这么一件事物有关系，施和受的分别根本就不大清楚。……
>
> （吕叔湘，1944）

这样看来，现在学术界广泛谈论的配价理论，虽然和20个世纪50年代从西方语法学界传入的一脉相承，但是在汉语本土土壤有着深厚的根基。这也可能解释了虽然这个理论的历史不是很长，但是在中国的应用的传播速度相对较快。下面就配价理论进行关键分析。

从上面的例子（1）—（3）的分析和之前给出的定义，配价理论是就句子中的动词和与之相关的名词的关系的分析和研究。更确切地说，“动词的价是动词的语法功能，属于形式范畴。动词的价是根据逐层与这个动词直接组合的名词性词语的书目确定的”（沈阳，1998，181）。同时，在例子的分析中，与动词产生直接关联的名词被称为论元，根据中心动词的语义，需要一定语义范围的词语，而非任何的词语。比如例句（3）中“看”这个动作的施事主体必须是有视觉感官的生物体。把“我看书”中的“我”换成“米饭”，句子就变得很别扭奇怪。在配价理论框架下对动词周边的名词和名词短语成分充当的论元的研究就成了题元理论。实质上，配价理论和论元理论都是对动词体系的研究，但是他们的着眼点不同。配价理论着眼于动词，关注点在关系上，因此是对句子结构的研究。题元理论着眼于名词，关注点在名字的语义上，因此是语义的研究。配价题元理论合起来是句法和语义的完整的双重考量。

尽管语法学界对配价理论应该定义为句法范畴还是语义范畴仍然有争论，但是这些争论主要存在于对汉语的研究。因为汉语的动词和名词都没有形态变化，而“该理论较多处理的德语那样的形态严格语言中动名联系可以直接表现在名词的强制性形态标记上，这种形态变化往往就确定了名词特定和相对应的句法位置和语义关系”（沈阳，1998，4）。其中的例子是：

（4）a. Ich habe das Buch gelesen.

我这本书读过。

b. Das Buch habe ich gelesen.

这本书我读过。　　（沈阳，1998，4）

虽然（4）a 和（4）b 在语序上不同，但是由于名词的格的存在，书作为动作的受事，以第四格存在，即使放在了句首，仍然是受事。由此可见，在存在变格的语言中，配价题元理论是句法和语义的统一。

三、论证

本文考察的语言冰岛语属于印欧语系日耳曼语族北支（又称斯堪的纳维亚语支）。根据《中国大百科全书》第 2 卷中关于冰岛语的介绍：“冰岛语保持着完整的屈折变化系统。动词有人称、时态变化；名词有 4 个格（主格、生格、与格、受格）。”冰岛大学语法教科书中规定的冰岛语四格的术语为：nefnifall、þolfall、þágufall 和 eignarfall。对应的英文术语依次为：nominative case、accusative case、dative case 和 genitive case（Ásta Svavarsdóttir og Margret Jónsdóttir，1998：xvi - xvii）。根据 2011 年出版的全国科学技术名词审定委员会公布的《语言学名词》，屈折语名词的格对应的汉语以及解释依次为：nominative case 主格，指某些屈折语中用语法形式表示名词短语充当动词的主语；objective case 宾格又称受格，指某些屈折语中用标记形式表示名词短语充当动词的宾语，与主格相对；dative case：与格，屈折语中一种格范畴。用标记形式表示名词短语（一般是一个单个的名词或代名词），充当间接宾语；genitive case 属格，又称“所有格”。屈折语中一种格范畴，指名词短语（一般是一个单个的名词或代名词）表示占有、领属或其他紧密关系的标记形式。

（商务印书馆，2011：71）。因《中国大百科全书》中并未对“生格”这个术语做出解释，而《语言学名词》中属格的解释符合冰岛语 eignarfall 的内涵，所以本文中对冰岛语四格的称谓采用“主格、宾格、与格和属格”这一提法。动词与名词搭配时，对名词的格有严格的要求。比如：

（5） a. sjá stelpuna

看见那个女孩。

b. bjarga stelpunni

救那个女孩。

c. sakna stelpunnar

想念那个女孩。

同样的名词做动词的受事，女孩（stelpa 主格）在作动词“看见（sjá）”的受事时必须以宾格形式存在 stelpuna，动词“救（bjarga）”的受事时必须以与格形式存在 stelpunni，而动词“想念（sakna）”的受事则需要以属格的形式存在 stelpunnar，如例句组（5）所示。

由此可见，冰岛语与德语在配价理论下有很大的可比性。在严格的名词变格体系规则之下，冰岛语的动词研究和德语类似，是从语义和句法角度的对动词的双重考量。

冰岛语有丰富的动词。“冰岛语是动词的语言，同样的动作，我们拥有数量颇丰的动词来描述。同样是走，走的姿势不同，便有了 labba，ganga，rölta，trítla，skeiða，stika 和 tölta 等等动词”（Torsteinn M. Gunnlaugsson，2003）。这个例子好像爱斯基摩人（因纽特人）关于雪的丰富的词汇。冰岛语的动词有复杂的变格变位体系。拿动词 labba 为例，在不同人称和时态中，词的形态也不同。

（6） a. 现在时

我	labba	我们	löbbum
你	labbar	你们	labbið
他/她/它	labbar	他们/她们/它们	labba

b. 过去时

我	labbaði	我们	löbbuðum
你	labbaðir	你们	löbbuðuð
他/她/它	labbaði	他们/她们/它们	löbbuðu

冰岛语动词，在语义上有宏观的丰富性和微观的精确性，在词形上和句子成分之间有着格、数、时态的牵制和关联。要对冰岛语动词有全面把握，需要对其进行句法和语义的双重考量。在本文中，着重以句法角度在配价理论下对动词进行划分。

在最基本的层面上看，冰岛语的动词也可以粗浅地分为一价、二价、三价动词：同汉语一样，需要和一个题元组合成句的动词为一价动词，需要和两个题元组合成句的动词是二价动词，需要和三个题元组合成句的动词是三价动词。汉语中是否存在零价动词的问题引起争论，但是冰岛语中明显存在零价动词，这一点在三价动词后讨论。

一价动词，比如：

（7）Ég dansa mikið.

我跳舞较多。

这个句子中，跟跳舞这个动作发生关联的名词“我”是动作的发出者。这个关系和汉语相似。常用的一价动词还有 deyja（死亡）、hlæja（笑）、gola（刮风）、snjóa（下雪）等等。这些动词的论元，由动词的语义决定，必须有特定的语义范围。比如说，动词 deyja（死亡）所论述的元，必须是生物体。只有生物体才有发生死亡这个动作的可能。动词 gola（刮风）的主语一般是风，动词 snjóa（下雪）的主语一般是雪，当然有用天气做主语的时候。这两个动词的元的范围相对来说很窄。一价动词也就是常说的不及物动词。这类动词从语义上看，一般是自发的动作，比如：升温（hlyna）、变化（breytast），都是有一个过程的动作，具体如下面所示例句。

（8）Það hlynar í maí á Íslandi.

天气变暖 五月在冰岛。（冰岛的天气在 5 月变暖。）

（9）Hann hefur breyst talsvert.

他已经变化很大。

下面例句（10）中的动词 sjá（看见）是个二价动词。动词的论元分别是动作的发出者“我 Ég”和动作的承受者“你 þig”。这类动词数量很多。

（10）Ég sé þig á aftir.

我见你一会儿。（待会再见！）

二价动词，表示受事或者对象的名词可能以宾格、与格或者属格形式存在。从下面例子中常用的动词在句子中的用法，可以看出不同动词对于格的限制是不同的。

二价动词中接宾格受事的动词如：遇见（hitta）、同意（samtykkja）、询问（spyrja）、打（berja）。以“我 ég”做主语，“她 hún”作为动作的受事，形成的例句如下（hún 的宾格形式是 hana）：

（11） a. Ég hitti hana í gær.

我遇见 她 昨天。（我昨天遇见她。）

b. Ég samþykki hana.

我同意她。

c. Ég spyr hana á eftir.

我问问她待会。（我待会儿问问他。）

d. Ég ber hana ekki.

我打她 不。（我不打她。）

二价动词中要求受事名词以与格形式出现的动词有：帮助（hjálpa）、偷（stela）、取笑（stríða）、遇见（mæta）。同样的，以“我 ég”做主语，“她 hún”作为动作的受事，形成的例句如下（hún 的与格形式是 henni）：

（12） a. Ég hjálpaði henni.

我帮助她。

b. Ég stal henni. （hún 可以作为代词，指代阴性的名词，如书 bók）

我偷了她。（我偷了那本书。）

c. Ég stríddi henni.

我取笑她。

d. Ég mætti henni.

我遇见她 。

二价动词中接属格受事的动词数量很少，但也存在。最为常用的是：想念（sakna），以“我 ég”做主语，“她 hún”作为动作的受事，形成的例句如下（hún 的属格形式是 hennar）：

（13） Ég sakna hennar mjög.

我想念她非常。（我非常想念她。）

以上讨论了冰岛语二价动词的受事名词分别是宾格、与格和属格的情况。下面是关于三价动词的讨论。

三价动词，亦即双宾语动词。这类动词除了需要出现表示动作主题的主语之外，还要有两个名词项，分别表示对象和动作受事。如下面例句（14）中，动词买（kaupa）关联着三个论元主体，“买”这个动作的发出者是“他

hann”，动作的受事是“玫瑰花（rósir）”，还有动作的对象是“我（mér）”。

（14） Hann keypti mér rósir.

他买我玫瑰花。（他给我买了玫瑰花。）

在上面的句子中，“买”这个动词一出现，就规定了表示动作发出者的名词、动作受事的名词和动作对象的名词或者代词的词形，分别是主格、与格和宾格。而冰岛语三价动词关系中的论元的格有几种组合的方式。“买（kaupa）”这个动作的动词，要求表示对象的人是与格，受事的物是宾格，而“抢劫（ræna）”这个动词，则要求表示对象的人是宾格，被抢的物是与格。

（15） Hann rændi mig peningum.

他抢劫我钱。（他抢了我的钱。）

类似的还有动词“取消（svipta）”。

（16） Lögregla svipti mig ökuleyfi.

警察取消我驾照。（警察吊销了我的驾照。）

属格也会出现在三价动词中，使得三价动词的格的结构更加复杂。动词“请求（biðja）”就是这种情况。

（17） Ég baðhana aðstoðar.

我请求 她帮助。

例句（17）中，“请求（biðja）”的对象，需要表现宾格的词形，而“请求（biðja）”的内容，则需要用属格（aðstoð-ar）的形式。按照题元格的搭配规律，冰岛语的三价动词的论元格式可以分为下面的类：

主+宾+与格结构：如上面提到的“抢劫（ræna）”、“取消（svipta）”，还有“隐藏（leyna）”。

（18） Jón leyndi hana sannleikanum.

约恩 隐藏她真相。（约恩对她隐藏了真相。）

上句的动作发出者 Jón 以主格形式出现，动作的对象 hana 以宾格形式出现，而动作的受事 sannleikanum 以与格形式出现。

主+与+宾格结构：例句（14）中的“买（kaupa）”，还有“借（lána）”。

（19） Jón lánað i henni peninga.

约恩借给她钱。

例句（19）的动作发出者 Jón 同样以主格形式出现，动作的对象 henni 以与格形式出现，而动作的受事 peninga 以宾格形式出现。

主+与+与格结构：动词“许诺（lofa）”。

。(20) Jón lofaði henni peningum.

约恩许诺她钱。

以上例句的动作发出者 Jón 同样以主格形式出现，动作的对象 henni 以与格形式出现，而动作的受事 peningum 也是以与格形式出现。

主 + 宾 + 属格结构： 动词“请求（biðja）”，见例句（17）。

主 + 与 + 属格结构： 动词“祝愿（óska）”。如下面例句所示：

(21) Jón óskaði henni alls góðs.

约恩 祝愿她都好。

以上两句中动作对象分别以宾格和与格出现，而受事则都是属格。

综上所述，冰岛语的三价动词所描述动作的主体以主格形式出现，对象可能是与格，也可能是宾格。充当受事的名词或者代词可以是宾格、与格或属格。

上面对冰岛语一价、二价和三价动词做了描述和举例之后，再来讨论零价动词。冰岛语无疑是存在零价动词的。这种动词不需要出现动作的主题，但是要么动作本身已经暗示出主语，要么从语用的角度来说可以推断动作的主题，要么主语不重要。看下面的例子。

(22) a. Á morgun rignir í Reykjavík.

明天下雨在雷克雅未克。(明天雷克雅未克下雨。)

b. það Dansað var í gærkvöld.

跳舞昨天晚上。(昨晚有人跳舞。)

c. Sjáumst!

看见(第一人称复数格)(再见!)

类似（22）a 中的表示天气活动的动词，一般不需要动作主体的出现。这种情况往往是不好说谁是动作发出者。英语中使用代词 it 来代指，冰岛语也可以这样，用中性单数代词 það。或者更加果断地放弃这种不能明确定义的主语，如例句（22）a 所示。（22）b 代表一类由动词的过去分词提到句首，从而强调动作，而对动词所关联到的论元毫无兴趣的一种表达。这句话的意思是“昨天晚上有人跳舞”，关心的只是跳舞这件事情，而对其他的毫无兴趣。(22) c 的情况则是在特殊的情景下，动词“看见 sjá”已经通过屈折变化变成了第一人称复数的形式，因此虽然主语没有出现，也能推断是“我们 við”。

这些句子中的动词都没有出现动作主体。要么主体不好确定，要么主体不重要。总之不能明确地说出一个名词或者代词作为动作的题元。然而（22）c 的情况有特殊之处，因为它的主语有省略之嫌，可以通过词形和语用推断出来，因此，这个句子的动词可能在划为一价动词和零价动词这个问题上有不明朗的地方。

四、结论

以上从最基本的层面上讨论了冰岛语动词在配价理论下的分类。配价理论在研究冰岛语这样的语言时有很强的解释能力，而且提供了很清晰的分类框架，有助于对冰岛语动词的理解和掌握。配价理论归根到底是研究关系的理论，基于语义范畴的逻辑关系，因此对一些更加独特的语言现象，有必要在配价理论指导下作进一步研究：比如说刘丹青在“汉语相互性实词的配价及其教学”一文中讨论相互性实词的“分合价”（沈阳，1998），而在冰岛语中，“相互”的意思是通过动词的词形变化（加 st，统称 st 动词）实现的，因此这类动词通过词尾的变化实现了价的转化。同时，冰岛语还有一整套的反身代词，实现动作对象和动作主题的统一。如：

（23）Ég ætla mér í sund.

我打算 我 去游泳。（我打算去游泳。）

例句中第一个“我”是主格，第二个“我”是与格。这样的结构应该怎样描述它的配价，它又体现了怎样的关系，是个值得研究的问题。

研究冰岛语的动词具有重要的意义。冰岛语和古代挪威语具有特殊的亲缘关系，历史上，古代挪威人在 874 年登陆冰岛并且定居之后，把古挪威语也带到了北大西洋的这个岛上。欧洲大陆上的语言随着历史的变迁一直在简化，“由于冰岛远离欧洲大陆，冰岛语始终保持着古代挪威语西部方言的特点，词汇很少受外来语的影响。有的语言学家称它为欧洲‘最保守’的语言之一”（《中国大百科全书》第 2 卷，428）。另一方面，由于冰岛国家在历史上与北欧其他国家的亲缘关系，这门语言得以把北欧历史文化中的一些精华保留至今。冰岛语动词在历史进程中变化很小，仍然保留着复杂的变格变位系统。对这些动词的研究，为丰富当代语言学理论的内涵提供了独特的例证，因而受到国际语言学界的重视。

参考文献

1. Ásta Svavarsdóttir & Margrét Jónsdóttir. *Íslenska fyrir útlendinga. Kennslubók í málfræði*. Reykjavik, 1998.

2. þorsteinn M. Gunnlaugsson：（Að skrifa og ryna）http：//www. rithringur. is/ articles. asp？ action = lookup&article = 25.

3. þóra B. Hjartardóttir. *Lectures on Icelandic grammar*. University of Iceland. Reykjavik, 2008.

4. 冰岛语变格变位网：http：//bin. arnastofnun. is/leit. php？ q = labba。

5. 全国科学技术名词审定委员会：《语言学名词》，商务印书馆，2011 年版。

6. 兰馨的学术博客：（关于配价理论）http：//blog. sina. com. cn/s/blog_5d8ae78e0100c7f3. html。

7. 吕叔湘：（1944），《从主语宾语的分别谈国语句子的分析》，载《汉语语法论文集》，北京：科学出版社，1955 年版。

8. 吕叔湘：《中国文法要略》，北京：商务印书馆，1982 年版。

9. 沈阳编：《配价理论与汉语语法研究》，北京：语文出版社，1998 年版。

10. 吴一安："语义学"，"普通语言学讲座"，北京外国语大学，2011 年 11 月。

11. 《中国大百科全书》第 2 卷，中国大百科全书出版社，第二版。

12. 周国光：《汉语配价语法论略》，全国第四届现代语言学研讨会论文，北京，1993 年版。

匈牙利语和汉语简单句语序差异的对比分析

——语言类型学的视角

王秋萍

（北京外国语大学欧洲语言文化学院）

提　要：汉语和匈牙利语属于不同的语言类型，它们分别作为词根语和粘着语的代表，在词的构成、句子的基本结构等方面存在着巨大差异。本文尝试从语言类型学视角，对匈牙利语和汉语简单句的基本结构以及强调的方式进行比较和分析，探讨匈语语序在不同语境、不同文体中的“正确”标准以及需要注意的问题，为教学实践服务。

关键词：语言类型；匈汉对比；语序；强调

Word Order in Simple Sentences：A Contrastive Analysis of Hungarian and Chinese

— *From the Perspective of Linguistic Typology*

WANG Qiuping

（School of European Languages & Cultures，Beijing Foreign Studies University）

Abstract：The Chinese language is a radical language while the Hungarian language is an agglutinative language. There are huge differences between the two languages in terms of word formation and sentence structure，etc. This paper attempts to make a contrastive analysis of the word order in simple sentences in Hungarian and Chinese from the perspective of linguistic typology, and discuss the "correct" word order in Hungarian in different contexts and styles.

Key words: linguistic typology; contrastive analysis of Hungarian and Chinese; word order; stress

一、引言

语序又称词序，是词在短语或句子里的先后顺序。语序是语言中的普遍现象之一，无论学习和使用何种语言，无论是日常交流还是做学术研究，正确使用语序都是对语言使用者提出的最基本要求。语序作为一个重要的语法概念，也一直是国内外语言学研究中的一个重要课题。目前，语言学家对语序的研究既包括对语言单位排列顺序的研究，如语素序、词序、词组序、句子序等，也包括对结构成分出现顺序的研究，如构词成分（词干、词缀）顺序，句子成分（主语、谓语、宾语等）顺序等。

匈牙利语与汉语分属于不同语系，也不属于同一语言类型，具有很大的差异性。匈牙利学者编写的语法教科书上均称匈语为"自由语序"，即句子成分的排列顺序可以根据语境和说话人意图的不同加以灵活变换。何种语境下应使用何种匈语语序，什么样的语序才是正确的，这些问题给学习匈牙利语的很多中国学生带来疑惑和困扰。本文试图从语言类型学视角入手，分析汉语与匈牙利语在语序方面存在差异性的原因，并以简单句为例，对汉语和匈牙利语的句子成分进行分析，总结影响匈语简单句语序的因素。

二、匈牙利语与汉语语言类型概述

欧洲学者从 18 世纪开始有意识地对人类语言进行对比，并主要从语言的历史来源和亲缘关系（谱系分类）① 以及语言的语法形态特点（类型分类）② 两个角度对人类语言进行分类。"类型"这一概念最早是由德国语言学家洪堡特（Wilhelm Humboldt，1767 – 1835）引入到语言学中的，但是"语言类型"一词直到 1928 年前后才作为专业词汇出现。

---

① 这种分类方法是在历史比较语言学研究的基础上建立起来的。

② 主要根据词的结构、句子的结构关系进行分类。

传统的类型分类法是根据语言的形态变化对语言进行分类，因此也叫形态分类。根据词的构造和形态特点，可以把世界语言分为四种类型：词根语、粘着语、屈折语、多式综合语。所谓词根语，亦称孤立语，其特点是大部分词没有构形词缀，只有词根，词类在形态上缺乏明显标志，词与词的语法关系主要通过语序和虚词等语法手段来表示。如汉语、越南语等就属词根语。屈折语通过词内元音的变化改变词的语法意义，词内有表示语法意义的词缀，一个词缀可表示几种语法意义。属于屈折语的有印欧语系、闪语系、含语系诸语言。粘着语的特点是词内有专门表示语法意义的附加成分，即词缀，一个词缀只表示一种语法意义，词根和词缀结合不紧密，容易区分。匈牙利语、芬兰语和土耳其语均属此类。例如，匈语的 könyv（书）一词，加上表示“在……里、在……中”的词缀-ben，成为 könyv-ben（在书中）；加上第一人称物主词尾-em，成为 könyv-em（我的书）。如果把几个词缀都“粘”在一起，变成 könyv-em-ben（在我的书中）。由此可以看出，粘着语是以一个词根为中心，表示各种词汇意义和语法意义的一串附加语素成分按照一定的顺序粘附在词根后面，构成一个新词或同一个词的不同形态。多式综合语也叫“编插语”、“复综语”、“合体语”，它的特点是动词谓语包含有复杂的成分，一个句子往往是一个复杂的词的形式，如美洲的印第安诸语等。当然，上述四种类型的划分并非泾渭分明。例如，属于粘着语的匈牙利语也具备一定的屈折语特性：如在句子 Lát-lak.（我看见你）中，词尾 lak 既表示主语为第一人称单数“我”，同时也表示宾语为第二人称单数“你”。

随着对语言研究的进一步深入，语言学家们发现，仅仅从传统的词形变化对语言进行分类是不够的，还可以从其他角度如语音、句法、词汇、语义等方面对语言进行分类。美国语言学家格林伯格（Joseph Harold Greenberg，1915－2001）1966 年通过对 30 种语言的样本进行研究，提出可根据句子主要成分在句中的相对语序，将语言分为三大类：主谓宾、主宾谓和谓主宾。本文将在格林伯格的研究基础上，根据现代类型学的分类方法，对匈牙利语和汉语的简单句基本结构进行分析，浅析匈语语序在不同语境下的“正确”标准。

三、匈牙利语与汉语简单句语序对比

跨语言比较的基本前提是语言间的可比性。格林伯格在关于语序的原创性论文中就跨语言可比性这个问题作出了基本的回答："我们的一个假定就是所有语言都有比如主谓结构、相区别的词类、属格结构等现象。我完全意识到在不同结构的语言中确认此类现象基本上要依靠语义标准。……"①

在此前提下，如果我们把简单句中的主语（S）、谓语（V）、宾语（O）进行理论上的搭配，可以造出下列六种结构的句子（见表1）。

表1

语法顺序	汉匈例句	语法顺序	汉匈例句
1. SOV（格鲁吉亚语、日语、韩语、波斯语、土耳其语）	我书读。 Én könyvet olvasok.	2. SVO（英语、法语、豪萨语、斯瓦希里语、泰语）	我读书。 Én olvasok könyvet.
3. OSV（印第安部分语言）	书我读。 Könyvet én olvasok.	4. OVS（印第安部分语言）	＊书读我。 Könyvet olvasok én.
5. VSO（传统阿拉伯语、爱尔兰语、菲律宾语）	＊读我书。 Olvasok én könyvet.	6. VOS（印第安部分语言）	＊读书我。 Olvasok könyvet én.

注：＊为汉语中的错误用法。

纵观世界各种语言，最常见的语法顺序是第一、第二和第五种语序；在汉语中，只有第一、第二和第三种语序是合乎语法的，其中第二种（SVO）为汉语基本语序，第一和第三种是因语用需要而发生变化的。匈牙利语的基本语序是第一种（SOV），但是根据语境和说话者意图的不同，上述六种语序均可以被接受。从表1可以看出，汉语作为词根语的代表，由于没有格的变化，词类在形态上缺乏明显的标志，汉语的主谓宾关系需要依靠语序来明确，其语序相对来说较为固定，不可随意调换。与此相比，作为粘着语，匈牙利语中主谓宾的顺序则显示出了较大的自由性，句子结构较为灵活，形式多变，句子成分在句中的排列顺序没有一定之规，我们通常可以通过语法意义唯一的词缀来辨析单词在句子中的成分。如在上表中，én 只能作为第一人称单数的主语形式出现在句中，宾语则是在 könyv（书）的词根后面加上了唯一表示宾语的词缀-et。无论如何调换语序，主语和宾语依旧一眼就可以辨出。由

① 引自 Joseph H. Greenberg 1966a. Same universals of grammar with particular reference to the order of meaningful elements. In *Universals of grammar*，第二版，MIT 出版社，第74页。

此可见，匈语并不通过语序来支撑句意，即便是改变语序，词语的概念意义和语法意义也不会改变。

尽管我们可以通过匈语词根后的词缀辨析词汇在句中的成分，单纯改变句子成分的顺序不会改变句意或是造成歧义，但是语序在匈语中具有修辞和语用的功能，即不同语序的句子表达了说话人不同的语气、态度以及想强调的内容。不同的语境下应使用不同的语序，这在匈语教学和学生的日常会话中，既是学习的重点，也是掌握的难点。表 1 中列出的六种语序从匈语语法角度看都没有错，那它们之间到底有什么差别呢？匈语中究竟有没有“最正确”的语序呢？如果有，我们该如何造出语序正确的句子呢？

考察匈语句子的语序，我们应首先考虑句子是否符合基本的语法规范；其次是否符合说话习惯，是否被大众所接受。如在 Marinak ki mit adott ajándékba?（谁给了玛丽什么礼物?）一句中，ki（“谁”的主格形式）和 mit（“什么”的宾格形式）的顺序在语法上并没有绝对的对与错，但是如果调换 mit 和 ki 的位置，变成 Marinak mit ki adott ajándékba?（什么礼物谁给了玛丽），在匈牙利人看来就稍显奇怪，不符合他们的语言习惯。

考察匈语语序是否“正确”，或者说是否合适，除了语法和说话习惯的要求外，我们还应该从以下两个方面入手分析：首先是否符合文体要求；其次是否表达了说话人的意愿。众所周知，不同的文体对语序的要求是不一样的，最容易理解的例子是诗歌。因为考虑到韵律和韵脚等因素，诗人在创作诗歌时很有可能打破说话习惯，对语序进行调整，进行艺术加工。如匈牙利著名诗人裴多菲（Petőfi Sándor，1823 – 1849）创作的长篇叙事诗 János vitéz（《雅诺什勇士》）中就有这样一段话：

Ezeket mondotta
szőke szép Iluska,
S a ruhákat egyre
nagy serényen mosta.①

美丽的金发姑娘刚把话说完，
就低下头，匆忙地洗着衣裳。②

为了使音韵和谐，诗人在创作时调换了后两句的语序（后两句不符合日

① *Petőfi Sándor Költeményei*，Budapest，Helikon Kiadó. 2000.

② 裴多菲：《雅诺什勇士》，兴万生译，布达佩斯：播种出版社，2007 年版。

常说话习惯，正常语序应为：Ezeket mondotta szőke szép Iluska，S egyre nagy serényen mosta a ruhákat），使诗句具有了音乐美、建筑美，音节朗朗上口，结构回环呼应。

在符合文体要求的情况下，我们在说话时，应使用能够反映说话人意愿的语序，并通过语调的高低变化和快慢轻重来表达语气和情感。那么什么样的语序才能正确反映说话人的意愿呢？匈牙利语言学家布拉塞（Brassai Sámuel，1797－1897）最早开始从语言类型视角考察匈语的语序、强调以及主谓语关系。他认为，被强调的内容是影响语序的重要因素。在匈语中，一般来说，谓语前面的部分是语句重音所在，换言之，需要特别强调的核心部分应放到谓语之前。如：A szép szavakkal csínján kell bánni.（对待花言巧语应当小心谨慎）句中，如果说话人想强调对待花言巧语的态度，即强调“小心谨慎”，那么就应该将 csínján（小心谨慎）放到动词 kell（应当）之前。再如：Tűzzel égették a boszorkányt.（人们用火烧死了巫婆）句中强调的是处死巫婆的方式，所以要把 tűzzel（用火）放在动词 égették（烧）之前。如果说话人想强调的部分就是谓语本身，一般会把谓语放在句首：在 Megjött a vonat.（火车来了）句中，把 megjött（来了）放在句首，以强调对火车到站的盼望。匈语语序的这一基本规则看似容易掌握，但在实际应用中，却很难把握。在语言的使用中，说话人往往并不是单纯地要表达语言成分和符号单位的静态意义，听话人通常要通过一系列心理推断，去理解说话人的实际意图。因此，判断一个句子语序的对错，除了要遵守语法规范外，还需要考虑人们使用的语序在多大程度上受语境的影响，多大程度上受个人主观因素的影响（即说话人心里的感受）。

虽然在多数情况下，人们表达思想时有自己最想强调的部分，并按照语法规则将其放在动词之前，但并非所有情况下都需要强调某一成分，有可能只是陈述一个事实：谁做了什么。在考察这种非强调句的语序时，就不能照搬强调句的语序规则。一般来说，如果宾语是泛指的人或事物时，该句既有可能只是叙述某个事实或表述某个状态，是非强调句，也有可能是强调句，强调置于谓语之前的内容——这需要根据语境和说话人的口气来判断（见表2、3）；如果宾语是特指的人或事物，那么这个句子一般为强调句，如：Ezt a könyvet olvassa Péter.（彼得在读这本书）强调读的是这本书，而不是那本书（因此这本书 ezt a könyvet 应置于谓语 olvassa 之前），此处说成 Péter ezt a könyvet olvassa 亦可。

表 2：非强调句的语法顺序

语境（只是背景，而不是提问）	非强调句句型 1	非强调句句型 2	结论
Mit csinál Péter? 彼得在做什么？	主宾谓（SOV） Péter könyvet olvas. 彼得在读书。	宾谓主（OVS） Könyvet olvas Péter. 彼得在读书。	陈述事实，可用 SOV 语序，亦可用 OVS 语序；不可用 SVO 语序（否则就是在强调主语）。

表 3：强调句的语法顺序

语境（只是背景，而不是提问）	强调句句型 1	强调句句型 2	结论
'Mit olvas Péter? 彼得在读什么？	主宾谓（SOV） Péter 'könyvet olvas. 彼得在读书。 （彼得在读书，而不是在读报）	宾谓主（OVS） 'Könyvet olvas Péter. 彼得在读书。	宾语“书”könyvet 作为被强调的内容，应放在谓语 olvas 之前，且应重读；主语“彼得”Péter 位置可变动。
'Ki olvas könyvet? 谁在读书？	主谓宾（SVO） 'Péter olvas könyvet. 彼得在读书。	宾主谓（OSV） Könyvet 'Péter olvas. 彼得读书。	主语“彼得”Péter 作为被强调的内容，应放在谓语 olvas 之前，且应重读；宾语“书”könyvet 位置可变动。
Péter 'nem olvas könyvet. 彼得不读书。	谓主宾（VSO） 'Olvas Péter könyvet. 彼得读书。（彼得不是不读书，而是读书。）	谓宾主（VOS） 'Olvas könyvet Péter. 彼得读书。（彼得不是不读书，而是读书。）	谓语“读”olvas 作为被强调的内容，一般应放在句首。主语和宾语的位置可变动。
'Olvas könyvet Péter? 彼得读书吗？	谓宾主（VOS） 'Olvas könyvet Péter. 彼得读书。	谓主宾（VSO） 'Olvas Péter könyvet. 彼得读书。	谓语“读”olvas 作为被强调的内容，一般应放在句首。主语和宾语的位置可变动。

注：' 为匈语中被强调的部分；划线部分为汉语中被强调的部分。因为匈语语序相对自由，表 3 中仅列出最常见的几种可能性，未涵盖全部说法。

综合表 2 和表 3 可知，匈牙利人是否在强调句中的某一成分，一方面要看所使用的语序，另一方面，还要看说话人是否重读这一成分。与陈述句类似，匈语疑问句的语序也同样适用于此规则。例如：Ki megy a pályaudvarra?

（谁要去火车站）句中，提问者关心的是“谁去”，Ki（谁）作为被强调的部分，应置于谓语 megy（去）之前并被重读。同样的道理，在答语中也应将“去火车站的人”作为强调的重点，置于谓语之前，如：Az angol turista megy a pályaudvarra.（那个英国游客要去火车站），az angol turista（那个英国游客）必须放在谓语 megy（去）之前并被重读。换句话说，疑问词（谁、什么、哪里、为什么、几点等）永远是提问者关注的焦点，是被强调的重点，必须放在谓语之前，而其他句子成分则既可放在谓语之后，也可放在句首。因此，对于 Ki megy a pályaudvarra?（谁要去火车站）这个问题，也可以回答为：A pályaudvarra az angol turista megy.（那个英国游客要去火车站）。当然，如果没有明确的提问与回答关系，语序可以根据说话人想表达的重点不同而变化（见表 2、表 3）。

与匈语不同，汉语作为词根语的代表，最明显的特征是缺乏严格意义上的形态变化，同一个词处于不同的语法位置表示不同语法意义时，词形本身并无任何变化。汉语主要借助于语序和虚词的变化来表示语法关系和语法意义。如果改变语序，结构关系和语法意义也随之改变。例如：发展迅速（主谓关系）—迅速发展（偏正关系）；转播中断（主谓关系）—中断转播（述宾关系）。在汉语的句子中，如果调换语序，语义会发生很大变化。如：“不很清楚”和“很不清楚”在程度上有所不同；“到早了”指到达得太早，而“早到了”指早就到了；“一会儿再聊”指现在不能聊了，而“再聊一会儿”则指聊天者还不愿意结束。由于语序相对固定①，我们在说话时不可能像匈牙利人那样，总是把要强调的核心部分置于谓语之前，大多数时候我们需要通过重音、语速、语音上的停顿和语调等方式来表达。如“我妹妹明天去学校”句中，我们可以通过语音停顿、音强音弱等差别，分别强调“我妹妹”、“明天”或者是“去学校”。正是由于匈语、汉语在语序和强调上的种种差异，给中国学生的匈语学习造成了一定的困难。这也是我们语言教师在教学实践中需要引导学生去体会、理解并最终掌握的。

四、结语

本文结合传统与现代的语言类型分类方法，对匈牙利语和汉语简单句基

---

① 汉语中存在主语后置等倒装现象。但一般来说，主语后置需要有形式上的标记，在书面上要用逗号将后置部分标示出来。如：“回去吧，我们。”在口语中，前置部分和后移部分有时通过语音停顿来区分，或者通过这两部分的音强音弱来表示。

本结构以及强调的方式进行比较和分析，对匈语语序在不同语境、不同文体中的“正确”标准以及需要注意的问题进行了初步探讨。可以说，不同的语序有不同的交际功能，无论是在汉语还是在匈语中，说话人都需要根据特定的（包括语法、语境和心理的）环境利用不同的语序来传递自己的语用信息。同时，听话人也需要根据对方所使用的语序和发音所使用的力度等去理解说话人的实际意图。对这一课题的研究，将会在一定程度上帮助匈牙利语专业学生更好地理解不同语序在表述上的差别，并逐渐学会在不同场合使用与情境、与意图相适应的匈语语序。

参考文献

1. 戚雨村：《语言学引论》，上海：上海外语教育出版社，2002 年版。

2. 王福祥、吴汉樱：《语言学历史 · 理论 · 方法》，外语教学与研究出版社，2008 年版。

3. 卢英顺：《形态和汉语语法研究》，上海：学林出版社，2005 年版。

4. 威廉 · 克罗夫特：《语言类型学与语言共性》（第二版），龚群虎等译，上海：复旦大学出版社，2009 年版。

5. Balázsi József Attila, *A nyelvtipológia fogalma, legfontosabb kérdései a magyar mint idegen nyelv szempontjából.* = *Magyar nyelvmester. A magyar mint idegen nyelv – Hungarológiai alapismeretek.* Budapest, Tinta Könyvkiadó. 2007. （鲍拉什 · 约瑟夫 · 阿提拉：《语言类型概念，外国人学习匈语遇到的重要问题》，选自《语言大师：外国人学匈牙利语—匈牙利语入门》，布达佩斯：墨水出版社，2007 年版）。

6. Bárczi Géza, Benkő Loránd, Berrár Jolán, *A magyar nyelv története.* Budapest, Nemzeti Tankönyvkiadó. 1999. 11. kiadás. （巴尔茨 · 盖佐、本古 · 罗兰、贝拉尔 · 尤兰：《匈牙利语言史》，布达佩斯：民族教材出版社，1999 年版，第 11 版）。

7. Keresztes László, *Gyakorlati magyar nyelvtan*, Debrecen, Debreceni Nyári Egyetem. 1995. 2. javított kiadás. （凯莱斯泰什 · 拉斯洛：《实用匈牙利语语法》，德布勒森市：德布勒森夏日大学出版社，1995 年版，第二次修订版）。

从“饺子”到“君子”

——试论中国文化符号在罗马尼亚语中的表述问题

董希骁

（北京外国语大学欧洲语言文化学院）

提　要：随着中国文化在海外的升温，文化符号的重要性日益凸显。本文从“饺子”和“君子”这两个词语入手，探讨中国文化符号在罗马尼亚语中的对应表述问题。在对不同文化符号进行定义、归类和分析后，结合中国文化符号的特征，笔者认为应在充分认知的基础上，尽力保持传统文化符号的实质，必要时用音译代替草率的意译。

关键词：文化符号；意译；音译；饺子；君子

From “Jiaozi” to “Jun Zi”

— *A Study on Expression of Chinese Cultural Signs in Romanian*

DONG Xixiao

（School of European Languages & Cultures，Beijing Foreign Studies University）

Abstract：Along with the growing popularity of Chinese culture overseas，cultural signs are becoming increasingly important. Beginning with the two words “jiaozi” and “Jun Zi”，this article intends to discuss the corresponding expressions for Chinese cultural signs in Romanian. Considering the characteristics of Chinese cultural signs，and after defining，classifying and analyzing different cultural signs，the author thinks that the essence of cultural signs should be retained，based on full understanding of them. If necessary，transliterations are recommended rather than arbitrary translations.

Key words：cultural signs；translation；transliteration；*jiaozi*；*Jun Zi*

近年来，随着我国在全球影响力的提升，国家对中国文化海外推广的扶持力度不断加大，各类汉语教材和介绍中国文化的书籍大量面世。笔者也有幸参与了《汉语图解词典》（罗马尼亚语版）① 和《汉语乐园》（罗马尼亚语版）② 的部分翻译和编辑工作，为弘扬中国文化尽一份绵薄之力。

笔者发现，在国家汉办项目《汉语乐园》系列教材中，涉及一些中国特有的元素，如“饺子、包子、春卷”等，刻意保留了这些词汇的汉语拼音形式，仅要求译者在括号中给出对应的外文解释。例如在该教材罗马尼亚语版的词语卡片中，就采用了以下形式：

饺子—— *jiaozi*（colţunaşi）

包子—— *baozi*（colţunaşi gătiţi la aburi）

春卷—— *chunjuan*（rulouri umplute prăjite）

从表面上看，似乎只是同时保留了所谓“音译”和“意译”两种译法，然而笔者认为，这恰恰保留了文化符号的精髓。

一、什么是文化符号

所谓文化符号，是经过时间洗涤之后沉淀下来的精华，是某种意义和理念的载体，这种理念和意义又通过一系列表征体现出来。从某种意义上说，文化就是人的符号化的行为，文化的形式是符号。如果把人界定为符号动物，人类文化的全部意义就在于人类如何使用符号和创造符号。③ 正如怀特所说，人类行为是符号行为……文化世界的关键和参与文化世界的方法是——符号。④

2006 年 5 月，美国《新闻周刊》根据美、加两国网民投票，评选出进入 21 世纪以来世界最具影响力的 12 个国家（美国、中国、英国、法国、日本、意大利、德国、俄罗斯、西班牙、印度、希腊、韩国），以及这 12 个国家的

---

① 吴月梅主编：《汉语图解词典》（罗马尼亚语版），北京：商务印书馆，2010 年版。

② 刘富华等编著：《汉语乐园》（罗马尼亚语版），北京：北京语言大学出版社，2010 年版。

③ 孟庆艳：《文化符号研究的哲学维度》，载《国外理论动态》，2007 第 6 期。

④ ［美］怀特（Leslie Alvin White）著，沈原等译：《文化的科学——人类与文明研究》，济南：山东人民出版社，1988 年版，第 37 页。

20大形象符号。中国得票率仅次于美国居世界第二位，具体的文化符号有：汉语、北京故宫、长城、苏州园林、孔子、道教、《孙子兵法》、兵马俑、莫高窟、唐帝国、丝绸、瓷器、京剧、少林寺、功夫、《西游记》、天坛、毛主席、针灸、中国烹饪。这只是美、加两个西方国家部分网民的评选结果，不具备广泛代表性，入选的20个中国文化符号也远远不足以涵盖中国文化的实质。综合相关各国的情况，笔者认为文化符号大体上可涉及以下几个方面：

1. 人物（包括历史或当代名人、虚拟人物、职业、团体、种族），如：超人（美）、孔子（中）、甲壳虫乐队（英）、拿破仑一世（法）、天皇（日）、达芬奇（意）、贝多芬（德）、柴可夫斯基（俄）、斗牛士（西）、释迦摩尼（印）、斯巴达人（希），等等。

2. 语言，如：汉语、英语、法语、俄语、西班牙语，等等。

3. 地名（包括街道、城市、景点等），如：好莱坞（美）、北京故宫（中）、长城（中）、巨石阵（英）、香榭丽舍大街（法）、富士山（日）、姬路城（日）、比萨斜塔（意）、柏林墙（德）、克里姆林宫（俄）、泰姬陵（印）、雅典卫城（希）、景福宫（韩），等等。

4. 食品饮料（包括品牌和相关庆典），如：可口可乐（美）、饺子（中）、春卷（中）、芝华士（英）、香槟（法）、寿司（日）、比萨饼（意）、慕尼黑啤酒节（德）、伏特加（俄）、高丽药膳（韩），等等。

5. 商家或知名品牌，如：沃尔玛（美）、瓷器（中）、劳斯莱斯（英）、家乐福（法）、索尼（日）、法拉利（意）、阿迪达斯（德）、三星（韩），等等。

6. 其他文化符号（包括文学艺术形式或作品、体育运动、哲学或宗教思想、文化运动、医疗手段等），如：爵士乐（美）、京剧（中）、功夫（中）、针灸（中）、《哈利波特》（英）、启蒙主义（法）、《菊与刀》（日）、文艺复兴（意）、《格林童话》（德）、《静静的顿河》（苏联）、《堂吉诃德》（西）、佛教（印）、瑜伽（印）、《荷马史诗》（希）、跆拳道（韩），等等。

二、罗马尼亚语中处理他国文化符号的几种方式

在向他国介绍文化符号时，可根据这些符号所属的具体类别采取不同的翻译方法。笔者分析了各国文化符号在罗马尼亚语中的表述，认为无外乎以下几类：

1. 基本保留原有形式，作为外来词直接引入罗语。如：McDonald's（麦当劳）、Beatles（甲壳虫乐队）、matador（斗牛士）、jazz（爵士乐）、Balzac（巴尔扎克），等等。此类方法多适用于用拉丁字母书写的源语言。有时还会按罗语的正字规则进行屈折，例如德国运动品牌 Adidas（阿迪达斯）在罗语中已经转义成普通名词，常用复数形式 adidaşi（运动鞋）。

2. 用罗语字母直接或间接从源语言中进行转写或音译。如：孔子→Confucius、champagne（香槟）→şampanie、водка（伏特加）→vodka、Πλάτων（柏拉图）→Platon、태권도（跆拳道）→Taekwondo，等等。音译词还包括派生词，例如由 Confucius 派生出 confucianism（儒教）后被罗语间接引进。

3. 音译（或源语言形式）与意译结合使用。例如：少林寺→Templul Shaolin、Avenue Champs-Elysées（香榭丽舍大街）→Bulevardul Champs-Elysées、姬路城→Castelul Himeji，等等。其中音译部分为指称对象的名称，意译部分则表示指称对象的类别，可兼顾源语言形式和罗马尼亚受众的理解力。

4. 用罗语进行解释、说明性意译。例如：长城→Marele Zid（宏伟的城墙）、故宫→Palatul Imperial（皇宫），等等。由于汉语和罗语的发音和表义方式差别巨大，因此在介绍中国文化符号时，这种完全脱离源语言形式的意译方法较为常见。

5. 用罗语中原有的词汇直译他国文化符号。例如：饺子→colţunaşi、《菊と刀》（《菊与刀》）→*Crizantema şi sabia*，等等。此类情况多发生在罗语中原有相似概念，虽与所指称的文化符号并不完全相符，但借用母语中的概念有助于罗马尼亚受众理解，产生语义偏差也在所难免。在上面的例子中，colţunaşi 一词本身并不是我们通常理解的中国水饺，sabia 一词也泛指所有较长的带把刀剑，并不特指日本刀。

三、从“饺子”到“君子”及文化符号音译的可行性

仅就词汇翻译而言，音译和意译各有利弊已是不争的事实。但笔者认为，从文化符号推介的角度看，对源语言形式进行不同程度的保留是极为必要的。因为语言本身也是具有概括性、抽象性的高度符号载体，这一点与文化符号极其相似，可以说文化符号的重要组成部分之一就是其语言形式。源语言形

式一旦丧失，文化符号的象征性必将大打折扣。

例如将“故宫”译为 Palatul Imperial（皇宫），实际上只解释了这个文化符号的部分内涵。因为“皇宫”这个概念并非中国专有，所以有时候必须加上限定成分构成更为复杂的形式 Palatul Imperial Chinezesc（中国皇宫）。即便如此，其所指也并不是唯一的，若非使用首字母大写的专有名词形式，也可泛指中国境内的任何一处皇宫。又如 colţunaşi 一词，原义指“一种以方形小面团做皮，以肉、奶酪、果酱等做馅，煮熟后制成的食品”①，类似于意大利水饺，除了做法相似外，与中国水饺的选材和口味都大相径庭。罗马尼亚受众见到这个词固然不难理解，但脑海中浮现的未必就是中国“饺子”的形象，对文化符号的认知也就出现了偏差。如果我们的目的是要通过“饺子”这个符号来弘扬中国传统饮食文化，而非急功近利的商业推广，那么将其译为 colţunaşi 就有待商榷。

上文中提到的文化符号，其指称对象多局限在实际存在的语言、人物、景观、器物，以及各类固态文化现象。另有一类文化符号指称的是动态发展、论证中的文化概念，例如儒学典籍中频繁出现的“君子”一词，译介时更费周章。英语中，有将其解释为（in Confucian tradition）a person of noble character and integrity（儒家传统中具有高尚品格诚信的人）的，也有将其简单译为 gentleman（绅士）的。前者过于繁琐，且未能尽“君子”二字之意，后一译法则更为随意。罗语中对这一概念的译法更是五花八门，笔者所见的就有 omul ideal（理想的人）、omul de bine（善良的人）、omul ales（杰出的人）、omul superior confucianist（最高层次的儒者）、nobil（高贵的人），不一而足。显然，所以这些译法都只涉及了“君子”这个概念的某一层面，依此对这个文化符号进行理解无疑也是肤浅的。

事实上，即使汉语中对“君子”也没有一个权威的定义。这一概念早在《易经》中就已出现，后又被儒家不断完善，成为个人道德修养最高境界的概括。两千年多来，包括孔子在内的多少大儒试图对“君子”二字进行阐述，却未能得出一个明确的定义。整个儒学体系的思想核心就是一个“仁”字，儒家提倡“仁者爱人”，其目的就是达到我们今天所说的“和谐”，而“君子”正是“仁”的思想的践行者。如果可以用几个外文单词将这一概念翻译明白，解释清楚，又何须费力译介诸多儒学典籍？

---

① 见《罗马尼亚语释义词典》（*DEX*）定义。

英国社会学家霍尔曾指出，人是符号和文化的动物，文化总是体现为各种各样的符号，文化的创造在某种程度上就是符号的创造①。越是文化内涵丰富的概念，越是只能用符号来代替，过于具体的译介只能适得其反。正如禅宗提倡所谓的“不立文字”，实际是指不立“具有逻辑概念的名相文字”。幽玄的禅法是不可也无法用语言解释的，要用“心”（思想）去体悟。过多的解释不仅不能反映事实的全体本质，有时反而会干扰人们认识事物的本质，使人陷于言辞义理之中而不能自拔。

因此笔者认为，“君子”不是某一低层次的具象概念，而是具有高度概括性的文化符号。对于此类文化符号，只有在认知和保护的基础上，才有资格、有可能向海外推广。“君子”作为一个几千年来被反复论证的概念，具有高度的抽象性，很难被外国人理解，但这并不妨碍将其作为一个文化符号推向海外受众。因此对其最佳处理方式就是保持原状，直接音译为 Jun Zi，至多加上简单注释。笔者欣喜地看到，近年来罗马尼亚汉学研究者和中国文化爱好者也尝试着使用这种方法来处理中国文化符号，有的甚至还同时保留了汉字形式。例如：

... în final alcătuim un profil al actorului exemplar al modului de a fi şi a acţiona confucianist：Junzi 君子（“Omul Ales”）.（……最终我们对儒者的处世立命方式形成了一种典型性印象：君子，即“杰出的人”。）②

... omenia însăşi（ren）este una dintre calităţile intrinsece ale modelului uman ideal Junzi 君子（“Omul Ales”）.（……“仁”本身也是君子，即“杰出的人”这一人类理想典范的内在品格之一。）③

El a folosit piatra pentru a simboliza ideea de *junzi*, ideea de om nobil sau superior.（他用玉石来象征君子，即高尚的人的思想。）④

相似的例子还有上文中提到的“孔子”，相信绝大多数海外民众对其认知也只是在符号层面上，将其作为历史人物认真了解的很少，研究儒家学说的则更少。但正是 Confucius（孔夫子）这个音译的文化符号，凝聚了对中国

① ［英］霍尔（Stuart Hall）编，徐亮、陆兴华译：《表征——文化表象与意指实践》，北京：商务印书馆，2003 年版，第 1 页。

② ［罗］特瓦德尔：《关于中国的禅让理念》［Şerban Toader：*Despre noţiunea chineză de cedare*（*rang*）］，博士论文。

③ 同上。

④ http：//lazulibiju. ro/pietre. php？id_ piatra = 22.

文化感兴趣的初级群体，为中国文化的进一步推广提供了可能。我国将海外的中国语言文化推广机构命名为“孔子学院”，意义正在于此。“孔子学院”只是借用了这一典型的中国文化符号，至于其工作的内容有多少与孔子或儒家思想有关，其实并不重要。

笔者认为，当我们自己对某些文化符号的内涵尚在探索时，应尽力保持它们的原貌，而不是草率地对其进行定义和翻译。《老子》有云：“道，可道，非常道。”真理总是引导人们去探究，而不应被轻易定义，更不要说试图去翻译了。译者片面的理解和阐述，必然是对这些文化符号的损耗甚至歪曲。就好像“以手指月”一样，易使人注视了“指”，陷于言辞义理之中而忽视了“月”本身，故禅宗有“见月休看指”的说法。对这些文化符号，首先应该持尊重的态度，向海外推介时大可采取音译的方法。confucianism（儒家思想、儒教）、daoism（道家思想、道教）、kungfu / wushu（功夫/武术）、qigong（气功）等词汇在欧美国家的传播和接受程度，充分证明了音译的可行性。近年来随着各类风水学书籍在海外的热销，yin（阴）、yang（阳）、fengshui（风水）这些音译词更是被广泛接受。但就整体数量而言，中国作为一个文化大国，向外国语言，尤其是欧洲语言中输出的词汇实在少得可怜。

以我们的近邻日本为例，历史上曾深受汉文化的影响，其语言、风俗、建筑、艺术等处处可见汉文化的痕迹。而当代，日本向海外输出文化符号的数量大大超过了中国，现代罗语中音译自日语的词汇也远远多于汉语词汇。仅在餐饮方面，罗语中使用的日语音译词就有 sushi ← 寿司、sashimi ← 刺身（生鱼片）、nigiri ← おにぎり（饭团）、tempura ← 天ぷら（天妇罗）、teriyaki ← 照り焼き（烧肉酱）、wasabi ← わさび（芥末），等等。而据笔者所知，接受度较广的中文音译词仅有少数几个如 tofu ← 豆腐（有时也意译作 brânză de soia，即大豆奶酪）、pui gongbao ← 宫保鸡丁。“饺子”作为具有典型中国传统特色的食品，将其译音 jiaozi 直接引入罗语，并不为过。同理，从 samurai ← 武士、ronin ← 浪人、gheişă ← 芸者（艺妓）、ninja ← 忍者 等指人的日语词汇在罗语中的接受程度来看，将 Jun Zi（君子）作为一个文化符号引入罗语不仅是可行的，也是完全必要，甚至是紧迫的。因为在某种程度上，对于国家而言，多输出一些文化符号可能比教外国人说几句日常汉语更有意义。

站在海外受众的角度看，在语言形式上具有异域风情的文化符号可能更容易激发其兴趣。例如，近年来中央提出了“构建和谐社会”的理念。“和谐”也是高度符号化的概念，每个人都似乎能体悟其本质，又都可以有不同的理解。理解的差异无疑会引发探索和论证，而探索和论证本身就是科学发展的最重要手段。在对外宣传中，我国媒体通常采用直译的方法，例如将“和谐社会”译为罗语 societate armonioasă。这样的译法固然容易被国外受众理解，但是否真体现出了“和谐”二字的精髓，恐怕有待商榷。在对北京奥运会开幕式的实况报道中，笔者听到某境外媒体的洋主播居然在英文稿里清晰地说出 hé xié shè huì 这一音译时，不禁愕然。也许是该主播标新立异，但也可能是我们低估了国外受众对符号的接受能力，毕竟外媒应该对其国民的思维方式更为了解。

四、结语

与西方文化相比，中国文化向来是轻分析而重归纳的，将具体事物归纳为抽象概念，并进一步符号化，实为中国文化之所长，这种概括性的思维方式本身就是先辈留下的宝贵遗产。古人曾经提出过“仁”、“义”、“礼”、“智”、“信”、“道”、“德”、“君子”、“小人”、“阴”、“阳”等一系列高度符号化的概念，这些概念之所以具有强大的生命力，至今对国人的价值观产生着重要影响，就是由于它们被不断论证和发展，而不是拘泥于刻板的定义。在全球化的今天，语言和文化差异可能会导致交流障碍，但文化自身的魅力也正在于差异。在推介某一传统文化概念时，不妨将已有的语言符号，即汉语名称借用过来，将其提升为文化符号，从而保护和推广。

我们还必须认识到，文化符号的保护和对外推广是一个系统工程，确定其语言形式只是第一步。从学术层面看，虽然古老的中国传统文化在历史的进程中积淀了丰富的符号学思想，但对符号学的研究则是在全面吸收欧美社会人文学术思想背景基础上产生的①。中国改革开放 30 余年来在各方面取得了长足进步，但总体上还是一个发展中国家，在文化推广方面起步较晚，经验极为欠缺。由于意识形态的差异，很多国家的民众甚至对中国还存在较深的误解。重建并完善中国国家形象，并在此过程中进一步推广中国文化符号，通过多种方式和渠道真诚地与世界共享，任重而道远。

---

① 万资姿:《符号学研究与马克思主义文化符号概念》，载《北方论丛》，2009 年第 1 期。

参考文献

1. 李樊、李欧：《表征——作为文化符号异议的社会学反思》，载《长春工业大学学报》（社会科学版），2008 年第 2 期。

2. 刘俊：《走向世界的中华文化符号》，载《华人世界》，2006 年第 10 期。

3. 孟庆艳：《文化符号研究的哲学维度》，载《国外理论动态》，2007 年第 6 期。

4. 万资姿：《符号学研究与马克思主义文化符号概念》，载《北方论丛》，2009 年第 1 期；《论现代文化符号创造的二重性》，载《兰州学刊》，2009 年第 1 期。

5. 陈序经：《文化学概观》，北京：中国人民大学出版社，2005 年版。

6. 黄振定：《翻译学的语言哲学基础》，上海：上海交通大学出版社，2007 年版。

7. 刘继南、周积华等：《国际传播与国家形象》，北京：北京广播学院出版社，2002 年版。

8. ［法］巴尔特（Roland Barthes）著，李幼蒸译：《符号学原理》，北京：三联书店，1988 年版。

9. ［法］鲍德里亚（Jean Baudrillard）著，林志明译：《物体系》，上海：上海人民出版社，2001 年版。

10. ［美］费斯克（John Fiske）著，杨全强译：《解读大众文化》，南京：南京大学出版社，2001 年版。

11. ［美］怀特（Leslie Alvin White）著，沈原等译：《文化的科学——人类与文明研究》，济南：山东人民出版社，1988 年版。

12. ［英］霍尔（Stuart Hall）编，徐亮、陆兴华译：《表征——文化表象与意指实践》，北京：商务印书馆，2003 年版。

13. ［罗］特瓦德尔（Şerban Toader）：《关于中国的禅让理念》［*Despre noţiunea chineză de cedare*（*rang*）］（博士论文）。

关注欧洲文坛

European Literature

穿越政治风雨的文学之舟*

——1980—2000年的罗马尼亚小说创作

冯志臣

（北京外国语大学欧洲语言文化学院）

20世纪后半叶的罗马尼亚文学如同行驶在波涛汹涌、暗礁密布的茫茫大海上的一叶扁舟，它的航迹只能透过变幻莫测的浓重阴云予以追踪，但是那些纷乱破碎的水波和阴霾却时时干扰着我们的视线。这是因为该时期的罗马尼亚文学经历了两个截然不同的历史时期，一是始自1948年终于1989年的社会主义时期；二是1989年社会主义解体后的另一种社会制度。在这两种社会制度中，政治走向和文学演化交织在一起，政治涉及意识形态中的文学，文学丧失独立的地位，屈从各种政治倾向，形成无数纠缠在一起的难以剖析的结节。20世纪80年代和90年代的罗马尼亚文学恰恰处于两种社会制度的交替阶段，社会发展的链条产生断裂，与此相关的文学演化自然也走向迥异。由于社会主义时期在1980—1990年的时段中占据绝大部分，所以本文对该时期的文学演化描述较多；而1989—2000年的罗马尼亚文学属于新时期的文学起点，文坛处于自由化的混沌状态，有价值的作品寥寥无几，文学演化的走向仍未定型，所以本文只能对当时的文学界状况予以概括的介绍。

1980—1989年的罗马尼亚文学属于社会主义阶段文学的末期，要想洞察这一时段的文学特点，必须了解它的整个演化航迹。需要指出的是这一阶段的文学带有强烈的意识形态印痕，完全弃绝纯粹意义上的文学流派，或者说文学是政治的一部分，文学的演化取决于政治导向，在每一个演化的环节中都交织着政治因素和文学因素，不可孤立对待，否则就无法解释众多的文学

* 本文为2006年度国家社会科学基金项目“当代外国文学纪事丛书：1980—2000”（批准号06AWW001，项目类别重点项目，主持人金莉）的阶段性成果。

现象，或许这就是罗马尼亚社会主义时期文学的主要特征。

为了便于梳理与政治因素纠缠在一起的文学演化脉络，我们可以将罗马尼亚社会主义时期的文学分为三个阶段，即：1947—1959 年的社会主义现实主义阶段、1960—1970 年的文学解冻阶段和 1971—1989 年的文学紧缩阶段。

第一阶段（1947—1959 年）可以上溯至 1944 年，因为这一年罗马尼亚调转枪口，加入反法西斯阵营，罗马尼亚共产党在 8 月 23 日的武装起义中起了相当重要的作用。随着苏军进入罗马尼亚，罗马尼亚共产党的影响日益扩大，直至 1947 年宣告罗马尼亚人民共和国的成立。罗共在加强政权建设的同时，全面开展思想、文化战线的斗争，文学界也首当其冲，一方面是严厉清理旧文坛，另一方面是推行无产阶级文学。战前，罗马尼亚文学一直沿着西方的文学脉络发展，突然的转折使大多数作家处于困惑迷茫状态，尤其是无产阶级文学在罗马尼亚的根基十分薄弱，作家群体对陌生的文艺导向一时间难以适应。更为严重的是作家群体在意识形态方面面临重新站队的问题，如果在他们的个人经历或文学作品中发现与新的政治原则和新的文学导向不相符的东西，轻则受到批判，重则被投入监狱，战前的许多知名老作家，诸如 L. 列布里亚努、T. 阿尔盖齐、L. 布拉加等都曾遭到无端的批判和迫害，以“革命者”面貌出现的一批极左文人把持了文艺界，实施文化专制，文坛受到重挫，据 1989 年后出版的一些文学评述统计，这一时期遭到严酷冲击的作家（包括古典作家、已故作家和在世作家）多达数百人。禁书的数量更为惊人，文学和社会科学类图书有 8438 种，几百万册此类图书从而被清除出图书馆。第二轮打击文坛的浪潮始自 1956 年匈牙利事件，N. 科拉伊尼克、I. 卡拉扬、Al. 伊瓦修克等都曾被捕入狱，甚至年逾 70 的老作家 V. 沃伊库列斯库也未能幸免，罪名是他的作品中含有神秘主义。至于罪名，简直是五花八门，诸如：与朋友或同事评论时政、同国外有通讯联系、私下阅读禁书、撰写针砭时弊的日记、经常去教堂等等，不一而足。

除了实施专政手段外，另一个禁锢文坛的手段是依据苏联模式强制推行社会主义现实主义。“社会主义现实主义”这个术语首次见于 1934 年原苏联作家代表大会的文件中，以示苏联推行的现实主义区别西方推行的现实主义。虽然这个术语在当时带有某些政治色彩，但仍保持文学意义上的现实主义的实质内涵，高尔基等著名作家都予以赞同。但是，随着时间的推移，这种文学导向逐渐模式化，政治因素压倒文学因素，日丹诺夫在 1946 年和 1947 年的两篇讲话使这一倾向达到极致，社会主义现实主义被理解为党性文学或者党的工具。罗马尼亚从苏联照搬的社会主义现实主义是日丹诺夫的社会主义现实主义，该理论在1951年出版的《论文学、艺术中的社会主义现实主义》这本小册子中首次在罗马尼亚得到阐述。依据这一理论，作家只能按照一定的模式进行创作，不得越雷池半步，否则不可想象的灾难就会降临。战前流行文坛的抒情文学、心理分析文学、田园文学、现代主义文学、先锋派文学等均被视为毒草，讴歌时政类作品一花独放。虽然社会主义现实主义文学于战后初期在鼓动群众、歌颂新时代方面起到了一定的积极作用，但是其题材的局限性、手法的单一性、人物刻画的线条性，很快使这一创作方法成为千人一面、套路雷同的固定模式，读过开篇的几行，就能知道其结尾如何。许多作家为了适应这一创作模式，在没有切实生活体验的情况下，东拼西凑勉强成篇，结果是只保留了“社会主义”的外表，却丢失了“现实主义”的实质，成为不受读者欢迎的虚假文学，经不起时间的考验，很快被人们摈弃。老作家M. 萨多维亚努的长篇小说《米特里亚·柯柯尔》就是这类作品的典型代表，描写贫苦农民走向革命道路的故事在当时的东欧社会主义国家普遍适用，手法和情节的模式化扼杀了萨多维亚努一直为读者称道的优美抒情的艺术风格。

强制推行的社会主义现实主义完全违背了文学发展的自然法则，虽然它借助高压的政治氛围大有独霸文坛之势，但其实质，无论在文学主体，即作家层面，还是在文学受体，即读者层面，都是脆弱的。在那个年代，公然反抗完全不可能，但是暗地的议论并不鲜见，在恰当场合也有婉转的批评，例如，1956年的罗马尼亚作家代表大会上，诗人A. E. 巴康斯基就曾冒险踏近禁区的边缘，对社会主义现实主义提出一些所谓的修正建议。可是，罗共中央发来的贺电却给了与会的部分代表当头一棒，贺电重申社会主义现实主义在文学、艺术领域的必要性和重要性，持反对意见者受到警示和暂时的压制，但这并不意味文学导向斗争的终止，其余波一直持续到60年代初期。

这一时期，除战前老一代的作家外，例如诗人T. 阿尔盖齐、小说家M. 萨多维亚努等，文坛的主力军是另一代新人，被称作40年代作家，之所以有这样的称谓，是因为他们在战前就已涉足文学。诗歌领域有M. 贝纽克、E. 热贝莱亚努、M. 巴努什、G. 杜米特雷斯库、N. 拉比什等。小说领域有Z. 斯坦库、M. 普列达、P. 杜米特里乌、E. 巴尔布、T. 波波维奇等。戏剧领域有H. 洛维内斯库、A. 巴琅格、T. 马季鲁等。本文不厌其烦地插入不同时期的枯燥的作家名录，例如40年代作家、60年代作家、80年代作家、“2000年作家”，是因为这些作家具有代表性，他们共同参与和影响了罗马尼亚文学的演化，例如这一阶段的诗人M. 贝纽克作为作家联合会的党组书记，就曾积极推行社会主义现实主义，而年轻诗人N. 拉比什具有反叛精神，他实际上是下文提及的“布加勒斯特之春”的先行者。

第二阶段（1960—1970年）的文学演化也与罗马尼亚的政治事件紧密相关。1960—1964年间，作为50年代苏军撤离罗马尼亚、斯大林逝世、赫鲁晓夫秘密报告的后果，乔治乌—德治逐渐实施摆脱苏联控制的相对独立的政策，罗马尼亚国内的政治气候和文坛气候稍有和缓。1964年，在悄悄进行的“清除斯大林化”的影响下，“社会主义现实主义”这个禁锢罗马尼亚文坛的术语终于在字面上消失。1965年乔治乌—德治逝世，齐奥塞斯库执政后继续其游离苏联的政策，推崇独立精神。同年7月召开罗共第九次代表大会，会上齐奥塞斯库对以往的肃反扩大化予以纠正，此后在政治、经济、文化等领域实施了一系列深得人心的措施，诸如对外适度开放，释放所有的政治犯，其中包括前一时期遭到迫害的作家，为他们平反，允许他们重新写作，书刊检查有所放松，各种因素促成了文坛的“布加勒斯特之春”。1968年华约肆意侵犯捷克斯洛伐克，作为华约的成员国，齐奥塞斯库领导下的罗马尼亚拒绝出兵，再次显示了齐奥塞斯库的独立精神，从而在国内外树立了前所未有的威望。党的形象也大为改观，有了更强的凝聚力。一批恢复名誉老作家重振精神，投入新社会的作家队伍；从牢狱中获释的中青年作家摈除心灵中的伤痕，为文学园地添彩；有些坐牢期间被开除党籍的作家，例如P. 戈马，要求重新入党。

“布加勒斯特之春”是指20世纪60年代解冻时期文坛的复苏，长年隐藏地下的文学社团和各种文学思潮破冰出土，诗歌园地率先享受了适时的雨露，N. 斯特内斯库的抒情诗集《爱情的含义》就是一个标志。抒情诗的出现突破了颂诗的一统天下，此后陆续向其他风格的现代诗发展，诸如讽喻诗、隐秘诗、抽象诗等。这一阶段的诗坛主将被称作60年代诗人，他们之中有A. E. 巴康斯基、I. 霍利亚、N. 斯特内斯库、M. 索雷斯库、I. 亚历山德鲁、A. 布兰迪亚娜、A. 珀乌内斯库、M. 迪内斯库等，其文学倾向和作品特色均属于新潮，M. 索雷斯库的诗歌在诙谐的背后凸显讽喻意味，I. 亚历山德鲁的颂诗在题材和风格上另辟蹊径，A. 珀乌内斯库逐渐摆脱“御用诗人”的阴影，而A. 布兰迪亚娜和M. 迪内斯库是诗坛的持不同政见者，他们后来成为反齐奥塞斯库政权的急先锋。

在60年代解冻时期，小说园地紧随诗歌之后，展现新的面貌。率先促成小说复兴的是40年代作家，M. 普列达堪称旗手。他于50年代发表的描写二战末期罗马尼亚农村生活的《莫洛米特一家》（第一卷）已经在很大程度上游离了当时推行的社会主义现实主义，共产党人在书中只是昙花一现的影子人物，而60年代出版的《莫洛米特一家》（第二卷）则更为写实，农业合作化通过另类的视角展现给读者，合作化给农民带来的不是绝对的欢欣鼓舞，某些共产党人的违法乱纪也片片断断得到揭示。为什么说“片片断断”？因为当时书刊检查机构虽然不再动辄挥舞“反社会主义现实主义”的大棒，但是变相的文学禁区无时不在，文学仍然受到政治的束缚，除当局开放的禁区外，例如50年代的肃反扩大化、各种类型的官僚主义等，其他许多涉及要害的阴暗面不能也不允许全面展示，于是作家们利用“解冻”的缝隙，通过另类的文学手法同当局捉迷藏，这样既能婉转地、隐晦地、零星地触及某些现象，又让当局抓不住辫子。于是，揭示50年代肃反扩大化的政治小说纷纷出现，这类作品通常以相关人物，例如，以受害者或者政策执行者的回忆和反思为主线，提供片断的实例或者抛出启示性的只言片语，而不是展示事情的原委，诱导读者参与揣摩和深化。N. 布雷班、A. 布祖拉、C. 措尤等都曾借助这种手法透视了受害人的感受和政策执行者的罪过心理。D. R. 波佩斯库、F. 内亚古等通过无时间、地点的荒诞情节和畸形人物影射某一时期的现实。Şt. 伯努列斯库等则给小说罩上梦幻、神秘的色彩。此外，部分作家倾向创作历史小说，得到当局肯定的历史事件和历史人物成为热门题材，这样可以避开充满潜在风险的社会和生活现实。总之，这一阶段长期受到压抑的小说以各种形式迸发出来，题材范围迅速扩大，突破了模式化的社会主义农村和工厂的樊篱，表现手法因人而异，正面形象和反面形象的模式化对比与反衬从小说人物的画廊中逐渐消失。

这类迥异于社会主义现实主义文学的作品是特定时代的产物，强势的政治因素和意识形态促使文学产生变异。除极端的专政机构外，强势因素集中体现在书刊、新闻检查机制中。罗马尼亚的书刊、新闻检查机构成立于1949年，名称是“罗马尼亚书刊、新闻出版总署”，它在50年代协同安全局涤荡旧的文坛，监督新时期的作家队伍，它是悬在文化人头上的一柄“尚方宝剑”，作家及其作品的命运完全取决于这个机构。进入60年代解冻时期，书刊检查在表面上有所放缓，检查机构的工作人员迫于压力变换手法，不再像以往那样直接出面干预，而是把监督任务分解给出版社和编辑，让他们直接面对作家，对问题作品提出修改、删节意见，如果相关作家不肯接受，只能退稿。另一类办法是授意一些文学批评家，对问题作品提出异议或者进行批判，导致文坛一系列悲剧。万一书刊检查有所疏漏，问题作品面世了，检查机关也可以命令出版社将相关作品从图书市场上召回。

面对检查机关的强势，处于弱势的作家群体就通过题材、手法等的变换同监管部门展开了捉迷藏的游戏，其结果是60年代产生了文学批评家N. 马诺雷斯库称之为“新文学”的小说，有的批评家也称之为“变色蜥蜴”文学。这类“新文学”一直延续到70年代、80年代和90年代，作品的形式多种多样，但是每一个门类都没有构成纯粹意义上的流派。与前一阶段的小说相比，它的“新”主要体现在题材的更新和手法的更新，点拨、影射、诱导、启示、潜台词、隐喻、象征、怪诞、文本等传统手法和现代手法被大量采用。与其他国家的文学相比，它是特定时代造就的罗马尼亚独有的一种小说。应该指出的是这类小说的出现不仅大大突破了文学界限，更重要的是它在当时构成了一种独特的文化现象和社会现象。M. 普列达、D. R. 波佩斯库、A. 布祖拉等人的作品之所以受到读者的欢迎，被争相抢购，成为图书市场上的畅销书，并不完全在于这类作品的文学价值和艺术性，而是因为长期处于封闭状态的精神匮乏的读者想要借此捕捉一些罩着浓雾的真情，想要通过这些作品呼吸一些新鲜空气。人们阅读M. 普列达的《呓语》是因为该书涉及了苏联，也涉及了二战末期执政的安东内斯库将军；A. 布祖拉的《傲骨》展示了医疗界的真实生活；C. 措尤的《野葡萄游廊》揭开了牢狱的一角。上述种种都是吸引读者的潜在魅力。这种魅力具有时间性，仿佛含有时代的密码，只有当时的亲历者才能解读它，未经历过那个时代的罗马尼亚年轻人或者对罗马尼亚历史不甚了解的外国读者，恐怕就觉得这类作品结构零乱、枯燥无味、不具可读性了。

这一阶段，小说界迅速出现一大批新人，他们被称作60年代作家，其中有：N. 布雷班、F. 内亚古、Şt. 伯努列斯库、D. R. 波佩斯库、R. 科萨舒、D. 采佩内亚格、Al. 伊瓦修克、A. 布祖拉、G. 伯勒伊泽、M. 乔巴努、N. 韦莱亚、M. H. 西苗内斯库、R. 彼特雷斯库、O. 帕勒尔、B. 内德尔科维奇、C. 措尤、G. 阿达梅什迪亚努等。他们当时正处于写作旺盛时期，对此后的文学演化起了重要作用。

文学刊物，主要是具有代表性的文学批评类刊物，随着“新文学”的兴起和发展也呈扩张之势，在罗马尼亚的布加勒斯特、克卢日和雅西三个主要文化中心相继创建，诸如《罗马尼亚文学》、《地平线》和《文学谈话》等。《罗马尼亚文学》的前身是《文学报》，于1968年更名。这次更名具有实质意义，首先是摆脱了教条主义文霸的控制，在相对自主的情况下倡导相对开放的文学批评。其次，编辑部的核心成员大多是具有独立见解的职业批评家，E. 西蒙、G. 迪米西亚努、N. 马诺雷斯库、L. 拉伊库、V. 克里斯泰亚等都在此列。这批文学批评家有一个共同的特点，即对文化当局保持一定的距离，甚至在某种程度上表露反叛情绪，他们在此后年代中的文评领域一直发挥重要作用。

第三阶段（1971—1989年）罗马尼亚文学处于激烈的动荡之中。1971年，齐奥塞斯库率团访问处于“文化大革命”中的中国和朝鲜民主主义人民共和国，回国后发表了“7月提纲”，强调文学艺术的民族性、爱国性、人民性和群众性，重新将文化领域置于党的严格监督之下。这一纲领立即在文学界引起强烈反应，他们认为这是罗马尼亚的“文化革命”的开端，创作自由受到了限制，文学创作又要陷入50年代的境地。当时正在巴黎参加电影节的N. 布雷班立即表示公开反对，声明辞去《罗马尼亚文学》主编的职务。回国后，被清除出罗共中央委员会。M. 普列达参加部分作家与齐奥塞斯库会面时曾说，如果回归社会主义现实主义，他就自杀。“7月提纲”如同一声炸雷，在作家队伍中造成不同的反响。E. 巴尔布、I. 伦克伦让等人认为罗马尼亚在实施独立政策的同时，应该强调文学的民族性和人民性，不可屈从外来影响，由此产生了赞成派和反对派两个营垒，1974年两派的斗争达到顶峰，赞成派被评论界称作“红派”或“传统派”，反对派被称作“白派”或“现代派”。

随着文学监管的加强和生活物资的日趋匮乏，加之“自由欧洲”电台的文化渗透和政治煽动，由“7月提纲”引发的事件屡屡发生。以出逃或移居西方的方式表示反抗的现象自不必说，文学界公开对抗时有发生。例如，1977年，50年代被捕入狱、60年代要求重新入党的P. 戈马公开声明加入持不同政见者的布拉格“77宪章”。1984年，D. 图多兰两次致信齐奥塞斯库总统抗议当局不发给他与妻子和孩子移居国外的护照。1985年，A. 布兰迪亚娜摆脱文化当局的监控，在《阶梯教室》杂志发表数篇影射时政的诗歌，从而被吊销著作权。1988年，M. 迪内斯库在西德柏林文学院发表“面包和马戏”的讲演，1989年接受法国《自由报》采访，同年在西德报刊发表文章，谴责罗马尼亚的专制政权，为此他的住所遭到搜查，禁止他发表任何文章。同样，一些老一代的作家，例如 50 年代曾因创作社会主义现实主义诗歌而走红的 D. 德什里乌也在“自由欧洲”电台播发反专制制度的讲话；A. 布祖拉是 60 年代崛起的知名作家，他因在作品中描写了 1977 年日乌河谷煤矿工人罢工的场景而遭到当局的监视。

20 世纪七八十年代，罗马尼亚当局时时感到文化战线趋于失控，涌动的暗流此起彼伏，如不遏止将危及政权。当时，书刊、新闻检查机构虽然名义上被撤销，但是监管的措施并未终止，只是变化了一些形式，社会主义文化教育委员会和罗共中央新闻宣传部接替了前书刊、新闻检查总署的任务。它们将监管工作层层分解，下放给文化机关领导部门、出版社以及报刊杂志负责人，要求他们严格保持图书刊物的思想纯洁性，否则将受到严厉处分。编辑审稿时十分审慎，唯恐招致莫须有的罪名。例如，送到某编辑部的一首诗歌名为《电子诗》，“电子”一词引起了编辑的注意，建议作者删除，因为“电子”意味着西方文明。另一方面，负责监管的机构还网罗一批毫无文化素养的暗探，从属安全局的暗探被罗马尼亚人称之为“安全局分子”。他们无所不在，无孔不入，将各种可疑的现象向上司告密，极为可笑的是这些人甚至将饭卡、广告、婚礼请柬等凡有文字的东西都纳入了文学监管的范畴。对问题作品举行群众性批判有时也是文化当局采用的一种手法。1985 年，时任信天翁出版社社长的小说家 M. 森廷布雷亚努出版了并非职业作家、在警察局供职的 I. A. 莫讷什蒂雷的小说《黑夜不开枪》。由于这部作品揭示了齐奥塞斯库时期农村的惨淡景象，文化当局就协同当地的党政领导，召集一些对文学根本不感兴趣，对这部小说更是只字未读的农业合作社的农民，其中包括拖拉机手、兽医和小学教师，按照事先授意的脉络编造各种指责，对小说进行严厉批判，结果是作者受到处分，M. 森廷布雷亚努也被解除出版社社长的职务。

为了在文化界稳住阵脚，将尽量多的作家团结在自己的周围，齐奥塞斯库采取了许多宽容、说服、鼓励的政策。20 世纪七八十年代，他曾多次会见作家，同他们交谈。对待某些有影响的持反对意见的知名作家，他不是像 50 年代的罗共前领导人那样动用专政机构，而是在控制范围之内给予他们一定的自由。例如，虽然 N. 布雷班于 1971 年曾在巴黎公开反对“7 月提纲”，但是回国后他仍然保持作家的地位，在此后的若干年中仍然享有往来布加勒斯特—巴黎的自由。罗马尼亚社会主义时期的作家是一个奇怪的群体，他们既有在某些时期拥护社会主义的一面，也有明里暗里反对集权、专制的另一面，这在很大程度上取决于执政人实施的政策和由此产生的国内的物质、精神生活。这个群体的动向集中体现在罗马尼亚作家联合会中。1949 年，为了有效管理和指导这批思想活跃、素有自由化倾向的文化队伍，在战前的作家协会、戏剧家协会等组织的基础上，成立了统一的罗马尼亚作家联合会，首任主席是知名作家 Z. 斯坦库，名誉主席是在文学界威望很高的 M. 萨多维亚努。这个组织自成立之日起就具有双重性，一方面执行当局的文艺政策，另一方面也设法保护组织内的作家，甚至在某些时刻同当局唱反调。历任主席中，Z. 斯坦库、G. 马科维斯库、D. R. 波佩斯库等都在维护作家权益等方面做出了相应的贡献。1956 年 6 月，在推行社会主义现实主义的鼎盛时期，由作家联合会主持的作家代表大会曾给予持不同意见的代表相应的发言权，会上，Al. 扎尔对个人崇拜发难，A. E. 巴康斯基对社会主义现实主义提出批评。进入 70 年代，也就是是“7 月提纲”之后，作家队伍分成两个营垒，E. 巴尔布和 N. D. 弗伦泽拉特属于支持“7 月纲领”的营垒。作家联合会违抗当局的意图，站在反对派一边，抓住时机谴责 E. 巴尔布的抄袭行为，此后又投票否决了 N. D. 弗伦泽拉特担任文学刊物《金星》主编的指令。1981 年 7 月召开作家全国代表大会，C. 德斯克列斯库代表罗共中央宣读齐奥塞斯库的贺信，但是这封贺信的效果却适得其反。从此，直至 1989 年齐奥塞斯库政权解体，未再举行类似的代表大会。

晚期的齐奥塞斯库踌躇满志，个人权力急剧膨胀，他满以为在各种场合只要振臂一挥，就会万众响应。但是令他想象不到的有两个典型事例：一是 1989 年 12 月 21 日他召集布加勒斯特群众大会，他没有想到这次大会竟为他和他的政权敲响了丧钟，这里不必涉及；二是他过分相信作家群体与他同心同德，可以采取软化、说服、鼓励的政策。20 世纪七八十年代，为了推行“7 月提纲”倡导的反映现实的爱国文学，他指示有关部门拨款组织作家到国内各地深入生活，创作当局需要的文学作品。可是他没有想到一批批作家竟把这当作了免费旅行，在那个食品和日用品极其匮乏的年代，旅行之余还能够享用各地接待单位刻意奉献的美味佳肴。更让他想象不到的是这种深入生活让作家们看到了更多的他的政权的阴暗面，为作家们提供了聚到一起议论时政、交流看法的机会，由此，作家们与他不是越发同心同德，而是越发离心离德。

这一阶段，60 年代兴起的“新文学”仍是文坛的主流，尤其是能够反映民众心声的作品受到读者的欢迎。M. 普列达的长篇小说《世上最亲爱的人》

之所以在整个罗马尼亚引起轰动，是因为这个可爱的人不是齐奥塞斯库，也不是某个被模式化的英雄，而是一个能反映普通人处境的倍受屈辱的知识分子。从总体来看，这类小说同当时的社会氛围与民众心理一样，令人感到压抑，在无限的迷茫中感受不到一丝的明快。

20 世纪 80 年代，在“新文学”的大潮中，后现代主义文学初露端倪，主要表现在诗歌和戏剧领域，I. B. 莱夫特尔、M. 克尔特雷斯库均是领军人物。在小说领域，后现代主义体现在为数不多的短篇作品中，其核心集体是布加勒斯特大学的大学生文学社。1983 年，由在这所大学执教的 Ov. S. 克罗赫默尔尼恰努教授主编，选取已经毕业和在校的该文学社成员的作品，出版了《83 登陆》小说集。这个集子虽然产生过暂时的轰动效应，但是空泛的、杂乱的、隐晦的、文字游戏般的东西并不为广大读者接受，恐怕没有人愿意陪同他们耗费宝贵的时光品味这类作品。

20 世纪 80 年代又有一批为数不多的新人步入文坛，诗歌领域有：N. 达尼洛夫、C. 瓦西列、M. 克尔特雷斯库等；小说领域有：Şt. 阿戈皮安、Gh. 克勒琼、A. 比特尔、M. 内德尔丘、P. 钦波埃舒、I. 格罗尚等。

1989 年末标志着罗马尼亚社会主义时期的终结、另一个历史时期的开始。1989 年后的初期，罗马尼亚文坛如同政坛一样，处于各种势力争权夺利、互相倾轧的混沌状态。在政坛，以 I. 伊利埃斯库为首的救国阵线同重新复活的历史党派和这一时期组建的新的政党进行较量，争夺国家总统的位置；在文坛，随着政治晴雨表的波动，作家群体又重新蹈入 20 世纪 40 年代至 50 年代的覆辙，分成两个营垒。反对派认为 I. 伊利埃斯库代表罗马尼亚共产党的残余势力，因为他曾是罗共的前高官，M. 迪内斯库、A. 布兰迪亚娜等反抗齐奥塞斯库集权政治的急先锋宣布退出救国阵线；而另一派则以各种形式支持伊利埃斯库执政。应该指出，大部分作家，尤其是前一时期的知名作家，处于彷徨、观望状态。政治因素、文化因素和心理因素在社会巨变的时刻交织在一起，未免乱相丛生，但是总的趋势是反对派逐渐占上风。

剧变初期，激进作家占据了罗马尼亚文化机构的领导地位，A. 普莱舒被任命为文化部长，M. 迪内斯库当选作家联合会主席，N. 马诺雷斯库担任《罗马尼亚文学》报社社长。报刊杂志如雨后春笋般涌现出来，据不完全统计，单是出版社就成立了 2500 余家，形形色色的人物以所谓的作家身份竞相抛售作品，似乎文坛形势一片大好，但这只是混沌中的泡沫。实际上，真正意义的作家大多停笔观望，另一批文化人成了政治家，他们热衷于时政辩论和报刊文章，无暇顾及文学。剧变后的大约十年，A. 布祖拉才于1999年推出小说《疯人和野兽的安魂弥撒》，A. 布兰迪亚娜于2000年出版诗集《后来的太阳》，批评家N. 马诺雷斯库于2004年着手续写《罗马尼亚文学批评史》。就读者来讲，真正的文学在他们的心目中已经大大贬值，他们关心的是与多变的政局和各种轰动性事件有关的报刊文章。当然，社会主义时期被禁止或被边缘化的文学作品也能引起他们的兴趣，例如，M. 迪内斯库曾于1989年在阿姆斯特丹出版诗文集《死神读报》，风行西方的一些角落，1990年该书在罗马尼亚面世时成为时尚的畅销书，因为某些读者能够在这部集子中重新感受到社会主义时期偷听“自由欧洲”广播电台的刺激。来自西方的外国文学也像社会制度剧变前难得一见的舶来品一样，不管其内容、风格、文学价值如何，均能赢得图书市场。于是一些冒牌作家伺机用笔名发表所谓的作品，让自己的笔名中带有字母w或者y，这样就能够堂而皇之地骗过书摊旁浏览者的眼睛，以为相关作者属于西方世界，内容自然非凡，肯于解囊。

简言之，这一时期的初年，大致是1989年末至2000年前后，见于图书市场的有下列几种类型的作品：

其一，政治色彩文学。对于齐奥塞斯库执政时期的诸多阴暗现象不再隐晦，而是直接予以揭示，例如T. 波波维奇的《鞋盒》以露骨的自然主义的方式描绘了80年代罗马尼亚社会令人压抑的赤贫景象。小说主人公的女儿死了，他只能把鞋盒当作棺木，然后夹着鞋盒登上拥挤的公共汽车，送往墓地。另一些作品则通过怪诞的手法将齐奥塞斯库妖魔化，或者以搞笑的方式再现社会主义时期以及1989年剧变后的某些丑恶的社会现象。

其二，写实文学。这类作品包含大量各种职业、各种年龄人写的回忆录、日记、札记，甚至档案文件汇编，无艺术性可言，缺乏文学价值，在严格意义上不能称之为文学。其内容既涉及1944年后的专权、压制、迫害和监禁，也涉及二战时期对犹太人的镇压以及战后摩尔多瓦地区被苏联重新占领，大量居民流离失所等。

其三，流亡者文学。这里指的流亡者是1989年前外逃的作家，他们在国外政治避难期间撰写了针对齐奥塞斯库政权的作品，受到一些西方评论家的吹捧。1989年后，又译成罗马尼亚语在市面上发行。

其四，抽屉文学。罗马尼亚社会主义时期某些人，包括个别作家，由于不满时政，偷偷撰写了一些东西藏在抽屉里。1989年后，这些书稿经过匆匆整理后送交出版社，一时间名声大噪。其实，许多此类作品无任何文学价值，有些人为了提高作品的身价，甚至在扉页冠以“在共产主义时期遭禁”的字样。但是也有比较扎实的作品，诸如 I. D. 瑟尔布的《再见，欧罗巴!》、《豺狼和主教堂》。

其五，爱情文学。这里的爱情文学是委婉的说法，如果直白，就是性文学或者色情文学，其中的有些作品稍有遮掩，比较隐晦，更多的则侧重赤裸裸的性行为，让人汗颜，令人作呕。

其六，宗教文学。宗教文学的出现是对教会长期受到压制的一种反抗。

其七，后现代主义文学。这类文学在 80 年代兴起的基础上，适逢新时期的有利土壤和气候，呈现急剧的无任何拘束的多元化的倾向，许多匪夷所思的东西成为文学手法，文学变成了某些人手中的玩具。

承担文学导向作用的批评界也处于混乱状态。剧变初期，以 Gh. 格里古尔库为首的一批激进批评家对社会主义时期文学一概否定，要求对相关作家重新评价和定位。更有浑水摸鱼者，1998 年《进退两难》杂志甚至刊登批判罗马尼亚伟大诗人埃米内斯库的文章。以 E. 西蒙为首的传统派极力维护社会主义时期知名作家的威望和地位，他声明绝不改变他此前的文学批评观点。在这个时期，文学批评界有两种倾向值得注意：一是照搬西方标准和方法评价本国文学，这可能导致罗马尼亚文学丧失其传统的民族性；二是以个人为标准，对于这些人来说，文学就是表现自我，表现自我的人没有过去，没有将来，只有自己，文学的真正价值被他们置之度外。

这一时期出现文坛的作家处于发展阶段，发展方向不甚明朗，权且称作“2000 年作家”，其中有：Al. 埃科沃尤、H. R. 帕塔皮埃维奇、R. 阿尔杜列斯库、L. 杰奥尔杰斯库、H. 格尔贝亚、V. 佐格拉菲、A. 博迪乌等。

夹缝中的生存*

——1980—2000年的罗马尼亚诗歌创作

高 兴

（中国社会科学院外国文学研究所）

在谈论1980—2000年的罗马尼亚诗歌时，我们有必要首先了解一些罗马尼亚的基本背景。这些基本背景既是诗歌的，更是历史的、社会的和政治的。诗歌，从来都与历史、社会和政治有着千丝万缕的联系。罗马尼亚诗歌在此方面表现得尤为明显。

罗马尼亚，巴尔干半岛的一个异类。它实际上是达契亚人与罗马殖民者后裔混合而成的一个民族，属于拉丁民族，同意大利民族最为接近。语言上也是如此。在历史上，长期被分为罗马尼亚、摩尔多瓦和特兰西瓦尼亚三个公国。这三个公国既各自独立，又始终保持政治、经济和文化等各方面的密切联系。作为弱小民族，长期饱受异族侵略、统治和凌辱。19世纪起，借助于几次有利的发展机遇，罗马尼亚文学出现了几位经典作家：埃米内斯库、卡拉迦列和克良格。真正意义上的罗马尼亚文学始于那个时期。1918年，罗马尼亚实现统一，进入现代发展时期。

由于民族和语言的亲近，罗马尼亚社会和文化生活一直深受法国的影响。一到布加勒斯特，你就能明显地感觉到法国文化的影子。在20世纪二三十年代，布加勒斯特甚至有“小巴黎”之称。那时，罗马尼亚所谓的上流社会都讲法语。作家们基本上都到巴黎学习和生活过。有些干脆留在了那里。要知道，达达主义创始人查拉是罗马尼亚人，后来才到了巴黎。诗人策兰、剧作家尤内斯库、音乐家埃内斯库、雕塑家布伦库西、文学和哲学家齐奥朗，也

* 本文为2006年度国家社会科学基金项目“当代外国文学纪事丛书：1980—2000”（批准号06AWW001，项目类别重点项目，主持人金莉）阶段性成果。

都曾在罗马尼亚留下过自己的人生印迹。

统一给国家的发展注入了异常的活力。文化最能体现这种活力。或者更确切地说，文化本身就是一种活力。两次世界大战之间，罗马尼亚文化，包括哲学、文学和艺术，曾出现过空前的繁荣。诗歌领域就曾涌现出图多尔·阿尔盖齐、乔治·巴科维亚、扬·巴尔布和卢奇安·布拉加等杰出的诗人。他们以不同的诗歌追求和诗歌风格极大地丰富了罗马尼亚诗歌，共同奠定了罗马尼亚抒情诗的传统。这些诗人中，卢奇安·布拉加（Lucian Blaga，1895—1961）对于罗马尼亚当代诗歌更具有承上启下的意义。布拉加出生于罗马尼亚特兰西瓦尼亚地区一个乡村神父家庭。曾到维也纳攻读哲学，获哲学博士学位。大学期间开始创作。回国后，长期从事外交工作。1939 年到克卢日大学主持哲学教研室的工作。1948 年被迫离开大学。之后一直受到不公正待遇。直到逝世后，他在文学、哲学等方面的卓越贡献才得到公认。主要诗集有：《光明诗篇》（1919）、《先知的脚步》（1921）、《睡梦颂歌》（1929）、《分水岭》（1933）等。他的诗作以深刻的哲理和奇特的意象探索了人与自然、短暂的生命同永恒的宇宙、渺小的躯体同博大的灵魂之间的关系。罗马尼亚评论界这样评价布拉加："继埃米内斯库之后，罗马尼亚诗歌在揭示大自然和宇宙奥秘方面之所以能获得如此深度和广度，卢奇安·布拉加的贡献是任何两次大战期间的诗人都难以比拟的。"罗马尼亚一些诗人和评论家甚至认为，这位集诗人、剧作家、哲学家、散文家和外交家于一身的杰出人物是 20 世纪罗马尼亚诗歌的第一座高峰。布拉加坚信，万物均有意味，宇宙充满了神秘。哲学的任务是一步步揭开神秘的面纱。而诗歌的使命则是不断地扩大神秘的范围。布拉加还是罗马尼亚最早成功地打破诗歌束缚的诗人。他的诗是典型的自由体，不拘泥于韵律，而刻意追求神秘的意境和诗歌本身的内在节奏。他的诗歌创作和主张带动了一大批罗马尼亚诗人的创作。几乎所有罗马尼亚当代诗人都或多或少受到过他的影响。因此，完全可以将他当作罗马尼亚当代诗歌的开始。

1947 年年底，罗马尼亚共产党夺取政权，罗马尼亚从此走上社会主义道路，并在相当一段时间里紧随苏联，全面推行苏联模式。随后，它又成为华沙条约成员国，被纳入东欧社会主义阵营。极左路线在 20 世纪 50 年代达到登峰造极的地步，给整个国家带来了灾难。文学自然也无法幸免。文学评论家亚历山德鲁·斯特凡内斯库在其专著《罗马尼亚当代文学史：1941—2000 年》中形象地说道："文学仿佛遭受了一场用斧头做的外科手术。"布拉加等诗人建立的罗马尼亚抒情诗传统遭到否定和破坏，罗马尼亚诗歌因而出现了严重的断裂。言论和创作自由得不到保证，不少作家和诗人只能被迫中断创作，有些还遭到监禁，甚至付出生命的代价。诗人和哲学家布拉加同样受到种种不公待遇：作品遭禁，教研室被取缔，教授生涯中止，被迫当起图书管理员。从1949年直至离世，诗人索性选择了沉默，在沉默中保持自己的尊严，在沉默中抗议这野蛮和黑暗的岁月。这段岁月后来被小说家马林·普列达称为“苦难的十年”。

进入20世纪60年代，由于苏联国内形势的变化以及东欧集团成员国的相互影响，时任罗共最高领导人乔治乌—德治开始有意识地摆脱苏联的控制，在政策上表现出一定的独立倾向。1965年，乔治乌—德治逝世，尼古拉·齐奥塞斯库统治时期拉开帷幕。公允地说，齐奥塞斯库是以一位开明者的形象登上政治舞台的。他在执政初期所作的一系列决策深得人心，比如为过去的冤假错案平反，重新给予作家自由写作和发表的权利，国际关系中，注重维护罗马尼亚的主权和独立。1968年8月，苏联发出指令，动员华沙条约国对捷克斯洛伐克进行军事干涉，齐奥塞斯库不畏风险，断然拒绝。这一勇敢举动为他树立了极高的国内和国际声望。

文化生活也开始出现相对宽松、活泼和自由的可喜景象。移居美国的罗马尼亚作家诺曼·马内阿是齐奥塞斯库统治期间著名的持不同政见者。就连他也在随笔集《论小丑》中比较客观地描绘了这一时期的情形：

> 在1965年到1975年这相对“自由”的十年里，罗马尼亚并不繁荣，也不能说人们在日常生活里毫无约束。但是关于那个时期的记忆里有一种振奋人心的东西：用轻快的拉丁语哼唱，动听而有趣；你可以更自由地四处走动，更自由地谈论别人和书。仿佛就在一夜之间，人们和书籍一起死而复生了——和谐的交谈、快乐的聚会、忧郁的漫步、令人兴奋的探险，一切又都回到了生活中。这种变化，并不像在其他社会主义国家那样，是回应领导阶层政策的变化而重新出现的政治热情，而是把政府的政治日程抛在一边短暂地回到简单的生活乐趣中，在这个国家里，人们一直喜欢的是歌声，而不是祈祷和庄严的宣誓。这个时期对经济发展的促进微乎其微，但它对艺术和文学的影响却延伸到了之后的十多年里。我们利用一切机会接触西方的艺术和思想运动，在一些社会和政治问题上，我们可以保持比较独立的立场，

可以用个人的方式表达观点。①

这一时期已被史学家公认为罗马尼亚的政治解冻期，时间上，大致同“布拉格之春”吻合，也不排除“布拉格之春”的影响，因此，也有罗马尼亚评论家称之为“布加勒斯特之春”。这一时期，卢奇安·布拉加等作家的作品被解除了禁戒。人们重又读到了两次大战之间许多重要诗人和作家的作品。这一时期，尼基塔·斯特内斯库、马林·索雷斯库等诗人先后登上诗坛。斯特内斯库以《爱的意义》（1960）、《情感的形象》（1964）和《时间的权力》（1965）等诗集，索雷斯库则以《孤独的诗人》（1964）、《时钟之死》（1966）、《堂吉诃德的青年时代》（1968）、《咳嗽》（1970）等诗集，为罗马尼亚诗坛吹来清新之风，并开始致力于罗马尼亚诗歌的现代化运动。马林·普列达②正在构思他那全面反思“苦难的十年”的长篇巨制《世上最亲爱的人》。这一时期，文学翻译在文学发展中起到了不可估量的推动作用。人们可以读到乔伊斯、普鲁斯特、福克纳、卡夫卡等几乎所有西方大家的作品。这一时期，作家们在艺术的神圣光环下，享受着特别的待遇，被人们恭敬地称为“不朽者”。诗人，尤其是斯特内斯库这样的领军诗人最为引人注目。罗马尼亚有举办诗歌节的传统。诗人们聚集在海边或林中空地，饮酒诵诗，通宵达旦，常常把时间抛在一边。在这样的场合，尼基塔·斯特内斯库往往是中心人物。当时，他也就四十来岁，一头金发，英俊潇洒，无拘无束，又充满了活力，极能吸引观众的目光。他的周围常常围着一群美丽的女人。诗歌、女人和酒构成了他生活的主要内容。典型的先锋形象，到十分符合他在罗马尼亚诗坛上的地位。

斯特内斯库曾在《文学报》担任诗歌编辑，结识了一批富有创新精神的年轻诗人，形成了一个具有先锋派色彩的文学群体。他们要求继承二次大战前罗马尼亚抒情诗的优秀传统，主张让罗马尼亚诗歌与世界诗歌同步发展。在他们的诗歌中，自我、内心、情感、自由重新得到尊重，真正意义上的人重新站立了起来。斯特内斯库首先强调诗歌中的情感因素。他说：“并非词语，而是情感，成就诗歌。”在强调情感因素的同时，他也丝毫没有忽略诗歌

① 诺曼·马内阿：《论小丑》，章艳译，长春：吉林出版集团有限责任公司，2008年，第25—26页。

② 马林·普列达（1922—1980），罗马尼亚小说家。代表作为三卷本长篇小说《世上最亲爱的人》。

的艺术性。他非常注重意境的提炼。在一次答记者问中，他承认自己始终在思考着如何让意象更加完美地映照出生命的特殊状态。他极力倡导诗人用视觉来想象。在他的笔下，科学概念、哲学思想，甚至连枯燥的数字都能插上有形的翅膀，在想象的天空任意舞动。在斯特内斯库等诗人的努力下，罗马尼亚诗歌终于突破了教条主义的束缚，进入了被评论界称之为“抒情诗爆炸”的发展阶段。斯特内斯库便是诗歌革新运动的主将。

在20世纪六七十年代，斯特内斯库的诗歌活动带有悲壮的开拓和牺牲意味。曾经有一段时间，他被某些罗马尼亚评论家看作了怪物，自然要付出代价。他写道：“有时，我甚至祈求上苍不要赋予我莎士比亚的天才。我惊恐地意识到你得为这种天才付出多么昂贵的代价。而对于这些代价我却没有丝毫的准备。”可与此同时，他又意识到：“没有代价，价值便难以实现。在我们的民间文学中流传着有关牺牲的神话绝不是偶然的。谁不认准一个方向，谁就一事无成。”

随着时间的推移，我们愈发意识到了斯特内斯库的意义：他实际上在一个关键时刻通过自己的诗歌写作和诗歌行动，重新激活了罗马尼亚诗歌的生命力和创造力，让罗马尼亚诗歌再度回到了真正的诗歌轨道，并为罗马尼亚诗歌的未来积蓄了巨大的能量。

可惜，始于20世纪60年代初的开明时期没有一直延续下去。进入20世纪70年代，齐奥塞斯库逐步加强文化和思想控制，粗暴干涉和限制创作自由，试图将文学当作他的御用工具。此外，他还热衷于推行个人崇拜和独裁统治。罗马尼亚陷入专制统治，文化再次面临严峻的时刻。正是在这样的形势下，罗马尼亚文学，包括诗歌，步入了20世纪80年代。

极富意味的是，20世纪80年代的罗马尼亚文学竟始于一起重要的文学事件。1980年春，马林·普列达的三卷本长篇小说《世上最亲爱的人》出版，轰动了整个罗马尼亚文坛。人们争相购买传阅，报刊纷纷介绍评论，一时，几乎所有阶层人的目光都投向了《世上最亲爱的人》。然而，残酷的命运未能容许作者充分地享受成功的喜悦。小说出版仅仅几个月后，作者竟出乎意料地去世了，年仅58岁。于是，这部“罗马尼亚二次大战后最受欢迎，最为流行的长篇鸿作”便成了作者的“临别之言”。

《世上最亲爱的人》在形式上似乎并没有什么创新。引起评论界关注的则是它的巨大的容量。表面看来，这是一部描写爱情悲剧的小说，但仔细一读，读者便会发现这实际上是一部“无所不包”的鸿著。整部作品就像一座庞大的立交桥，各种阶层的人物、各种社会环境中所发生的事情都在此交汇通过。在这部长达1200页的作品中，作者的笔自由驰骋，从主人公的书房到斯大林的办公室，从大学教研室到作家联合会的会场，从酒吧到妇产科病房，从监狱到灭鼠队，就这样成功地为我们描绘了一幅“苦难的十年”中整个罗马尼亚社会的全景。作者意在通过描写特定时期中一个普通人的悲剧来揭示整个民族的悲剧，因为个人的命运是和整个民族的命运紧紧相连的。在罗马尼亚，描写“苦难的十年”的作品比比皆是，但以文学的形式如此全面地反思那个不正常的时代则为普列达首创。小说家实际上承担起了历史学家的重任，而这是需要极大的勇气的。

在专制时代，这部小说的出版本身就是个意外事件。我们之所以如此详尽地介绍这一文学事件，是因为它对罗马尼亚诗歌同样具有启示意义：在灰暗的年代，诗歌更加需要有一种社会担当意识。它不但不能沉寂，而且应该成为抗衡灰暗的有力武器。

俄罗斯诗人布鲁茨基在评论立陶宛诗人温茨洛瓦时，说过这样一段话：“艺术是抗拒不完美现实的一种方式，亦为创造替代现实的一种尝试，这种替代现实拥有各种即便不能被完全理解，亦能被充分想象的完美征兆。”这段话适用于所有在专制政权下生活或生活过的诗人和艺术家。在专制政权下生活，也就是在禁忌下生活，也就是在夹缝中生存。夹缝中的生存需要勇气、坚韧和忍耐，更需要一种有效而智慧的表达。诗歌以其婉转、隐秘、浓缩和内在，成为最好的选择。再说，在经过了难得而关键的60年代，在斯特内斯库等诗人的带动下，罗马尼亚诗歌已经成为一股成熟而又难以阻挡的力量，在社会和文化生活中发挥着自己隐秘却不可忽视的作用。

于是，我们便可理解，为何在专制统治最为严酷的80年代，在小说、戏剧、散文受到压抑、相对难以发展的情形下，诗歌却一直如暗流般悄然奔突着。有一些作家，包括诗人，以沉默对抗着专制；也有一些诗人选择了流亡和出走；但更有一些诗人，立足于主流之外，不求名利，不畏专制，只顺从文学和内心的呼唤，孜孜不倦地从事着诗歌创作。他们将笔触伸向日常生活，伸向内心和情感世界，关注普通人物，关注所谓的“琐碎题材”和“微小主题”，或者充分调动想象，以象征和寓言手法迂回地影射政治和现实。他们重视诗歌形式，重视角度和手法，重视语言的各种可能性，把艺术价值放在首位，同时也不忽略社会效应、道德力量，以及同现实的连接。通过诗歌探索和实验，表达对专制的不满，对自由的向往，对教条和空洞的反叛，也是他们创作的重要动力。除了斯特内斯库，马林·索雷斯库、安娜·布兰迪亚娜、扬·格奥尔基、米尔恰·伊沃内斯库、彼得·斯托伊卡、切扎尔·巴尔塔格、达恩·劳伦丘、埃米尔·布鲁马鲁、伊莱亚娜·莫伦乔尤、安杰拉·马里内斯库、切扎尔·伊沃内斯库、维尔吉尔·马济列斯库、尼古拉·普雷利普恰努、扬·米尔恰、米尔恰·迪内斯库等诗人也都具有相当的代表性。尽管诗歌抱负相似，但他们各自的写作又呈现出了强烈的个性色彩。在他们的作品中，我们也听出了各种语调，感到了各种气息，看到了各种风格。反讽、神秘、幽默、表现主义、超现实主义、文本主义、沉重、愤怒、寓言体、哀歌，等等，正是这些写作上的差异和不同，让他们发出了自己的声音。对于文学而言，发出自己的声音是多么的重要。而不同声音的交融，便让 80 年代罗马尼亚诗歌有了交响乐般的丰厚，以及马赛克似的绚丽多彩。

如果说斯特内斯库努力在诗歌中发掘自我、表达自我的话，那么索雷斯库采取了一种更加轻盈和巧妙的手法：戏仿和反讽。中国读者早在 20 世纪 80 年代就通过《世界文学》等刊物读到了索雷斯库的诗歌。许多中国读者，包括不少中国诗人，都对索雷斯库的诗歌表现出了特别的兴趣和喜爱。关于索雷斯库，诗人车前子在《二十世纪，我的字母表》中写道："很偶然的机会，我读到罗马尼亚诗人索雷斯库的诗作，感动之余，我觉得该做点什么：必须绕开他。诗歌写作对于 20 世纪末的诗歌写作者而言，差不多已是一种绕道而行的行为。"绕开他，实际上是一位诗人对另一位诗人最大的认可和敬意。

索雷斯库是以反叛者的姿态登上罗马尼亚诗坛的。在教条主义横行的年代，他却抛出了一部讽刺摹拟诗集《孤独的诗人》，专门嘲讽艺术中的因循守旧。在以后的创作中，他又将笔触伸向日常和现实。他的写法绝对有悖于传统，因此评论界称他的诗是"反诗"。有人说他是位讽刺诗人，因为他的诗作常常带有明显的讽刺色彩。有人称他为哲理诗人，因为他善于在表面上看起来漫不经心的叙述中突然挖掘出一个深刻的哲理。他自己也认为"诗歌的功能首先在于认识。诗必须与哲学联姻。诗人倘若不是思想家，那就一无是处"。有人干脆笼统地把他划入现代派诗人的行列，因为无论是语言的选择还是手法的运用，他都一反传统。一位罗马尼亚评论家说："他什么都写，只是写法与众不同。"自由的形式，朴素的语言，看似极为简单的叙述，甚至有点不拘一格，然而他会在不知不觉中引出一个象征，说出一个道理。表面上的通俗简单时常隐藏着对重大主题的严峻思考；表面上的漫不经心时常包含着内心的种种微妙情感。在他的笔下，任何极其平凡的事物，任何与传统诗歌毫不相干的东西都能构成诗的形象，都能成为诗的话题，因为他认为："诗意并非物品的属性，而是人们在特定的场合中观察事物时内心情感的流露。"

索雷斯库是个什么都要看看、什么都要说说的诗人。而且每次言说，都能找到一个绝妙的角度。对于诗人，对于作家，角度常常就是思想，就是想象，就是智慧，就是创新。索雷斯库极为注重创新。他也十分明白创新的艰难。他认为诗歌的艰难到最后实际上就是创新的艰难："写诗就像弹钢琴一样必须从小学起。我们创作活动中的艰难阶段常常与我们自我更新的愿望紧密相联。我所谈的是主观上的障碍。就我个人而言，我总尽力避免使自己在一种类型中衰老。从一种类型到另一种类型的转变无疑意味着巨大的努力。但一旦成功，你便会享受到一种来自新天地的喜悦。你必须时常努力从一个新的角度来审视自己。"当然，角度也就是情感。索雷斯库自称性格内向，喜欢含蓄。因此，他的情感往往都潜藏于诗歌的深处。

兴许，正因为所有这些，索雷斯库成了"第二次世界大战后，罗马尼亚最引人注目的诗人之一"。有评论家称他"为实现罗马尼亚诗歌的现代化作出了重要的贡献"。

谈到罗马尼亚女诗人，人们首先就会想到安娜·布兰迪亚娜。布兰迪亚娜 1964 年出版处女诗集《复数第一人称》，从此一直活跃于罗马尼亚诗坛。她在诗歌中选择的都是些永恒的主题，比如爱情、纯洁、堕落、生与死、人生与自然、时间的流逝、孤独等等。这都是些十分古老的主题了，因而更需要诗人具备非凡的艺术敏感以及独特的思想角度。布兰迪亚娜认为能够用最简单的意象来表达最细致的情感、最深刻的思想的诗人才是大诗人。她也一直朝这一方向努力。在她的诗歌中，我们看到的都是些最为普通的词汇：眼睛、树林、梦、睡眠、湖泊、山丘、雪、天空、光，等等。但在她的艺术组合下，这些文字立即产生了一种神奇的魅力，一种诗歌和思想的魅力。"我开始梦想着写出简朴的、椭圆形的诗，这些诗应该具有儿童画作那样的魅力。在这些画作面前，你永远无法确定图像是否恰恰就等于本质。"女诗人这么说。

罗马尼亚科学院院长、著名文学评论家欧金·西蒙认为："布兰迪亚娜的诗歌既有力量，又有魅力，首先是思想的魅力。它在舞蹈，在寻找着那些悦耳、透明的物质，并用这些物质进行着一场卓越的精神游戏。"而诗人、评论家亚历山德鲁·菲利皮德说得更为明白："诗可以设谜，可以提问，但通常情形下，并不解谜，并不回答问题。神秘、惊喜、出乎预料，这些都有助于制造诗的战栗。正是基于这样的思路，安娜·布兰迪亚娜一般拒绝象征，任由事物在诗歌中自然地流动，有时会神秘地将它们隐藏起来，但绝不强迫它们说明什么，绝不人为地美化它们，完全靠美妙的思想将这些最最普通、最最自然的事物提升到诗的高度和深度。”

即便在令人窒息的80年代，不少诗人依然敢于通过诗歌针砭时事，甚至发出一些愤怒的声音。迪内斯库就是其中的代表人物。罗马尼亚文学评论界因此称他为“愤怒的诗人”。迪内斯库在“六十年代诗人”中是比较年轻的一位，少年时便显露出惊人的诗歌才华。1967年以《家庭命运》一诗登上诗坛。大学毕业后，在布加勒斯特作家协会当过门卫。后来到《罗马尼亚文学》当编辑。1990—1993年，担任罗马尼亚作家联合会主席。出版过《青春时代的哀歌》（1973）、《大桥的主人》（1976）、《听您的吩咐》（1979）、《良知的恐怖》（1980）、《自然的民主》（1981）、《胡椒粒上的流放》（1983）、《生意人兰波》（1985）、《死神在读报》（1989）等诗集。他的诗歌充满反叛精神，具有浓厚的表现主义色彩，曾在罗马尼亚诗坛掀起一阵阵旋风。

在罗马尼亚专制时代，文学流派和文学团体遭到绝对的禁止。因此，用文学流派和文学团体来描述20世纪80年代罗马尼亚文学只是出于一种评论的方便。事实上，罗马尼亚当代诗人普遍地不愿意将自己简单地归入某个流派。他们更注重建立自己独特的风格。多种风格争相辉映是罗马尼亚当代诗歌的最主要的特点。罗马尼亚文学评论界尊重诗人的这种意愿，不以流派，而干脆以年代来划分当代诗人。因此，以斯特内斯库为代表的一批诗人被称为“六十年代诗人”。以米尔恰·克尔特雷斯库为代表的一批诗人被叫作“八十年代诗人”。而“新世纪之初十年的诗人”还正在确立之中。尽管如此，文学中，影响和倾向无处不在。诗歌同样如此。在罗马尼亚诗人的写作中，我们同样可以发觉超现实主义、存在主义、表现主义、自白派、荒诞派、实验诗等欧美现代派表现手法。维尔吉尔·马济列斯库就是个典型的例子。他的诗歌中既有超现实主义元素，也有存在主义印记。他本质上是一位极其忧郁的诗人。内心的孤独和无奈是他经常表现的主题。诗人认为人与人之间难以沟通，人本质上是孤独的，因而他的诗中常常出现断裂和空白。而在米尔恰·伊沃内斯库的诗中，你可以看到浓郁的实验色彩。伊沃内斯库既是诗人，又是翻译家。他精通法语、英语、德语等外语，翻译过尼采、里尔克、卡夫卡、穆齐尔、乔伊斯、福克纳等欧美文学大师的作品。文学翻译无疑极大地拓宽了他的文学视野，甚至可以说成了他文学创作的有机部分。他的诗歌似乎摒弃任何情感色彩，摒弃意象，常常呈碎片状，充满了晦涩的言说。诗人正是想通过这一特别手法来表现生活的单调、灰暗和压抑。表面的不动声色实际上隐含了另一种情感：那就是对现实的不满和绝望。

当然，在那段特殊时期，也有一些诗人出于各种复杂的动机和原因，写出了一些迎合当局的“诗篇”。严格说来，这些“诗篇”并不是真正意义上的诗歌，只是些伪诗。我们也不能武断地凭此而否定一个诗人的全部创作。毕竟，那是个令人窒息的高压时代。生存自然成为人们不得不面对的问题。这让我们想到了阿尔巴尼亚作家伊斯梅尔·卡达莱。他既写过歌颂恩维尔·霍查的诗歌，又写过抨击极权主义的小说。我们并不会因此而否认他作为优秀小说家的存在。但我们更应看到，相当一批罗马尼亚作家，包括诗人，始终怀着忧患意识，将道德担当和诗歌创作融为一体，呼唤自由、良心和正义。安娜·布兰迪亚娜就曾写出过这样的诗句：“我相信我们是一个植物民族。/不然，我们怎会以如此的平静/等待着树叶的凋落？/我们怎会有如此的勇气/登上睡眠的滑梯/走近死亡/并保证/还会再一次/出生？/我相信我们是一个植物民族——/谁曾见过/一棵树反叛呢？”可以想象，在20世纪80年代中期，在专制统治最为严酷的时刻，写出这样的诗，需要怎样的勇气。因为此诗，布兰迪亚娜再度遭禁，被打入冷宫。诗人米尔恰·迪内斯库更加勇敢。他在1988年出访西德时，在西德柏林文学院发表《面包和马戏》的讲演，影射和批评罗马尼亚现实。接着，又在1989年接受法国《自由报》采访，还在西德报刊发表文章，谴责罗马尼亚的专制政权，为此他的住所遭到搜查，他本人则被禁止发表任何作品。有段时间，他被许多罗马尼亚人视为自由的化身。罗马尼亚作家以种种方式抗议和谴责专制政权的例子还有很多。

然而，有必要指出的是，毕竟处于欧洲文学的包围之中，毕竟有过60年代的敞开和储备，即使在专制时代，罗马尼亚的文学生态也并不像如今某些西方人士所描述的那么糟糕、恶劣，并没有出现过如中国“文革”那样万马齐喑的极端局面。用小说家格奥尔基·克勒琼的话说，“那时，虽然压抑，但还可以忍受。”文学，我们说的是真正意义上的文学，始终在那片国度拥有着属于自己的空间，发挥着自己独特的作用。优秀的作品和优秀的作家一直在不断地出现。

1989年年底，像东欧其他国家一样，罗马尼亚也发生了剧变。需要指出的是，东欧剧变只是我们的说法，而所有当事国都称当时的事件为“革命”。这一回，大多数罗马尼亚人，尤其是罗马尼亚作家，用由衷的欢呼和激动的泪水迎接这场变革。事实上，不少罗马尼亚作家还成为剧变的急先锋。安娜·布兰迪亚娜、米尔恰·迪内斯库等诗人还一度参加了推翻齐奥塞斯库政权的救国阵线。1989 年 12 月 22 日，正是迪内斯库出现在电视屏幕上，向罗马尼亚公众宣布齐奥塞斯库独裁统治的灭亡。在随后的几年，迪内斯库还当选为罗马尼亚作家联合会主席，带领罗马尼亚作家走进一个全新的时代。“尽管献出了鲜血和生命，但我们赢得了民主和自由。命运女神终于向我们展开了笑容。”诗人尼古拉·普雷利普恰努在剧变后不久说道。当时，许多富于想象的罗马尼亚作家描绘了这样一幅前景：有民主和自由作后盾，经济会走上正轨，政治会变得开明，社会将充满生机，不出十年，罗马尼亚就又可以自豪地和意大利、希腊等中等发达国家站在同一行列中。而所有这一切都预示着罗马尼亚文学的崛起和再度辉煌。有人甚至断言：罗马尼亚的“莎士比亚”将在世纪末出现。

十年很快就过去了。经济依然没有走出困境。失业队伍还在扩大。通货不断膨胀。罗马尼亚的“莎士比亚”迟迟没有出现。命运女神的面容重又变得凝重而又严峻。作家们当年描绘的前景仅仅成了虚构小说中的一个情节。布加勒斯特大学教授、文学评论家内格里奇说：“没想到，民主和自由的滋味有时也会是苦涩的。”在无数罗马尼亚作家的表情中，你读到的是困惑，是茫然，是生存重压下极度的焦虑。

剧变后，罗马尼亚作家联合会成为一个纯粹的非官方组织，政府不给一分钱的资助。曾有好几年，由于经济上的拮据，作家们没有补贴，没有休假，没有出国交流的机会，更没有出版作品的可能。小说家乌里卡鲁当选作家联合会副主席后，开始主持作家联合会的日常事务。“怎样弄钱”是他考虑的首要问题。幸好，这位小说家身上隐藏着巨大的社会活动能量。他设法将作家联合会的一幢大楼租给了一位外国老板当豪华赌场，每年租金 35 万美金，又把作家联合会办公大楼的底楼改成了意大利餐厅，还在全国各地建立起属于作家联合会的连锁书店。此外，海滨和山中的作家之家在保证作家休假的情形下向游客开放。这些举措也确实解决了不少问题：一些年老多病的老作家得到了生活补助，每年可以颁发几个文学奖，同中国等国家建立起定期互访关系，帮助有才华的作家出版一些有价值的作品……比起东欧其他国家，罗马尼亚作家算是幸运的。东欧其他国家的作协在经济大潮的冲击下大多已经瘫痪。

光靠作家联合会的资助显然是不够的。作家们归根到底还得自己寻找出路。如今，在罗马尼亚，一个作家身兼数职已不是什么稀罕的事。诗歌基本上没有稿酬，因此，不少诗人们只能为报刊写一些自己也不见得喜欢的政论，换一些少得可怜的稿酬。如此境况下，作家们常常会怀念从前。那时，虽然创作领域有种种禁区和限制，但文学始终是人们关注的中心，一位天才的作家往往会得到众多读者的热爱。然而，剧变后，罗马尼亚作家聚会时，基本不谈文学，而更多地谈政治，谈党派纷争，谈社会走向，谈生存。“已没有多少人对纯文学感兴趣了”，小说家康斯坦丁·诺瓦克沮丧地说。没人读，没人买，也就没有稿费。人们宁愿去赌场、夜总会，或看娱乐片，读通俗刊物，也不愿读文学。康斯坦丁以略带黑色幽默的口吻说：“80 年代，我出一部小说，稿费可以买一辆轿车。90 年代初，我出一部小说，稿费只够买一个轮胎。眼下，若想出一部小说，我得先将自己的小车当了。”他的话形象地反映出了目前罗马尼亚文学和罗马尼亚作家的窘迫。

尽管艰难，尽管不断地被边缘化，文学和诗歌并未消亡，也不会消亡，只是需要面对全新的社会现实和不同的生存环境。1989 年，政权更迭后，罗马尼亚开始朝市场经济转变，试图逐步确立和培植民主机制。罗马尼亚政府也开始把加入北约和欧盟当作自己的工作目标。这是个相当艰难的过渡时期。制度和社会的重大变革必然会深刻影响文化和文学的发展。过渡时期，罗马尼亚文化出现了几种值得注意的倾向：1. 文化向市场经济过渡，许多私人报刊、私人出版社、私立大学以及各式各样的文学协会出现，政府不再给文化领域大量拨款。2. 两次大战期间罗马尼亚一些文化价值重新流行。3. 罗马尼亚文化与整个欧洲文化乃至世界文化广泛对话。

如此情形下，除了罗马尼亚作家联合会，还出现了罗马尼亚专业作家协会，这是年轻一代作家的协会。同样还出现了不少出版协会和文化书刊保护协会。各种文化报刊也层出不穷，其中比较重要的有：克卢日的《省文撇》、萨图马雷的《诗刊》、阿拉德的《阿尔卡》、雅西的《诗歌》、布加勒斯特的《复调》等等。当然，《罗马尼亚文学》、《金星》、《文学对话》、《星》、《托米斯》等历史悠久的报刊继续在文化领域发挥着重要作用。

诗歌领域出现了三种不同年龄、不同流派的作家并存的多元局面：以安娜·布兰迪亚娜为代表的“六十年代诗人”；以米尔恰·克尔特雷斯库和利维乌·伊万·斯托伊丘为代表的“八十年代的诗人”；以及刚刚在文坛崭露头角的“新世纪之初十年的诗人”。“八十年代的诗人”显然已成为目前罗马尼亚诗坛的中坚力量。其中，米尔恰·克尔特雷斯库最具影响力和代表性。

罗马尼亚文学评论界认为："他是尼基塔·斯特内斯库以来诗歌语言最现代化的诗人，词语想象力异常丰富，无穷无尽。"他本人表示："我在日常生活中的所思和所感构成了我诗歌的基本内容，这比形式要重要得多。"他希望自己的诗歌新颖、质朴、开放，富有感染力，没有任何面具。诗歌外，他在小说和随笔领域同样令人注目。

全球化和商业化同样冲击着罗马尼亚文化。在资本横行的时代，诱惑和困惑、机遇和挑战几乎同时存在着。如何保护自己的特色和个性，如何体现小国文化的丰富性和多样性，如何为陷入困境的民族文化注入新的活力，是许多罗马尼亚诗人正在思考的问题。

20 世纪后期保加利亚文学状况探究*

葛志强
（北京外国语大学欧洲语言文化学院）

提　要：本文旨在向读者着重介绍20世纪八九十年代保加利亚的文学状况，对此前70年代的文学也有简要回顾。90年代初的政局动荡对文坛的发展带来巨大影响，一度出现萧条，随着改革进程的不断深入，受欧洲一体化和全球化大潮的影响，保加利亚文坛开始复苏，出现了以老带新、新人不断涌现的新局面，甚至一些新人的作品在国际上产生了一定影响，为了便于读者对世纪之交的保加利亚文学概况有更为感性的认识，本文还专门具体介绍了“1999年的保加利亚文学状况”和“2000年保加利亚长篇小说的概况”，同时对保加利亚短篇小说、文学作品中的道德问题等也有简单的述评。

关键词：保加利亚文学；20世纪后期；散文特征；文学道德问题

Exploring the Bulgarian Literature in the Late 20th Century

GE Zhiqiang
（School of European Languages & Cultures, Beijing Foreign Studies University）

Abstract: This article aims to highlight the Bulgarian literature in the 1980s and 1990s, with a brief review of it in the 1970s. The political unrest in the early 1990s made a tremendous impact on the development of literature, which experienced a period of depression. With the deepening of the reform

* 本文为2006年度国家社会科学基金项目“当代外国文学纪事丛书：1980—2000”（批准号06AWW001，项目类别重点项目，主持人金莉）的阶段性成果。

process and the tide of European integration and globalization, the Bulgarian literature began to recover. New authors were constantly emerging, and some works have influenced the whole world. This article introduces the Bulgarian literature in 1999, and the Bulgarian novels in 2000, plus a brief review of the Bulgarian short stories and the moral issues in literary works, etc.

Key words: Bulgarian literature; the late 20th century; prose feature; moral issues in literature

一、20 世纪 70 年代至 80 年代文学概括

20 世纪 70 年代至 80 年代，保加利亚的文学创作队伍在原有基础上继续扩大，作品的数量急剧增加。据保加利亚作家协会统计，仅在 1981 年至 1984 年的四年间，就出版了 1443 种新的文学作品，其中将近一半出自文学新人之手。但是由于作者文学素养的参差不齐，导致作品艺术水平良莠不等。尽管高水平的作品不少，但粗制滥造的灰色平庸之作也有一些。后一种现象的出现被评论界称之为“灰潮”。所谓“灰潮”指的是“把无病呻吟和冷漠晦涩视为时髦，把消极颓废的货色视为上品”的文学思潮与创作倾向。其主要表现是：对社会重大问题漠不关心、抱住狭小题材专写阴暗面，作品中人物描写的“非英雄化”，表现农村风土人情的“博物馆模式化”等等。评论家们认为，这种种表现是从另一个极端违背了生活真实，也脱离了时代前进的步伐。为了克服这种不良的创作倾向，1971 年的作协第二次代表大会和 1976 年的第三次代表大会曾着重讨论了作家如何熟悉与表现新的社会现实的问题；1984 年的作协第五次代表大会还着重讨论了文学创作中的历史乐观主义问题，这些问题的提出与讨论，澄清了一些理论是非，端正了创作思想，推动了文学创作的健康发展。

在保加利亚文学中，一些作家和作品、文学界的重大事件很难以具体的期限来界定，在艺术创作的方法上不断翻新。到 20 世纪 80 年代，作家们力图改变现实主义描写的单一色调，大胆借鉴现代文学中的多种表现手法，以增强文学作品的艺术感染力。在小说领域，意识流等表现主义手法被广泛引入到创作中来，维任诺夫（Павел Вежинов）、拉迪奇科夫（Йордан Радичков）的相当一部分中短篇小说就是如此。20 世纪 80 年代之前到 80 年

代中期的一些作家和作品是融合在一起的，80 年代之前的一些作家在以后的年代继续写作，其作品不断再版，有时甚至成为影响以后小说界的因素。80 年代的文学，过于追求美学、道德、知识的代表性和权威性，追求世界名望，人为夸大生活和人在意识形态方面的力量。应该说，由于政治经济体制的僵化，保加利亚 20 世纪 80 年代后半期社会经济发展处于相对停滞状态。20 世纪 80 年代文学在保加利亚文坛上只是一逝而过，虽然出现了部分新作品，但仍是前期文学趋势的延续。简言之，20 世纪 80 年代是过渡的十年，到 90 年代，政治动荡，世纪之末的无可奈何现实笼罩文坛。尽管文化处于惨淡的境地，文学在国内外也处于不景气的时期，但是和 20 世纪 80 年代相比，文学还是争得了一席之地。1990 年社会剧变后，保加利亚作家协会（Съюз на българските писатели）分化为三个独立的文学团体，后又发展成为五个，即保加利亚作家协会（Съюз на българските писатели）、保加利亚作家联合会（Сдружение на българските писатели）、保加利亚独立作家协会（Съюз на независимите писатели в България）、保加利亚自由作家协会（Съюз на свободните писатели в България）和保加利亚（多民族）作家联合会（Съюз на писатели в България（от всички етноси））。作家们沿着不同的方向开始了新的探索。

二、1989 年剧变之后的保加利亚文学[①]

1989 年剧变之后的保加利亚文学大致分为三个阶段：

1. 生活方式的改变——文学由出版图书转化成媒体复制、文学政治化、美化政治、文学报刊化、文学口头化和媒介化——新的自由媒介、文化的民俗化和生活多元化。

2. 文学回归图书时代；高度政治化文学回归到推动和赞美文化的时代。

3. 文学正常化和文学大众化、分离出不同的文化层面。

在第一阶段中值得一提的有紧密相连的三件事：《文学报》、《保加利亚文学读本》和阿尼·伊尔科夫的《丑美的源泉》。《保加利亚文学读本》选登

---

① 本节信息由保加利亚索非亚大学斯拉夫研究和文学理论教研室副教授、文学评论家迪米特尔·卡姆布洛夫提供。卡姆布洛夫曾于 2007—2009 年在北京外国语大学欧洲语言文化学院保加利亚语专业任教。

的是文学报四位编辑鲍伊科·本切夫（Бойко Пенчев）、格奥尔基·戈斯波迪诺夫（Георги Господинов）、约尔丹·艾弗提莫夫（Йордан Евтимов）和普拉门·多伊诺夫（Пламен Дойнов）的作品，从语言和生活态度的层面推动了文学的发展。

埃米丽娅·德沃利亚诺娃（Емилия Дворянова）的《Г. 女士》（*Госпожа Г.*）宣扬自发的男女平权，而阿列克·波波夫（Алек Попов）的《伦敦使命》（*Мисия Лондон*）则向欧洲讽刺写作手法靠拢，揭开了保加利亚外交神话和新贵们的桂冠。特奥多拉·迪莫娃（Теодора Димова）确立了自己剧作家的地位，以《埃米奈》（*Емине*）和《母亲们》（*Майките*）在剖析社会方面占有了一席之地。玛利亚·斯坦科娃（Мария Станкова）继续在发掘女人内心世界方面辛勤耕耘。拉伊娜·玛尔科娃（Райна Маркова）以自己著名的《法尼走在追求光明的危险道路上》（*Фани по опасните пътища на светлината*）在保加利亚散文领域开辟了新天地，书中描写的是对父亲的由爱生恨，进而用照顾、图片、友好、驾驶、电脑中画面的瞬息变化得到心理平衡，在玛尔科娃笔下，保加利亚文学第一次忽略了地球上大自然的存在，更不用说它所产生的自然的和原始的意识形态了。采用同样写作手法的还有阿尔贝娜·斯塔穆博洛娃（Албена Стамболова）。她在1998年出版了成名长篇小说《顺理成章》（*Това е както става*），书中用一个神秘平稳过渡的城市故事替代了大自然。

在第三阶段的最后两年，尽管缺少了文学读者群，但文学界还是发生了一些复苏的变化，新书的数量和质量有所上升，文学的意义、含金量和声望有所提高，开始出现一些文学网站和网页，还出现了一系列大众文学论坛，如米列娜·德列娃的“文学系列”，安托尼娅·科列娃举办的由瑞士文化计划资助的文学沙龙。越来越多的出版社开始再版一些现代保加利亚文学作品。在这一时期活跃在文坛的作家有埃列娜·阿列克西埃娃（Елена Алексиева）、米兰·卢斯科夫（Милен Русков）、克里斯汀·迪米特洛娃（Кристин Димитрова）、米列娜·弗切吉埃娃（Милена Фучеджиева）、鲍格丹·鲁塞夫（Богдан Русев）、拉多斯拉夫·帕鲁舍夫（Радослав Парушев）等。应该说，一个散文的时代、文学摆脱禁锢和封闭的时代到来了。

以上可以看到，保加利亚进入市场经济后，文化市场的发展快于现代民主化进程，老一代作家如安东·顿切夫（Антон Дончев）、斯特凡·查涅夫（Стефан Цанев）、柳博米尔·列夫切夫（Любомир Левчев）等和著名年轻作家如特奥多拉·迪莫娃（Теодора Димова）、埃米丽娅·德沃利亚诺娃（Емилия Дворянова）、格奥尔基·戈斯波迪诺夫（Георги Господинов）、阿列克·波波夫（Алек Попов）等一起，共同开创了一个新的文学局面。同时，瓦尼娅·什黛列娃（Ваня Щерева）、卡迪娅·阿塔纳索娃（Катя Атанасова）、迪米特尔·科采夫—绍绍（Димитър Коцев-Шошо）、亚历山大·施帕托夫（Александър Шпатов）等时髦的空洞文学的声音也在升高。

“瑞士文化计划”、“歌德学院”等项目在这一时期为保加利亚文学提供了资助，“伊丽莎白·科斯托娃”基金会则更为保加利亚文学爱好者开辟了驰骋的天地，为文学爱好者提供了交流和发表作品的平台。

1989年在保加利亚最新文学史中算得上是一个分水岭。虽然政治上的剧变不能作为文学周期性变化的条件，但20世纪80年代末90年代初的政治剧变确实促使保加利亚文学界骤然发生了整体性的变化。40年社会主义时期文学生活中形成的独特风格一下子被取代，文学的发展进程被外来因素所控制，文学界的运作机制遭到破坏，文学界自然而然发生整体重组。

对近年来文学的状况进行总结，尽管有不全面和主观的因素，但是完全必要的。其中大多对于1989年后保加利亚文学得出的结论都和具体的事件紧密联系在一起。原因很客观，因为在20世纪90年代文学界因为剧变而重新进行了整合。这不仅涉及到了读者、作者、评论家等所有文学中的参与者几十年来确定的规章制度，而且和与之息息相关的出版社、期刊编辑部、图书市场等机构组织紧密联系在一起。可以说，20世纪90年代初，失望、迷茫的情绪笼罩着文学界。

最主要的变化是1989年之前存在的所谓“坚实的”文学关系被瓦解了。以前占主导和统治地位的题材和体裁被多种题材和体裁替代。涌现出大量对文学性质、文学规则和职能的不同说法。实际上总结保加利亚这一时期的文学状况，可以用“百花齐放，百家争鸣”来形容。

近些年来，人们多次提到，保加利亚没有“大的”文学事件。实际上，保加利亚不仅没有，而且也不可能有，因为没有广大公众认可的、能代表公众意见的大事。问题不在于缺少好书，而在于在当今竞争激烈的文学环境中什么样的书才能称之为好书。

在20世纪90年代中期，文学界出现了一种对19世纪复兴时期以来的传统作品进行改写的趋势。需要强调的是，不是否定，不是替代，而是改写。文学传统由保存经典的博物馆变成了一种可以派生新的意义的灵活物质。成为了 20 世纪 90 年代文学重新整合内容的一部分，在诗歌方面尤为明显。散文方面，有代表性的是两本假托文学作品，即由鲍伊科·本切夫（Бойко Пенчев）、格奥尔基·戈斯波迪诺夫（Георги Господинов）、约尔丹·艾弗提莫夫（Йордан Евтимов）和普拉门·多伊诺夫（Пламен Дойнов）联合出版的《保加利亚文学读本》（*Българска христоматия*，1995 年）和《保加利亚文选》（*Българска антология*，1998）。类似的散文作品还有柳德米尔·斯塔涅夫（Людмил Станев）的《没有这样的书》（*Няма такава книга*，1990）、《讨厌的鞑靼人》（*Неприятният татарин*，1995）和《毫发无损》（*Ненакърнимо*，1998）。这些文集从体裁上很难分类，但是展示了文学、历史和文化的真正意义，文笔一般诙谐有趣、荒诞，有玩弄词藻的味道。

这种趋势吻合了当代保加利亚文学对后现代主义日趋浓厚的兴趣。他们完全顺应新文学形势的潮流，而新的文学形势也满怀热情地迎合这种趋势，涌现出了一批具有影响力的作品。20 世纪 90 年代后期，出现了摆脱后现代主义的倾向，这说明保加利亚的文学模式有自己的特殊性，一些流派代表人物排除和替代了保加利亚文学模式最典型的特征。20 世纪 90 年代末和新世纪初的转轨进程继续影响着文学的发展，同时，文学界继续不断有新人涌现，他们的作品已经开始在文学界产生一定影响。

20 世纪 90 年代出现了一股“女性文学”的潮流，当今文学界中可以列举的散文代表人物有：埃米丽娅·德沃利亚诺娃（Емилия Дворянова）、玛利亚·斯坦科娃（Мария Станкова）、阿尔贝娜·斯塔穆博洛娃（Албена Стамболова）、特奥多拉·迪莫娃（Теодора Димова）等。需要指出的是，这些“女性文学”中的代表人物因为写作手法不同，在当代文学中也可以看作是独立的流派。当代保加利亚文学中最突出的特点是写作手法的多样化，正是写作机会、选材自由、风格各异成为了今天激励人们写作的主要手段。正是这些新的特点为 1989 年剧变之后初露头角的作者带来机会，弥补了剧变给文学的信誉带来的损失。改革年代中，文学仍然是社会文化生活的焦点，文学仍然是人们观察世界的源泉。在后极权主义时期，尽管人们观察了解社会的渠道增加了，文学仍然是对社会至关重要的因素。所以说，作者失去了部分读者和社会威望，但找回了自己决定文学活动的自由，而这种变化在 90 年代初期应该说是一种解放，而不是损失。

尽管文学的影响力是全方位的，但是可以肯定，最主要就是作家要把自己作为写作的主体，反映自己的内心世界。现代作品写作中的另一个特点就是对作品中的部分主要思想原封照搬，奉行拿来主义，其中不乏知名的职业作家。这当然或多或少成为影响当代文学形象的原因，但仍不失为展开体裁、人物形象、作品意义的一个主要层面。在散文方面，兹拉托米尔·兹拉塔诺夫（Златомир Златанов）和埃米丽娅·德沃利亚诺娃（Емилия Дворянова）的部分作品属于此列。

融合各种不同的体裁结构是保加利亚当代文学乃至世界所有文学共同面临的典型问题，比如长篇小说，基本遵循的是跌宕起伏和不连贯的原则，如格奥尔基·戈斯波迪诺夫（Георги Господинов）1999 年出版的《自然的长篇小说》（*Естествен роман*）。侦探和恐怖小说，包括凶杀小说，1995 年埃米丽娅·德沃利亚诺娃（Емилия Дворянова）出版的《阿莉萨的激情与死亡》（*Passion или смъртта на Алиса*）是典型的代表作。实际上，现代社会状况为各种不同体裁的产生开辟了天地。在散文方面，可以列举出各种不同的、有时甚至是对立的体裁形式，如埃米尔·安德列埃夫（Емил Андреев）的寓意故事、阿列克·波波夫（Алек Попов）的荒诞小说、格奥尔基·戈斯波迪诺夫（Георги Господинов）的短篇小说、德扬·埃涅夫（Деян Енев）的浓缩短篇小说、克里斯汀·迪米特洛娃用表面看起来简单乏味的事情讲述复杂而戏剧性的事情的短篇小说，等等。

说到体裁问题，必须指出，当代保加利亚散文中最“受青睐”的体裁就是长篇小说，尤其在 20 世纪 90 年代中期以后。1997 年开始举办“发展杯”优秀长篇小说评选活动，后逐渐演变成了一种传统。大大激发了作家们的创作热情，全国每年都要出版几十部长篇小说，有时甚至超过百部。

现代文学的日臻成熟自然要影响到现实世界的模式，近些年，文学界受到指责，未能创造出符合现代社会的作品，其实这是不公正的，大部分文学都在用这样或那样的方法反映着现实，问题在于人们期待文学创作出全面反映现代社会的进程、复杂性、多样性的形象的作品，而年轻作家们看待世界基本上是一个问题重重的整体，认为世界是崩溃的、残缺不全的。所以说，格奥尔基·戈斯波迪诺夫的《自然的长篇小说》成为现代保加利亚文学的代表作绝非偶然。该小说整个就是故事情节片断构成的马赛克，同时描写主人公的个人命运，描写昆虫和植物，描写枯燥无味的日常生活，描写 20 世纪 60 年代、70 年代、80 年代和 90 年代发生的故事，以此构成现代作品的整体。

当代保加利亚文学中的故事情节从来都是局部的、断断续续的、反映现实问题的。保加利亚当代文学中大多描述难以实现的世界大同理念。在短篇小说的描写中，当今世界越来越模糊，人们的生活越来越不真实，而人们使用的语言越来越多样。

三、这一时期保加利亚短篇小说的特点

短篇小说从来都是保加利亚散文中的主导体裁，保加利亚文学中短篇小说形式最典型地代表了保加利亚文学的特点和特征。在保加利亚的文学发展史中，和长篇小说相比，短篇小说发展中更充分地表现了小说家们的写作才能，这和保加利亚历史中充满连绵不断的剧变和战乱这一特点有关系。在重大历史事件之间缺少足够的历史间隔，所以比较难以产生长篇小说的形式，也促使短篇小说得以发展。

为什么文学体裁从古到今一成不变？是什么原因决定着人的思维变化和对待现实的态度？文学还没有对这一问题给出满意的答案。长篇小说的产生一般都是在大的历史动荡之后，而在非激情的平稳年代则大多以短篇小说为主。但长篇小说也好，短篇小说也好，不管如何变化，千百年以来都保留了自己的体裁精髓。

体裁问题是文学历史、文学评论中的重要问题，是哲学问题在文学中的反映，因为它探讨的是抽象和具体、单个和群体的相互关系问题。

现代保加利亚短篇小说 20 世纪 60 年代进入了自己的成熟期和繁荣期。题材多种多样，从历史题材到现代题材，从直接反映社会问题到反映现代人的内心世界，从家庭伦理到哲学问题，以及纪实小说、科幻小说等等。

在 20 世纪 60 年代的社会气候条件下，短篇小说率先打破了“个人崇拜”的束缚，恢复了约夫科夫时代短篇小说的宝贵传统。

在新时期保加利亚文学发展过程中短篇小说的特点就是紧跟时代的脉搏，去描写和揭示社会、人们的思想和情感。20 世纪七八十年代，保加利亚文坛涌现出了约尔丹·拉迪奇科夫（Йордан Радичков）、尼·海托夫（Н. Хайтов）、根乔·斯托埃夫（Генчо Стоев）、伊瓦伊洛·彼得罗夫（Ивайло Петров）、帕维尔·维任诺夫（Павел Вежинов）、格奥尔基·维里奇科夫（Георги Величков）、迪米特尔·科鲁基埃夫（Димитър Коруджиев）、弗拉迪米尔·扎列夫（Владимир Зарев）、罗森·波塞夫（Росен Босев）、鲁丹科·约尔丹诺夫（Руденко Йорданов）、亚历山大·托莫夫（Александър Томов）等众多才华横溢的短篇小说作家。约尔丹·拉迪

奇科夫鞭挞社会上一切丑恶现象，瓦西尔·波波夫（Васил Попов）抨击保加利亚宗法的含义，尼·海托夫用新颖的描写手法刻画了人和文明的永久对话，顿乔·丛切夫（Дончо Цончев）寻求现代的多样性，拉达·嘎丽娜（Лада Галина）表达自己对现代人行为准则的看法，等等。

20 世纪 60 年代以后保加利亚短篇小说方面出现的各种变化中最突出的变化就是在小说中通过隐喻赋予形象超题材的功能，使小说形象成为一种象征，如迪克·弗切吉埃夫（Дико Фучеджиев）、留本·迪洛夫（Любен Дилов）、格奥尔基·维里奇科夫（Георги Величков）等的小说。或者通过艺术手法和怪诞风格，使小说形成独特的艺术结构，如留本·迪洛夫、帕维尔·维任诺夫以及涌现的新人阿果普·梅尔克尼扬（Агоп Мелконян）和艾夫根尼·库兹马诺夫（Евгени Кузманов）的作品。

作者把人性作为短篇小说的主题来描写，加强了主体意识，自然地反映了大众的各种观点，综合地反映历史和现实，通过用现实评价历史、排列时代的各个层面、回顾和分析构成小说的独特风格。近几十年来，以人为题材成为了各种体裁小说描写的主流，回顾过去和预测将来成为小说写作的新元素，预示了不同层次艺术创作的趋势。把神话和现实相结合，科幻和讽刺相结合，大大丰富了各类现代小说的人物描写和文体色彩。

根据浓缩的思想内容和小说深刻反映的问题来组织文学素材，为反映当代生活中的正义提供了无限的可能性。短篇小说体裁形式的多样化和混合化使现代小说的写作空间更大。总之，近 40 年来现代保加利亚短篇小说保留了自己的老传统，创造了新的传统，继承了伐佐夫、埃林·彼林和约夫科夫的写作风格，并将继续不断丰富、发扬光大。

四、现代保加利亚散文中的道德问题

1989 年剧变以来，人们开始对历史和现实采取一种新的思想观念，最具代表性的文学作品就是伊瓦伊洛·彼得罗夫的长篇小说《猎狼队》（*Хайка за вълци*），这是一部超越时代、迈向未来的作品，它创造了新的、丰富的体裁、文体和流派。

近几十年来，保加利亚文学界继续发扬 20 世纪 60 年代以来散文的成果，创作出了大批有影响的作品，如根乔·斯托埃夫的《黄金的价格》（*Цената на златото*）和约尔丹·拉迪奇科夫的怪诞滑稽散文，格奥尔基·米舍夫

（Георги Мишев）的《母系氏族》（*Матриархат*）和波拉尕·迪米特洛娃（Блага Димитрова）的《走向自己》（*Пътуване към себе си*）、《偏离》（*Отклонение*），博果米尔·拉伊诺夫（Богомил Райнов）的《末路》（*Пътища за никъде*），瓦西尔·波波夫（Васил Попов）的《根》（*Корени*）和《永恒的年代》（*Вечни времена*），还有安德烈·古里扬什基（Андрей Гуляшки）、卡门·卡尔切夫（Камен Калчев）、帕维尔·维任诺夫（Павел Вежинов）、阿塔纳斯·纳克夫斯基（Атанас Наковски）、迪克·弗切吉埃夫（Дико Фучеджиев）等著名作家的一些长篇小说和中短篇小说以及斯塔尼斯拉夫·斯特拉提埃夫（Ст. Стратиев）、格奥尔基·维里奇科夫（Георги Величков）、留本·佩特科夫（Любен Петков）、迪米特尔·科鲁基埃夫（Димитър Коруджиев）等年轻作家的作品，开始用新的表现手法描写当今的社会现实。

20世纪70年代以后散文的语言风格主要为讽喻手法，利用隐喻、象征意义和幻想表达，假定、隐喻、怪诞、科幻、特异功能越来越活跃地参与到新文学结构的非神化和非意识形态化中来。帕维尔·维任诺夫（Павел Вежинов）的《障碍》（*Бариерата*）和《白色蜥蜴》（*Белият гущер*），亚历山大·盖洛夫（Александър Геров）的幻想短篇小说，留本·迪洛夫（Любен Дилов）的讽刺幻想作品，斯特凡·查涅夫（Стефан Цанев）、尼古拉·鲁塞夫（Никола Русев）和格奥尔基·维里奇科夫（Георги Величков）的童话故事，斯塔尼斯拉夫·斯特拉提埃夫（Ст. Стратиев）的怪诞讽刺作品以及年轻作家们的最新试验作品极大地丰富了散文世界。

对待道德问题的态度是欧洲化的今天所面临的无可争议的课题。今天，很难一下子指出表现当代新道德观念的作家和作品，很难列举保加利亚现实中的新人特征，因为保加利亚还没有出现固定的文学流派，而只是扩大了现代主义的转型，也可称之为保加利亚式的后现代主义文学现象。

约尔丹·拉迪奇科夫（Йордан Радичков）的《诺亚方舟》（*Ноевият ковчег*）是当代小说最具代表性的作品。作品中作者用完全不同的方式方法寻找走出冷漠、麻木不仁的出路。作品中作者表达了一种平静对待丑恶和死亡的态度，在他的诺亚方舟里蠕动着蟑螂，而他希望用方舟带往未来的生活碎片在他看来则是贫乏的、微不足道的。拉迪奇科夫揭示了自己思想深处的忧虑，除了死亡，看不到从丑恶中解脱的出路，唯一使他感到欣慰的是家乡故土可以容纳他。

在动物和鸟类的精神世界里，一切都是有意义的，拉迪奇科夫创造了人类希冀和苦难、心灵震撼的象征，他所传达的“信号”是我们行为的反映。

20 世纪 80 年代保加利亚的小说作者们开始把目光投向了生活的未来和地球文明的最令人担忧的问题，如污浊的社会空气、污染的自然环境、民族性的变形、生活的艰辛以及恶化的社会主义极权模式的压抑等等，主要通过对全球世界和太空的态度反映出自己的道德立场。这些作家包括留本·迪洛夫（Любен Дилов），顿乔·丛切夫（Дончо Цончев）及其获得成功的长篇小说《预测》（*Прогноза*），阿果普·梅尔科尼扬（Агоп Мелконян）和维尔克·米罗埃夫（Велко Милоев），他们希望自己在 20 世纪末不仅是一名保加利亚人，而且是一个世界公民，关心地球上的问题，建立起自己对宇宙学和人类精神宇宙新的态度。

当今作家的道德观强调完整的人性和绝对自由，想说什么就说什么，想做什么就做什么，创作完全自由，人权完全有保障，完全可以根据自己的信仰、创作能量和能力去发展。对他们来说，当代的道德观就是把一切都从定格的框框和公式中解脱出来，拥有渊博的学识、高超的职业技能，掌握文学创作中的基本素材，在向民主过渡的阶段中作家的道德观完全摆脱内部和外部对作品的审查。

五、1999 年的保加利亚文学

1999 年是 20 世纪的最后一年，也是东欧发生剧变后的第十个年头，文坛上所发生的一切引起了人们极大的关注。

本年度 2 月份出版了阿列克·波波夫（Алек Попов）的《通往锡拉库萨之路》（*Пътят към Сиракуза*）。阿列克·波波夫是当时最强硬的反乌托邦主义者，书中描写的是当时最为时髦的题材，有星外人、鬼神附体的算命先生、巫师、法老等，犹如进入了古希腊时代。作者把故事情节刻画得引人入胜。

2 月份还出版了作家亚历山大·安德烈埃夫（Александър Андреев）的第二部长篇小说《新自由度》（*Нови степени на свобода*），他的第一部长篇小说发表于 20 世纪 80 年代。他的小说在社会上没有产生较大影响，主要是由于他的小说缺乏民间日常生活的描写，而这正是当时保加利亚社会民主生活中流行和提倡的。尽管如此，亚历山大·安德烈埃夫仍然以他风趣的写作手法给读者带来了愉悦。

1999 年作品发行量最大的有两位作者，他们是赫里斯托·卡尔切夫（Христо Калчев）和赫里斯托·斯托扬诺夫（Христо Стоянов）。赫里斯托·斯托扬诺夫擅长追踪模式的写作手法，而赫里斯托·卡尔切夫只能算是江湖作家。赫里斯托·斯托扬诺夫 6 月中旬出版的《一个保加利亚穆斯林女人隐秘的一生》（*Скритият живот на една помакиня*），书中主人公为一位保加利亚穆斯林女人，此书曾在社会上引起反响，书中的部分情节和描写遭到部分妇女的谴责。

8 月初，赫里斯托·卡尔切夫出版了《血腥的丝绸之路》（*Кървавият път на коприната*），书中主人公沿着阿尔坎的足迹，解开了一个个巴尔干谜团。他的主人公从来都是道德的捍卫者，但捍卫的是什么道德呢？比如阿尔坎反对本·拉登，然而本·拉登盘踞的“丝绸之路”如今已经是“毒品和武器之路”。

卡尔切夫的作品里缺少生活，他所采用的体裁屈指可数，但是他的读者群很满意。9 月，一位朋友来到卡尔切夫经常光顾的酒馆，卡尔切夫正在那里高谈阔论，说他精通体育彩票。卡尔切夫很清楚，不管哪位幸运者中彩，总会有人在他走出彩票站时和他打招呼的。由此可见卡尔切夫思想的一斑。群众知名度是文学名望的基础。

9 月，格奥尔基·戈斯波迪诺夫（Георги Господинов）的《自然的长篇小说》（*Естествен роман*）面世。格奥尔基·戈斯波迪诺夫是本年度继亚历山大·安德烈埃夫之后第二位严肃作家，他在以描写现代内在恐惧为题材方面做了大胆尝试，该书引起极大轰动，斯特凡·查内夫称戈斯波迪诺夫是“年轻一代保加利亚文学中最了不起的现象”。书中描述了病态的离婚现象；谈到苍蝇、蜜蜂和人类的共同点；描写其中一位主人公通过追踪日常气候的变化情况来维护世界的完整。

9 月还出版了埃米尔·安德列埃夫（Емил Андреев）的《醉人岛》（*Островът на пияниците*）。1996 年埃米尔·安德列埃夫曾因出版短篇小说集《洛姆的故事》（*Ломски разкази*）而名噪一时，令人不解的是，在他的作品中，没有神魂颠倒的故事情节，没有电脑凶杀事件，也没有黑社会和周日的色情描写。埃米尔·安德列埃夫在一种悠闲、言词动听的氛围中耕耘。

本年度长篇小说之最当属格奥尔基·米舍夫（Георги Мишев）11 月份出版的《多瑙河大桥》（*Дунав мост*），这是一部震撼心灵的强力之作。从中你可以看到保加利亚式的恶魔嘴脸和无所不做的可怜女孩。在保加利亚，一般说“现代题材”就是指民间日常生活，《多瑙河大桥》正是这样一部作品。

六、2000 年保加利亚长篇小说

说到 2000 年的保加利亚文学，我们可以给它下两个定义，既是分界年，又是走向正轨年。它是指 20 世纪 90 年代后和 21 世纪开始的 12 个月。正是在这个保加利亚文学分界的年份，需要结束一些程序，启动另外一些程序，为一个时代画上句号并开辟新的时代。

分界的感觉表现在对一系列“世纪末”现象的厌倦之中，如新先锋派、激进派、后现代派等等。20 世纪 90 年代文学界最大的事件就是言论自由，形成了多元的文化环境，大量的出版物、倾向、笔体涌现。各种新杂志创刊又停刊，每一个刊物周围都有一圈人出没。保加利亚本土的和翻译的图书充斥整个市场。在世纪末一时间冒出了几个保加利亚文学流派，每个流派都有自己的名字、自己的传统和主旨风格。在动乱带来的利害之后自然会产生个人的厌烦。2000 年的文学杂志屈指可数，报纸也是如此。文学杂志和文学报纸数量相等，应该说是当时保加利亚的特色。“新”和“老”之间的冲突已然是前些年的事了。走向正轨的一个方面表现在：一些期刊，越来越多的日报都开辟了自己的文学栏目，更加理性地审视新的文学作品，缩短了大学生与作家之间的距离，文学环境趋于温和。

走向正轨的另外两个方面是表现在文学内部，所谓的言论试验更多是在一个比较能够沟通的范围内进行，而通过新的作品，保加利亚文学拥有了一整套体裁风格，从小说、纪实文学、侦探作品到诗歌、剧作等，在保加利亚的最新藏书中已经无一或缺。

斯特凡·基肖夫（Стефан Кисьов）的小说《请不要唤醒梦游者——一个鲍亚纳总统官邸服务员的叙说》（*Не будете сомнамбула — Един сервитьор в резиденция Бояна*）是 2000 年保加利亚长篇小说创作中无可置疑的大事，这一年基肖夫还出版了长篇小说《一无是处》（*Никъде нищо*），但是《请不要唤醒梦游者》是一部具有讽刺意味的、滑稽、轻松、追寻历史和日常生活的作品，作者把人物、不成熟的民主和社会主义、生活的梦想等描写得栩栩如生。

本年度斯特凡·查内夫（Стефан Цанев）的长篇小说《蚂蚁和上帝》（*Мравки и богове*）发行上万册。保加利亚侦探作品也不甘落后，出版了马林·达米亚诺夫（Марин Дамянов）的《好侦探、坏侦探》（*Добро ченге, лошо ченге*）和《别了，乔尼》（*Сбогом, Джони*），法尼·促拉科娃（Фани Цуракова）的《潮湿的订单》（*Мокра поръчка*）等。

本年度还有留德米尔·托多洛夫（Людмил Тодоров）的《一次挫折的记述》（*Хроника на едно пропадане*），亚历山大·托莫夫（Александър Томов）描写中世纪拜占庭的《紫罗袍》（*Пурпур*），帕尔米·兰切夫（Палми Ранчев）的长篇小说《通往内心世界》（*Посока Сакраменто*），斯塔尼斯拉夫·斯特拉提埃夫（Станислав Стратиев）离世后出版的短篇小说集《巴比伦纪事》（*Вавилонска хроника*）。德扬·埃涅夫（Деян Енев）的短篇小说集《硬币的正反面》（*Ези-тура*）再版，而格奥尔基·果斯波迪诺夫（Георги Господинов）也出版了他的短篇小说集《还有另外的故事》（*И други истории*），再版了《自然的长篇小说》（*Естествен роман*）并再次引起轰动。

格奥尔基·达纳伊洛夫（Георги Данаилов）的回忆录《我的回忆》（*Доколкото си спомням*）打破了所谓保加利亚没有自传体裁的臆断，对某些历史进行了解密和改写，是本年度全新的、高级的、人性的、有细腻自嘲的和幽默的、赞美主观诚实的自传体回忆录。

维拉·穆塔弗奇埃娃（Вера Мутафчиева）的自传第一部《过来人》（*Бивалици*）出现在圣诞书市上，书中通过童年梦想把历史置于“是”和“否”之间，置于“曾经”和“不曾”之间。在书市上还看到了康斯坦丁·帕弗洛夫（Константин Павлов）的《札记 1970—1993》（*Записки*1970 - 1993）。托多尔·波拉果埃夫（Тодор Благоев）的纪实小说《我曾生活在加拿大》（*Аз живях в Канада*）出版，书中作者收集了自己 20 世纪 90 年代侨居期间发表的文章、观感和散文。

当今什么是长篇小说？这一问题一直困扰着人们，作家们一直在呼吁，努力寻找一种大家共同认可的体裁名称，“庸俗小说”、“伤感小说”、“非小说”、“纪实小说”等等。无论人们对这一现象如何理解，起码证明文化市场对长篇小说是有需求的。

具体说到这一时期创作的保加利亚长篇小说，应该说是多种多样的，很难做出评论，确实也有一些作品反映了当前保加利亚文坛的形势特点，甚至涉及到保加利亚作家的教育传统。事实证明，长篇小说作品在现代人的生活中是可以生存的，它参与解决“人”的问题，表达人们追求的目标、反映人民生活中的无助和痛苦，发表自己对生活的理解。

相当一部分小说还是沿用传统方式描写所谓“心理”问题，如：《Г. 女士》（*Госпожа Г.*）、《埃米奈》（*Емине*）、《法尼走在追求光明的危险道路上》（*Фани по опасните пътища на светлината*）、《蓝色阶梯》（*Синята стълба*）、《早晨的日落》（*Сутрешни залези*）等，而且这些作品几乎都是女性作家创作的。保加利亚文学女性化应该说对长篇小说的振兴起到了重要作用。它代表了这一体裁历史上外围的声音，是生活中的抉择需要。《早晨的日落》是唯一一部男性作者创作的隐喻性“心理”小说。

以《心灵的卡片》（*Каталог на душите По*）为代表的心理小说与其他描写社会生活问题的作品不同，它试图用另一种手法去反映大众所关注的“保加利亚”问题，如长篇小说《伦敦使命》（*Мисия Лондон*）中的政治道德标准。它力图利用讽刺的手法去摸索、塑造，达到保加利亚传统中“甘纽大叔”形象的社会效果，成为了一部具有奇异、复杂曲折故事情节的成功作品。

另一部打破传统历史题材界限，具有惊险故事情节的作品是长篇小说《维也纳》（*Виена*），它构思巧妙，摆脱文学中一贯追求的语言美学深度和臆断，是一种有效的后现代主义尝试。

长篇小说《短裙》（*Пола*）是保加利亚描写时尚的代表性作品，它的特点是深奥难懂，以对读者的恶劣态度以及苛刻的构思编排而著称。

简言之，保加利亚的小说在运行中，在发展和变革的实验阶段，这一进程需要多长时间，我们无需去猜测，但我们可以深入根源内部，密切注视形势的变化，去解释事件的结果，因为它所表达的是我们自己这个时代的文化需求。

参考文献

1. 林洪亮主编，陈九瑛著：《东欧当代文学史·保加利亚文学》，北京：中央编译出版社，1998 年版。

2. 杨燕杰：《保加利亚文学》，北京：外语教学与研究出版社，2000 年版。

3. Елка Константинова，*Нравствеността в съвременната ни проза*，Издателство на НБКМ，1997（埃尔卡·康斯坦丁诺娃：《当代小说中的道德问题》，“基里尔和麦托迪”国家图书馆出版社，1997 年版）。

4. Елка Константинова，*Характерни черти на българския разказ.* Минало и

настояще “Литературна мисъл” 1987/1（埃尔卡·康斯坦丁诺娃：《保加利亚小说的特点、历史和现状》，载《文学思想》，1987 年第 1 期）。

5. Димитър Камбуров，*Българската литература след* 1989，Издателство Алтера 2007（迪米特尔·卡姆布洛夫：《1989 年后的保加利亚文学》，阿尔特拉出版社，2007 年版）。

6. Ани Бурова，*Умножаването на езиците*，Wespennest，4. 2005（阿尼·布洛娃：《语言的扩增》，载《蜂巢》杂志，2005 年第 4 期）。

我译塔杜施·鲁热维奇的诗

张振辉
（中国社会科学院外国文学研究所）

塔杜施·鲁热维奇（Tadeusz Różewicz，1921 — ）是波兰当今最著名的诗人和作家之一，也是波兰20世纪荒诞派戏剧无可争议的代表人物之一。他的作品被翻译成多种文字出版，也曾多次获得诺贝尔文学奖提名，他是一位在世界文坛享有崇高声誉的大诗人。鲁热维奇1921年10月9日生于波兰罗兹省腊多姆斯科县，年轻时就开始写诗，至今出版的诗集有《一小勺水，讽刺作品》（1946）、《不安》（1947）、《一只红手套》（1948）、《五首长诗》（1950）、《正在来临的时代》（1951）、《诗和画》（1952）、《平原》（1954）、《银穗》（1955）、《微笑》（1955）、《一首公开的长诗》（1956）、《形式》（1958）、《和王子谈话》（1960）、《绿玫瑰》（1961）、《普洛斯彼罗的大衣里什么也没有》（1962）、《第三》（1968）、《皇城》（1969）、《心灵》（1977）、《受了外伤的短篇小说》（1979）、《浅浮雕》（1991）、《永远的片段》（1996）、《灰色地带》（2003）和《附录》（2003）等。鲁热维奇的诗歌数量很大，他在20世纪五六十年代几乎每年都有新的诗集问世，他的这些作品都以最质朴的贴近生活的语言真实反映了人的心灵中的一切喜怒哀乐，表现了对人、对生活、对大自然炙热的爱，他曾经说：一个诗人“要接触心灵和事物，写直言诗”；“诗歌没有爱就没有生命”。这种对自然和生活的爱不仅是诗歌创作中，而且也是整个大自然和人的生命中最宝贵的东西。他的诗歌具有独特新颖和非常美好的表现方式，我醉心于他作品中的这种形式的美，每读到它们，便觉得是一种艺术享受，令人不能释卷。因此几年前，当河北教育出版社约我将他的作品翻成中文出版的时候，我很高兴地接受了这个美差。后来我在阅读和着手翻译他的诗歌精品的过程中，我的兴趣越来越大，也越来越深切地感到，要把他那独具特色的创作风格和形式美，用中文这种和波兰文迥异的文字忠实而又充分地表现出来，可是一件不易做到的事，但这也正是我最乐意并且决心要为此付出努力的。我以为，只有通过我作为一个翻译工作者的不懈努力，才能赢得中国读者对这位诗人的喜爱和尊敬。而今，我翻译的《塔杜施·鲁热维奇诗选》早已于2006年出版，我想借此机会，来谈谈我对这些诗歌的认识和我在翻译过程中的体会，也就是想说，我是怎样长时间地为此付出努力的。我对鲁热维奇诗歌的认识是多方面的，有的涉及到对诗歌内容的理解，有的和它们的艺术形式有关，举例说《假果》（选自诗集《不安》)、《月光下》（选自诗集《一只红手套》)、《父亲》、《成功》、《小兔子》（这三首均选自诗集《银穗》)，这些诗我读之后深感有的写得凄惋动人，有的生动活泼，富于幽默情趣，表现了作者丰富的才情。如《假果》中，一个可怜的母亲看着自己在战场上死去的儿子的照片，便潸然泪下，儿子死了，但他生前住过的房间里的桌子上仍留下了这张照片和一个假果。人亡物在，睹物思亲，这位母亲看见儿子的照片就像看见了她的儿子一样，当她想起他生前的身影时，便引起了无尽的哀思，作者的构思是深沉的，在哀惋中表现了人世间最真挚的母爱。在《月光下》中，诗人写道：

月光下
空寂的大街
月光下，
人已匆匆离去。

月光下，
生命灭绝，
万物消亡
月光下。

月光下
空寂的大街，
只留下死者的颜面，
泥塘的污水。

这也是诗人对战争时代的回忆，用劫后的惨景反映战争的残酷。

这是一个生命灭绝、万物消亡的世界，除了阴冷的月光、死者的颜面和泥塘的污水之外，就没有别的，这里到处都是一片死寂，令人不寒而栗，它使我想起了我国唐代著名文学家柳宗元（773—819）的一首古诗《江雪》：

千山鸟飞绝，
万径人踪灭。
孤舟蓑笠翁，
独钓寒江雪。

这首诗与前面一首诗反映的是不同主题。柳诗借歌咏隐居山水之间的渔翁，来寄托自己清高而孤傲的情感：天地之间是如此纯洁而寂静，一尘不染，万籁无声；渔翁的生活是如此清高，渔翁的性格是如此孤傲。两诗似乎不可比拟！但诗中空寂的意境和鲁热维奇的《月光下》又有某种相似之处，只是它不像《月光下》写得那么悲戚和可怕，我想只要把握好了这个相似的意境，严格遵循波兰文原作的格律，就一定能把它翻译好。鲁热维奇这首诗中每个句子大都只有四个或五个音节，那么我在把它们翻成中文时，在每一句诗中，也只能用四个或五个，也就是要尽量少的中文字（中文字都是单音节的），就能做到忠实于波兰文原作了。

在《父亲》中，诗人写道：

老爸的身影
永远在我的心中，
他一生不知道节约
死后没留下分文。
他曾一点一滴地积攒，
既没有买下一处房产，
也没有买过一块金表。

他像鸟一样地快活，
从早到晚地唱歌，
一天又一天。
可是

请你说说，
一个低级职员
许多年来，
怎能这样地生活？

我记得他常常戴着
一顶破旧的帽子，
口哨吹得很好听，
吹的是一首欢乐的歌，
他坚信他一定会
进入天堂的大门。

诗人在这里用了几句很普通的话，就描绘出了一个生动的形象，诗中主人公虽然年老，但仍保持了一颗童心，他并没有很高的职位，也没有去谋取这种职位，但他知足常乐，无忧无虑，一种乐观向上的人生态度，令人喜爱。在《成功》中，作者更是充分地发挥了诗的想象，他开玩笑地把诗中的主人公扬内克比作几十万年前的猿人：

扬内克曾经四肢着地
爬滚了一年。
有一天，
我看见
他
两条腿站起来了。

我很高兴地想：
“我们古老人类的这个把戏
终于获得了成功。”

这个扬内克也可能是诗人的亲友，腿受过伤，通过自己的锻炼治愈了，本是一件很普通的事，可是诗人用这个比喻，却使作品展现出了深远的背景，具有很深的寓意。另外在措辞上，诗中只用了简单的几句，便把整个场景都写得妙趣横生，令人百读不厌，是一篇内容和形式俱佳的作品。《小兔子》这一首中又是另外一番景象：

大雪长着红宝石眼睛，
藏在一个笼子的
黑咕隆咚的角落里，
温暖的雪，
受惊的雪。

大雪一声不响地
翕动着它的嘴唇，
在沙沙响着的
蓝色的树叶上。

这里写的是一只小兔子，但是诗中却没有用“小兔子”这个词，诗人很巧妙地用白雪来比喻它，小白兔长着红宝石眼睛，藏在一个笼子的黑咕隆咚的角落里，在阴暗的背景的映衬下，显得它是多么白净和美丽。它有体温，有感觉，它在蓝色的树叶上翕动着它的小嘴。蓝色的树叶有沙沙声响，小白兔却始终没有响声，这也符合它的本性。诗人给白雪加以装点，赋予了生命，把这个由白雪变的小白兔写得活灵活现了。

鲁热维奇这些深情和美妙的构思和手法使我在翻译时对它们产生了极大的兴趣，也觉得只有严格地按照他的每个作品的节奏和韵律，用一种富于抒情诗意和幽默感的中文表达出来，才能使中国的读者感受到其中的艺术魅力。还有一些诗中，鲁热维奇也采用了一种颇为新颖和独特的形式，如在诗中运用某种形式的叠句，能使他的作品的深刻寓意对读者产生强烈的冲击力，给他们留下深刻的印象，如《琥珀鸟》（选自诗集《不安》）就是一例，诗中写道：

秋天，
一只透明的琥珀鸟，
含着一粒金珠，
从一个枝头，

跳到另一个枝头。

秋天，
一只闪闪发光的
红宝石鸟，
带着一滴血，
从一个枝头
跳到另一个枝头。

秋天，
一只就要死去的
蓝宝石鸟，
带着一滴雨水，
从一个枝头
落到另一个枝头。

诗的第一段写像宝石一样美丽的小鸟在枝头快乐地跳来跳去，第二段的“一滴血”，表现了一种哀伤的情调，第三段写小鸟已经死去，它再也不能在枝头跳跃，而是和雨水一起，落到了枝头上。在不同情况下这个“从一个枝头，跳到另一个枝头”的语句的重复出现加重了语气，就像台湾著名诗人余光中在他的《乡愁》中写的那样：

小时候，
乡愁是一枚小小的邮票
我在这头
母亲在那头

长大后
乡愁是一张窄窄的船票
我在这头
新娘在那头

后来啊
乡愁是一方矮矮的坟墓
我在外头
母亲在里头

而现在
乡愁是一湾浅浅的海峡
我在这头
大陆在那头

不同的是这里的“乡愁”表现在不同时期的不同情况下，因此诗中重复出现的语句有一些小小的变化，而鲁热维奇笔下的“琥珀鸟”生命短促，它的跳跃只在一个“秋天”，但两首诗在形式上的运用却是不谋而合的。又如《多余的人的话》（选自诗集《平原》）中，也有这样不断重复着的问句，这些问句的内容虽不一样，但形式是一样的：

对那个把红色的橡树叶
夹在自己灰色的笔记本上的
少年怎么办?
对那个手里拿着一个苹果的
少年怎么办?
对那个从草地上跑过的
少年怎乡办?
对那个从雪的星星上飞过的
少年怎么办?
对我的父亲和母亲怎么办?
对这十亿多余的人怎么办?

诗人表示了他对人间事物的关心，从一个小孩到十亿人的大大小小的各种事务，似乎和他都密切相关，因此他向读者们提出了上面的问题，希望引起读者的重视。《眼睛和问题的颜色》（选自诗集《微笑》）中的句子形式也是一样：

我亲爱的她的眼睛
是不是蓝的，
上面长了银白色的针刺？
不是。

我亲爱的她的眼睛
是不是棕色的，
闪着金色的光芒？
不是。

我亲爱的她的眼睛
就像秋天灰白的树叶，
落在了我的身上。

诗中前两个“不是”是作者设下的一个悬念，直到最后一段，才形象地点明了“就像秋天灰白的树叶，落在了我的身上”。此外，诗人在他的作品中，也经常用一些不断重复的句式但蕴涵意思却正好相反，这样的表现手法也是用来加强语气，如在《多么好》（选自诗集《一只红手套》）中，诗人写道：

我真可以在林子里
采摘野果以饱口福了，
我原以为，
既没有野果也没有树林。

多么好，
我真可以在树阴下乘凉了，
我原以为，
树木不会投下阴影。

多么好，

我真可以和你在一起了，
我的心也跳得更快了，
我原以为，
人是没有心的。

诗中“我原以为，树木不会投下阴影”，“我原以为，人是没有心的”这样的语句令读者震憾，这里包含着诗人多么丰富而又悲凉的人生感受！我在翻译这些诗的过程中，无论在内容和形式上，都是严格按照作者的要求去做的，为的是更好和更真实地反映作者的创作意图，忠实于原作。一般来说，这些诗中的语句都比较简洁，音律对仗，因此把它们翻译成中文后，读起来朗朗上口，便于朗诵，很容易在读者中传开。

鲁热维奇在诗中采用一些对比的语句，也能获得很好的艺术效果，如在《得救》（选自诗集《不安》）这一首中，有这样的对比：

我二十四岁那年，
被押送到刑场上，
可是我得救了。

一些毫无意义的称呼，
其实只有一个意思：
人和兽，爱和恨，
敌人和朋友，
黑暗和光明。

人和人就像野兽一样，
自相残杀。我见过
那一车又一车
没有得到拯救的
被砍杀的人们。
德行和罪恶，
真理和欺骗，
美和丑，勇敢和怯懦，

实际上是一个概念。

在希特勒法西斯占领波兰期间和波兰的反法西斯战争中，这些对比无论在什么地方和在什么情况下都表现得非常强烈，诗人以高度的概括和十分精练的诗的语言真实地反映了当时波兰的社会现实，我在翻译这些诗的时候，也很认真地再现了这些表现手法，只有这样，才能体现作品的原意。

此外，我感兴趣的还有一种马雅可夫斯基称之为阶梯诗的诗歌形式，例如《旋转木马》（选自诗集《银穗》）这一首：

欢乐
在旋转中，
在自己的身边。
欢乐中产生欢乐，
欢乐在地和天之间，
在灰色的一天中旋转，
于是放开了笑的银色的弹簧。

由于掌握了波兰文原作的这种形式，我把它翻译成中文后，我的译文甚至比原作更像阶梯，像一个诗的阶梯。我在这里举了这么多的例子，是为了说明我在上面已经提到的我阅读和翻译塔杜施·鲁热维奇的诗歌的一些心得体会，而这也只是我的一部分体会，令我欣慰的是，我翻译的这本《塔杜施·鲁热维奇诗选》出版后，在我国的读者中受到了普遍的欢迎，他们盛赞鲁热维奇的诗歌优美动人，字字珠玑，不愧为享誉世界的大诗人。鲁热维奇的诗歌是一个极其丰富多彩的思想和艺术宝库，是波兰当代文学创作发展的高峰，我今后还要对它进行更加深入的研究，希望能够译出他更多新的好诗。

新世纪十年波兰现代文学在中国的接受

李怡楠
（北京外国语大学欧洲语言文化学院）

提　要：波兰文学在东欧文学中占有重要地位，波兰文学在中国被译介的历史较为久远。进入新世纪以来，波兰现代文学在中国的接受渐成繁荣之势。本文以跨文化研究为学术背景，以文学接受理论为基础，介绍分析2000年以来波兰现代文学在中国的接受。通过理论分析和实例佐证可以得出结论：波兰文学在中国的译介和推广达到了一定高度，同时存在巨大的发掘空间供波兰学学者进行深入研究。
关键词：波兰文学；文学接受；翻译；推广

Acceptance of Modern Polish Literature in China in the 2000s

LI Yinan
(School of European Languages & Cultures, Beijing Foreign Studies University)

Abstract: Polish literature is important in Eastern European literature. It has long since been translated and promoted in China. Since the beginning of the new century, modern Polish literature has become more popular in China. This article discusses the acceptance of modern Polish literature in China in the 2000s, from a cross-culture perspective and based on the literature reception theory. Through theoretical analysis and real examples, we can conclude that modern Polish literature is well translated and promoted in China and there is huge room for scholars of Polish studies to do further research.
Key words: Polish literature; literature acceptance; translation; promotion

波兰文学是东欧各国文学中最发达的一支。像亚当·密茨凯维奇（Adam Mickiewicz）、亨利·显克维奇（Henryk Sienkiewicz）等享有世界声誉的伟大诗人和作家宛如天河闪烁的繁星，流派纷呈，各放异彩。波兰文学在中国被翻译、介绍和推广的历史比较久远，早在20世纪初便为国内文学界所熟知。一代文豪鲁迅曾在《摩罗诗力说》中对密茨凯维奇等波兰浪漫主义文学巨匠做过评介，之后郑振铎在《文学史纲》中专门辟有一章介绍19世纪的波兰文学。新中国成立后，依托当时中国与波兰等东欧人民民主国家友好外交关系的有利背景，波兰文学的译介得到了强劲发展。自1950年至1965年的15年间，中国翻译出版了近70位波兰作家的作品120余部，其中除反映当时波兰社会生活的作品外，还有一批经典作家的代表作被译成中文。但那时翻译的作品都是借助第三国语言（主要是英语、法语和俄语）转译的。通过第三国语言转译文学作品是权宜之计，转译者往往受到前译者学养、态度和风格的影响，或者由于自身外语水平的局限，对前译本理解不深，使得转译本与原著的精神、风貌、艺术魅力相距较远。转译者把前译者对原著的错误理解也搬到了中译本的情况也为数不少，这样的文学翻译不免对原著造成了误读和损害。正如那句意大利语对译者译事形象的概括："翻译者即背叛者"（Traduttore，Traditore），讲的便是译者对原著的背离甚至破坏。

当时代的列车驶入现代的轨道之后，波兰文坛出现了诸如维托尔德·贡布罗维奇（Witold Gombrowicz）、切斯瓦夫·米沃什（Czesław Miłosz）、维斯瓦娃·辛波斯卡（Wisława Szymborska，中文又译"希姆博尔斯卡"）、雷沙德·卡普钦斯基（Ryszard Kapuściński）、奥尔嘉·朵卡萩（Olga Tokarczuk）等一批新星，他们在诗歌、小说、报告文学等方面独树一帜，各领风骚，其中切斯瓦夫·米沃什和维斯瓦娃·辛波斯卡还先后获得了诺贝尔文学奖。进入新世纪以来，中波两国文化交流合作进一步加强，特别是波兰政府加大了支持本国文学在中国传播和推广的力度，波兰文学在中国的接受渐成繁荣之势，也引起了中国文学界的充分关注。本文将以跨文化研究为学术背景，以文学接受理论为基础，介绍分析21世纪以来波兰现代文学在中国的接受。

一、从文学接受理论的视角看波兰文学

比较文学与跨文化研究是近年来文学界比较重视的一个研究方向，同时也

是笔者撰写本文的理论基础。文学接受理论作为该学科的重要组成部分，指导着我们进行文学接受状态评析的具体过程。缺少了理论支持的文学接受研究便如同无本之木，无源之水，丧失了根基与活力。因此，笔者认为有必要略花笔墨，简要介绍关于文学接受理论的一些理解。

20世纪六七十年代中后期，以德国学者姚斯和伊瑟尔为代表的康斯坦茨学派兴起了接受美学理论。这种文艺美学思潮的出现被看作是西方文学理论发展的一次变革。有趣的是，伊瑟尔的理论大量吸收并继承了波兰哲学家英伽登的“空白”理论，也可以说，波兰很早便具有文学接受理论研究的学术传统，并对欧洲理论界产生过重要影响。

波兰关于文学接受理论的研究以文学批评占主导地位，倡导以接受美学取代创作美学，后来还在一定程度上推动了结构主义和后结构主义的形成。起初，关于文学接受理论研究的学术著作很有限，造成这种现象的原因主要有两方面：一方面，这个课题的研究对象本身具有复杂性；另一方面，结构主义和后结构主义这两种文学接受理论研究方法比较艰涩，给研究者带来一定困难。直到上世纪末，文学接受理论研究才真正繁荣起来。2001年9月，在波兰克拉西欣召开了第三十届文学理论学术研讨会，会上发表了两篇关于文学接受的文章。一篇是耶日·马德伊斯基（Jerzy Madejski）的《文学接受的研究对象、范围和目的》（*Recepcja literatury: przedmiot, zakresy, cele badań*）。他在发言中提出了“读者共鸣理论”[①]，认为文学接受研究应关注读者受众是如何“接近”文学作品的，同时应当重视文学批评家对文学作品的解读。另一位学者安杰伊·斯克伦多（Andrzej Skrendo）也在自己的论文《文学接受：对象、范围和研究目的·关于题目和后记的评论》（*Recepcja literatury: przedmiot, zakresy, cele badań. Komentarz do tytułu i postscriptum*）中指出，文学接受的研究主体是文学作品在读者中产生的“作用”。这两篇学术论文都强调了当代文学接受研究应重视的方向。

波兰传统的文学接受理论家比较推崇德国学者汉斯·罗伯特·姚斯（Hans Robert Jauss）和他改变文学研究的范式、用接受美学取代创作美学的观点。另一位捷克学者菲利克斯·沃迪奇卡（Felix Vodicka）对波兰的文学接受研究也

---

① 耶日·马德伊斯基：《文学接受的研究对象、范围和目的》（*Recepcja literatury: przedmiot, zakresy, cele badań*），《当代文学研究中有争议和无争议的问题》（*Sporne i bezsporne problemy współczesnej wiedzy o literaturze*），华沙，波兰科学院文学研究所，2002年版。

产生了重要影响。她认为，对文学作品接受的研究是文学史家的一部分任务。因为文学史就是研究文学作品与特定历史事件之间联系的学科，文学作品在不同的历史时期会有不同的理解方式。所以沃迪奇卡将文学接受研究的范围概括为：文学标准、文学口号、作为读者兴趣主体的作品、文学价值层次、文学作品在特定历史时期的形态以及文学作品的作用范围。她的这种理解方式将文学接受研究深化了，即不仅要研究文学作品被受众接受的方式，还要在历史背景的大环境下分析产生这种接受方式的原因。

目前在波兰进行文学域外研究的学者不在少数，其中西里西亚大学域外波兰文学研究中心的罗姆德·楚达克（Romuald Cudak）教授是代表人物之一。他将文学接受的研究内容概括为三个层次：一是通过对读者市场的观察研究文学作品的传播情况。这种统计数据式的研究属于文学社会学范畴，可以分析出一部文学作品在读者中受欢迎的程度；二是研究批评界对一部文学作品艺术价值的评价；三是考察读者对文学作品的解读。这里的读者既包括广大普通受众，更强调文学研究家对文学作品的理解、分析和研究。在这个概念下，文学接受的研究主体有两个：一是文学作品本身；二是文学作品的受体，即读者。因此文学接受不仅是文学研究的一个分支，在一定程度上也属于社会学范畴。

作为一名研究波兰文学的中国学者，笔者对文学接受的研究对象、范畴和方法有着另外一层理解。首先我们需要区分一下文学专业在本土和域外不同的研究任务。“在本土进行的文学研究具有先导性和开创性的特点，旨在引领该国文化的发展方向，确立该国文学发展的脉络。而域外的语言文学专业则注定要从事复制、重建、再创造等一系列活动，更注重于普及传播知识，通过宣传、译介等手段推广对象国文学。”①这种任务上的区别取决于文学接受本身的特点。任何一种对文学作品的解读，都受到接受地区文化的影响。正如我们常说的，一千个人眼中就有一千个哈姆雷特，那么一千个读者眼中也有一千个塔杜施先生②。同样一部文学作品，在不同的历史时期和不同的文化背景下会有不同的理解角度。同时，读者和读者群的成长环境、受教育程度以及个性化喜好对文学作品的接受也有着至关重要的影响。例如2005年笔者攻读硕士学位期间，曾

---

① 参见 Romuald Cudak, *Recepcja literatury jako wyzwanie rzucone polonistyce literackiej?*, *Polonistyka bez granic*,（罗姆德·楚达克：《文学接受研究作为波兰语言文学专业的挑战》，《无国界的波兰语言文学专业》），第2卷，克拉科夫，2010年。

② “塔杜施先生”是亚当·密茨凯维奇的作品《塔杜施先生》中的主人公。该作品被誉为波兰争取独立解放斗争的民族史诗。

撰文研究过亚当·密茨凯维奇在中国的译介情况，文中提及了自己对密茨凯维奇以及《塔杜施先生》这一作品的理解。由于笔者本人对波兰民俗文化很感兴趣，因此读《塔杜施先生》时看到的除了作品所表现出来的波兰人民争自由、求解放的民族精神，更多的是瑰丽旖旎的山河风光和生动有趣的贵族文化。在笔者眼中，《塔杜施先生》不只是一部民族史诗，更是一副展现贵族生活的精美画卷。

因此，笔者理解的文学接受研究，其对象不仅是文学作品本身，更重要的是读者、译者、评论者等受众。这个观点与波兰及欧洲的众多学者不谋而合。从研究范畴而言，域外波兰文学专业进行的文学接受研究不应仅仅局限于对文学作品以及作者本身的解读，还应扩展到“交际”范围。这种“交际”包括文学作品原著及译著在图书出版市场的地位、学者对作品的评价和研究、作品被改编成影视剧的情况以及具体作家作品在某国受到宣传和推广的情况。

文学接受的研究方法可以非常多样化，如：有关译著、译介作品的史实总结，名家访谈，多媒体、网络推广信息的整理，特定群体的问卷调查等。

二、继承与繁荣：新世纪十年波兰文学在中国

本文的研究对象是波兰现代文学。现代文学在时间上的界定一直是波兰文学界一个颇具争议的话题。目前比较广泛接受的提法是1918年即第一次世界大战结束、波兰获得独立后的波兰文学。100多年间，中国文艺界和广大读者对波兰文学的关注从未停止过。进入新世纪以来，依托国内国际的有利环境，老、中、青三代波兰学学者在文学译介和文学推广领域做出了显著成绩。他们直接由波兰文翻译波兰文学作品，改变了波兰文学只有通过第三国文字译介到中国的局面，引起了中国和波兰社会的关注。

提到波兰文学的翻译，北京外国语大学的易丽君教授一直是领军人物。她几十年来笔耕不辍，翻译出了大量的长篇和中短篇波兰文学作品。近年来，她虽年事渐高，却从未放弃热爱了一生的翻译事业，继续在波兰文学这片热土上辛勤耕耘，并更多地关注了波兰现代的优秀作品。维托尔德·贡布罗维奇的荒诞主义小说《费尔迪杜凯》（*Ferdydurke*）是一部享有国际声誉的现代怪诞小说作品，一经发表便在波兰引起强烈反响。2000年前后，译林出版社买下了该书的版权，并邀请易丽君与其先生袁汉镕共同承担翻译工作。2003年10月，译稿由译林出版社出版。2006年，台北的大块文化出版有限公司又出版了该译著在

台湾的另一版本。2004 年波兰驻华使馆在“贡布罗维奇年”之际，举行了贡布罗维奇作品研讨会和《费尔迪杜凯》中译本出版发布会，会上易丽君夫妇专门提及了翻译该作品艰辛而充满趣味的过程。同年，《世界文学》上刊登了“波兰作家贡布罗维奇作品小辑”，引起了读者对作家和本译著的广泛兴趣。

1996 年，青年女作家奥尔嘉·朵卡萩的作品《太古和其他的时间》（*Prawiek i inne czasy*）在波兰问世，翌年即获波兰权威文学大奖“尼克奖”。后来台北的大块文化出版公司在法兰克福国际图书展上购得了该书版权，并辗转寻找到易丽君教授，请她翻译该作品。这次仍然是易教授夫妇合作完成译著。袁汉镕先生曾评价：“这部作品既是完整的现实主义小说，又是富有诗意的童话，或者说，是一部揉合了神秘主义内涵的现实主义小说。文字质朴无华，清新淡雅，没有什么佶屈聱牙或晦涩难懂的句子。作品中渗透着简明而不乏诗意的描述，常把译者和读者带进一个奇妙的世界，字里行间不时显露的俏皮与机智、调侃与幽默，也使译者兴味盎然。”该书也由大块文化出版有限责任公司于 2003 年出版。该书出版后很快就占领台北的图书市场，被评为台湾该年度最畅销图书。网上的反应则更为热烈，相关的搜索链接数不胜数。2006 年该书于台湾再版，同年湖南文艺出版社也出版了该书在内地的版本。

《太古和其他的时间》在中国出版市场上的成功鼓励了译者和出版社。很快，大块文化出版有限责任公司又从波兰购得奥尔嘉·朵卡萩的名作《白天的房子，黑夜的房子》（*Dom dzienny, dom nocny*）的版权。该书是由数十个短小的特写、故事、随笔结集而成的一部多层次、多情节的小说，易丽君夫妇对它的评价是：“20 世纪 90 年代波兰文学中的一部别开生面的奇书。”2007 年末，此书中译本出版，书名定为《收集梦的剪贴簿》。2008 年 3 月，作家奥尔嘉·朵卡萩应邀访问中国时访问了北外欧洲语言文化学院，与波兰语专业师生座谈。她还专门拜访了易丽君夫妇，对他们翻译自己的作品表现出了极大的敬意和兴趣。

贡布罗维奇和朵卡萩都是现代波兰很重要的小说家。他们的作品都具有荒诞、魔幻的特点，阅读起来难度很高，对译者而言更是巨大的挑战。波兰文学界对易丽君、袁汉镕夫妇能够完成这样高水平的翻译给予了高度的评价。通过他们的努力，贡布罗维奇和朵卡萩这两位现代波兰作家渐渐为国人所熟知，也开启了青年学生特别是波兰语专业学生了解波兰现代文学的大门。2004 年，易丽君教授 70 岁寿辰之际，波兰语专业师生将《费尔迪杜凯》中的一段情节改编成了舞台剧，作为向易丽君教授的生日献礼。剧本改编的基础便是她的译著。

2008 年，2004 级本科毕业生居珊就易丽君的译著《收集梦的剪贴簿》撰写了关于朵卡萩及其作品的学士论文。

中国社会科学院文学研究所的两位资深波兰文学专家张振辉、林洪亮是与易丽君教授同时期留学波兰的，他们回国后一直从事波兰文学的研究和翻译工作，近年来也有不少新作问世。现代文学方面，他们主要致力于诗歌翻译，特别是诺贝尔奖得主维斯瓦娃·辛波斯卡的诗歌。林洪亮、张振辉两位先生对辛波斯卡的研究始于上世纪 90 年代。1997 年，林洪亮在《百科知识》杂志上发表了题为《别具一格的波兰女诗人——1996 年诺贝尔奖得主维·希姆博尔斯卡》一文。文中，他对辛波斯卡做出了如此评价："她的诗格律严谨，语言简洁明了，有的幽默诙谐，有的含蓄深沉，有的明白如话，有的寓意艰深，有的诗句较短，往往带有警句和格言的意味，令人回味无穷，从而使她的诗歌在波兰诗坛上独树一帜，也使她成为波兰当代最受推崇的一位女诗人。"① 本世纪初，他们先后翻译出版了辛波斯卡的以下作品：

《呼唤雪人》，维斯瓦娃·辛波斯卡著，林洪亮译，桂林，漓江出版社，2001 年版。

《一见钟情》，维斯瓦娃·辛波斯卡著，林洪亮译，北京，台海出版社，2003 年版。

《诗人与世界：维斯瓦娃·希姆博尔斯卡诗文选》，维斯瓦娃·辛波斯卡著，张振辉译，北京，中央编译出版社，2003 年版。

此外，张振辉还翻译了鲁热维奇的诗歌并于 2006 年出版了《塔杜施·鲁热维奇诗选》（河北教育出版社）。

老一代波兰文学翻译家的新作不断问世，中青年波兰文学学者也呈崛起之势，许多由他们执笔翻译的当代波兰文学作品如雨后春笋般涌现出来。

北京外国语大学波兰语专业的赵刚教授在小说和诗歌方面的翻译都建树颇丰。2007 年，他的博士论文《波兰文学中的自然和自然观》正式出版，书中运用历史比较研究、主题学、文学阐释学等传统的文学研究方法，从搜集和解读波兰文学中涉及大自然的诗文入手，对波兰文学史上最有影响或在这一方面最有代表性的诗人、作家的作品中的自然题材进行多方位、多角度的审视和辨析，并展示出了历代波兰文学家不同的心路历程及其采用的艺术表现手法的差异。

① 林洪亮：《别具一格的波兰女诗人——1996 年诺贝尔奖得主维·希姆博尔斯卡》，《百科知识》，1997 年第 1 期。

同年，雅塞克·杜博伊斯著、赵刚翻译的《神探是只猫》（*A wszystko przez Faraona*）由人民邮电出版社出版。这部作品是第一部由波兰语直接翻译成中文的儿童小说，一经上市，随即得到广大少年儿童的青睐，在孩子们中间引发一阵阅读热潮。2009 年，赵刚翻译了一组兹比格涅夫·赫贝特（Zbigniew Herbert）的诗歌，发表在《当代国际诗坛》上，引起了当代诗歌界的广泛关注和好评。2010 年，赵刚翻译的科幻文学作品《索拉力星》（*Solaris*）由台湾缪斯出版有限公司出版，这是由波兰语直接翻译成中文的唯一版本。2011 年 5 月，由于赵刚教授在波兰文学译介与研究方面的突出成绩，波兰共和国文化与民族遗产部授予其波兰文化功勋奖章。

供职于外交部外国专家服务局语言文化中心的乌兰教授是一位研究和翻译波兰文学的专家，她师从于易丽君教授，并于北京外国语大学波兰语专业获得了博士学位。近年来，她致力于报告文学作家雷沙德·卡普钦斯基的研究，并于 2009 年和 2011 年先后翻译出版了卡普钦斯基的两部著作：《与希罗多德一起旅行》（*Podróże z Herodotem*）（人民文学出版社）和《皇帝——一个独裁政权的颠覆》（*Cesarz*）（新星出版社）。雷沙德·卡普钦斯基是波兰新闻和文学界一位里程碑式的人物。作为记者，他足迹遍及五洲四洋一百余个国家，特别是深入拉美、非洲、中东等人迹罕至的蛮荒地带，亲临火线，发回弥漫着硝烟的真实报道和照片。他享有很高的国际声誉，多次获得诺贝尔文学奖提名。这两部作品中文译本的出版均引起了国内文学界的高度关注，中国著名记者、电视节目主持人王志专门为《与希罗多德一起旅行》撰写了序言，其中提到：“无论世人如何评价雷沙德·卡普钦斯基，在我眼里，他根本还是个杰出的记者，他的阅历，他的敏锐观察力，他的入木三分的思考方式，他洗炼精辟的文字，他的坚毅、勇敢、智慧乃至于他的才情都是对记者这个行当最恰当的解释，他注定要成为我们艳羡的对象。他用自己一生的每一个足迹为记者作了详尽的注脚……说实话，是对雷沙德·卡普钦斯基本人的尊敬和好奇引导我翻开《与希罗多德一起旅行》，但也正是同样的尊敬和好奇引导我读完最后一页。”①《与希罗多德一起旅行》还入围了第五届鲁迅文学奖（文学翻译类）。2010 年，乌兰撰写了题为《雷沙德·卡普钦斯基在中国》（*Ryszard Kapuściński w Chinach*）的学术论文，发表在《中日韩三国波兰语专业年刊 2009》上。2011 年，她在《欧

① 王志：“不能克隆的丰碑”（代序），载《与希罗多德一起旅行》，北京：人民文学出版社，2009 年版，第 2 页。

洲语言文化研究》第六辑上发表了《波兰现代文学的杰出代表雷沙德·卡普钦斯基》。

波兰文学在世界文学舞台上占有重要的地位，它独特的艺术魅力深深吸引了青年学者和学生。2009年，笔者参加了波兰西里西亚大学举办的“波兰文学在世界”国际学术研讨会并宣读了题为《中国青年女性眼中的波兰当代女性文学》（*Polska współczesna literatura kobieca w oczach Chinki polonistki*），引起了与会代表的强烈兴趣。近几年来，笔者读过一些由波兰女性作家创作的反映当今波兰女性生活的习俗小说，有感于文化差异给文学创作带来的冲击，从文化、民俗视角分析了波兰女性文学作品中所体现的社会风貌。中西方文化的交流与碰撞引起了笔者本人和与会同行的深入思考。2010年，北京外国语大学波兰语研究生何娟在硕士论文中介绍了关于波兰当代边疆文学的一些内容，这是波兰语专业多年来第一次打破文学研究的传统框架，探索新的研究领域的一次成功尝试。诚然，年轻一代的摸索和尝试无法与老一辈波兰语专家在译介方面的巨大成就相提并论，但他们的勇气和热情却足以证明波兰文学在中国的推广后继有人。随着全球化发展趋势的进一步深化，教学科研手段的不断丰富，波兰学学者的视野更加开阔，思路更加创新。年轻的后辈也开始探索属于自己的科研发展道路。笔者在自己的文学教学课程中，时常可以看到思想非常开放的本科生对波兰文学作品独到的理解和大胆的解读。笔者将这种现象看作中国波兰语学界的希望之光，相信在前辈的指导和帮助下，青年学者和学生一定会取得不断的进步。

近年来，波兰政府在全世界大力推广波兰文化，力图树立波兰进步、现代的国际形象。波兰文化部将中国设为三个重点推广对象国之一（另外两个为英国和以色列）。波兰图书协会、波兰密茨凯维奇协会、波兰文化中心等机构成为推广波兰文学文化的重点单位。波兰驻中国大使馆文化促进处与北京外国语大学波兰语教研室通力合作，举办了一系列现代文学推广活动。

2000年12月，值波兰伟大作家莱蒙特逝世75周年之际，在波兰大使馆的支持下，北京外国语大学和中国社会科学院外国文学研究所联合举办了“莱蒙特纪念会”。我国研究波兰文学的专家张振辉、乌兰、茅银辉和专程从波兰赶来的罗兹大学文学史教授博格丹·马赞（Bogdan Mazan）在会上介绍了莱蒙特的创作和生平。中国人民对外友好协会会长陈昊苏在会上讲话说，我们能从莱蒙特和他的作品中感受人类进步文化的永久魅力。

2008年4月，北京外国语大学欧洲语言文化学院与波兰共和国驻华使馆联合举办了“波兰裔英国作家约瑟夫·康拉德（Józef Konrad）诞辰150周年影像展”。钟美荪副校长和波兰驻华大使克日什托夫·舒姆斯基（Krzysztof Szumski）参加了展览开幕式。该展览共包括25幅大型彩色展板，系统介绍了约瑟夫·康拉德具有传奇色彩的一生。

2008年5月，波兰作家奥尔嘉·朵卡萩受邀访问北京外国语大学，与波兰语专业师生见面座谈，并向北京外国语大学波兰语教研室赠送了一批图书。钟美荪副校长与其会见并就两国文学界的交流进行了深入的交谈。

2008年是波兰议会确定的“赫贝特年”，以纪念波兰著名诗人兹比格涅夫·赫贝特逝世10周年。当年12月，北京外国语大学欧洲语言文化学院与波兰驻华大使馆联合举办了“波兰著名诗人兹·赫贝特逝世10周年纪念会”。易丽君教授为与会的听众举行了一个简短的讲座，介绍了诗人赫贝特的诗歌创作历程和特色。之后，波兰语专业2008级本科生、研究生和部分在华的波兰留学生，用中波两种语言，共同朗诵了赫贝特的《胜利女神的踟蹰》等十余首诗作。

2010年4月，北京外国语大学欧洲语言文化学院举办了波兰著名战地记者、作家、摄影家雷·卡普钦斯基生平创作图片展。开幕式上卡普钦斯基著作《与希罗多德一起旅行》一书的中文译者乌兰教授对作家的生平作了简要介绍。

2011年，值波兰任欧盟轮值主席国和诗人米沃什诞辰100周年之际，波兰文化部将该年定为“米沃什年”，在全世界举行了许多纪念和宣传米沃什的文化活动。米沃什的诗歌引起了中国读者和批评界的广泛关注，由易丽君教授翻译、著名演员唐国强朗诵的米沃什诗歌有声读物与中国读者见面。该年6月，波兰驻华大使馆、世界诗人大会中国办事处和中国诗人俱乐部联合在中国中央电视台老故事频道一楼演播厅举行学术纪念会，同时推出了米沃什生平与作品图片展。12月，北京外国语大学欧洲语言文化学院再次举行纪念米沃什诞辰100周年学术研讨会暨米沃什创作生平展。主办方特别邀请了波兰雅盖隆大学米沃什创作问题专家亚历山大·费特（Aleksander Fiut）教授做主旨报告。易丽君教授也就自己翻译和研究米沃什作品的心得做了简短发言。2011年末，波兰“地铁诗歌”活动也来到中国，为中国读者献上了一台丰富的文学盛宴。

三、结语

20世纪的一百年中，先后有显克维奇、莱蒙特、米沃什和辛波斯卡四位波兰作家获得了诺贝尔文学奖。对于波兰这样一个在欧洲属中等规模的国家而言，这不得不说是一个文学界的奇迹，也体现了波兰文学的高度。纵观十年来波兰文学在中国传播、推广和译介的情况，不难看出，波兰文学在中国的被关注度并不像人们所想象的那么低。可以说，对广大的读者来说，波兰文学尚不如英美文学那样广为流传。但对于文学爱好者而言，波兰文学是一座神秘而充满趣味的圣殿。我们在网上随意打开一个搜索引擎，输入“波兰文学”四个字，都能看到无数关于米沃什、辛波斯卡、卡普钦斯基的链接。这其中有的是关于推广这些作家的活动的新闻报道，同时不乏文学发烧友充满真知灼见的博客日志。

文学交流研究是一门实践性很强的学科，需要细致深入的工作。一篇论文所能呈现的信息不尽完善，只是以点带面，为 21 世纪初十年来波兰现代文学在中国接受的情况勾勒出一个粗浅的轮廓。如何将繁杂的文学译介情况与文学接受理论结合起来进行研究，是摆在文学交流研究者面前亟待解决的问题。

参考文献

1. 耶日·马德伊斯基：《文学接受的研究对象、范围和目的》（*Recepcja literatury: przedmiot, zakresy, cele badań*），《当代文学研究中有争议和无争议的问题》（*Sporne i bezsporne problemy współczesnej wiedzy o literaturze*），华沙，2002 年。

2. 罗姆德·楚达克：《文学接受研究作为波兰语言文学专业的挑战》（*Recepcja literatury jako wyzwanie rzucone polonistyce literackiej?*），《无国界的波兰语言文学专业》（*Polonistyka bez granic*），第 2 卷，克拉科夫，2010 年。

3. 林洪亮：《别具一格的波兰女诗人——1996 年诺贝尔奖得主维·希姆博尔斯卡》，《百科知识》，1997 年第 1 期。

4. 雷沙德·卡普钦斯基：《与希罗多德一起旅行》，乌兰译，北京：人民文学出版社，2009 年版。

关于捷克语翻译的几点思考

——以《好兵帅克》汉译本为例

刘　宏

（中国国际广播电台捷克语部）

提　要：捷克语形态变化丰富，给学习者造成很多困难。《好兵帅克》① 被翻译成中文以来，帅克的形象深入人心，广受中国读者喜爱。本文以星灿②的《好兵帅克》捷汉译本为例，从以下几个方面分析如何攻克捷克语翻译难点：一是从句的翻译，二是语境的传达，三是词语民族特色的体现。以上三点对于捷汉翻译非常重要，也是一篇译文成败的关键所在。

关键词：《好兵帅克》；翻译；从句；语境；词语民族特色

Reflections on Translation of the Czech Language

— Taking Chinese Translation of *The Good Soldier Švejkas* an Example

LIU Hong

（Czech Department, China Radio International）

Abstract: The Czech language has a rich morphological system and is difficult

① 该书作者雅洛斯拉夫·哈谢克（Jaroslav Hašek，1883—1923），捷克著名作家，被誉为“捷克散文之父”。哈谢克于20世纪初开始文学创作，是一位多产的作家，一生发表了1200多篇短篇小说，而让他名扬世界的却是长篇小说《好兵帅克》。这部讽刺文学名著是捷克有史以来最伟大的文学作品之一，小说以普通士兵帅克在第一次世界大战中的经历为线索，深刻揭露奥匈帝国统治者的凶残专横及其军队的腐朽堕落。

② 原名刘星灿，人民文学出版社编审。1960年毕业于布拉格查理大学捷克语言文学系捷克文学专业。1990年曾获捷克斯洛伐克涅兹凡尔奖。译著包括《好兵帅克历险记》、《紫罗兰》、《情与火》、《捷克·斯洛伐克民间故事选》、《世界童话之树》、《捷克·斯洛伐克文学史》、《再向前》、《芭蓉卡》等。

for language learners. With *The Good Soldier Švejk* being translated into Chinese, "Švejk" as a character enjoys great popularity among Chinese readers. This paper takes the Chinese version of *The Good Soldier Švejk* translated by Xingcan as an example, and discusses how to solve Czech-Chinese translation problems from the following aspects: how to translate subordinate clauses; how to convey context; how to reflect ethnic characteristics of words. For Czech-Chinese translation these three points are very important.

Key words: *The Good Soldier Švejk*; translation; subordinate clauses; context; ethnic characteristics of words

捷克语是一种非常难学的语言，其中一个原因就在于它具有丰富的形态变化。据统计，捷克语的形态超过200种，这些不同的形态，使句子内的词语可以任意自由组合，而不用担心词与词之间的关系和语序，这是斯拉夫语言普遍的特点。这种语言上的自由，对许多将其作为外语的学习者都造成困难。

翻译是语言的转换过程，因此谈翻译离不开语言的对比。捷克语和汉语分属不同的语系，有着各自鲜明的特点和规律。捷克语与汉语在结构上的差异主要表现在：捷克语属于印欧语系斯拉夫语族，是一种屈折型语言，其语法意义主要通过词汇的形态变化来体现。汉语属于汉藏语系，属分析型语言，其语法意义是通过虚词、词序等手段来完成。这种不同的语言形态特点体现在捷汉句法特征上就是捷克语重形合，汉语重意合。

《好兵帅克》（全称《好兵帅克历险记》）这部讽刺文学名著是捷克有史以来最伟大的文学作品之一，被译成40多种文字，在世界各地都拥有广泛的读者，享有世界声誉。最早向中国读者介绍《好兵帅克》的人是翻译家萧乾，他在20世纪50年代从英译本转译，从那时起，"帅克"这个形象开始进入中国读者的视野。星灿女士1983年又直接从捷克文翻译了这部世界名著，依照原文全本的译著凭"原汁原味"深受好评。比较而言，在文字上，萧乾译得"典雅"，星灿译得"通俗"。如萧乾译作"捡粪"，星灿则译为"捡狗屎"。萧乾译"死"为"呜呼哀哉"，星灿译为"不得好死"。萧乾的部分用语有着文言的简约精炼，而星灿则追求最明白的"大白话"。本文即以星灿的汉译本为例，分析捷克语翻译中应注意的问题。

一、捷克文中从句使用频率很高，是翻译的难点

捷克语复合句结构严谨，句内主从关系多，其中定语从句和状语从句是使用最频繁的从句，也是给句子的理解带来严重干扰的因素之一。捷汉译本《好兵帅克》在翻译中对从句的把握非常到位，译文显得流畅、易懂。如在小说一开头就是一个复杂的长句子，其中既包含了定语从句，也包含了状语从句。译者在翻译中将句子拆开，难点个个击破，译文符合汉语的习惯，通顺流畅：

"Tak nám zabili Ferdinanda," řekla posluhovačka panu Švejkovi, *ktery* opustil před léty vojenskou službu, *když* byl definitivně prohlášen vojenskou lékařskou komisí za blba, živil se prodejem psů, ošklivých nečistokrevnych oblud, *kterým* padělal rodokmeny. ①

其中，*který* 引导了定语从句，*když* 引导时间状语从句，*kterým* 引导定语从句。

译文："他们就这样把我们的斐迪南给杀了，"女佣人对帅克说。几年前，当帅克被军医审查委员会最终宣布为白痴时，他退了伍，从此以贩狗营生，替七丑八怪的杂种狗伪造纯正血统证书。②

（一）定语从句的翻译

以定语从句来说，捷克语中的从句与先行词通常以关系代词或关系副词 ktery、jenž、kdy、kde、co、což 等连接，从句可以一个套一个地往下扩展，这是造成捷克语句子长而复杂的一个原因。汉语则不讲究句法上的严密衔接，一般按时间顺序或内在的逻辑事理顺序逐层展开，因此汉语语句相对短而简练。

再从句法结构来看，捷语中短语或从句作定语通常放在所修饰词后（右边），成为后置定语。定语从句为右开放型，可以向右扩展成无数个从句；而汉语的定语成分通常放在所修饰词之前（左边），不能过长过多，不能像捷克语那样随意地扩展。根据捷汉语言的差异对比，可以归纳出定语从句汉译时的基本规律：在翻译捷克语定语从句时，较短的定语成分可放在所修饰词前，较

---

① Jaroslav Hašek, *Osudy dobrého vojáka Švejka* I, II, Nakladatelství československy spisovatel, Praha, 1983, p. 13.

② 雅洛斯拉夫·哈谢克：《好兵帅克历险记》，星灿译，北京：人民文学出版社，2003 年版，第 3 页。

长的则靠意义的组合，按时间和逻辑顺序排列，可作为前置或后置分句，有必要时则另起一句。如：

Komise soudních lékařů, *která* měla rozhodovat, zdali duševní obzor Švejkův odpovídá či neodpovídá všem těm zločinům, pro *které* jest žalován, sestávala ze tří neobyčejně vážnych pánůs názory, s *nichž* názor každého jednotlivce lišil se znamenitě od jakéhokoliv názoru druhych dvou.① 在上面一句话中，出现了三个定语从句（斜体为定语从句关系代词）。

译文：法医委员会要来确认帅克的精神状况与他全部被控罪名是否相符。这个委员会由三位格外威严的先生组成。他们三个人中间，每一个人的任何一个观点与另外两位又迥然不同。在精神病症方面，它们分别代表三种学派。②

译文中将一个长句拆成三句话，且三句话间相互关联，逻辑关系清楚，符合中文的表达习惯。

（二）状语从句的翻译

状语从句是捷汉两种语言都存在的语言现象。捷语的状语从句根据功能可分为时间、地点、原因、让步、条件、目的、结果、比较和方式状语从句等。有些状语从句的位置比较灵活，有前有后。此外，捷语中各类状语从句都有明显的反映其逻辑关系的连接词，如 když、kde、aby、nebot'、jestli、pokud、jinak、jak 等。汉语的状语从句与捷语的状语从句最大的区别就在于状语从句的位置和连接词。一般说来，捷克语中表示方式、比较和结果等关系的状语从句位于主句之后，其他状语从句的位置比较灵活，可前可后。汉语中多数状语从句是放在主句之前，只有比较和结果状语从句位于主句之后，方式状语从句则可前可后。

在翻译状语从句时，我们应该注意以下几点：首先，应注意各类状语从句在捷汉两种语言中的位置差异，在译文中适当调整语序，相应地翻译成符合汉语表达习惯的状语从句。其次，应注意连接词，分清主句和从句之间的逻辑关系。这里需要指出，汉译捷时，因为汉语造句多用意合法，一些连接词往往省略。第三，捷译汉时，尽量避免机械的照搬连接词的汉语对应词或译义，在准确理解主句和从句间的逻辑关系后，进行相应的句型转换，如将捷克语的时间

---

① Jaroslav Hašek, *Osudy dobrého vojáka Švejka* I, II, Nakladatelství československy spisovatel, Praha, 1983, p.42.

② 雅洛斯拉夫·哈谢克：《好兵帅克历险记》，星灿译，北京：人民文学出版社，2003 年版，第 28 页。

状语从句译为汉语的并列句或条件句，地点状语从句译为汉语的条件句等。第四，捷译汉时，应注意主语的使用。

例一：Švejk vyšel za civilním strážníkem na chodbu, *kde* ho čekalo malé překvapení, *když* jeho soused od piva ukázal mu orlíčka a prohlásil, že ho zatyká a ihned odvede na policejní ředitelství. ①

在上面这段话中，kde 引导地点状语从句，když 引导时间状语从句。

译文：帅克跟随密探来到过道。刚才还是他的邻座酒客的人如今向他出示双头鹰证章，宣布他被逮捕，并要立即把他带到警察局去，这不禁使他小小地吃了一惊。②

例二：*Jestli* situace vyvinula se později jinak, než *jak* on vykládal u Kalicha, musíme mít na zřeteli, že neměl průpravného diplomatického vzdělání. ③

上面例句中，Jestli 引导条件状语从句，jak 引导方式状语从句。

译文：倘若后来事态的发展与他在"杯杯满"酒家发表的高见不尽相符的话，那么，我们应当指出，帅克没有受过必要的外交教育啊！④

二、语境分析在翻译中的作用

著名学者余光中曾经用旗与风的关系来比喻译文和原文的关系："译文是旗，原文是风，旗随风而舞，是应该的，但不能被风吹去。"⑤ 所以在文学翻译过程中，怎样体现原作特征，是译者时时刻刻都要考虑的问题。我们说翻译的任务是实现语际间完善的意义转换和准确的意义对等，而在翻译过程中忠实地再现原作作者的特点和风格是成功完成翻译任务的必要条件之一。所以，对于译者而言，必须有强烈的语境意识，不仅理解原文，必须紧扣语境，反复琢磨，译语表达也必须紧密联系语境，准确达意传神。

---

① Jaroslav Hašek, *Osudy dobrého vojáka Švejka* I, II, Nakladatelství československy spisovatel, Praha, 1983, P. 24.

② 雅洛斯拉夫·哈谢克：《好兵帅克历险记》，星灿译，北京：人民文学出版社，2003 年版，第 13 页。

③ Jaroslav Hašek, *Osudy dobrého vojáka Švejka* I, II, Nakladatelství Československy spisovatel, Praha, 1983 年，第 26 页。

④ 雅洛斯拉夫·哈谢克：《好兵帅克历险记》，星灿译，北京：人民文学出版社，2003 年版，第 14 页。

⑤ 余光中：《余光中谈翻译》，北京：中国对外翻译出版公司，2004 年版，第 56 页。

（一）语境与词义的准确翻译

选择准确的词义是正确理解原文的第一步，也是翻译中的一大难题。而捷克语中的多义词比比皆是，这就要求我们把多义词放在语境中充分理解，找出相关含义，从而作出正确的判断。例如：

Vrátiv se do své komora, oznámil Švejk všem zatčenym, že takový výslech je legrace. "Trochu tam na vás křičí a nakonec vás vyženou. "①

译文：回到牢房，帅克告诉其他人说，这儿的审讯真叫滑稽："他们只不过是冲你乱嚷一阵，随后再把你撵出来。"②

上文中，komara 有多个含义："小室"、"（矿井里的）工作面"、"（议会的）院"、"代表性团体"、"（技术设备的）箱"等。单从这句话很难确定 komora 的确切含义。但通过上下文，我们知道，这一部分内容描述的是帅克在警察局受审的经过，通过这个语言语境，我们就可以确定 komora 的确切翻译应为"牢房"。

（二）语境与文体、意境相符

钱钟书认为："好译本的作用是消灭自己，它把我们向原作过渡。"③ 我们大家都知道，语言和情景语境是相互关联的。所以，在翻译中，译者的任务就不光是基本语义的等值传递，还必须同时做到文体对等。

《好兵帅克》通过一位普通士兵帅克在第一次世界大战中的种种遭遇及他周围各类人物的活动，以谑而不虐，寓庄于谐，含怒骂于嬉笑之中的绝妙手法，将残暴腐朽的奥匈帝国及其一切丑类暴露在光天化日之下。在翻译中，如何拿捏"谑而不虐，寓庄于谐，含怒骂于嬉笑之中"，是译作成功与否的关键。而这一点，实际上就是要求语境与文体、意境相符。如：

Panovalo ticho, které přerušil sám Švejk povzdechem: "Tak už tam je na pravdě boží, dej mu pánbůh věčnou slávu. Ani se nedočkal, až bude císařem. Když já jsem sloužil na vojně, tak jeden generál spadl s koně a zabil se docela klidně. Chtěli mu pomoct zas na koně, vysadit ho, a divějí se, že je úplně

---

① Jaroslav Hašek, *Osudy dobrého vojáka Švejka*, I, II, Nakladatelství Československy spisovatel, Praha, 1983, p. 34.

② 雅洛斯拉夫·哈谢克：《好兵帅克历险记》，星灿译，北京：人民文学出版社，2003年版，第21页。

③ 钱钟书等：《林纾的翻译》，北京：商务印书馆，1981年版，第19页。

mrtvej. A měl taky avancírovat na feldmaršálka. Stalo se to při přehlídce vojska. ①

译文：又是一阵沉寂。帅克自己用一声长叹打破了它："唉！这可真叫做翘辫子、上了西天。还没等到当上皇帝就蹬腿了。想当初，在我服役的那时节，有个将军从马背上摔下来，稀里糊涂就断了气。当时大伙儿还想把他扶到马背上去坐着，可是一看哪，他都没一丝气儿了。这位将军本来还准备升为元帅的，却在这次演习中报销了。"②

在这一段话中，Tak už tam je na pravdě boží，指"死亡"，星灿译成"翘辫子、上了西天"。Stalo se to při přehlídce vojska 的意思是"在演习时发生了这样的事"，译者作了处理，译为"在演习中报销了"。

可见，译者在翻译的过程中，十分注重使译文贴近原作情景语境。读者在读到这句话时，帅克那滑稽、幽默又不失智慧的形象就会跃然纸上。

三、词语的民族特色及其翻译

在人类历史发展过程中，各民族逐渐形成了自己独特的民族风俗和文化传统。不同的国家和地区会用不同的事物表达相似的意义，或用相同的事物来表达不同的意义。但各文化传统对哪些事物及其所表达的意义可以接受或不接受却有着不同的标准，它自然而然地反映在语言中。

词语经过发展演变，许多事物所表达的意义已绝非构成这一词语的意义的简单相加了，它在不同的民族思维方式的影响下，呈现出丰富多彩的联想或象征意义；再加上各民族的地域、环境、习俗、文化、宗教、社会制度、经济条件等诸方面的差别和其语言在结构特点、表达方式上的不同，部分词语便逐步具备了鲜明的民族文化色彩。

捷克民族有着幽默与随意的天性，"帅克"的幽默感，不仅是承传了捷克民族的这种天性，也是来自他对处于"极限悖谬"时期现代人类境况和命运的深思。这种由睿智反讽、深沉感伤和冷峻怀疑交织而成的形而上幽默，被有效地用来表达存在主题，并抗拒政治、道德等种种强制力量对人类自由

① Jaroslav Hašek, *Osudy dobrého vojáka Švejka*, I, II, Nakladatelství Č eskoslovensky spisovatel, Praha, 1983, p. 18.

② 雅洛斯拉夫·哈谢克：《好兵帅克历险记》，星灿译，北京：人民文学出版社，2003年版，第8页。

精神的入侵。

星灿所译的《好兵帅克》，对词语的民族特色把握非常准确，为译作增色不少。如：

例一：Opatrnost matkou moudrosti. ①

译文：谨慎为智慧之母。②

这句话作者采用了完全直译的方式。因为这样处理，既不违背原文的文化传统，也较好保留了原文的美感。

例二：A kdesi v dálnych dálavách historie snášela se k Evropě pravda，že zítřek rozboří i plány přítomnosti. ③

译文：在古老遥远的历史上，欧洲曾经流传过这么一句名言：明天将使今日的计划变成泡影。④

上面这段话中，译者采取了部分直译的方式，使译文与中国读者的语言习惯更加贴近。

例三：já chci upadnout na nos. ⑤

译文：我要跌个嘴啃泥。⑥

这句话作者采用了意译的方法。这句话本意为“我要摔在鼻子上”。而这是不符合逻辑的，不能体现原文的语符意义。因此译者舍去原文的字面意义，采用了意译的方法。“取”或者“舍”，需凭借语言功力和对捷克文化传统的理解来作出决定。

从《好兵帅克》的捷汉译本中，我们得到很多有益的启发和思考。这对于捷克语翻译者来讲，是非常有价值的。这样一个成功的译文范本，通过捷

---

① Jaroslav Hašek，*Osudy dobrého vojáka Švejka*，I，II，Nakladatelství Československy spisovatel，Praha，1983，p. 63.

② 雅洛斯拉夫·哈谢克：《好兵帅克历险记》，星灿译，人民文学出版社，2003 年版，第 46 页。

③ Jaroslav Hašek，*Osudy dobrého vojáka Švejka*，I，II，Nakladatelství Československy spisovatel，Praha，1983，p. 59.

④ 雅洛斯拉夫·哈谢克：《好兵帅克历险记》，星灿译，人民文学出版社，2003 年版，第 43 页。

⑤ Jaroslav Hašek，*Osudy dobrého vojáka Švejka*，I，II，Nakladatelství Československy spisovatel，Praha，1983，p. 138.

⑥ 雅洛斯拉夫·哈谢克：《好兵帅克历险记》，星灿译，人民文学出版社，2003 年版，第 112 页。

克语翻译者不断的学习、研究，从中必将得到更多的启示。

参考文献

1. 余光中：《余光中谈翻译》，中国对外翻译出版公司，2004 年版。

2. 王玉霓：《从误译看语境在翻译中的作用》，载《中国翻译》，1999 年版。

3. 刘重德：《文学翻译十讲》，载《中国翻译》，1999 年版。

4. ［捷］雅洛斯拉夫·哈谢克：《好兵帅克历险记》，星灿译，北京：人民文学出版社，2003 年版。

5. Jaroslaf Hašek, "*Osudy dobrého vojáka Švejka* za světové války", Československy spisovatel, Praha, 1983.

6. 钱钟书等：《林纾的翻译》，北京：商务印书馆，1981 年。

7. Sylvie Richterová, *místo domova*, Brno, Host - vydavatelství, s. r. o, 2004.

8. Hugh Le Caine Agnew, *češi a země Koruny české*, Hoover Press, 2004.

莫拉维亚在中国的旅行

魏　怡
（北京外国语大学欧洲语言文化学院）

提　要：莫拉维亚是20世纪意大利最著名的文学家之一，同时，他还是一名优秀的记者，曾经为意大利所有最重要的报纸杂志撰写报道和游记，介绍他的旅行见闻，并且以作家的视角对旅行中的种种现象进行深刻的人文剖析，从而展示世界上各个民族的历史传统以及它对该民族生存方式的影响。莫拉维亚曾经三次访问中国，在意大利报纸上发表了众多文章，对中国各个历史时期的社会以及人文发展情况进行介绍，还完成了重要的著作《中国的文化革命》，从各个层次对这场对中华民族的生存状态产生重大影响的运动进行了深入的分析。

无论是发表在报刊上的文章，还是记录旅行各方面经历思考的著作，都为意大利读者了解近代中国的历史变迁有着很重要的意义，也为中国人了解本身的历史变革提供了一些方面的参考。

关键词：莫拉维亚；旅行；中国的文化革命；传统

Moravia's Travels in China

WEI Yi
(School of European Languages & Cultures, Beijing Foreign Studies University)

Abstract: Moravia is one of Italy's most famous writers of the twentieth century, and also an outstanding journalist. He has written reports and travel notes for all the most important Italian newspapers and magazines and offered his profound analysis of the things he saw during his travel, which showed the historical traditions of different ethnic groups in the world, as well as the impact of these traditions on the survival of different nations. Moravia visited China three times, and has published many articles about China in the Italian newspapers to describe social and cultural development in different historical periods. He also completed an important book *China's Cultural Revolution*, to offer an in-depth analysis of this movement that had a significant impact on the Chinese nation. Both his articles and his book recording his travels have played a very important role in helping the Italian readers understand the historical changes in modern China, and also provided reference for the Chinese people to understand their own historical changes.

Key words: Moravia; travel; Cultural Revolution in China; tradition

一、引言

旅行永远是一个充满魅力的话题。不过，并非所有人都像莫拉维亚一样幸运。早在青年时期，他就在父亲的资助下游历了欧洲。在此之后，莫拉维亚又作为意大利一些重要报纸的特派记者，或者仅仅作为一名普通的游客，游历了几乎整个世界：从欧洲到美洲，从亚洲到非洲，只有大洋洲不曾留下他的足迹。在他与阿兰·艾尔肯共同撰写的自传《莫拉维亚的一生》（*Vita di Moravia*）中，讲述了自己从10岁至80岁左右的经历，莫拉维亚说："我的人生榜样是劳伦斯（D. H. Lawrence，1885—1930），他总是在旅行，并且在不同的地方写作……"。①在旅行中，莫拉维亚遇到了很多传奇式的人物，比如印度第一任总统尼赫鲁，还有铁托、阿拉法特，卡斯特罗，等等。莫拉维亚把这些人称为"行动者"，对他们怀有某种好感。频繁的旅行，使莫拉维亚成为与外部世界接触最多的意大利作家之一，也使他具有更加广阔的视野。这些旅行的成果就是发表在各种报纸上的文章：从20世纪30年代的《人民报》到《快报》，再到50年代的《晚邮报》。除此之外，莫拉维亚还撰写了一些非常重要的旅行杂文，它们是发表在报纸上的文章的补充，因为在报纸上发表文章的时候，莫拉维亚的身份是记者，所以没有足够的空间发表个人

① Alberto Moravia/Alain Elkann, *Vita di Moravia*（阿尔贝托·莫拉维亚、阿兰·艾尔肯：《莫拉维亚的一生》），米兰：Bompiani出版社，2000年版，第82页。

的见解。

莫拉维亚称自己为“作家游客”，也就是一个“能够比专家提供更多信息的人”。旅行的时候，莫拉维亚还会撰写某种笔记，在里面讲述一些特别的日子的经历，有的时候甚至会标明某些行动的确切时间。与此同时，他还会阅读一些著名作家在这些国家旅行时所写的作品。莫拉维亚在自传中写道：“我的祖国是文学。在旅行的时候，我的头脑被文学的云雾所围绕。在经历现代世界奇遇的同时，我阅读的却是古典作品。”①

莫拉维亚在国外旅行时不仅会阅读文学作品，还会寻求一些奇遇，而那些奇遇中所涉及的不仅仅是旅行的伴侣，比如最初几次旅行中的伴侣，第一任妻子兼作家艾尔莎·莫兰特（Elsa Morante，1912—1985），后来的女友兼作家达西亚·马莱尼（Dacia Maraini，1936— ），著名作家、诗人兼导演帕佐利尼（Pier Paolo Pasolini，1922—1975），还有一些意大利或者外国作家，上面提到的国家元首，以及各种类型和种族的女孩或者女人。

当我们不了解一件事情或者一个现象的时候，往往会为它罩上一个神秘的光环。然而，假如有谁不满足于仅仅将它神化，而且有能力揭开它的神秘面纱，那么他将会采取行动。在这位不知疲倦的作家——旅行家——见证人（莫拉维亚始终认为作家的使命是作为历史的见证人，应该为大众提供他们不知道或者不愿意知道的事实）一生中所做的为数众多的旅行中，在中国的三次旅行具有特殊的重要性。这个国度始终能够引发意大利人的种种联想，不论是古代的文人，还是如今的公众。在著名的旅行家马可·波罗和耶稣会士利玛窦对中国的最初介绍之后，莫拉维亚以他的文章和著作为当代意大利人了解中国提供了重要的依据。当然，由于语言的障碍和文化的差异，这位作家兼记者对中国的介绍也有着某些偏颇的地方。不过，这也为后来的专家学者提供了研究的素材和对象。

二、莫拉维亚在中国的三次旅行

莫拉维亚曾经在三个截然不同的时期访问中国：第一次是在 1937 年，当时第二次世界大战迫在眉睫，在 1936 年 12 月 12 日的西安事变之后，国民党

---

① Alberto Moravia/Alain Elkann，*Vita di Moravia*（阿尔贝托·莫拉维亚、阿兰·艾尔肯：《莫拉维亚的一生》），米兰：Bompiani 出版社，2000 年版，第 82 页。

被迫与共产党合作抗击日本侵略者。1967 年，在沸沸扬扬的“文化大革命”的浪潮中，莫拉维亚又来到了中国，这场革命在之后被中国人称为“十年浩劫”。他的第三次中国之行是在 1986 年，当时，在邓小平的领导下，改革开放的政策在中国已经实行了将近十年。

在这几次旅行中，莫拉维亚的目光始终在寻找“未受损害的文明”，就像所有其他在东方旅行的西方记者一样。他尤其被一些固定的话题所吸引：贫穷、传统或者说是儒家思想，还有历史古迹。

三、1937 年的中国之行

关于此次旅行的目的，莫拉维亚在自传中说：“罗马令我厌倦，英国女人已经从我的生活中消失，那些短篇小说的创作也已经结束。于是，我决定出发到中国去。”① 他找到了当时《人民报》的主任，要求报纸为他提供旅行的费用，并且承诺会把旅行所写的文章卖给他们。随后，他从特利亚斯特出发，乘坐一艘名叫红色伯爵的轮船，途经孟买、锡兰（斯里兰卡）、新加坡和马尼拉，最终到达了上海。在到达上海之前，轮船还经过了摩天大楼鳞次栉比的香港——与莫拉维亚同船的很多意大利人都在那里下了船，因为他们听说那里有“全世界最美的夜总会”——和有着成千上万条船的广东，在珠江上停泊的船只上居住着当地的居民。在第一次中国之行中，莫拉维亚参观了上海、南京、苏州和北京，然后从北京回到上海，再途经广东、澳门，从香港乘渡轮回到意大利。

在莫拉维亚的眼中，上海是中国现代化最糟糕的典范。它就如同一个美国城市，一个简单而单调的为人们提供消遣的城市，充斥着游戏场所和舞厅。这里也是一个世界性的城市，兼有西式的高楼大厦与简陋的棚户区，居住着来自不同国家的有钱人和穷人，还有外国的芭蕾舞演员，尤其是俄罗斯演员，也有中国演员。然而，只要到了城市的边缘地带，立刻就会看到纱厂里做工的妇女甚至是女孩。发表在 1937 年 6 月 18 日的《人民报》上的文章标题为《上海的娱乐》。作家在文章的第一段中写道：“……上海是一个完全美国化的城市。在这个城市里，最贫穷卑微和最富有无耻的人比邻而居；为数极少

① Alberto Moravia/Alain Elkann, *Vita di Moravia*（阿尔贝托·莫拉维亚、阿兰·艾尔肯：《莫拉维亚的一生》），米兰：Bompiani 出版社，2000 年版，第 88 页。

的人在白天能够赚取到巨额的财富，而在夜晚会去消费其中很小的一部分……。”

随后，莫拉维亚进行了两次短途旅行。他首先到了南京，那里是当时国民党的首都。这座城市给他留下了颇为糟糕的印象；随后是苏州，也将是所谓的“中国的威尼斯”，或者叫做园林之城。

在莫拉维亚的眼里，上海是一个供人娱乐的城市，南京是“一个巨大的村庄”，北京则是一座庞大的城市。在乘坐上海特快旅行了两天之后，莫拉维亚来到了北京。他看见“……一座高大、厚实、古老，而且带有城垛的灰色城墙，和一扇圆拱形的大门，巨大的铁制门扇挂满铁锈和门钉……”①。当他在 1967 年再次来到北京的时候，这些景象已经荡然无存，古老的城墙已经被拆除，以便修建宽阔的马路供汽车通行。

最令莫拉维亚吃惊的还是北京人的生活。同样是在 1937 年 7 月 1 日发表在《人民报》的文章中，莫拉维亚写道，在军阀的统治下，北京依旧是一个 18 世纪的世界，有众多古老而且未被损坏的建筑，以及从事手工劳动的艺人。在这座一个世纪以来都在充当天国首都的城市的街道上，行走着很多的穷人，他们身上穿着传统的服装，面部表情非常天真、和善，而且人性化。莫拉维亚还饶有兴致地和中国人一起在北京的一家戏院里观看了京剧表演，并且在文章中记录了上个世纪 30 年代北京戏院的情景：

> 座位是并不舒适的木凳子。为了后面的一排考虑，在前排靠背的地方放着一块桌板。引座员迅速在桌板上摆了一把白色的茶壶和两个茶碗。我观察到，在同一张桌板上，别的观众甚至在吃东西，到处都是撒开的包装纸、香肠片、瓜子和其他食品……服务员捧着烫人的手巾走过，观众们用它擦拭手和脸，然后，他们把手巾卷起来，灵巧地扔回去。②

对于这位作家来说，北京略显苦涩的魅力正在于它是一座“不生活在现在”的城市。面对这样一座城市，莫拉维亚不禁在想：

> 当中国变成英国人希望它变成的那个现代化的国家的时候，肯定会

---

① 意大利《人民报》，1937 年 6 月 25 日。

② 意大利《人民报》，1937 年 7 月 6 日。

比现在更加野蛮……只需看看在上海这座中国唯一真正现代化的城市里，古老的习俗以及中国的智慧都变成了什么样子，其结果就可想而知了。①

旅行中的一个奇遇：驻广州的意大利领事请莫拉维亚帮忙把一个包裹带到香港，那里面有一张关于海南岛附近海底情况的地图。莫拉维亚于是明白了其中的奥妙：墨索里尼曾经想占领那座岛屿，并把它变成自己的殖民地。

不过，这次旅行中最迷人的一天，莫拉维亚是在卡尔干市的一家旅馆里度过的。这座城市位于蒙古沙漠当中。莫拉维亚将在最后一次旅行中回到这块土地上，进行一次真正的旅行。在那里，作家一边吃着鸡肉，一边听着一位 10 岁左右的小女孩弹唱，而窗外这座由粘土筑造的城市，正慢慢地在风沙中变成金黄色。

在经历了中国境内 2 个月的旅行，又在海上航行了 1 个月之后，莫拉维亚终于回到了意大利。对于在中国的这次旅行，他认为那是一次“重要的经历”。因为像其他几次旅行一样，他在寻找未受损害的文明，其结果令他非常满意，而且对这次旅行充满怀念。莫拉维亚是中国这种一成不变的文明最早的见证人之一。这种文明将延续到 20 世纪 50 年代，当时另外一些意大利作家和学者将来到中国。对于他们来说，中国是一个神秘的国家，是一些伟大的诗人的祖国。1937 年的这次旅行对于莫拉维亚来说非常重要，也因为他在北京的一家书店里碰巧找到了美国诗人艾略特（T. S. Eliot. 1888—1965）的代表作《荒原》（*The Waste Land*，1922），并将它视为至宝，如饥似渴地阅读。

四、1967 年的中国之行

1967 年，莫拉维亚写信给当时的中国国务院总理周恩来，说自己曾经于 1937 年访问过中国，因此希望能够亲眼见识一下新中国。拿到签证之后，莫拉维亚便和当时的伴侣达西亚·马莱尼（第一次旅行中他是孤身一人）一同启程。这次的旅行目的地还包括日本和南朝鲜。

值得提出的是，20 世纪 50 年代新中国成立之后，中国引起了意大利知识分子的强烈兴趣。1954 年，在作家兼文学评论家弗兰切斯科·弗洛拉（Francesco Flora，1891—1962）的率领下，第一个意大利文化代表团来到中

① 意大利《人民报》，1937 年 7 月 1 日。

国。1955 年，又有第二个意大利文化代表团来到中国，代表团成员中包括著名作家卡尔洛·卡索拉（Carlo Cassola，1917—1987）、弗兰克·弗尔蒂尼（Franco Fortini，1917—1994），和卡尔洛·贝尔纳利（Carlo Bernari，1909—1992）等。1956 年，参议员费鲁奇奥·帕利（Ferruccio Parri，1890—1981）又率领第三个意大利代表团到访中国，这次代表团人数更多，成分也更复杂，包括了议员、汉学家、大学教授以及文化名人，其中就有著名音乐家姜弗兰科·维格雷利（Gianfranco Vigorelli，1957— ）和作家马拉帕尔泰（Curzio Malaparte，1898—1957）。

旅行之后，作家、学者们纷纷出版作品与文章，介绍在中国的所见所闻。在意大利公众的眼里，中国因此变得不再那么遥远，而且，这个具有几千年文明史，又位于万里以外的国家，在他们的眼里充满了魅力。1967 年，著名意大利导演马可·贝罗奇奥（Marco Bellocchio，1939— ）就把自己第二部电影的标题定为《中国是近邻》（La Cina è vicina）。这一时期在意大利出版的关于中国的著作包括：弗兰克·弗尔蒂尼的《中国》（*Asia Maggiore*，1956），弗兰科·维格雷利的《关于新中国的问答》（*Domande e risposte per la nuova Cina*，1958），马拉帕尔泰的《我在俄罗斯和中国》（*Io in Russia e in Cina*，1958），戈弗雷多·帕里塞的《亲爱的中国》（*Cara Cina*，1966），卡尔洛·卡索拉的《在中国旅行》（*Viaggio in Cina*，1967），莫拉维亚的《中国的文化革命》（*La Rivoluzione Culturale in Cina*，1968），以及备受关注的蒙塔莱（Eugenio Montale，1896 —1981）为《中国诗歌》（*Liriche cinesi*，1968）撰写的序言。所有这些作品都出版于 20 世纪 50 年代到 60 年代末期。意大利知识分子在这方面所做的努力持续到今天，并且出版了为数众多的著作。

（一）参观与会谈

不同于第一次旅行，莫拉维亚这一次是经过香港海关进入中国大陆的，然后乘坐火车到达广州，再改乘飞机来到北京。

由于旅行计划是由中国一家旅行社事先确定的，莫拉维亚的视野受到了限制。尽管如此，与前一次相比，莫拉维亚还是通过对不同阶层民众的采访，与中国人进行了直接的接触，采访的经过也记录在了为第二次中国之行撰写的《中国的文化革命》① 这本著作当中。“文化大革命”的真实场景，这场发

① 阿尔贝托·莫拉维亚：《中国的文化革命》（*La Rivoluzione Culturale in Cina*），米兰：Bompiani 出版社，1968 年版。

生在20世纪60—70年代中国的独特的群众政治运动，通过作者的叙述逐渐展示在读者的面前：从莫拉维亚在搭乘飞机到北京之前亲眼目睹的起宣传作用的舞蹈，到中国人的服装：当时的中国人穿的是一种类似制服的衣服，扣子一直扣到脖领，千篇一律，甚至区分不出性别。在这群蓝色或者是灰色的众生中，女人像男人一样穿着裤子，因为裙子是资产阶级腐败的标志。在这位作家看来，这场文化革命标志着中国历史的一个重要时期。游行的人排列在开往香港的火车前的站台上，手中捧着毛主席语录，对英国殖民者表示抗议。到达北京以后，作家又看到红卫兵为了向伟大舵手表示敬意而组织的游行。这也成为文化大革命所具有的感染力的另一个佐证：在这样的一场革命中，任何中国人都不能置身其外。

对于曾经将中国人民从几个世纪的灾难中解救出来的伟大领袖的个人崇拜，同样给莫拉维亚留下了深刻的印象。在从广东到北京的飞机上，乘务员为旅客提供各种带有毛主席头像的徽章，而且，毛主席的塑像也随处可见，即使在饭店里也是如此。这种个人崇拜的突出特点，是中国人总是捧在手里，而且在说任何事情之前都要引用的那本《毛主席语录》。在作家看来，这使得文化大革命具有了某种“宗教特征”。需要强调的是，在同一时期，意大利甚至整个欧洲也掀起了一场轰轰烈烈的学生运动，而毛主席的这本红宝书备受推崇，甚至出版了几种不同的版本。

这是世界上参加人数最多的一次运动。在莫拉维亚描绘的这幅完整的图画上，某些典型的中国人赫然而立：一位40岁左右的著名作家，一位退休工人，一些20岁左右的红卫兵，以及那位无缘无故满脸愁容的导游。

莫拉维亚遇到的第一个人物是上海的一位著名作家，他年轻而健壮。这位中国作家永远是笑嘻嘻的，外表像是一个农民，行为举止却如同一个“面对心不在焉的学生的老师”。两位作家的谈话是以中世纪“学究式的决斗”的方式进行的，自始至终没有脱离毛主席语录，而话题几乎仅限于艺术和政治。对于这位中国作家来说，艺术应该为人民服务，这是普遍的规则和政治标准，永远置于艺术准则之上；而莫拉维亚却认为艺术应该遵从本身的自由选择。相对于第一次旅行，莫拉维亚的准备更加充分。他在《中国的文化革命》一书中写道：“我明白自己必须用同样的方式回答，用毛主席的语录。于是，我毫不犹豫地打开书，说出页码。他们刚刚找到那一页，我就用一种有力的教导的方式读了起来。”①

莫拉维亚想将访问继续进行下去，于是他谈起一些著名的西方作家，但是中国朋友对此知之甚少。不过，西方作家对于中国古代和现代作家的了解也是一样的。对于这个话题，中国作家不仅表现出无知，而且也没有兴趣，因为在毛泽东领导下的中国，文学已经被政治化了，就像苏联人所做的那样。

在与年轻的中国作家会面之后，莫拉维亚做出的最初的思考是：“……文学——艺术也是同样——应该是最能反映我们的文化与中国文化的差异的……”；随后，莫拉维亚又写道：“中国人说，中国应该摆脱苏联的影响。不过在我看来，中国应当首先摆脱社会现实主义，以及宣传的艺术。”②

莫拉维亚结识的第二个人物是一位劳动模范，对于这次会面，他肯定事先有所准备好的。这位工人说自己的退休生活主要用来阅读革命书籍，尤其是毛主席写的书。不过，在采访的最后，他骄傲地向客人们展示了他的煤气炉，这是他所拥有的唯一一件“奢侈”物件。

与以上提到的两个人相比，莫拉维亚在第二次旅行中结识而且给他留下最深印象的中国人，是那些所谓的红卫兵，也就是被迫放弃学业参加革命的年轻学生。根据莫拉维亚书中的叙述，这些学生的生活非常清贫，身上的衣服十分清洁，但是有一些洞，而且没有经过熨烫。他们甚至没有钱买茶叶，所以只能喝开水。他们是对毛主席领导的文化革命深信不移的那部分人，可是在莫拉维亚看来，这些学生却是一些“抱有纯粹宗教般信仰的孩子”。

在见识了这些贫穷的年轻人，那个忧伤的导游，到处弥漫的白菜味，以及墙上贴着的大字报之后，莫拉维亚和达西亚·马莱尼应邀到一家餐馆进晚餐，而且品尝了著名的北京烤鸭。不过，他们心中充满了罪恶感，因为当时的中国是一个主要靠米饭、高粱和白菜维持生存的国家。

（二）对于“文化大革命”的思考

在莫拉维亚看来，“文化大革命”的特点首先是对于伟大领袖的个人崇拜，是把他看做可以用自己的名字来命名整个时代的人，这也反映了所有中国人对他的崇拜。因此，在1968年出版的杂文集中，莫拉维亚认为这场群众运动具有神秘和宗教的特征。这种狂热的崇拜主要来自响应毛主席号召的年

① 阿尔贝托·莫拉维亚：《中国的文化革命》（*La Rivoluzione Culturale in Cina*），米兰：Bompiani出版社，1968年版，第65页。

② 同上书，第141—142页。

轻学生。他们把毛主席当作自己的导师，认为这场革命是他们的政治学校。正因为如此，红卫兵们说这是一场年轻人的革命。在这场发生在战胜了国民党近二十年后的全民性的运动中，毛主席重新开始直接与大众接触，也重新找回了从前的力量，再一次脚踏实地，猛烈地指责儒家学说，把它作为中国保守主义的代表，认为它是根本的敌人。这种崇拜的象征是那本语录。在那个年代，所有的中国人都把它拿在手里。在说任何事情之前都要引用它。这一现象被莫拉维亚认为是一种农民的和原始的宗教。

除了“文化大革命”的宗教和原始性以外，它还是“……农村的价值观和习俗在城市生活中的延伸……，在中国的所有城市里，普遍存在着农民式的‘贞洁’以及与性的对立……，而这种观点正来自农民的节制”①。最直观的证据，是中国的男人和女人都穿着同样朴素的服装，而且几乎所有的餐馆都关了门。唯一一家幸存的餐馆所起的作用是对人们进行教育，而在里面吃饭的西方人应该有罪恶感。

这是一场具有“宗教特点”的革命，不过，它所采取的手段更加严厉和无情。它的目的是将一切都政治化，以便与封建主义和资产阶级作斗争。尽管如此，这次革命还是以教育为目的，而教育的意图通过毛主席的语录这本书变得具体化，它被称为“红宝书”。在这本书里，马克思的思想也被儒家化了，甚至红卫兵们也开始反对他们的老师，以便“教育他们，指导他们，将他们带回革命的道路”。②

对于中国人来说，这是一场绝对政治性的运动，不过，我们的作家赋予了它很多宗教的特点。在对这本书进行总结的时候，莫拉维亚说：“文化革命的目的，是为了使中国这个农业国，也就是在人性的层面未受损害的完整而纯洁的国家，从一个手工业和乡村的文明，大步跃进到科学文明……，又无需为成为小资产阶级而付学费……”③。

在说完了那些沉重的话题，比如被与马克思主义联系在一起的贫穷和儒家思想之后，还应该翻一翻莫拉维亚的这本“旅行日记”，看看他参观的那些建筑，以及这些参观引发的思考。

在一系列的参观中，最值得一提的是长城，它是保守主义的象征。从一

① 阿尔贝托·莫拉维亚：《中国的文化革命》（*La Rivoluzione Culturale in Cina*），米兰：Bompiani 出版社，1968 年版，第 155 页。

② 同上书，第 93 页。

③ 同上书，第 103 页。

方面来说，中国人可以用它来抵御野蛮人的侵略；不过，从另一方面来讲，它也阻碍了发展，更不要说是变化。在作家看来，中国像是一个“龙虾”式的国家，外表坚硬而内心柔弱。

他接下来参观的是故宫和明十三陵，它们也是中国封建主义的象征，只能激发中国人民对过去的仇恨。这些历史建筑都是些“错误”，而且没有任何美感，因为：“在今天的中国，美的意义被善所代替。”[①] 这些建筑不美因为它们不善，所以只能起到教育和指导的作用。

这就是当莫拉维亚见到历史性建筑受到悲剧性破坏时，对中国人对于自己的过去所持有的态度的诠释。在这种态度中，他看到了中国人民在那些年里对于过去的愤怒，因为过去令他们想起的并非快乐和骄傲，而是痛苦和折磨。

尽管中国人民生活痛苦，而且社会混乱，莫拉维亚还是感到“欣慰”，因为他在中国看到了“实现了的乌托邦”，这个乌托邦表现为人民的贫困和禁欲。他希望中国能够创造出“乌托邦式的解决办法”，能够使得“财富被认为是罪恶，是过错，是罪过”。莫拉维亚必须通过第三次旅行，才会最终明白这次所谓的“文化革命”的残酷性以及它所造成的悲惨后果。

五、1986 年的中国之行

莫拉维亚 1986 年的第三次中国之行留下的痕迹很少，只有发表在《晚邮报》上的 5 篇文章。在 1986 年 11 月 9 日的文章中，莫拉维亚阐述了北京城的变化，说在他 1936 年第一次到北京的时候，北京还是一个亚洲城市，宽阔的大道如同“干涸的河道”。1967 年再次来到北京的时候，他见到了红卫兵，以及他们为了向毛主席表示敬意而组织的游行，所有中国人都身穿蓝色制服，手里握着毛主席的那本小书。而当他在 1986 年再次来到北京的时候，映入他眼帘的却是利用外国资金和科技建成的美国式的摩天大厦，以至于当他乘车穿越天安门广场的时候，向车窗外面望去，觉得这座城市变得没有特点，而且“没有任何值得纪念的东西”。直至看见满街的自行车，他的兴趣才被重新点燃。

---

① 阿尔贝托·莫拉维亚：《中国的文化革命》（*La Rivoluzione Culturale in Cina*），米兰：Bompiani 出版社，1968 年版，第 152 页。

（一）参观

在这次的旅行中，莫拉维亚终于实现了第一次中国之行时就抱有的梦想，那就是参观内蒙古。在内蒙古自治区的首府呼和浩特市，他参观了两处古老的建筑，其中的一处是一座保存比较完好的喇嘛庙，因为红卫兵总部曾经驻扎在这里；另一处是成吉思汗纪念堂，位于内蒙古戈壁沙漠的心脏地带。这座纪念堂遭到了红卫兵的破坏（只有到了这个时候，莫拉维亚才开始明白这支年轻力量的破坏性，以及那场悲剧性的革命为中国人留下的苦涩。那场革命不仅破坏了不计其数的艺术品，而且给中国人的思想和身体都造成了无尽的伤痛），当时正在修复当中。然而，修复的建筑在莫拉维亚看来像是“某种介于迪斯尼乐园和《一千零一夜》故事之间的建筑”。

无边无际的沙漠具有无法阻挡的魅力，与它相比，北京城乍一看显得毫无特点。直到作家的目光停留在骑自行车的人身上：“……他们安静、若有所思地骑着车，规矩而又端庄，让人觉得这些人之所以选择骑自行车，并非为了需要，而是一种自由的选择，因为自行车沉默、没有气味，而且优雅。”①骑自行车（它象征着一个历史时刻）的人所表现出的无穷耐心，从某种程度上令他无法理解，并且立刻将这种耐心与中国几千年的文化以及儒家思想联系在了一起，却没有想到中国人希望以任何方式将那座“中世纪”式的城市遗忘——因为他们认为那是保守主义——以便走向现代化，而且对于儒家思想的重新审视仍需时日。

在这次的旅行中，莫拉维亚再次参观了颐和园，见到了1888年至1900年间建成的大理石坊，那是当时的皇太后下令建造的，使用的是本来应该用于发展海军的资金。莫拉维亚还到了几朝古都西安，参观了应该在另外一个世界上伴随第一个皇帝的兵马俑。

（二）思考

与前两次的访问不同，对莫拉维亚来说，中国的魅力已经减少了很多，甚至在他的自传《莫拉维亚的一生》中对第三次的中国之行只字不提。不过，莫拉维亚却在发表于《晚邮报》的文章中表达了对于那个被破坏的古老文明的怀念，以及由此产生的苦涩之感：

> 曾经的北京是一个奇迹，而如今的北京却微不足道。当时的北京就

① 意大利《晚邮报》，1986年11月9日。

如同几个世纪以前一样，那些纵横交错、美不胜收的胡同就如同威尼斯的小巷。如今的北京就如同只剩下斗兽场和圣彼得大教堂，其它都荡然无存的罗马。高大的城墙和迷人的胡同都让位于大都市和美式的摩天大楼，游行的年轻人被骑自行车上班的温顺的工人所取代；大学重新开了门，不过，对于莫拉维亚的问题，学生们只会根据政府的宣传，用同样的方式回答，他们微笑着，谈笑风生，却不反驳和阐述自己的观点。

唯一没有改变的是贫穷。当他参观内蒙古的时候，一天晚上，莫拉维亚应邀参加一个丰盛的宴会。宴会上有一只整个的羊羔，按照肉的质量和参加宴会者的重要性分发，同时还有舞蹈和地方民歌助兴。在举行宴会的豪华蒙古包外，他却见到一位年老的妇人在井里打水。在他看来，这是农民贫穷的象征。更加令人吃惊的，是他对中国现行社会主义的思考。他将作为封建权力象征的紫禁城与广州一间豪华宾馆相提并论，在那家宾馆里居住和进餐的是中国官员和外国游客。那里的鸭子 40 元一只，而在宾馆以外，中国人的平均收入是每月 100 元。发表在《晚邮报》上的文章在结尾处是这样说的："政权更迭，但是统治所采取的手段却并不多，而且不尽相同。"①

六、总结

莫拉维亚始终坚信："一位知识分子就是他所处时代的见证人"，而且，在他所有的文章中，见证永远与思考和观点并行。在叙述印度的时候，他几乎总是在谈论宗教，一种带有原始色彩的宗教，而非洲对于他来说则是一个天堂。在中国的问题上，莫拉维亚则要讲述它几千年的历史。不过，他最关心的话题还是贫穷，儒家思想对中国人生活的影响，以及中国人前进的脚步，它们艰难而且有时还伴随着血腥，以及对于文化的没有理智和无法挽回的牺牲。

莫拉维亚所代表的是西方知识分子的心态，也就是把一场以个人崇拜为特点的群众运动与一种宗教联系在一起。另外，他们更喜欢见到古老的房屋与宫殿，而非摩天大厦；更希望见到简单而谦卑的人民，而不是富翁。不过，他所提供的证据也是带有明确的目标的，因为莫拉维亚对于人类生存的思考

---

① 《晚邮报》，1986 年 12 月 24 日。

最终总会归结于对资本主义社会的抨击，这场战斗早在1929年莫拉维亚出版他的成名作《冷漠的人们》（*Gli Indifferenti*）的时候就已经开始了。所以，在《中国的文化革命》一书的前言中，作者从共产党领导下的中国的实际出发，逐渐发展到对于西方社会的思考。他还为我们提供了一幅消费社会的图画，认为这种社会是非人性和具有缺陷的，而这种现象形成的原因就是财富。另外，前言中还加入了对于20世纪西方文化的抨击。书中写道："这种文化被消费，就好像工业品被消费一样……文化消费生产的只是文化垃圾，除此之外别无其他。"① 与此相比，中国存在的这种普遍的贫穷，对于莫拉维亚来说是人类正常生存条件的榜样，因为多余之物并不能使人更像一个人。由此产生了莫拉维亚建议的用来医治腐败的资产阶级社会的药方：首先是贫穷，然后是禁欲。毛主席领导下的中国式乌托邦就是一个榜样，这种榜样在作者看来其实是在抄袭农村的价值观和习俗。

可惜的是，"乌托邦式的解决方法"在中国并没有实现。如同其他的意大利作家一样，莫拉维亚越来越迷恋非洲那片一望无际的土地，那里的风景美丽而真实，吸引着作家以及他的读者们。与此同时，中国却在继续她的现代化进程，而这种现代化将是如何一番景象，又是莫拉维亚在进行最后一次中国之行时所无法想象的。

参考文献

1. Alberto Moravia, *Viaggi*（1930 – 1990）, Milano, bombiani, 1994（阿尔贝托·莫拉维亚：《旅行（1930—1990）》，米兰：Bombiani出版社，1994年版。包括报道1937年在中国旅行的文章24篇和报道1986年在中国旅行的文章5篇）。

2. Alberto Moravia, *La rivoluzione culturale in Cina*, Milano, Valentino Bompiani, 1968（阿尔贝托·莫拉维亚：《中国的文化革命》，米兰：Bompiani出版社，1968年版）。

3. Moravia/Elkann, *Vita di Moravia*, Milano, Bompiani, 2005（阿尔贝托·莫拉维亚、阿兰·艾尔肯：《莫拉维亚的一生》，米兰：Bompiani出版社，2005年版）。

① 莫拉维亚：《中国的文化革命》（*La Rivoluzione Culturale in Cina*），米兰：Bompiani出版社，1968年版，第18页。

笑过，却非一笑而过

——罗大里儿童文学作品的文学艺术及教学价值

李婧敬

（北京外国语大学欧洲语言文化学院）

提　要：贾尼·罗大里是意大利20世纪最具影响力的儿童文学作家。一生创作了三十多部深受少儿喜爱的文学作品，并于1970年凭借童话《假话国历险记》获得世界儿童文学领域的最高奖项——国际安徒生奖。半个多世纪以来，他的作品陆续被翻译成50多种文字，广泛流传于各个国家，在少儿读物极为丰富的今天仍然受到各国读者的欢迎。身为新闻记者的罗大里的儿童文学作品何以成为经典？本文尝试从选材、立意和语言风格等方面论述罗大里作品的文学艺术价值，并浅析其在意大利语教学方面的价值。

关键词：罗大里；儿童文学；文学艺术价值；教学价值

More than a Laugh

— *The Literary and Didactical Value of Gianni Rodari's Literary Works for Children*

LI Jingjing

（School of European Languages & Cultures, Beijing Foreign Studies University）

Abstract: Gianni Rodari is one of the most influential twentieth-century authors of children's literature in Italy. He devoted his life to producing more than thirty literary works which are highly favoured by children. With *Gelsomino in the Country of Liars* he won the Hans Christian Andersen Award in 1970, one of the most distinguished prizes in children's literature. In the past five decades, his books have been translated into more than fifty languages, and enjoyed a high popularity in many countries. They are still very popular with readers of different countries despite the fact that there are numerous children's books available nowadays. How did the works of Gianni Rodari, a journalist, turn into such classics? This paper will discuss the literary value of his works from several aspects — the choice of topic, the conception of ideas and the style of language, and make a brief analysis of its didactical value in Italian language teaching.

Key words: Gianni Rodari; children's literature; literary value; didactical value

今天的世界正处于不断的异化之中：一方面，我们的社会正日趋“机械化”，另一方面，人与人之间那种与金钱和利益无关的人情味越来越淡薄。罗大里正是通过自己的童话和诗歌来捍卫我们的世界。在他看来，孩子们可以笑着学会这世界上的所有道理，无论是家庭教育还是学校教育都可以在愉快的气氛中进行。①

——意大利参议院教育委员会主席德里亚诺·奥西齐尼

一、引言

贾尼·罗大里（Gianni Rodari），1920年出生于意大利北部小城奥梅尼亚，1980年逝世于罗马。作为儿童文学领域最高奖项“国际安徒生奖”获得者，罗大里却从来不曾是一位职业儿童文学作家。他当过小学教师，后来又长期从事新闻记者工作。起初，他担任共产主义期刊《新秩序》的主编。1947年，他开始在米兰的《团结报》工作，两年后创建专栏《孩子们的星期天》。1950年，罗大里移居罗马，在那里创办了少儿杂志《先锋》并担任主编。1951年，罗大里出版首部少儿文学作品《童谣集》，正式走上了儿童文学的创作之路。此后的30年里，罗大里在从事新闻工作之余，将几乎所有的业余时间都倾注在儿童文学作品的创作上。正如他的妻子玛利亚·黛蕾莎·

① 比诺·格莱科，《访亚德里亚诺·奥西齐尼：贾尼·罗大里和儿童的情感世界》（Pino Greco. *Intervista di Pino Greco ad Adriano ossicini su Gianni Rodari ed il mondo emotivo del bambino*. http://www.indire.it/Rodari/studio/testimonianze/greco_ossicini.html）。

费雷蒂女士所说:“罗大里内向沉静,不喜欢出入于喧闹嘈杂的场所。但身为记者的他却不得不忙碌奔波。因此,工作之外的他喜欢待在家里,把写作当成逃离现实工作的一种渠道。只有在安静地进行创作时,他才会觉得舒适安然。”①

继《童谣集》之后,罗大里又创作了一系列优秀的儿童文学作品,包括:《洋葱头历险记》、《假话国历险记》、《天上人间的童谣》、《电话里讲的故事》、《电视机里的故事》、《错误全书》、《蓝箭》、《天上掉下大蛋糕》、《幻想的文法》、《打字机里的故事》、《起死回生的男爵》、《冈多拉魅影》、《四角游戏》、《曼图瓦的小矮人》、《三个小流浪儿》等30多部作品,成为20世纪意大利最具影响力的儿童文学作家。他的作品不仅在意大利深受孩子们喜爱,还被翻译成50多种文字,漂洋过海,成为世界上千千万万儿童的成长伴侣,同时也成为无数家长教育孩子的参考读物。

二、罗大里儿童文学作品的文学艺术价值

曾经有人认为,罗大里的作品仅仅是昙花一现,无非是靠浅显的语言和怪诞的情节吸引孩子的目光。然而,半个多世纪过去了,即使是在儿童读物极为丰富的今天,罗大里的作品仍然深受孩子们的喜爱,在世界儿童文学领域中占有无法取代的一席之地。

罗大里的作品究竟蕴含着怎样的艺术魅力,从而拥有如此旺盛的生命力呢?

现实中的童话,富有逻辑的幻想。

罗大里的作品第一次打破了意大利传统儿童读物的模式。在情节方面,传统的儿童读物多以“仙女”、“魔法”等神化故事或魔幻情节为主,而罗大里则喜欢把日常生活中的各种现实场景作为故事发生的背景,并以此为基础进行奇思妙想。因此,当读到罗大里的作品时,小读者会认为故事就发生在自己身边,原来现实生活也会充满各种各样的奇妙事件。例如,在《电视机里的故事》中,主人公小吉普在看电视时被一股神奇的力量吸进了电视机的节目里,在经历了一系列不可思议、奇妙惊险的事件之后,最终被太空中的

---

① 埃里卡·拉·罗莎,《玛丽亚·黛莱莎·费雷蒂访谈录》(Erika la Rosa. *Intervista a Maria Teresa Ferretti*. http://www.giannirodari.it/testimonianze/index.html)。

宇航员解救回家。在这个故事里，电视机和宇宙飞船都是20世纪五六十年代出现在意大利社会里的新鲜事物，孩子们对此既熟悉又不甚了解，而罗大里则以这些现实生活中的新鲜事物为背景，创作了一个看似离奇，却并不脱离现实的童话。

轻松的笔调，幽默的情节。

在文风方面，罗大里的作品也与传统儿童读物有着很大区别。如果说传统儿童读物常常不遗余力地营造各种悲伤、恐怖的氛围，以浓厚的悲剧色彩让孩子们泪流满面，那么罗大里则一直坚持让笑声伴随孩子们的阅读，让他们在轻松的氛围中了解故事内容及其背后蕴含的道理。在《错误全书》中，罗大里曾写道："能让孩子们笑着明白的事情，为什么一定要让他们哭着弄懂呢？如果把全世界孩子们因为犯错而留下的眼泪都汇聚起来，足够形成一条瀑布，用来发电了。但我想这其中的代价过于高昂。在生活中，犯错误也是必要的，错误可以像面包一样有用，也可以像造歪了的比萨斜塔那样美好。"① 正因如此，罗大里的童话和童谣大都轻松愉快，让读者们在哈哈大笑声中一气读完。

诙谐背后的严肃，趣味之中的道理。

罗大里的作品虽然幽默诙谐，但却绝不是简单地为了幽默而幽默。罗大里的真正目的，是让孩子们在笑声中明白那些原本深奥的道理，在知识、道德和情感方面健康地成长。

例如，在《假话国历险记》中，罗大里就通过看似荒诞的情节表达了对于真善美的追求。尽管假话国在贾科蒙内的统治下是非混淆，充满虚假和丑恶，但真善美就像一盏明灯照耀在每个假话国成员的心中。孩子们通过阅读这部童话，能够品味到真实与善良的可贵，懂得真善美是人间理想，必定会获得最终的胜利。

又如在《起死回生的男爵》中，罗大里描述了老男爵兰贝托为了返老还童而经历的种种怪诞事件。但一系列努力最终徒劳无功：风湿病患者的病情没有好转；秃头人也没有长出头发；65岁的人依然65岁，丝毫都没有年轻起来……，通过这个故事，罗大里巧妙地解释了生老病死等自然现象，并告诉孩子们做任何事情都必须遵循自然规律，否则必定会无功而返。能够让孩子

① 贾尼·罗大里：《错误全书》，都灵：艾因瑙乌迪出版社，1993年版，第5—6页。(Gianni Rodari. *Il libro degli errori*. Torino: Einaudi, 1993. pp. 5－6.)。

们在欢笑的同时明白深奥的哲学道理，这充分体现了罗大里寓教于乐的思想。

精妙的用语，朗朗上口的韵律。

罗大里的作品充满了智慧，在遣词造句方面显得异常诙谐巧妙。正如罗大里的生前好友，意大利“少儿书屋”的创始人罗贝托·邓迪所说：“罗大里性格内向，想成为他的朋友并不容易。不过，一旦成为朋友，你就会发现他是一个非常幽默的人。他常常妙语连珠，幽默笑话信手拈来，想象力更是丰富得不可思议……”① 在罗大里的作品中，我们能看到许多“游戏”元素。罗大里认为，在孩子们的眼里，游戏就是最为严肃的活动。另外，在语言方面，罗大里也堪称天才。他对韵律和节奏极为敏感，经过巧妙的处理，将故事编写成一首首琅琅上口的童谣和儿歌，让诗歌这种看似“高不可攀”的文学体裁早早地走进了孩子们的世界，就连成年读者也感觉饶有兴味。

站在儿童的角度，倾诉儿童的内心。

罗大里在创作过程中，十分尊重孩子们的想法。他认为孩子看问题有着独特的视角。因此，为了充分地了解孩子们的心理状态，罗大里常常深入学校，与孩子们进行亲密接触，听取他们的想法和建议。

当年，在罗马某小学任教的玛利亚·路易莎·比加雷蒂老师曾与罗大里有过几次接触。她回忆道：“一天，我在上课时，忽然看见著名的儿童文学作家罗大里站在教室后门的窗外……，课间时分，我把罗大里请进了教室。学生们惊喜万分，没想到大名鼎鼎的《洋葱头历险记》的作者会来到他们身边。孩子们很快喜欢上了罗大里，纷纷把自己写的作业拿给他看……，每当孩子们提出问题时，罗大里并不直接回答，而是引导孩子们说出自己的答案。临走时，罗大里还问我是否可以把他新写的故事拿来读给孩子们听……。几天之后，罗大里如约而至。他给孩子们读了一个带有科幻色彩的故事，说是某个科学家本想发明一颗摧毁地球的炸弹，结果由于弄错了配方，最终只制作出了一个蛋糕。他以班里孩子的名字为故事里的各个角色命名……，讲故事时他声情并茂，绘声绘色……，在描述蛋糕时，他停下来征求孩子们的意见，孩子们立刻踊跃发言，往这个蛋糕上增添了各种各样的配料……。几天以后，他再次来到学校，兴高采烈地告诉我出版社同意让孩子们亲手绘制故

① 卡米尼·德·卢卡，《访罗贝托·邓迪》。(Carmine de Luca. *Intervista a Roberto Denti.*, http：//www. giannirodari. it/testimonianze/index. html)。

事里的插图……。”①

在亲眼见证罗大里与孩子们的交流过程之后，比加雷蒂老师由衷地发出感慨：“罗大里的魅力绝不仅仅限于浅显的语言和幽默的情节，他是那样尊重孩子，乐于表达他们的心声，同时以轻松的方式教给他们做人的道理。”

将幻想看作一种潜能

罗大里不仅善于用丰富的想象力吸引小读者，还致力于激发孩子们的幻想。他曾说：“要想走进孩子们的世界，就必须拥有丰富的想象力。只有在这方面始终领先他们一步，他们才会信任你，尊重你，愿意与你交流。”② 1973年，罗大里出版了童话理论专著《幻想的文法》。这是一部写给家长和教师们的书籍，通过一系列步骤，引导他们逐步激发孩子们的创造力和想象力。直到今天，罗大里关于“幻想”的理论仍然在意大利被广泛推广。他的家乡奥梅尼亚市甚至还专门为少年儿童修建了一座“幻想公园”。与普通的游乐园不同，这座幻想公园没有旋转木马、高空过山车等娱乐设施，却是一个启迪孩子们智慧的“文学公园”。公园分为“实验教室”、“主题花园”和“论坛及图书馆”三个区域。在各种实验教室里，孩子们可以体验罗大里在《幻想的文法》中所描述的各种幻想实验，在主题花园区里，孩子们可以观赏到不同童话故事（如《天上掉下大蛋糕》、《起死回生的男爵》等）中描绘的场景，而论坛区域则可举办各种激发想象力和创造力的活动。如今，这个幻想公园深受孩子、家长和学校的欢迎。

正是由于上述原因，罗大里的作品和思想在今天仍然焕发着勃勃生机。在意大利的奥尔维耶托，专门成立了“贾尼·罗大里研究中心”，不断推广罗大里关于激发想象力的理论思想。2010年，在罗大里诞辰90周年和逝世30周年之际，意大利各地举办了隆重的纪念活动：例如皮耶蒙特大区举办了题为“回归幻想”系列活动；伦巴底大区举办了题为“罗大里，长着幻想双翼的作家”的论坛；奥梅尼亚市则举办了关于罗大里的国家级研讨会，以缅怀这位伟大的儿童文学作家，并将他的创作思想继续发扬光大。

三、罗大里作品在意大利语教学中的价值

在外语教学的过程中，阅读是不可或缺的重要环节。通过阅读对象国语

① http：//www.indire.it/Rodari/studio/index.html.

② 贾尼·罗大里：《幻想的文法》，特里亚斯特：艾因瑙乌迪儿童出版社，1997年版，第12页。（Gianni Rodari. *Grammatica della fantasia*. Trieste：Einaudi Ragazzi，1997. p. 12.）。

言的文学作品，学生们不仅能够将所学的语言知识运用到阅读实践中，提高阅读能力，还能够从作品中了解到对象国的文化和国情。另外，通过大量的阅读，学生还能从不同程度上改善语感，提高运用外语进行写作的能力。

从语言教学的角度来看，作为阅读材料的作品应具备以下特征：

1. **可读性**。这是阅读材料应具备的首要特点。只有在词汇量和难易程度恰当的情况下，学生们才能够凭借已学的语言知识，借助各种工具尝试对文章内容进行理解。过于简单的内容无法激起学生的好奇心，相反，如果内容过于复杂，学生就会望而却步。

2. **语言的规范性**。在外语教学，尤其是基础阶段的教学中，培养学生良好的语言习惯是十分重要的。此时提供的阅读材料应该在词法和句法上具有良好的规范性。学生通过阅读这些作品，能够巩固已学的语法及其他语言知识。如果文字材料中含有大量的方言俚语，就不适合基础阶段的学生阅读。

3. **知识性和思想性**。阅读并非只是为了提高语言能力，也是为了帮助学生们更好地了解对象国的风土人情和社会状况。因此，被选作阅读材料的作品应包含丰富的文化内涵，从而促使学生增加知识，拓宽视野。

4. **趣味性**。按照罗大里“寓教于乐”的主张，阅读应该在充满乐趣的氛围中进行。具有趣味性、符合学生需求的阅读材料能够激发学生的好奇心和求知欲，使他们积极主动地完成阅读过程。

5. **文学艺术性**。语言是文化的载体。通过阅读一定数量的文学性材料，学生们可以逐步体会到该语言所折射出的文学及艺术价值。这将对他们用该语言进行写作的能力产生潜移默化的影响。

笔者认为，对于意大利语基础阶段的教学来说，罗大里的儿童文学作品是十分合适的阅读材料。

从内容上看，罗大里的作品浅显却不幼稚，并非是只适合儿童阅读的“低幼”作品。虽然这些作品都创作于三四十年前，并且大都以童话或童谣为表现形式，但却反映了许多引人深思的社会问题。例如，《假话国历险记》中所折射的“颠倒黑白”、“扭曲是非”的现象，不仅存在于意大利，也存在于中国社会的许多角落，无论在过去还是今天，对于真善美的追求都是永远不过时的主题。

从语言上看，罗大里的作品通俗却不低俗，简单却不简陋。由于主要读者群是青少年，罗大里的文风十分清晰明了，易于理解。但这并不意味着其语言贫乏，不值一读。相反，他的作品包含着相当丰富且优美的词汇，在表达近似的意思时，往往会使用多个不同的近义词。因此学生们能够通过阅读罗大里的作品显著扩充意大利语词汇量。

从趣味性和思想性角度来看，曾当过小学教师的罗大里一直致力于让读者在笑声中获得启发，其作品风格轻松愉快，同时富于教育意义。

从文学性和艺术性来看，罗大里驾驭意大利语的能力是超凡的。在行文的过程中，为了使语言描述更为形象，罗大里大量运用比喻、拟人、双关等修辞手法。通过阅读原文，学生们能够看到罗大里如何充分发掘语言的表现力，用看似简单的词语和句子对事件场景、人物心理进行淋漓尽致的描述。另外，罗大里对于意大利语的节奏和韵律有着十分敏锐和细腻的感受，这一点充分地体现在他的童谣作品之中。作为诗歌的初级形式，这些浅显的童谣能够让学生们感受到意大利语的节奏美和韵律美，为日后的诗歌鉴赏打下基础。

结语

早在20世纪八九十年代，罗大里的若干童话经典作品，如《洋葱头历险记》、《假话国历险记》、《天上掉下大蛋糕》、《蓝箭》等就已被介绍到中国。近年来，多家出版社对这些著作不断进行重译和再版，说明中国读者对于罗大里的认知、了解和接受程度正在逐渐提高。但另一方面，由于受到版权及翻译难度等诸多因素的限制，罗大里的童谣作品和文艺理论在中国却鲜为人知。

作为意大利语教学工作者和翻译研究者，笔者认为，无论从文学艺术的角度还是从语言教学的角度来看，将罗大里的童话、童谣及文艺理论作品全面完整地翻译介绍给国内读者都具有十分重要的意义：一方面，有助于丰富国内的儿童文学读物，使国内读者更加完整地了解罗大里的创作风格和创作思想并加以借鉴；另一方面，鉴于罗大里的作品具有很强的可读性，我们可以挑选其中的部分作品进行翻译，并以双语的形式进行出版，用作意大利语专业的阅读材料，让学生们通过阅读去感受意大利语的魅力，提高读写应用能力，有效地促进本专业的学习。

参考文献

1. 贾尼·罗大里：《假话国历险记》，任溶溶译，上海：上海译文出版社，2000年版。

2. 贾尼·罗大里：《洋葱头历险记》，任溶溶译，天津：新蕾出版社，2007年版。

3. 贾尼·罗大里：《二十个童话加一个》，沈萼梅、刘锡荣译，石家庄：河北少儿出版社，2000年版。

4. 贾尼·罗大里：《电话里的童话》，张宓、张宇靖译，石家庄：河北少儿出版社，2000年版。

5. 贾尼·罗大里：《天上掉下大蛋糕》，任溶溶译，长沙：湖南少儿出版社，2008年版。

6. 贾尼·罗大里：《蓝箭》，俞克富译，北京：大众文艺出版社，2009年版。

7. 贾尼·罗大里：《隐身小托尼历险记》，李婧敬译，南宁：广西接力出版社，2006年版。

8. 贾尼·罗大里：《打字机里出来的故事》，祝本雄译，石家庄：河北少儿出版社，2000年版。

9. 贾尼·罗大里：《圣诞树星球》，夏方林译，石家庄：河北少儿出版社，2001年版。

10. 贾尼·罗大里：《有三个结尾的故事》，祝本雄译，北京：大众文艺出版社，2003年版。

11. 贾尼·罗大里：《三个小流浪儿》，夏方林译，北京：中国少年儿童出版社，1984年版。

12. 应惠兰、徐慧芳：《以学习者为中心的阅读材料的选择》，载《外语教学与研究》，2001年第3期。

13. 刘英：《阅读在现代大学外语教学中的作用》，载《考试周刊》，2007年第9期。

14. 赵玥：《简易阅读材料在大学英语教学中的必要性及作用》，载《哈尔滨职业技术学院学报》，2007年第4期。

15. Gianni Rodari, *Grammatica della fantasia*, Trieste: Einaudi Ragazzi. 1997.

16. Gianni Rodari, *Gip nel televisore e altre storie in orbita*, Trieste: Einaudi Ragazzi. 2006.

17. Gianni Rodari, *C'erano due volte il barone Lamberto*, Trieste: Einaudi Ragazzi. 1997.

18. Gianni Rodari, *Il libro degli errori*, Torino: Einaudi. 1993.

19. Carmine de Luca, *La gaia scienza della fantasia*, Catanzaro: Abramo. 1991.

20. Carmine de Luca, *I bambini e la poesia*, http://www.indire.it/Rodari/studio/index.html.

21. Pino Boero, *Una storia, tante storie. Guida all'opera di Gianni Rodari*, Torino: Einaudi. 1992.

22. http://www.indire.it/Rodari/.

23. http://www.giannirodari.it/.

欧洲国别与地区研究

European Studies

阿尔巴尼亚历史四大阶段

柯　静

（北京外国语大学欧洲语言文化学院）

提　要：本文把阿尔巴尼亚历史分为伊利里亚时期、罗马拜占庭统治时期、奥斯曼统治时期以及阿尔巴尼亚独立至今四大阶段，对其历史从古至今进行了梳理，对每个阶段的历史背景、重要事件、重要人物、重要成就等进行了介绍和分析，展示巴尔干半岛上古老的阿尔巴尼亚民族悠久而独特的历史。

关键词：阿尔巴尼亚；历史；阶段

Four Major Stages in Albanian History

KE Jing

（School of European Languages & Cultures, Beijing Foreign Studies University）

Abstract: This paper examines the Albanian history by dividing it into four major stages, namely the Illyrian stage, the Roman and Byzantine rule stage, the Ottoman rule stage, and the post-independence stage. By introducing and analyzing the historical background of each stage, as well as the important figures, events and achievements in each stage, it attempts to present the ancient and unique history of the Albanian nation on the Balkan Peninsular.

Key words: Albania; history; stage

一、伊利里亚部落与王朝

伊利里亚是由许多大大小小的部落和支系组成的一个多民族群，各部落虽有自己的名称，但古希腊人和罗马人统称他们为“伊利里亚人”。现今的阿尔巴尼亚民族是伊利里亚的后裔，这点得到了考古学、民俗学、语言学等领域研究的论证。

考古发现，伊利里亚人早在铁器时代初期，即公元前 12 世纪末或公元前 11 世纪初就生活在巴尔干半岛。其疆域北起多瑙河，南至爱奥尼亚海安布拉基亚湾，西起亚得里亚海，东达科索沃南部的沙尔山，包括现今的克罗地亚中部和南部、波黑、黑山、阿尔巴尼亚、塞尔维亚和马其顿的东部以及希腊西北部，几乎覆盖了整个西巴尔干地区。内陆伊利里亚人以畜牧业为主要经济，沿海的伊利里亚部落则在公元前 9—3 世纪发展成为亚得里亚海上强大的力量。

伊利里亚与其南部邻邦古希腊有密切的交往和文化渗透，奥赫里德湖畔伊利里亚部落贵族古墓的考古发现表明，古希腊文明对伊利里亚产生过巨大的影响。公元前 7—6 世纪，希腊人在现今阿尔巴尼亚沿海地区建立了都拉斯（Durrës，古希腊名为 Dyrrah，公元前 627 年）和阿波罗尼亚（Apolonia，公元前 588 年）等殖民地，大大推动了伊利里亚社会、经济和文化的发展。公元前 5 世纪末，伊利里亚的原始氏族部落制度被奴隶制代替，农业、畜牧业、手工业日趋繁荣，并出现了货币流通。

随着斯库台（Shkodra）、阿曼提亚（Amantia）、乌尔钦（Ulqin）等更多真正意义上的城镇的兴起，伊利里亚沿海地区发展迅猛，沿海和内陆各部族的联系日益加强。公元前 4 世纪至公元前 2 世纪上半叶，伊利里亚人势力大增，形成了一些影响较大的王国。

巴尔兹（Bardhyl）被认为是阿尔巴尼亚历史上第一个国王，据说活到 90 岁，在位期间（公元前 4 世纪初至公元前 335 年）多次击败马其顿国王，迫使其一度俯首称臣，缴纳贡税。

格拉乌克（Glauk，公元前 317—302 在位）是继巴尔兹之后崛起的伊利里亚国王，开创了长达 100 多年的格拉乌克王朝（公元前 335—231）。他乘马其顿帝国在亚历山大大帝去世后（公元前 323 年）四分五裂的大好机会，收复了大片被占领土。

格拉乌克的养子皮洛士（Pirro，公元前297—272年在位）更是威名远扬。皮洛士是另一支伊利里亚部落摩罗斯人的王子，2岁时因父亲被马其顿逼下王位而被送往盟国格拉乌克避难。在格拉乌克的扶持下，皮洛士不仅夺回了王位，而且还兼并了南部伊利里亚的其他部落，建立了被希腊人称作伊庇鲁斯的王国。[①] 公元前280年，皮洛士率领大队人马前往意大利南部帮助"大希腊"的诸希腊城邦抵抗罗马入侵，虽获得胜利，但损失惨重，尤其是在公元前277年战役中。后人因此用"皮洛士式的胜利"来形容得不偿失的胜利。

公元前250年，当南部的伊庇鲁斯王国走向衰落之时，以斯库台为中心的伊利里亚北部部落的势力发展壮大起来，并逐步控制了今斯洛文尼亚至阿尔巴尼亚的大片土地，史称阿尔迪安王国。为了抗击罗马帝国的扩张侵略，阿尔迪安王国前后经历了三次大的战争，分别在公元前229—228年、公元前218—201年和公元前168年。著名的君王包括阿格隆国王（Agron，公元前250—230在位），其遗孀德乌达女王（Teuta，公元前230—228在位）以及末代国王根迪（Genti，公元前181—168在位）。公元前168年，伊利里亚终因力量悬殊，被罗马帝国征服。

除上述沿海地区的伊利里亚王国，值得一提的还有内陆高山地区伊利里亚部落达尔达尼亚人建立的王国。"达尔达尼亚"在阿尔巴尼亚语中的意思为"梨"，达尔达尼亚王国也就是盛产梨的王国。由于与荷马史诗中曾提及的小亚细亚西北部的达尔达尼亚人同名，有学者猜测该部落就是从小亚细亚迁徙到巴尔干定居的达尔达尼亚人的后裔。达尔达尼亚王国位于巴尔干腹部，主要包括现今的科索沃、马其顿西北部和塞尔维亚南部，占据通往黑海、亚得里亚海和爱琴海的交通要道。该王国形成于公元前6世纪，公元前4世纪起迅速崛起，公元前3世纪，在抗击凯尔特人入侵过程中发挥重要作用。由于寻求向南扩张，达尔达尼亚与马其顿产生冲突，曾先后与希腊和罗马结盟打击马其顿。然而，马其顿灭亡后，罗马并没有满足事先答应达尔达尼亚的扩张要求。达尔达尼亚意识到自己对罗马已经失去利用价值，并成为下一个吞并对象，便联合其东部邻居迈德人共同抵抗罗马，给罗马人在巴尔干的统

---

① 伊庇鲁斯（Epirus），希腊语的意思是"陆地"。古伊庇鲁斯王国的北部在现今的阿尔巴尼亚境内，南部在希腊境内。阿尔巴尼亚史书把伊庇鲁斯描述为南部伊利里亚王国，皮洛士被阿尔巴尼亚人视作他们的古代英雄，而希腊则把伊庇鲁斯作为古希腊东北部地区载入史册。

治造成巨大麻烦。公元前76年，罗马军队征服达尔达尼亚。对阿尔巴尼亚人而言，达尔达尼亚古老的历史是阿尔巴尼亚民族证明其科索沃历史主权的重要根据，它表明早在斯拉夫人迁徙至巴尔干之前阿尔巴尼亚人就是当地的主人，是地道的土著居民。

二、罗马和拜占庭统治时期

罗马帝国在亚得里亚海东部建立了四个行省，即伊利里亚行省、马其顿行省、内陆高山地区的默西亚行省（把原属马其顿行省的达尔达尼亚地区划归此行省）以及北至维奥塞河（Vjosa，阿尔巴尼亚南部河流）南至阿卡那尼亚和埃托利亚（Acarnania 和 Aetolia 均为古希腊西北部城邦）的伊庇鲁斯行省。伊利里亚行省北至多瑙河、南至马蒂河（Mati，阿尔巴尼亚中部偏北河流）、东至巴尔干中部现塞尔维亚境内。公元9年伊利里亚人起义失败后，为了便于统治，罗马又把伊利里亚行省分割为北部的潘诺尼省和南部的达尔马奇省。现今的阿尔巴尼亚主要包括达尔马奇省南部和伊庇鲁斯省北部，地处古罗马通向巴尔干各省以及东方各国的交通要道，公元前2世纪建造的“埃格纳提亚大道”① 是其重要战略位置的最好证明。

4世纪初，伊利里亚行省被划分为9个区，其中南部4个区为以斯库台为中心的布莱瓦尔、以斯科普里为中心的达尔达尼亚、以都拉斯为中心的新伊庇鲁斯、以及以尼科波利斯为中心的老伊庇鲁斯。今阿尔巴尼亚包括当时以都拉斯为中心的新伊庇鲁斯、大部分布莱瓦尔以及其余两个区的部分土地。4—5世纪，哥特人和匈奴人大举入侵罗马帝国，伊利里亚地区遭受严重动荡和破坏。395年，罗马帝国正式分裂为西罗马和拜占庭，伊利里亚行省变成拜占庭帝国的西部边疆，因此，拜占庭皇帝对该地区的安全防卫尤其重视。据史料记载，阿纳斯塔修斯一世（Anastasius I，491—518年）为其出生地都拉斯修建了里、中、外3座高大的城墙，而查士丁尼（Justinian I，518—527

① “埃格纳提亚大道”（Via Egnatia）西起阿尔巴尼亚沿海的阿波罗尼亚和都拉斯，在阿尔巴尼亚中部爱尔巴桑附近会合后沿着什昆比河流域贯东西向穿现今的阿尔巴尼亚，经过马其顿、希腊和土耳其的欧洲部分，全长约1120公里，为连接东西方发挥了重要作用，也大大推动了伊利里亚经济和文化的发展，如阿波罗尼亚城因此呈现繁荣景象。

年）则在其故乡达尔达尼亚新建和修建了69座城堡。①

公元6—7世纪，斯拉夫人迁徙至巴尔干半岛，迫使部分北伊利里亚人逃离到南部，并逐步同化了北部的伊利里亚居民。南伊利里亚4个区中除了达尔达尼亚地区，其余3个区较少受到斯拉夫人的冲击。躲避斯拉夫化的当地居民聚居到南伊利里亚沿海地区或相对安全的内陆高山地区，加强了这些地区抵御外来侵略和保留自己语言文化的能力。从7世纪起，生活在莱热—迪巴尔—奥赫里德—发罗拉范围内的伊利里亚人越来越多因其部落名（Arbër）而被邻国称为"阿尔巴尼亚人"，② 并逐渐成为外国对该地区伊利里亚后裔的总称。

9世纪后，阿尔巴尼亚又遭受到一系列外族侵略和统治，其中包括9世纪末到11世纪初的保加利亚人统治、12世纪后期的诺曼人入侵，13世纪初威尼斯王国对都拉斯等沿海城市的占领，以及14世纪的塞尔维亚杜尚王朝统治（1331—1355）。1355年杜尚死后，阿尔巴尼亚呈割据状态，各地区分别置于封建公国首领的控制之下，相互之间进行频繁的兼并战争，而苟延残喘的拜占庭已无力对阿尔巴尼亚恢复统治。

天主教和东正教在伊利里亚长期争夺势力范围的斗争使得这一地区在宗教归属问题上来回转换。③ 公元395年罗马帝国分裂后，伊利里亚行省的南部地区行政上划归东罗马拜占庭帝国，但罗马教皇对该地区教会的管理权一直延续到8世纪。拜占庭皇帝立奥三世（717—741）统治期间，通过破除偶像崇拜运动加强了皇帝的中央集权，并在732年成功把南部伊利里亚地区置于拜占庭教廷管理之下。然而，1054年天主教和东正教正式分裂之后，该地区北部的乌尔钦（Ulqin，现黑山境内）、斯库台等地被再次纳入罗马教廷的势力范围。13世纪初，十字军东征攻占拜占庭，天主教乘机向伊利里亚地区的南部和内陆地区渗透，6世纪以来一直在该地区隐性活动的本尼迪克修会在

① 罗马和拜占庭时代，不少伊利里亚人在帝国地位显赫。据考证，罗马皇帝戴克里先（Diocletian，284—305年）和君士坦丁一世（Constantine I，306—337年）等都是伊利里亚裔。

② 地理学家托勒密曾在公元2世纪最先提到了这个名称。阿尔巴尼亚人从16—17世纪起自称"Shqiptar"，对这一称呼的来源，阿尔巴尼亚学术界至今没有统一的、权威性的解释。

③ 伊利里亚人皈依基督教被认为是罗马化的标志之一，但伊利里亚早在公元1世纪就接触到了基督教，使徒保罗曾到此传教。当时的罗马皇帝敌视基督教，因此早期的基督教徒受到迫害。图拉真皇帝（Trajan，98—117年）时期都拉斯的主教是伊利里亚地区第一个基督教殉道者。如果说早期的基督教传教对象为穷人阶层，那么，罗马帝国同化伊利里亚则是诱使其上层阶级接受基督教。

此过程中发挥了重要作用。但由于13世纪后半叶拜占庭很快恢复了东正教在伊利里亚南部地区的统治地位，天主教的渗透和影响相当有限。天主教和东正教之间的长期争夺动摇了阿尔巴尼亚人对宗教的坚定信仰，教堂内东正教和天主教成分并存的现象并不少见，有些王公贵族表面上声称信仰一个宗教但实际上密切联系和支持另一个宗教。难怪1308年到过此地的天主教传教士得出结论说“这个地方天主教和东正教平起平坐”。不过，总体上来说，由于天主教和东正教在各地区不同阶段影响力的区别，中世纪阿尔巴尼亚宗教信仰呈现南北地区差异。在14世纪奥斯曼入侵并带来伊斯兰教之前，以都拉斯—爱尔巴桑—迪巴尔—斯科普里为分界线，北部地区信仰天主教，南部和中部地区则主要是东正教的领地。

宗教方面，值得一提的还有鲍格米勒派（Bogomil Sect）在中世纪阿尔巴尼亚的发展。鲍格米勒派约950年兴起于保加利亚，相信世界由绝对好和绝对坏两部分组成，并把国家和教会机构归于第二部分，因此被政府和教会视为邪教。该教派10世纪后半叶起在阿尔巴尼亚得到广泛传播，13世纪，阿尔巴尼亚的鲍格米勒派甚至在意大利建立了自己的教堂，被当地人称作“阿尔巴尼亚”教堂。鲍格米勒派在阿尔巴尼亚的存在一直延续到14世纪，是阿尔巴尼亚宗教信仰史上的一个重要插曲。

总之，从公元前2世纪罗马征服伊利里亚到公元5世纪西罗马帝国灭亡的600多年期间，阿尔巴尼亚祖先伊利里亚人处于拉丁文化统治下，拉丁化程度较高，这在现代阿尔巴尼亚语中仍有显著反映。之后，整个中世纪时期，阿尔巴尼亚绝大部分地区处于东正教文化的影响下，希腊语为主要官方语言，只有北方小部分天主教势力范围内使用拉丁语，个别地区在塞尔维亚统治时期也曾使用斯拉夫语作为官方语言，阿尔巴尼亚语只是民间交流的口头语。阿境内保留至今的圆顶教堂、城堡、镶嵌画、彩色壁画、圣像画等都表明东正教文化在中世纪阿尔巴尼亚的主导地位，现代阿语中的古希腊语词汇以及一些语音、语法现象表明古希腊语对阿语的重要影响。

三、奥斯曼统治时期

14世纪中后期，奥斯曼大举入侵欧洲，巴尔干各国联合抵抗。阿尔巴尼亚民族不仅参加了1389年巴尔干联军在科索沃平原的抗击奥斯曼入侵战，还在其民族英雄斯坎德培（1405—1468年）领导下以克鲁亚城为根据地，一次次粉碎了奥斯曼军队的进攻和围困，为西欧免遭奥斯曼的攻击做出了重要贡献。①

斯坎德培去世后，其子乔恩年幼，无力继续抗击奥斯曼。为躲避奥斯曼的迫害，斯坎德培家族带领大批随从到那不勒斯王国定居。阿尔巴尼亚人在那不勒斯王国的权力斗争中支持阿方索（Alfonso）夺得王位，阿方索国王因此特批意大利南部七个地区供阿尔巴尼亚人居住。②

奥斯曼占领巴尔干以后，除了采取提马儿（Timar）制③等相应措施在军事、政治和经济上加大中央集权之外，还在宗教方面积极推广伊斯兰教。无论哪个民族，只要皈依伊斯兰教就可以免除沉重的赋税和兵役，并有机会升任高官要职。在阿尔巴尼亚，天主教和东正教之间长期斗争大大动摇了民众对宗教的执着信仰，地方首领见风使舵，左右摇摆，从中谋求最大的政治和经济利益。在奥斯曼伊斯兰化政策的鼓励下，除了北部高山地区的居民仍保留天主教信仰以及南部邻近希腊的居民继续信奉东正教，大部分阿尔巴尼亚人改信伊斯兰教，相当一部分还在奥斯曼政府和军队中晋升为高级官员。据统计，奥斯曼政府中多达几十个维齐尔（相当于现今的部长）是阿尔巴尼亚族人，其中堪称伊斯兰世界中伟大建筑师的锡南·巴夏（Sinan Pasha，1506—1596）曾位居大维齐尔（相当于总理）。

皈依伊斯兰教的阿尔巴尼亚人多数接受的是奥斯曼帝国的正教，即逊尼派，这在阿尔巴尼亚北部尤其显著，穆斯林中75%以上为逊尼派信徒。然

---

① 斯坎德培原名乔治·卡斯特里奥蒂，阿尔巴尼亚地方首领乔恩·卡斯特里奥蒂之子，9岁时被作为人质送往伊斯坦布尔。由于在多次战役中机智勇敢的表现，被苏丹加封“亚历山大贝伊”的头衔，即阿尔巴尼亚语中“斯坎德培”。1443年，斯坎德培率领一小支骑兵回到阿尔巴尼亚，联合阿尔巴尼亚封建领主组成了反抗奥斯曼的莱什阵线，并得到了威尼斯等西方天主教势力的支持。直至1468年逝世，斯坎德培率领阿尔巴尼亚人民进行了长达25年的顽强抵抗。

② 据18世纪70年代英国人瓦尔特·史文朋（Walter Swinburne）对该地区的考察，当时有10万阿尔巴尼亚人居住在100个村庄，并且完好地保留了阿尔巴尼亚的语言和习俗。19世纪阿尔巴尼亚民族复兴时期，侨居意大利的阿尔巴尼亚民族精英恰尤比（Andon Zako Çajupi，1866—1930）等在唤醒民族觉悟等方面发挥了重要的作用。据统计，1981年意大利南部的阿尔巴尼亚侨民人数约为20万人，他们使用的语言保留了明显的中世纪古阿语特色。Miranda Vickers，*The Albnians*，I. B. Tauris，London，p. 9。

③ 提马儿制跟欧洲的封建分封制相似，苏丹把土地（Timar）分封给臣下，而被分封者则为苏丹提供军事服务。提马儿制与欧洲分封制的最大不同之处在于被分封的土地不具有继承性。

而，在阿尔巴尼亚人伊斯兰化过程中，贝克塔什派（Bektashism）也产生过相当重要的影响。贝克塔什派是13世纪后半叶兴起的伊斯兰教苏菲神秘派中的一支，早在奥斯曼入侵前就开始渗透到巴尔干地区。该派主张宽容其他宗教信仰，宣扬普世泛爱，强调真理、知识和法则，与基督教有很多相似之处。贝克塔什派不禁酒，也不要求妇女遮脸，是伊斯兰教中的自由主义派别。在宗教仪式上，贝克塔什派信徒每日只祷告2次，斋月时间缩短为10天（其他伊斯兰教派每日祷告5次、每年戒斋一个月）。正因为这些温和的主张和宽容的教义，贝克塔什派吸引了大批阿尔巴尼亚信徒，成为多个世纪来阿尔巴尼亚各宗教派别和睦相处的重要原因。如今，贝克塔什派是阿尔巴尼亚第二大伊斯兰教派，世界贝克塔什总部就设在阿尔巴尼亚。

长达5个世纪的奥斯曼统治严重阻碍了阿尔巴尼亚民族现代化的进程。15世纪，受意大利文艺复兴的影响，阿尔巴尼亚族宗教人士开始用本民族语言描述宗教仪式和介绍宗教用语。迄今为止最早的阿尔巴尼亚语文献《洗礼规范用语》（*Formula e pagëzimit*，1462）就出现在这个时候，由斯坎德培的好友帕尔·恩杰尔（Pal Engjëll，1416—1470）用北方方言整理记录。此外，马林·巴尔莱奇（Marin Barleci，1458—1531）的《斯坎德培的英雄传记》虽然用拉丁文写作，但其歌颂本民族英雄事迹的人文主义写作题材代表着中世纪以后阿尔巴尼亚民族意识的萌芽。16世纪，乔恩·布祖库（Gjon Buzuku）写成阿尔巴尼亚语第一本书——《弥撒书》（1555）。17世纪，弗朗哥·巴尔兹（Frang Bardhi）编写了第一部《拉丁语阿尔巴尼亚语词典》（1635年，2500个词条）。但由于奥斯曼的反对，阿尔巴尼亚语的使用和发展受到极大限制。奥斯曼统治使包括阿尔巴尼亚在内的巴尔干地区逐步脱离了欧洲的发展轨道，造成该地区的经济、贸易、科技、艺术、文化等越来越滞后。

18世纪中叶，东正教文化中心沃思科波耶城（Voskopojë，位于现阿尔巴尼亚东南部山区）见证了奥斯曼统治时期阿尔巴尼亚地区罕见的繁荣景象。巴尔干第一部印刷机出现在该城市，印刷了大量的希腊文书籍。1744年，沃思科波耶成立了名叫“新学院”的高等教育机构，知识分子云集于此，使沃思科波耶成为当时的经济重镇和文化中心。沃思科波耶的繁荣主要表现在东正教希腊文化的传播和发展，虽然阿尔巴尼亚语也借此得到了一定的发展，如1770年“新学院”院长特欧多尔·卡瓦利奥特（Teodhor Kavalioti，1718—1797）出版了《斯拉夫语希腊语阿尔巴尼亚语词典》，但历史意义不显著。

18世纪下半叶起，奥斯曼帝国渐趋衰弱，阿尔巴尼亚封建主趁机扩大势力范围，并要求实行自治。影响最大的封建主有北部以斯库台为中心的布沙提（Bushati）家族和南部以雅尼纳（今希腊境内）为中心的阿里·台佩莱纳（Ali Tepelena）家族。虽然最终受到奥斯曼军队的残酷镇压，但他们在很大程度上动摇了奥斯曼帝国的统治，也在一定程度上激发了阿尔巴尼亚人的民族独立意识。

19世纪三四十年代，阿尔巴尼亚民族复兴运动兴起。为了阻止阿尔巴尼亚民族的觉醒和独立，奥斯曼统治者，竭力反对开办阿尔巴尼亚语学校和传播阿尔巴尼亚语言文化，除极个别获苏丹特许的宗教机构和学校，阿尔巴尼亚书面语被严格禁止。而另一方面，正在谋求独立和扩张的希腊、塞尔维亚和保加利亚也希望通过否认阿尔巴尼亚民族的存在而瓜分其领土。因此，最初的阿民族复兴活动主要在罗马尼亚、意大利等地展开，民族复兴先驱们编写的阿语教材和宣传材料只能偷运入境和非法传播。纳乌母·维奇尔哈尔奇（Naum Veqilharxhi，1767—1846）是阿民族复兴早期最有影响的人物，1845年编写出版了小学教科书，1850年在布加勒斯特建立了阿尔巴尼亚文化协会。意大利的阿尔布莱什人耶罗宁·德·拉达（Jeronin De Rada，1814—1903）也是早期阿民族复兴运动的的杰出代表，他的“论皮拉斯基众神”以及文学作品《米辽萨奥之歌》（1836）等为唤起同胞们的民族认同感和自豪感做出了重要贡献。①

如何摆脱宗教影响实现民族统一是阿民族复兴的核心问题。19世纪上半叶，阿尔巴尼亚人宗教信仰的基本格局是穆斯林人口占70%，南部的东正教人口占20%，北部的天主教人口占10%。为了避免因宗教信仰不同而导致民族分裂，巴什科·瓦萨（Pashko Vasa，1825—1892）提出“阿尔巴尼亚人的宗教就是阿尔巴尼亚主义”，为促进阿民族团结和统一做出重要贡献。

---

① 阿尔布莱什人特指15世纪到意大利定居的阿尔巴尼亚人及其后裔。19世纪初，阿尔布莱什学者Engjëll Mashi从语言学的角度提出阿尔巴尼亚人祖先系公元前3000年生活在巴尔干半岛南部皮拉斯基人的观点。德·拉达的论文《论皮拉斯基众神》（*Mbi hyjnitë e pellazgëve*，“皮拉斯基”又译为“佩拉斯吉”）发表于1843年，作者试图用现代阿尔巴尼亚语来解释部分希腊众神的名称并解释这些名称与皮拉斯基语的关系，从而论证阿尔巴尼亚民族及其语言的古老性。该论文对当时的阿尔巴尼亚民族复兴事业具有重要意义，因此受到各地阿尔巴尼亚民族复兴人士的欢迎。

在语言方面，19 世纪 80 年代，由耶罗宁·德·拉达（Jeronin De Rada）、康斯但丁·克里斯托弗里兹（Kostandin Kristoforidhi）、萨米·弗拉舍里（Sami Frashëri，1850—1904）等编写的阿尔巴尼亚语语法书相继问世，为规范现代阿尔巴尼亚语打下了很好的基础。然而，直至 20 世纪初，阿尔巴尼亚语尚无统一的字母表。罗马、拜占庭和奥斯曼三大帝国及其宗教对阿尔巴尼亚语的影响巨大，主要体现在外来词汇和书写方式上。阿尔巴尼亚北部采用拉丁字母，南部是希腊字母，穆斯林地区则用阿拉伯字母书写阿语，阿语的书写混乱局面成为阿民族统一大业的障碍。正如阿民族复兴领袖萨米·弗拉舍里所说："没有阿尔巴尼亚人，阿尔巴尼亚无法存在；没有阿尔巴尼亚语言，阿尔巴尼亚人无法存在；而没有阿尔巴尼亚字母表和阿语学校，阿尔巴尼亚语言就无法存在。"为此，1908 年，阿民族复兴运动代表聚集马纳斯蒂尔（今马其顿西南部的 Bitola），共商统一字母表问题。大会基本确定以拉丁文为基础的阿语字母表，在阿历史上具有重大意义，进一步推动了阿民族的团结和统一。①

政治上，1878 年"普里兹伦同盟"的建立是阿民族复兴运动中最重要的转折点。作为巴尔干地区相对弱小的民族，阿尔巴尼亚人在谋求民族复兴和独立的同时，不得不防范来自俄国和西方大国的干预以及邻国的领土觊觎。因此，如何利用奥斯曼帝国的力量来保护自己并逐步谋求独立成为阿尔巴尼亚民族复兴前期的根本策略。但 1878 年，奥斯曼因俄土战争失败被迫签订《圣斯特凡诺条约》，约一半阿尔巴尼亚人居住地区在此条约中被划给周边国家，包括北部的黑山、东北部的塞尔维亚、东部的保加利亚和南部的希腊。面对被瓜分的危急形势，阿各地的民族复兴运动领袖赶赴科索沃南部普里兹伦，成立了"普里兹伦同盟"。该同盟立志把科索沃、斯库台、马纳斯蒂尔和雅尼纳四个阿族占绝大多数的行省统一起来，成立民族自治国家，虽然表面上继续承认土耳其为宗主国，实质上却积极开展振兴阿尔巴尼亚语言、文学、教育和文化的运动，努力为民族独立创造条件。1881 年，"普里兹伦同盟"遭到土耳其镇压，阿民族复兴运动受到重创。尽管这样，阿民族复兴和民族独立的追求却愈加强烈，大批阿知识分子精英在海外继续从事民族复兴

---

① 与会代表共 150 名，虽然多数人倾向于以拉丁文为基础字母表，但由于统治者土耳其支持以阿拉伯字母为基础字母表，大会最终同时采纳两种方案。随着政治形势的变化以及拉丁字母的简便实用性，阿拉伯字母方案被自然淘汰。

活动，其中值得一提的有1884年成立于布加勒斯特的“光明”文学社（后更名为“知识”），1897年在布鲁塞尔成立的“阿尔巴尼亚”杂志社（后移至伦敦），1898年成立于索非亚的“希望社”，以及后来在埃及、伦敦、美国等地相继成立的阿尔巴尼亚民族复兴组织等。这些社团为阿尔巴尼亚语的发展和传播，为提高阿尔巴尼亚民族觉悟做出了重要贡献。

文学方面，纳伊姆·弗拉舍里（Naim Frashëri，1846—1900）被视为阿尔巴尼亚民族复兴时期最伟大的诗人，在其众多的浪漫主义作品中，长篇抒情诗《畜群和大地》（1886）热情歌颂了祖国的美好风光，描述了农牧民的劳动与生活，激发了阿尔巴尼亚人的爱国热情和对自由的渴望；长篇叙事诗《斯坎德培的一生》（1898）则塑造了民族英雄斯坎德培的光辉形象，展现了阿尔巴尼亚人民抗击奥斯曼入侵的英勇斗争，鼓舞了阿尔巴尼亚人争取民族解放和独立的斗志。纳伊姆去世后，最重要的诗人当数现实主义作家安东·扎科·恰佑比（Andon Zako Çajupi，1866—1930），其诗集《托莫里—父亲山》（1902）等从多方面描绘了阿尔巴尼亚人民的生活，揭露了奥斯曼统治者残暴压迫阿尔巴尼亚人民的现实，对民族独立运动时期的文学产生巨大影响。①

四、阿尔巴尼亚独立至今

在巴尔干各民族争取解放和独立的过程中，欧洲列强的干涉对巴尔干局势变化产生巨大影响。总的来说，英国和法国为保持其在奥斯曼的利益，倾向于维持巴尔干现状，而俄罗斯和奥匈帝国则致力于肢解奥斯曼帝国，抢占地盘。1908年，为了阻止俄国支持下的塞尔维亚人占领达尔马提亚海岸，奥匈帝国宣布兼并波黑。此外，奥匈帝国还积极支持成立阿尔巴尼亚民族国家，遏制泛斯拉夫主义和塞尔维亚的扩张。1912年，第一次巴尔干战争爆发，奥斯曼帝国军队在塞尔维亚、希腊、保加利亚和黑山组成的巴尔干联盟的进攻下节节败退，阿尔巴尼亚大片土地被占，面临被邻国完全瓜分的严峻局面。1912年11月28日，在奥匈帝国和意大利的支持下，伊斯梅尔·捷马利（Ismail Qemali）在阿港口城市发罗拉宣布阿尔巴尼亚独立。1913年，俄、英、法、德、奥、意六国伦敦使节会议在协调各方利益之后，决定承认阿尔

① 恰佑比作品中最有影响的喜剧《十四岁新郎》也在该诗集中首次发表。

巴尼亚的独立，并将其置于六国监管之下。黑山和塞尔维亚被迫从阿尔巴尼亚境内撤军，但阿尔巴尼亚西北的部分领土被划归黑山，北部和东部包括科索沃地区和马其顿西部地区的大片领土被划归塞尔维亚，南部恰梅里地区（Çamëri，希腊称之为北伊庇鲁斯地区）划归希腊，阿族人口和居住面积将近一半被划在阿尔巴尼亚境外。1913 年 11 月，35 岁的德意志王子韦德被任命为阿尔巴尼亚总督，却因无法驾驭局面，上任仅六个月就被迫离开，阿尔巴尼亚又陷入无政府状态。

第一次世界大战爆发后，阿尔巴尼亚被意大利、塞尔维亚、黑山和希腊军队占领。意大利想成为阿尔巴尼亚的保护国，而其他三国则希望借此机会继续瓜分阿尔巴尼亚领土。一战结束后，巴黎和会上欧洲列强倾向于维护意大利、希腊和塞尔维亚的利益，对阿尔巴尼亚十分不利。紧急关头，1920 年 1 月，阿尔巴尼亚各界人士在卢什涅召开代表大会，成立了救亡新政府。1922 年，保守派阿赫迈德·索古（Ahmet Zogu）出任总理。1925 年 1 月索古宣布阿尔巴尼亚为共和国，自任总统。[①] 1928 年，索古宣布阿尔巴尼亚为君主国，自立为王，直至意大利法西斯 1939 年 4 月占领阿尔巴尼亚。索古过分依赖意大利，使阿尔巴尼亚几乎沦落为意大利的附庸国。但另一方面，索古结束了阿尔巴尼亚地方割据的局面，在加强中央集权、维护国家统一和领土完整方面是成功的，在推行西化政策、消除愚昧风俗，强化法制建设方面也取得了一定的成绩。

阿尔巴尼亚共产党成立于二战期间，在南斯拉夫共产党的帮助下最终夺取政权，于 1946 年 1 月 11 日宣布成立阿尔巴尼亚人民共和国。阿共[②]执政期间，先后得到南斯拉夫、苏联和中国的援助。1946—1948 年，阿尔巴尼亚的政治、经济、军事方面等继续接受南斯拉夫的援助和指导，成为事实上的南斯拉夫卫星国。1948 年，南斯拉夫与苏联关系恶化，为摆脱南斯拉夫对其内政的干涉和保证其领土安全，阿尔巴尼亚趁机亲苏反南。1953 年斯大林去世后，苏南关系缓和，阿尔巴尼亚在苏联的要求下不得不与南斯拉夫改善关系。20 世纪 50 年代后期，阿尔巴尼亚对苏南关系改善后苏联对阿态度的改变以

---

① 此前，1924 年 6 月，范·诺里（Fan Noli）为首的土地改革派发动资产阶级民主革命，推翻了索古政府。然而，诺里政府的施政纲领过于理想化，正如诺里自己所说："提出土地改革使我激怒了封建主，而未能实现土地改革使我失去了民众的支持。"1924 年底被索古发动政变，夺回政权。

② 阿尔巴尼亚共产党成立于 1941 年，1948 年改名为阿尔巴尼亚劳动党。

及苏联要求其经济单一化等极为不满，为了国家的独立和主权，同时也由于意识形态上的分歧和政治斗争的需要，60年代初，在中苏矛盾加剧的过程中，阿尔巴尼亚彻底断绝与苏联的关系，退出华沙组织，转而与中国建立友好关系。70年代初，中国加强与罗马尼亚和南斯拉夫的联系，并在反美政策上有所松动，阿尔巴尼亚意识到自己在中国外交战略中地位下降，指责中国走修正主义道路。70年代中期以后，中阿关系日趋紧张，直至70年代末中国停止对阿援助。

通过依靠外援和自身努力，阿尔巴尼亚的社会主义经济建设在头30年取得显著进步。但从20世纪70年代后期开始，由于缺少外援，以及霍查闭关自守的极左政策，阿尔巴尼亚经济陷入严重危机。1985年，霍查去世，阿利雅（Ramiz Alia）接任党中央第一书记，为摆脱经济上的困境和孤立封闭状态，积极谋求与西方国家恢复和建立交往，并逐步放松了政治上的高压政策。

1991年4月阿尔巴尼亚通过宪法修正案，改国名为阿尔巴尼亚共和国。①1992年，民主党在全国大选中获胜，萨利·贝里沙（Sali Berisha）当选为总统，结束了阿尔巴尼亚共产党半个多世纪的执政地位。1996年，民主党再度获胜。但1997年爆发的金字塔集资案激起民愤，警察局和军械库被抢，全国陷入混乱的无政府状态，贝里沙被迫下台，提前举行大选。法托斯·纳诺（Fatos Nano）的社会党在选举中获胜，纳诺出任政府总理，推举雷捷普·迈伊旦（Rexhep Mejdani）为总统。阿尔巴尼亚由此从总统制过渡到议会民主制，总统更多意义上只是国家的象征。

宗教方面，从20世纪90年代以后，阿尔巴尼亚取消宗教信仰禁令，实行宗教信仰自由，各种宗教势力开始活跃和渗透到阿尔巴尼亚境内。目前，世界上主要宗教都在阿尔巴尼亚设有分支机构。但阿尔巴尼亚人自古以来对宗教采取实用主义的态度，阿共时期对宗教的批判和禁止也对其民众的宗教观产生深刻影响，因此，阿尔巴尼亚人没有宗教狂热，各宗教信徒之间和平相处，跨宗教婚姻十分常见。100多年前民族复兴人士巴什科·瓦萨提出的“阿尔巴尼亚人的信仰是阿尔巴尼亚主义”的口号至今仍然深得人心。

文学在阿尔巴尼亚宣布独立至今的近百年时间里也发挥了重要作用，其间涌现出大批优秀作家，包括20世纪二三十年代的米吉尼（Migjeni）、范·

① 1976年，阿尔巴尼亚更改国名，在原国名基础上增加了“社会主义”，即阿尔巴尼亚社会主义人民共和国，以示其坚持社会主义的决心。

诺里（Fan Noli）、杰尔奇·费什塔（Gjergj Fishta）、法伊克·科尼查（Faik Konica），民族解放战争时期的谢夫切特·穆萨拉伊（Shefqet Musaraj），解放战争后的贝德罗·马尔科（Petro Marko）、迪米德罗·朱凡尼（Dhimitër Xhuvani），60年代成名的德里德罗·阿格里（Dritëro Agolli）、伊斯梅尔·卡达莱（Ismail Kadare）等。其中卡达莱最负国际盛名，多次被提名为诺贝尔奖候选人，并于2005年获首届布克国际文学奖。其作品多涉及历史和政治，主题鲜明，常采用寓言的方式，具有深刻的哲理。主要作品包括《亡军的将领》（1964）、《石头城纪事》（1970）、《城堡》（1975）、《破碎的四月》（1975）、《梦幻宫殿》（1981）等。

冷战后，加入北约和重新回归欧洲是阿尔巴尼亚的首要目标。在科索沃和马其顿阿族人问题上，阿尔巴尼亚努力与西方合作，积极支持科索沃独立和马其顿阿族人的少数民族权利，但不寻求建立大阿尔巴尼亚。2006年，阿尔巴尼亚与欧盟签署了稳定与联系协议，迈出了入盟第一步。2009年，阿尔巴尼亚正式加入北约。然而，由于政治、经济和司法等很多方面离欧盟的标准仍有较大的距离，加入欧盟的愿望近期很难实现。2008年2月宣布独立的科索沃在社会、经济等方面的发展仍困难重重，其中阿塞民族和解问题最为突出。建立统一的民族国家是阿尔巴尼亚民族近200年来的梦想，尽管科索沃已经宣布独立并且得到了以西方为主的80多个国家的承认，但西方并不支持科索沃与阿尔巴尼亚合并，阿民族统一问题在可预见的未来无望解决。

参考文献

1. Akademia e Shkencave e Shqipërisë（阿尔巴尼亚科学院），Instituti i Historisë（历史研究所）. *Historia e popullit shqiptar* I – II（《阿尔巴尼亚人民历史》上、下册）. Tiranë：Botimet TOENA，2002。

2. Bekich，Darko，"Soviet Goals in Yugoslavia and the Balkans"，*Annals of the American Academy of Political and Social Science*，Vol. 481，Soviet Foreign Policy in an Uncertain World（Sep.，1985），pp. 81 – 91.

3. Biberaj，Elez，*Albania and China – A Study of an Unequal Alliance*. Colorado：Westview Press.

4. Less，Timothy. "Seeing Red：America and its Allies through the Eyes of Enver Hoxha" in Andrew Hammond. ed. *The Balkans and the West*：*Constructing the European Other*，1945 – 2003，Aldershot：Ashgate，2004，pp. 57 – 68.

5. Lubonja，Fatos，"Albania after Isolation：The Transformation of Public Perceptions

of the West" in Andrew Hammond. ed. *The Balkans and the West: Constructing the European Other*, 1945 – 2003, Aldershot: Ashgate, 2004, pp. 127 – 135.

6. Roucek, Joseph S. "Albania as a Nation", *Annals of the American Academy of Political and Social Science*, Vol. 232, A Challenge to Peacemakers (Mar., 1944), pp. 107 – 109.

7. Skendi, Stavro, "Albania within the Slav Orbit: Advent to Power of the Communist Party", *Political Science Quarterly*, Vol. 63, No. 2 (Jun., 1948), pp. 257 – 274.

8. Steed, H. Wickham, "Italy, Yugoslavia and Albania", *Journal of the Royal Institute of International Affairs*, Vol. 6, No. 3 (May, 1927), pp. 170 – 178.

9. Vickers, Miranda, *Between Serb and Albanian: A History of Kosovo.* New York: Columbia Univ. Press, 1998.

10. 孔寒冰：《东欧史》，上海人民出版社，2010 年版。

南阿外交背景下的科索沃（1945—1981）*

（节译）

艾特汉姆·切库

一、二战结束与势力范围划分

1944 年 6 月英美联军诺曼底登陆并进军德国，标志着人类历史上最血腥的世界大战的结束。

尽管二战给全世界各国和人民带来深重的灾难，但反法西斯联盟的胜利为建立战后世界部分新格局创造了可能。联盟的胜利使轴心国侵占他国的企图被粉碎，一些国家的边境问题得以重审，战后国家职能的基本原则得以确立。这些计划早在战争发展阶段就由英苏美联盟的三国首脑在不侵害本国立场和利益的情况下制定而成。

需要强调的是，大国对战后世界格局的设想属于虚而不定状态，不时发生变化。“罗斯福想象中的战后秩序是，三个战胜国，加上中国，组成世界领导机构，来保证世界和平，防止屠杀的发生。在他看来，德国造成屠杀的可能性最大。……对罗斯福而言，战争的目的就是要消灭希特勒，消除世界共同秩序的障碍，建立一个基于和平而非势力均衡的世界秩序。斯大林的立场一方面反映他的共产主义理念，另一方面也反映了俄罗斯传统外交政策。他试图利用苏联的胜利扩大其在中欧的势力影响。在威尔逊理想主义和俄罗斯

---

* 南阿外交背景下的科索沃（1945—1981）（*Kosova në sfondin e diplomacisë së Jugosllavisë dhe të Shqipërisë* 1945 - 1981，普里什蒂纳：81 年代出版社，2008 年版），作者艾特汉姆·切库（Ethem Çeku）是科索沃历史学家，活跃于科索沃政坛，为科索沃未来联盟党创始人之一，2001 - 2007 年先后担任科索沃环境部部长和科索沃能源与矿产部部长。本书专门研究国际社会列强以及南斯拉夫、阿尔巴尼亚外交背景下科索沃问题的演化，选译部分为该书第一章。——译者注

扩张主义的夹击下，丘吉尔身处相对弱势地位，他努力论证英国一贯的政策（即当世界不能掌握在最强大最有野心的国家手中时，就必须有某种平衡机制来维护和平），为防止世界落入最强最野蛮的国家手里，必须有某种维护和平的平衡机制。”①

如何解决二战问题以及怎样建立战后的世界秩序是各大国二战期间举行双边和多边会谈的重要目标。据统计，1941 年 1 月至 1945 年 7 月期间，丘吉尔共参加 14 次国际会谈，罗斯福 12 次，斯大林 5 次。②

那段时期，欧洲的命运实际上掌握在当时最知名、最有影响力的三个人手里——美国总统罗斯福，反法西斯战争主要人物、苏联领导人斯大林以及英国首相丘吉尔。欧洲的势力范围划分，包括各国政治和地理边界的确定，正是由这三位偶像级人物决定的。③

通过仔细研究同盟大国领导人在各种会晤和会议中的发言和讨论，我们发现，大国在不同目标、对战后世界秩序见解以及实现手段方面有很大的分歧。尽管在二战期间，同盟大国讨论并绘制了消灭法西斯和纳粹后他们对世界各国人民的未来的预想和计划，但要将其付诸现实须经战后大会通过，如雅尔塔会议、波茨坦会议以及 1946 年的巴黎和会。应该说，在某种程度上，虽然二战期间所做的决定不是板上钉钉，它们却为战后召开各大会议铺平了道路，各国都援用二战期间共同达成的原则和协议作为依据为自己争取利益。④

然而，二战结束时，世界形势发生巨大变化，时过境迁，一切需要从新的现实出发，从战胜国的立场出发。这一点尤其反映在苏联的外交上，因为

---

① 亨利·基辛格：《大外交》（*Diplomacia*），地拉那：作家出版社，1999 年版，第 395—400 页。

② 维基百科，第二次世界大战会议列表。

③ 亨利·基辛格：《大外交》（*Diplomacia*），地拉那：作家出版社，1999 年版，第 394—445 页；弗拉基米尔·杰吉耶尔：《势力范围》（*Interesne sfere*），贝尔格莱德：教育出版社，1980 年版，第 409 页。

④ 亨利·基辛格：《大外交》（*Diplomacia*），地拉那：作家出版社，1999 年版，第 413 页；尼古拉斯·巴丘：《东欧是如何被出卖的》（*Si u tradhtua dhe u shit Evropa e Lindjes*），地拉那：55 出版社，2007 年版），第 50—64 页。

二战结束时，苏联军队已长驱直入中欧和东欧国家。[①] 尽管与美、英两国在雅尔塔和波茨坦会议上达成了共识，苏联仍视中东欧为其势力范围，并在这片区域建立了共产党政权，实行苏联的政府管理模式，使中东欧国家完全受其控制。[②]

共产党政权也扎根在原本属于轴心国的国家，包括罗马尼亚、保加利亚和匈牙利。尤其是匈牙利人，他们对此毫无准备，做梦也想不到会在一夜之间建立共产党统治。[③] 在三个大国间达成协议困难重重，因为他们的政治理念、利益和战略各有不同。

西方阵营在大国会谈及势力范围划分时处于劣势。在这一划分过程中，苏联掌握主动，对被纳入其势力范围内的人民和国家采取绝对的控制。与此同时，罗斯福也同意丘吉尔提出的巴尔干归入苏联势力范围的建议。[④] 在后来举行的会谈中谈及势力范围时，丘吉尔递给斯大林一张关于东欧势力范围划分的纸条，得到斯大林的同意。按照纸条所划百分比，英国在希腊的势力范围占 90%，苏联在罗马尼亚占 90%，在保加利亚占 75%，英苏在南斯拉夫和匈牙利各占 50%。[⑤]

从后来的分析和公开的文件，尤其是罗斯福和斯大林之间的通信中可以清楚地看出，苏联因在二战期间承担了重要的反法西斯任务而得到回报，大片领土和多国民众被置于其势力范围之内。[⑥]

---

① 亨利·基辛格：《大外交》（*Diplomacia*），地拉那：作家出版社，1999 年版，第 413 页；尼古拉斯·巴丘：《东欧是如何被出卖的》（*Si u tradhtua dhe u shit Evropa e Lindjes*），地拉那：55 出版社，2007 年版，第 50—64 页。

② 尼古拉斯·巴丘：《东欧是如何被出卖的》（*Si u tradhtua dhe u shit Evropa e Lindjes*），地拉那：55 出版社，2007 年版，第 50—64 页。

③ 亨利·基辛格：《大外交》（*Diplomacia*），地拉那：作家出版社，1999 年版，395—400 页。

④ 亨利·基辛格：《大外交》（*Diplomacia*），地拉那：作家出版社，1999 年，第 413 页；尼古拉斯·巴丘：《东欧是如何被出卖的》（*Si u tradhtua dhe u shit Evropa e Lindjes*），地拉那：55 出版社，2007 年版，第 50—64 页。

⑤ 弗拉基米尔·杰吉耶尔：《势力范围》（*Interesne sfere*），第 371—404 页；米莎·葛伦：《巴尔干历史（1804—1999）》（*Histori e Ballkanit*, 1804 - 1999），地拉那：托埃那出版社，2007 年版，第 552 页；尼古拉斯·巴丘：《东欧是如何被出卖的》（*Si u tradhtua dhe u shit Evropa e Lindjes*），第 212—222 页。

⑥ 《我亲爱的斯大林先生——罗斯福与斯大林通信全集》（*I dashur Stalin - Letërkëmbim i plotë i Franklin D. Ruzveltit dhe Josif V. Stalinit*），地拉那：世纪出版社，2005 年版。

二、英美在巴尔干边界问题上的分歧

大国二战期间做出的决定不仅激起了与战败国达成正当协议的希望，也激起了各族人民按照《大西洋宪章》实行自治的希望。[①] 在此背景下，为了达到其民族或国家的目的，根据战胜国的承诺，世界各国人民都各尽所能，审时度势，参与到反法西斯抵抗运动中。

不仅阿尔巴尼亚国内的民众，而且科索沃及其他阿族聚居区的阿族人也积极参与反法西斯战争。然而，二战期间，尽管美英联盟认同并鼓励阿尔巴尼亚人民反抗意大利和德国，给予其相当多的援助，并保证阿尔巴尼亚作为一个独立国家的存在，但在阿尔巴尼亚边境问题上却态度明确，即保持阿尔巴尼亚的边境不变。[②]

但是，英美在此问题上的观点又有所不同。英国认为，阿尔巴尼亚边境问题应该是开放性的，即其边境在今后是可以变化的。英国意在维护希腊和南斯拉夫的利益，因为这两个国家是英国在巴尔干的利益攸关国。[③]

美国的外交则坚持罗斯福总统所宣传的原则，即包括边境问题在内的世界格局问题应等到二战结束后再进行讨论并做出决定。尽管是美国提出并坚持上述原则，但美国还是通过非官方途径对阿尔巴尼亚领土完整给予了保护。这是英国所不及的。相反，英国曾表示支持希腊和南斯拉夫的要求，从有利于希、南两国的角度出发，重新审视战前的边境。[④]

---

① http：//en. wikipedia. org/wiki/Atlantic_ Charter（维基百科，《大西洋宪章》）：《大西洋宪章》于1941年8月14日由罗斯福和丘吉尔签订，旨在确定战后政策。宪章规定不能寻求任何领土扩张；尊重所有民族选择他们愿意生活于其下的政府形式之权利；建立更普遍和更持久的全面安全体系（指联合国）。1941年9月24日，比利时政府、南斯拉夫（流亡政府——作者注）、希腊、卢森堡、荷兰、挪威、波兰、苏联以及自由法国的将军代表戴高乐同意宪章的基本原则并加入宪章。

② 帕斯卡尔·米罗：《二战战时与战后的大国与科索沃问题》（*Fuqitë e Mëdha dhe çështja e Kosovës gjatë dhe në përfundim të Luftës së Dytë Botërore*），地拉那：布杨会议，1999年版，第46页。

③ 贝齐尔·麦塔：《希腊与阿尔巴尼亚的紧张局势1939—1949年》（*Tensioni greko - shqiptar* 1939 - 1949），地拉那：格尔出版社，2002年版，第244—298页。

④ 帕斯卡尔·米罗：《二战战时与战后的大国与科索沃问题》（*Fuqitë e Mëdha dhe çështja e Kosovës gjatë dhe në përfundim të Luftës së Dytë Botërore*），第46页。

1941 年 12 月 16 日，莫斯科仍处于被德国占领的威胁下，英国人在其外交大臣安东尼·艾登的领导下，与斯大林率领的包括莫洛托夫和马伊斯基在内的苏联代表团就战争问题以及战后世界格局问题展开了会谈。此次会谈中，斯大林经过讨论同意英国提出的阿尔巴尼亚作为独立国家存在的意见，但边境问题悬而待定。在同一文件中，南斯拉夫在战前边境内重建的权利却得到承认，甚至还同意其向意大利方向扩大领土。[①] 就苏联与英国的会谈，亨利·基辛格写道："斯大林在其军情非常艰难的时候表示十分愿意谈及战后目标，他明确地把刀架在了自己的脖子上。同苏联人一样，丘吉尔也很乐意审视苏联提出的关于承认 1941 年边境的的交换条件。"[②]

在两个代表团于 1941 年 12 月 16 日的首次会谈中，双方谈到阿尔巴尼亚问题时斯大林表示："阿尔巴尼亚在其他国家认可的情况下，可作为独立国家复兴。"[③] 然而，在双方达成的补充秘密协议中，关于阿尔巴尼亚的描述为："阿尔巴尼亚作为独立国家重建基于国际上对其独立的保证。"[④] 换言之，阿尔巴尼亚的存在会得到承认，但其战前的边境将得不到尊重和承认。不同于补充协议中所涉及的其他国家，阿尔巴尼亚的独立需要得到国际社会的保证。无疑，这种模式对阿尔巴尼亚和阿尔巴尼亚人并不陌生，因为自阿尔巴尼亚 1912 年宣布建国起这一模式就伴随着她。

势力范围划分看来是苏联和英国惯用的政治策略。斯大林 1942 年 5 月派其外交部长莫洛托夫前往伦敦讨论一系列战后问题，但丘吉尔遭到华盛顿的强烈抗议。美国国务卿赫尔认为英国和苏联之间的交易违反《大西洋宪章》，不符合美国历来所坚持的反对以武力改变领土的立场，是倒退到武力政治的

---

① 日热舍夫斯基：《斯大林与丘吉尔：会面、对话、讨论、文件、评论（1941—1945）》（*Stalin i Çerçil*, *Vstrjeçi*, *Besedij*, *Diskusii*, *Dokumentij*, *Komentarii*, 1941－1945），莫斯科：科学出版社，2004 年版，第 38—49 页。

② 亨利·基辛格：《大外交》（*Diplomacia*），地拉那：作家出版社，1999 年版，第 398—406 页。

③ 日热舍夫斯基：《斯大林与丘吉尔：会面、对话、讨论、文件、评论（1941—1945）》（*Stalin i Çerçil*, *Vstrjeçi*, *Besedij*, *Diskusii*, *Dokumentij*, *Komentarii*, 1941－1945），莫斯科：科学出版社，2004 年版，第 15、38 页。

④ 日热舍夫斯基：《斯大林与丘吉尔：会面、对话、讨论、文件、评论（1941—1945）》（*Stalin i Çerçil*, *Vstrjeçi*, *Besedij*, *Diskusii*, *Dokumentij*, *Komentarii*, 1941－194），莫斯科：科学出版社，2004 年版，第 49 页。

表现，是倒退到被唾弃的过去的表现。①

之后，尽管华盛顿反对，英国和苏联这两个在巴尔干具有特殊利益的大国继续我行我素。在 1943 年 11 月的德黑兰会议上，丘吉尔提出的在巴尔干半岛登陆的提案被否决，由此英美插手巴尔干的可能性被排除。② 美国拒绝在二战期间讨论巴尔干问题的态度并没能制止英国和苏联确定其巴尔干地区势力范围的企图。英国对希腊尤感兴趣，但同时也把南斯拉夫视为其势力范围。③

1944 年，在二战即将胜利之际，英国和苏联加紧联系，试图在巴尔干势力范围划分上达成一致。1944 年 10 月 9—18 日，斯大林与丘吉尔在莫斯科的会谈标志着英国和苏联的诸多努力达到高潮。④ 关于此次会晤达成的协议有许多种记载，但 2004 年俄罗斯档案中发现的官方记录毫无疑问具有特殊价值。这些记录详细反映了两位世界伟人斯大林以和丘吉尔以及两国相关部长关于巴尔干划分的谈话内容。值得注意的是，此协议自始至终未提及阿尔巴尼亚。不清楚为何阿尔巴尼亚没有成为苏联和英国感兴趣的讨论对象。科索沃就更不用说了，因为它被视为南斯拉夫国家的内部事务。莫斯科会谈的目的在于划分巴尔干势力范围。美国总统未参加会谈，因为一方面美国原则上反对在战争未结束前讨论这些问题，另一方面罗斯福总统因为忙于国内大选无法脱身。然而，无论怎样，美国驻莫斯科大使艾夫里尔·哈里曼还是以观察员的身份参加了英国和苏联的部分会谈。有意思的是，英国在其 1944 年 6 月提出的方案中还把希腊和南斯拉夫视为其势力范围，而在此次会谈中却未经过大的异议就接受了英、苏两国在南斯拉夫享有均等势力的方案。根据美

---

① 亨利·基辛格，《大外交》（*Diplomacia*），地拉那：作家出版社，1999 年版，第 407 页。

② 斯塔夫里阿诺斯：《1453 年以来的巴尔干》（*The Balkans since* 1453），美国，1958 年，第 808 页。

③ 斯塔夫里阿诺斯：《1453 年以来的巴尔干》（*The Balkans since* 1453），美国，1958 年，第 814 页；亚瑟·孔特：《雅尔塔与世界分割》（*Jalta dhe ndarja e botës*），地拉那：阿尔巴信息出版社，1994 年版，第 109 页。

④ 日热舍夫斯基：《斯大林与丘吉尔：会面、对话、讨论、文件、评论（1941—1945）》（*Stalin i Çerçil*，*Vstrjeçi*，*Besedij*，*Diskusii*，*Dokumentij*，*Komentarii*，1941 - 1945），莫斯科：科学出版社，2004 年版，第 412—487 页；斯塔夫里阿诺斯：《1453 年以来的巴尔干》（*The Balkans since* 1453），美国，1958 年，第 818—820 页；亨利·基辛格：《大外交》（*Diplomacia*），地拉那：作家出版社，1999 年版，第 413 页。

国历史学家斯塔夫里阿诺斯的解释，这是因为苏联红军占领了罗马尼亚和保加利亚并且进入了南斯拉夫和匈牙利，而英国则在希腊和南斯拉夫仍有使馆存在。英国当时已经处于弱势，要不是莫斯科提供了地区合作，英国可能早已失去希腊。① 丘吉尔与斯大林的协议对英国而言是一种预防措施，用来确定其在东欧和中欧的地盘。而最终，英国的盘算只在希腊得到了尊重，因为仅仅几个月以后，在雅尔塔会议上（1945 年 2 月 4—11 日），红军的大举进军已经使边界问题不再重要。正如亨利 · 基辛格所写："斯大林，是一位现实政治大师，而非高尚的基督徒。在苏联红军进军时，斯大林对曾私下对米洛凡 · 吉拉斯说过的话补充道，……与以往不同，这场战争中谁占领了土地谁就能强行推行其社会制度。"②

事实上，二战后形成的势力范围一直持续到共产主义垮台，首先是 1989 年的柏林墙倒塌，然后是上个世纪最后十年间两个斯拉夫联邦国家的解体，即苏联和南斯拉夫。③ 也就是说，二战结束后，德国作为战败国被一分为二，分别成为东西两大阵营的势力范围。苏联作为战胜国，把东欧国家变成自己的附庸国，并通过《华沙条约》加强其对东欧的控制，由此导致二战盟国变成强大的对手。④

三、对雅尔塔关于科索沃问题裁定的反思

南斯拉夫再度成为雅尔塔讨论的对象。1945 年 2 月 8 日三大国承认战前的边境并同时敦促南斯拉夫国内各方力量（保皇派和铁托的游击队）尊重之前达成的协议。承认南斯拉夫的边境意味着法律上正式把科索沃和其他阿尔巴尼亚族人聚居的地方合法留归南斯拉夫。大国对南斯拉夫边境的国际承认

---

① 斯塔夫里阿诺斯：《1453 年以来的巴尔干》（*The Balkans since* 1453），美国，1958 年，第 820 页。

② 亨利 · 基辛格：《大外交》（*Diplomacia*），地拉那：作家出版社，1999 年版，第 471 页。

③ 约翰 · 莱姆皮：《历史上的南斯拉夫——一个国家两种道路》（*Jugoslavija kao istorija – Bila dva put jedna zemlja*），贝尔格莱德：Dan Graf 出版社，2004 年版，第 295—323 页；劳拉 · 西尔伯、阿伦 · 里特：《南斯拉夫之死》（*Smrt jugoslavije*），奥帕提亚：Otokar Kersovani 出版社，1996 年版；维克多 · 梅尔：《南斯拉夫灭亡——在科索沃的重创》（*Fundi i Jugosllavisë – Goditja në Kosovë*），卢布尔雅那：自由出版社，2007 年版。

④ 弗拉基米尔 · 杰吉耶尔：《势力范围》（*Interesne sfere*），第 371 页。

给予了南斯拉夫所需的法律支持，使其能合法地在科索沃建立军事统治。阿尔巴尼亚在雅尔塔会议上再次被忽略，斯大林以阿尔巴尼亚为例，借此说明什么样的国家不配与其他通过战争而赢得地位的国家相提并论，享有尊重。①

分析事实，我们可以得出结论，南斯拉夫在二战期间对英国和苏联极具吸引力。在二战中英国帮助南斯拉夫的抵抗运动，派去了几个军事顾问团，为南斯拉夫提供了重要的帮助。保留在南斯拉夫的影响能给英国带来巨大的政治和军事利益，尽管南斯拉夫是一个共产党国家，因此英国于 1944 年 12 月撤回了援助德拉贾·米哈伊洛维奇为首的南斯拉夫民族主义力量的使团，改派援助铁托的游击队。英国还建议美国采取相同的方略，这在丘吉尔 1944 年 12 月至罗斯福的信中得到了证实。在英国看来，米哈伊洛维奇的民族主义力量不够活跃，不能胜任同盟国的军事要求。同盟国甚至视米哈伊洛维奇为多余的人，在 1944 年 1 月向南斯拉夫国王政府总理波日达尔·普力奇施加压力，要求把米哈伊洛维奇从政府内阁中驱除。② 在英国人眼里，铁托当时已经战胜了民族主义的米哈伊洛维奇，美国和苏联对南斯拉夫的形势有同样的认识，不过后两者对插手南斯拉夫事务没有表现出过多的兴趣。苏联 1944 年首次派军事团前往铁托司令部。1944 年 9 月，铁托到访莫斯科，英国人事先对此毫不知情，甚觉不安。铁托访问莫斯科的目的在于协调苏联红军和南斯拉夫游击队的军事行动。③ 1944 年 8 月 12 日，丘吉尔与铁托在意大利那波利会晤，几乎与此同时，阿尔巴尼亚的军事代表团正在与英美军方进行较为低调的会谈。根据历史学家斯塔夫里阿诺斯的说法，丘吉尔“表示不希望铁托在战后建立共产主义制度”。“铁托”，——斯塔夫里阿诺斯写道——“回答说他没有这样的目标。”但是，当丘吉尔要求铁托进行公开表态时，铁托却拒绝道，这样会让下属认为是在他（丘吉尔，作者注）迫使下做出的决定。④

无论旧南斯拉夫领导人还是新南斯拉夫领导人，在二战期间以及二战结束时都确信，南斯拉夫不仅能保留战前的领土，而且可以向战败国，如意大利和保加利亚，提出新的领土要求。1944 年 9 月，当保加利亚和平代表团在

① 亚瑟·孔特：《雅尔塔与世界分割》（*Jalta dhe ndarja e botës*），第 123 页。

② 美国对外关系，外交文件，1944 年，欧洲，第 4 卷，从国务卿到驻苏联大使（哈里曼），华盛顿，1944 年 1 月 4 日，晚上 8 点。

③ 斯塔夫里阿诺斯：《1453 年以来的巴尔干》（*The Balkans since* 1453），美国，1958 年，第 814 页。

④ 同上。

埃及开罗与同盟国进行预先会谈时，侨居在外并协助此次会谈的南斯拉夫王国的外交部副部长斯托扬·加夫里洛维奇对一位美国情报官员说，“南斯拉夫不会让一寸土地给保加利亚、阿尔巴尼亚和希腊”。① 针对阿尔巴尼亚声称对科索沃享有主权的问题，他表示，“要把科索沃交给阿尔巴尼亚，除非再发生一次 1389 年 6 月 28 日的科索沃战争，在那次战争中，塞尔维亚帝国被土耳其灭亡……事实上，对塞尔维亚人而言，放弃科索沃比放弃贝尔格莱德更难”。②

南斯拉夫共产党领导人也没有让科索沃并入阿尔巴尼亚的打算，尽管阿尔巴尼亚人在布杨会议上明确表达了这一愿望。③ 南斯拉夫的阿尔巴尼亚族人将继续接受南斯拉夫的统治，这是南斯拉夫反法西斯人民解放委员会第二次会议（亚伊策会议，1943 年）上做出的决定。根据斯托扬·加夫里洛维奇的说法，铁托“决心至少保留现在与阿尔巴尼亚的边界”，因为“铁托不会允许阿尔巴尼亚拥有科索沃”。④

在战争即将结束时，英美对巴尔干反法西斯抵抗和解放运动的鼓励同时也伴随着战后领土划分方案的设计。在美国和英国的档案馆中可以找到一些这个阶段出现的关于战后领土划分方案的研究，方案与阿尔巴尼亚领土问题相关，同时也与科索沃问题相关。这些研究很有价值，因为它们阐明了某一具体现实问题。然而，这些研究并不代表当时的官方意见。⑤

历史学家帕斯卡尔·米罗提及几份 1943 年末至 1944 年间由美国国务院进行的研究报告。首先是 1943 年 11 月 12 日出炉的针对阿尔巴尼亚和南斯拉夫边境问题的报告。美国外交官提出了阿南边境问题的四种解决方案，其中三种直指科索沃。总的来说，这些方案大体预见的是南斯拉夫保留战前边境，抑或进行有利于阿尔巴尼亚或南斯拉夫的微调，不涉及根本性变化。其次是一份由美国国务院巴尔干—多瑙河地区跨部门委员会 1944 年 3 月提供的的研

---

① 国家档案记录管理局，美国，59 号记录，情报报告，开罗，埃及，1944 年 9 月 6 日。

② 同上。

③ 《布杨会议——1994 年 1 月 7 日召开的布杨会议 50 周年科学会议材料》（*Konferenca e Bujanit*, *Materiale nga Sesioni Shkencor kushtuar* 50 – *vjetorit të Konferencës së Bujanit*, *mbajtur më* 7 *janar* 1994），历史研究所，普里什蒂纳，1998 年。

④ 帕斯卡尔·米罗：《二战战时与战后的大国与科索沃问题》（*Fuqitë e Mëdha dhe çështja e Kosovës gjatë dhe në përfundim të Luftës së Dytë Botërore*），第 51 页。

⑤ 同上书，第 45—50 页。

究报告，该报告认为战前阿尔巴尼亚和南斯拉夫边境具有合法性。但报告同时认为可以探讨稍作有利于阿尔巴尼亚的边境调整，因为南斯拉夫可以以获得阿尔巴尼亚维尔莫史地区作为部分补偿，从而修建一条铁路。上述两份研究报告中都没提出把整个科索沃交给阿尔巴尼亚。历史学家帕斯卡尔·米罗还提及了另一份很有意思的文件，这份文件在英国外交部档案中找到，写于1944年8月25日。① 根据此文件提出的预想，美国在适当时候派5000人的部队到阿尔巴尼亚进行干涉，其主要任务是派遣到科索沃防止南斯拉夫对科索沃人采取报复行动，保护主张收复失地谋求科索沃和阿尔巴尼亚统一的人士，即便是需要通过军事干预。②

此选择方案非常有意思，但它却是英国人而非美国人设想的。美国人登陆阿尔巴尼亚定将受到有此方面担心的恩维尔·霍查为首的游击队的强烈反击，而美国的战略计划中在巴尔干没有那么大的利益能使其授权这次行动（第43页第二段6—7行）。美国的文档并没有提到这样一种选择。不过无论怎样，该文件还是具有其价值，因为尽管铁托言论上声称不以民族统一主义之罪名对待科索沃，但事实却截然相反。在科索沃，阿族民众被作为南斯拉夫的敌人而惨遭屠杀。

与美国不同，英国在科索沃问题上立场更加坚定。根据米罗所说，一位名叫拉斯克的英国外交部官员在1944年11月1日谈及阿尔巴尼亚—南斯拉夫边境问题时写道："我们不应该认可把科索沃并入阿尔巴尼亚的观点，我认为我们应该尽可能阻止把该地区交与阿尔巴尼亚的做法……"③

雅尔塔做出的最后裁决是恢复南斯拉夫战前的边境，其结果是科索沃以及科索沃的阿尔巴尼亚民众继续归属南斯拉夫。此后，南斯拉夫领导层便可以在科索沃"放手"行动，他们在科索沃建立了军事管理，完全违背了科索沃人民的意愿。

---

① 帕斯卡尔·米罗：《二战战时与战后的大国与科索沃问题》（*Fuqitë e Mëdha dhe çështja e Kosovës gjatë dhe në përfundim të Luftës së Dytë Botërore*）。

② 同上。

③ 同上书，第50页。

四、结论

二战后，南斯拉夫的阿尔巴尼亚族人的历史在很大程度上是由外国势力决定的，而对南斯拉夫本身而言其实也一样。在众所周知的环境下，科索沃内部力量没有在反法西斯战争中做出应有的贡献。科索沃民族主义力量没有及时与同盟国并肩作战，而科索沃阿族的共产党力量弱小，没有地位。虽然阿尔巴尼亚在二战期间坚持了正确的方向，却势单力薄，没有盟国。先后与南斯拉夫及苏联的结盟是匪夷所思的。阿尔巴尼亚处于邻国的威胁之下。在大国眼里，虚弱无力的阿尔巴尼亚在解决科索沃问题上无足轻重。

在这个阶段，美国和英国认同并鼓励阿尔巴尼亚人民抗击侵略者，同时保证阿尔巴尼亚将作为一个独立国家存在。尽管这样，英国和美国在此问题上还是持一种漠然的态度。英国认为，阿尔巴尼亚的边境问题可以探讨，其边境今后可以变化。英国所指的变化实际上是有利于希腊和南斯拉夫的变化，因为这两个国家关乎英国在巴尔干的利益。美国的外交坚持罗斯福总统所宣扬的原则，即世界格局，包括边境问题在内，只能在二战以后讨论和决定。尽管美国提出并坚持了上述原则，但却以非官方形式保护了阿尔巴尼亚领土的完整。这是英国所不及的。

针对科索沃问题，以及阿尔巴尼亚与科索沃合并的诉求，南斯拉夫政治态度明确，除非让 1389 年 6 月 28 日的科索沃平原之战重演，否则科索沃不可能交与阿尔巴尼亚。

南斯拉夫的共产党领导人也没有让科索沃并入阿尔巴尼亚的打算，尽管这是阿尔巴尼亚人在布杨会议上明确表达的愿望。铁托决心保护与阿尔巴尼亚的边境，并因此宣布科索沃进入紧急状态。

美国外交官的设想是让南斯拉夫保留其战前边境，或者进行有利于阿尔巴尼亚或南斯拉夫的微调，避免大刀阔斧的变化。美国视阿南战前边境为合法边境，认为其他方案亦可探讨，可以稍作有利于阿尔巴尼亚的调整，但不是把整个科索沃交与阿尔巴尼亚。

不同于美国，英国人在科索沃问题上态度明确，他们坚决不同意把科索沃并入阿尔巴尼亚。

苏联和英国讨论其巴尔干势力范围时只字未提阿尔巴尼亚问题，而科索沃问题被视为南斯拉夫的内政。

在整体形势的发展过程中，整个阿尔巴尼亚民族问题，特别是科索沃问题几乎都被完全边缘化。这些国家的强权政治并未使当时的民主力量屈服，反而使这些民主力量进行了重新组合，反抗强权政治。

（北京外国语大学欧洲语言文化学院　柯　静 译）

阿尔巴尼亚民族与伊斯兰教贝克塔什教派

靳 乔
（北京外国语大学欧洲语言文化学院）

提 要：奥斯曼帝国在阿尔巴尼亚近五百年的统治对其社会、文化、宗教等各个方面产生了深远的影响，其中大部分阿尔巴尼亚人伊斯兰化的情况最为显著。伊斯兰神秘教派——贝克塔什教派对阿尔巴尼亚人皈依伊斯兰教的作用及其在阿尔巴尼亚族中的传播特别值得注意。尤其从19世纪起，它开始植根于阿尔巴尼亚。20世纪初，阿尔巴尼亚首都地拉那成为贝克塔什教派的世界传播中心。基于其非正统的、泛神的、兼收并蓄的特点，有些学者将其定义为“民间的宗教”和“基督教与伊斯兰教间的桥梁”。作为在阿尔巴尼亚很有影响力的伊斯兰教派，贝克塔什教派在阿尔巴尼亚民族中有着重要、独特的影响。本文试图对贝克塔什教派在阿尔巴尼亚的传入和发展进行梳理，着重分析它在阿尔巴尼亚民族复兴运动中的重要作用以及它对阿尔巴尼亚人的宗教包容态度的影响。

关键词：伊斯兰贝克塔什教派；民族复兴运动；宗教包容

A Probe into Bektashi in Albania

JIN Qiao
(School of European Languages & Cultures, Beijing Foreign Studies University)

Abstract: The Ottoman Empire's rule in Albania for almost five centuries has profound social, cultural and religious impact, resulting in the islamisation of most Albanians. During the religious transition from Christianity to Islam, the spread and development among Albanian people of the mystical Islam sect-Bektashi is particularly noteworthy. During the 19th century, the Bektashi faith gradually became deeply rooted in Albania. At the beginning of the 20th century, Albania became the center of Bektashi in the world. Based on its heterodox, pantheist and all – embracing nature, many scholars consider it as a "folk religion" or a "bridge between Christianity and Islam". As the most influential Islam sect in Albania and one of the most important medium for the spread of Islam in Albania, Bektashi played a significant and unique role in Albania. This paper follows a chronological order and discusses the introduction and development of Bektashi in Albania and the "albanisation of Bektashi", with a special focus on the leading role of Bektashi in the Albanian "National Awakening Movement" and also its influence on Albanians' religious toleration.

Key words: Islam sect; Bektashi; National Awakening Movement; religious toleration

阿尔巴尼亚人的祖先伊里利亚人是偶像崇拜者，信仰多神，他们和其他印欧民族有着共同的神话。公元2世纪，阿尔巴尼亚的国土沦为罗马帝国占领地，基督教随之传入。公元395年罗马帝国分裂成东罗马和西罗马，阿尔巴尼亚被划归东罗马帝国（史称拜占庭帝国），但依然受到西罗马帝国天主教的影响。1054年东西教会大分裂后，阿尔巴尼亚正式划归拜占庭东正教的管辖范围。在近10个世纪中，阿尔巴尼亚人的宗教信仰随着这两个宗教在此地的拉锯而改变。1415年土耳其奥斯曼帝国入侵阿尔巴尼亚，伊斯兰教随之传入。自此，阿尔巴尼亚形成了伊斯兰教、天主教、东正教三大宗教并存的宗教特点。

根据1938年的人口普查，阿尔巴尼亚约有10%的居民信仰东正教，他们多集中在南部，这一带受拜占庭帝国和希腊的影响最深；约有20%为罗马天主教徒，他们集中在北部地区；约有70%的阿尔巴尼亚人为穆斯林，他们大部分集中在中部。① 1938年的这次人口普查是到目前为止阿尔巴尼亚进行的最近一次有关居民宗教信仰的调查。1967年，恩维尔·霍查宣布取缔国内一切宗教团体，禁止宗教活动，使阿尔巴尼亚成为世界上第一个"无神论国

① 参见马细谱：《巴尔干纷争》，北京大学出版社，1999年版，第37页。

家”，直到 1991 年才恢复宗教自由。如今，很大一部分阿尔巴尼亚人仍属于无宗教身份，或者无明确认定的宗教身份。

尽管宗教被取缔数十年，但阿尔巴尼亚依然被认为是一个穆斯林占绝大多数的国家。奥斯曼帝国在阿尔巴尼亚近五百年的统治对阿尔巴尼亚的宗教、文化、社会等方面产生了深远影响，其中大部分阿尔巴尼亚人伊斯兰化的情况最为显著。①

在阿尔巴尼亚的基督教徒转皈伊斯兰教的过程中，伊斯兰神秘教派——苏菲派在整个巴尔干地区的活动是特别值得注意的。② 历史上，在阿尔巴尼亚长期并存两个伊斯兰教派别：逊尼派和苏菲派贝克塔什教派，其中贝克塔什教派在 19 世纪阿尔巴尼亚民族复兴运动中起到了极其重要的作用。20 世纪以后，阿尔巴尼亚逐渐成为贝克塔什教派在世界的传播中心。至今在科索沃、马其顿西部和塞尔维亚南部的阿尔巴尼亚族人中仍有广泛的教徒。

一、贝克塔什教派的基本情况

贝克塔什教派是伊斯兰教苏菲派中一个独特的分支，广泛分布于小亚细亚、土耳其、伊朗、伊拉克、埃及和巴尔干地区。它源于 13 世纪的安纳托利亚一带（今土耳其），在那里基督教、伊斯兰教和异教长期交融、共存。发源于不同文化、信仰的交界处，使得贝克塔什教派的教旨继承、融合了古老的前伊斯兰教的非穆斯林信仰，结合了基督教、伊斯兰教、希腊东正教以及异教思想的宗教教义及实践。③ 虽属于传统的伊斯兰教苏菲派，但它的教义更接近伊斯兰教的什叶派。教徒们的宗教仪式和实践基于对《古兰经》和先知非正统的、神秘的理解之上。在大多数信仰伊斯兰教的阿尔巴尼亚人中，相当一部分属于贝克塔什教派，其信徒人数介于 15 万到 25 万之间，但由于

---

① 但实际上从天主教和东正教向伊斯兰教转变的过程并不是随着奥斯曼帝国 14—15 世纪征服巴尔干的进程而开始的。这是一个漫长的过程，直到 17 世纪末和 18 世纪初才开始了快速的、大规模的转变。

② 除了贝克塔什教派，还有哈尔维特教派（halvetism）、鲁法伊派（rufaitë）等伊斯兰教不同的分支，几个世纪以来在阿尔巴尼亚土地上建立起的大大小小的清真寺就是这些神秘宗教存在的证明。

③ 参见《阿尔巴尼亚百科词典》，阿尔巴尼亚科学院出版，第 202 页。

种种原因，这一数字无法得到精确统计。①

基于贝克塔什教派非正统的、泛神的特点，学者经常将贝教徒界定为既非伊斯兰教徒，又非基督教徒，或者更倾向于基督教徒而非伊斯兰教徒。即使在今天，这一问题依然是当地报刊媒体频繁讨论的内容。但对于贝克塔什教徒来说这样的争论是徒劳的，因为他们从未否认过自己的穆斯林身份。

据载，这一教派的创始人是伊斯兰教圣人哈吉·贝克塔什·维利②（Haxhi Bektash Veli）。哈吉·维利（1249—1344）生于波斯，26 岁那年，他游历印度、西藏等印度教和佛教盛行的地方，这些不同的宗教信仰对其日后所主张的泛神教旨产生了极大的影响。1520 年左右，伊斯兰教苏菲派大师巴里姆·苏丹（Balim Sultan）将教义整理规范，最终使其发展成为高度结构化和集中化的宗教机构，同时在现在土耳其的安纳托利亚地区建造了第一座贝克塔什教派的清真寺。

随着教义的逐渐系统化，③ 贝克塔什教派在 16 世纪初转变成名副其实的伊斯兰教特殊的分支。到 1912 年前，这一教派在东南欧大部分国家都有传布，为人知晓，并在巴尔干尤其是希腊与阿尔巴尼亚南部和阿尔巴尼亚族居住区（包括科索沃和西马其顿）的穆斯林中得到广泛的传播与发展。

二、贝克塔什教派在阿尔巴尼亚的传播与发展

15 世纪下半叶随着奥斯曼帝国向巴尔干的扩张，作为伊斯兰教在阿尔巴尼亚传播的重要媒介之一，贝克塔什教派也随之传入并与当地的居民交融。

---

① 在 2003 年美国宗教自由问题的报道中对阿尔巴尼亚宗教信仰作出这样的结论“在共产党世俗化统治的数十年中（1967 年宣布阿尔巴尼亚为无神论国家，1990 年结束），大多数市民成为无神论者。尽管如此，阿尔巴尼亚人通常将自己界定为某一宗教团体的一员。原属于伊斯兰教的信仰者占传统宗教信仰团体的多数（相比于占 65%—70% 的人口总数）并且分成两个教派：现代化模式的伊斯兰逊尼派和贝教（教义上更自由的苏菲什叶派）。贝教徒称其占阿尔巴尼亚穆斯林教徒总人数的 1/4。”

② 哈吉，“Haxhi”的音译，即授予伊斯兰教徒或基督徒的一种头衔。贝克塔什教徒相信哈吉·维利是先知艾赫里·贝依特家庭的后代。

③ 尽管贝教的教义倾向异教色彩，但奥斯曼帝国和帝国内的乌力马（穆斯林的学者或宗教、法律的权威）在很长一段时间内对贝教的存在都是持宽容态度的。

贝克塔什教派的传入与土耳其禁卫军（Janissary Corps）有着紧密联系。[①] 它自14世纪起由土耳其禁卫军带入阿尔巴尼亚，在那里得到广泛的传播并在17世纪以后得到大规模的发展。基于阿尔巴尼亚人较晚发生的伊斯兰化，贝克塔什教派在阿尔巴尼亚的普遍传播不早于16世纪末、17世纪初。[②] 但也有一部分教徒基于奥斯曼时期著名旅行家艾夫利·切莱比（Evlija Çelebi）在其游记中关于13世纪撒里·撒尔特克传说的记载，认为贝克塔什教派早在13世纪就已出现于多布罗加地区以及阿尔巴尼亚境内的罗姆利亚地区（Rumelia）。史料记载在1644年前后，由于在埃迪尔内（土耳其城市）城内的贝教清真寺被毁坏，一大批教徒前往阿尔巴尼亚。[③] 虽然贝克塔什教派在阿尔巴尼亚出现的时间有待考证，但可以确定的是，它的出现要远早于阿里·帕夏（1741—1822）[④] 在位的时期。

到了16世纪，阿尔巴尼亚的领土已并入奥斯曼帝国并在民族英雄乔治·斯坎德培奋力抵抗伊斯兰教的侵入溃堤后置于帝国的统治之下。[⑤] 那时的阿尔巴尼亚人可以说既是罗马天主教教徒（北部山区），也是希腊东正教教徒（南部阿族居住区）。

皈依这个新的信仰有很多因素，其中一种可信的解释是阿尔巴尼亚人对待宗教的包容态度以及他们的实用主义。正如很多19世纪游历此地的旅行者描述的那样，他们对宗教持有一种很特殊的态度，与宗教的关系也一直是与众不同的。大部分阿尔巴尼亚人显示出对宗教信仰仅停留在表面上的情感。人们通常会根据政治风向转变自己的宗教属性，宗教仪式等活动变为茶余饭后的闲谈而不是一种严肃的崇拜。对于他们来说，民族认同感要高于宗教认同感。正如阿民族复兴时期的著名作家帕什克·瓦萨的那句广为流传的名句

---

① 禁卫军是组成奥斯曼军队的核心部分，其成员多是有着基督教背景而皈依伊斯兰教的教徒。贝克塔什教派仪式的政治重要性存在于与奥斯曼禁卫军军队的联系中，这种联系如此紧密以至于禁卫军一度被称为“Haci bektas ahullari”——贝克塔什教哈吉的儿子。16世纪末贝克塔什哈吉正式成为禁卫军的保护圣人。在其军队中总会有一位贝克塔什教主。

② 阿尔巴尼亚的穆斯林要从15世纪初以后才出现，大规模的皈依伊斯兰教是在17—18世纪。

③ 参见米朗达·维克：《阿尔巴尼亚人》，Tauris出版社，第24页。

④ 阿里·帕夏在位时，贝教信仰在巴尔干的阿族聚居区的传播达到高峰。在他当政期间，其与贝教亲密无间的关系很明显是出于政治宣传的目的并经常被夸大以至于变成有关贝教的众多迷思之一。

⑤ 参见马乐科姆·科索沃：《科索沃简史》，纽约大学出版，第106页。

“阿尔巴尼亚人的信仰是阿尔巴尼亚”。

尽管贝克塔什教派早在13世纪就已传入阿尔巴尼亚，但官方记载，贝克在阿尔巴尼亚百姓中传播开来是在17世纪后半叶。据奥斯曼地理学家艾夫利·切莱比在其游记中的记载，在那个时期，阿尔巴尼亚一些城市中已存在清真寺、墓地等贝教圣地。如由阿西姆教长17世纪时在吉诺卡斯特城建造的第一座贝教清真寺。在阿尔巴尼亚贝克塔什教中心之一的克鲁亚城，还能找到很多贝教清真寺以及刻有贝教标志的墓穴。① 在克鲁亚城郊，还保留着一座14世纪建造的以撒里·撒尔特克②命名的贝克塔什教寺庙，前来瞻仰的不仅有贝教徒，还有其他宗教的教徒。据说在吉诺卡斯特城，大多数人在进行宗教仪式（蹲下、站起）的同时会念伊玛姆·阿里乌（贝教12个先知中的一位）这个贝教徒有着特殊崇拜之情的名字；除了开斋节中的大斋月、小斋月两个节日外，信徒还将伊玛姆·阿里乌的生日视为贝教的圣日。除了以上这些特点，贝教在阿尔巴尼亚的传播过程中还形成了一些具有当地特色的宗教仪式，比如虔诚的教徒在每年8月都会去托莫里圣山上进行朝拜，因为贝教徒相信，他们的殉道者在殉难后骑着自己的马飞到了这座山的山顶。可以说，这一时期，贝克塔什教派已开始融入并渗透到阿尔巴尼亚人的宗教生活中。在波德格里察、米特罗维奇、卡察尼克、科索沃的普里兹伦、马其顿的泰托沃等阿尔巴尼亚人其他居住区也建有贝教清真寺，它们大部分坐落于市郊（克鲁亚城的除外）。因此总的来说贝克塔什教派的教义教旨通常带有乡村色彩，并植根于广大的农民阶层。到了19世纪，包括贝克塔什教派在内的伊斯兰教众多神秘教派（如哈尔维特教）已在阿境内（尤其是中南部）建立起大大小小的清真寺约200余座。

贝克塔什教派在19世纪上半叶，也就是阿里·帕夏·台佩莱纳统治时期在阿尔巴尼亚得到了极大规模的发展。在他的支持下，贝教在阿尔巴尼亚人中传播的速度加快。作为奥斯曼中央政权的反对者，阿里以自己的方式与当时同样反对奥斯曼统治的禁卫军建立密切联系。作为帕夏区的首府，雅尼纳

① 贝克塔什教在阿尔巴尼亚传播很广，尤其在克鲁亚（Krujë）、切尔曼尼克（Çermenik）和马尔塔奈什（Martanesh）等北部地区，在马拉卡斯特（Mallakastër）、托莫里（Tommori）、吉诺卡斯特（Gjirokastër）、贝尔蒙特（Përmet）、台佩莱纳（Tepelenë）等阿南部地区。在北方城市斯库台（Shkodër）并未发现此教。

② 萨利·萨特克（Sari Salltëk）是第一批在巴尔干传播伊斯兰教的苦行僧，同时他借基督教的名义在巴尔干地区广布贝教。

成为贝教传教士、苦行僧的朝圣地，他们因为不同的原因抱着不同的愿望从伊斯坦布尔或者奥斯曼帝国其他地区来到这里朝圣。在帕夏区领土内，贝克塔什教派遇到了合适的发展条件和阿里·帕夏的特殊礼遇。

1826 年，苏丹·穆罕默德二世下令镇压禁卫军，贝克塔什教派遭受到历史上第一次沉重打击。各种贝教清真寺被迫关闭，有些被毁或移交至逊尼派掌管。贝教的苦行僧或被驱逐出境或被迫改信其他教派，还有一部分为了生存迁移至西巴尔干地区。这一局势影响了阿尔巴尼亚贝克塔什教派的发展并激化了保护贝教的阿里·帕夏与倾向逊尼派的斯库台穆斯林之间的矛盾。这时在奥斯曼帝国内，很多被视为不合法的贝教信徒开始大批迁往有大量禁卫军的阿尔巴尼亚，于是贝克塔什教徒找到其宗教发展的理想沃土。尽管如此，土耳其人还是包围了在斯库台、克鲁亚、地拉那等地的贝教清真寺。阿里·帕夏在修复这些被战争损坏的清真寺的工作中给予了大力支持。贝克塔什教徒表现出来的爱国精神，则最集中地体现在了 19 世纪以纳依姆·弗拉舍里为首的民族复兴运动中。也正是在这一时期，贝克塔什教派在阿尔巴尼亚获得了特殊的重要性。

三、贝克塔什教派与阿尔巴尼亚民族独特的宗教状况

与巴尔干乃至欧洲其他地区相比，宗教在阿尔巴尼亚有着独特的影响。在东南欧，某一民族往往固着于某一宗教：如塞尔维亚人、保加利亚人、希腊人和罗马尼亚人信奉东正教，斯洛文尼亚人、克罗地亚人和匈牙利人信奉罗马天主教，波斯尼亚人、土耳其人则信奉伊斯兰教。阿尔巴尼亚人则有别于东南欧其他民族，阿尔巴尼亚人在历史上就从没有信奉过某一个单一宗教，包括伊斯兰教在 19 世纪前似乎也并没有在阿尔巴尼亚民族中变得根深蒂固。

自 4 世纪罗马帝国分裂为东西罗马后，阿尔巴尼亚就处在西罗马帝国和东罗马拜占庭帝国的影响中。15 世纪，奥斯曼帝国的占领使得这片土地上的宗教信仰更加多元，并呈现出宗教并存的特点：北部天主教，南部东正教，中部和东部为伊斯兰教，其中偏南部则为贝克塔什教派。对某一特定宗教的忠诚在这个地方是易变并容易分隔开来的。比如，现代阿尔巴尼亚人如果参加了新教集会后，有可能称自己为“穆斯林新教教徒”。有时阿尔巴尼亚人参加宗教仪式时是不考虑宗教归属的，而只是把它看作一种社会活动。

大部分阿尔巴尼亚人视宗教信仰为个人问题，相对于伊斯兰世界的其他

地方来说比较和缓，对待宗教问题向来采取包容的态度。正如20世纪初一位土耳其电报员所描述的："很奇怪的是，这里的伊斯兰信徒并不是真正的伊斯兰信徒，基督徒也不是真正的基督徒。如果被问到信哪种宗教，马其顿西部小心翼翼的农民会在他们胸前画十字，说：'我们是穆斯林，但是，是服侍圣母玛利亚的穆斯林，这种风俗由来已久。'"这种包容的态度使阿尔巴尼亚人（不论是主动还是被动）能够容易并自然地接纳不同的宗教，同时常常将这些宗教信仰用主观的方式加以改造，变成易于接受的信仰。

除了阿尔巴尼亚人宗教的易变性和多样性特征以外，当地的民间宗教信仰在阿尔巴尼亚人居住区内的保留程度也远大于欧洲其他地区。其中比如属于"山地文化"的阿尔巴尼亚北部，到20世纪还保存着宗法氏族制度，是处于"东方文化"和"西方文化"之间的一种在夹缝中生存的独特文化。在皈依伊斯兰教的过程中很多基督教特点以所谓的"秘密基督徒"的形式得到了保留。在奥斯曼帝国统治时期，大多数阿尔巴尼亚人持有两个名字：一个穆斯林名字——为了逃避人头税，并为了在政府部门谋求一职；一个基督教名字——为了躲过在奥斯曼军队内服役。所以，阿尔巴尼亚人因同时附着多个信仰而被灌有"Laraman"（意为五颜六色的人）这一称号并不惊讶。在很多阿尔巴尼亚的城市中，都可以看到罗马天主教堂、东正教堂和清真寺并存的景象。

美国的政治学家塞缪尔·亨廷顿在1993年一篇文章中表示，他在波斯尼亚战争中看到一场"文明的冲突"，并且认为巴尔干半岛在这场冲突的一条全球断层线上。① 不论以这种方式来看巴尔干的未来有哪些优点，很明显，它并无法解释过去。奥斯曼政府及其宗教在伊斯兰教、东正教和天主教之间划下了明确的界限和区别，但在阿尔巴尼亚人日常的宗教生活中，这些区别并没有那么显著。在阿尔巴尼亚宗教史上，没有发生过严重的冲突。随时间演进的风俗提供了超越宗教的安全和保险，许多潜在的摩擦，不论是固有的或由外人带进来的，都被当地共有的风俗和当地的趋向于融合的宗教特点减弱或消除掉了。在阿尔巴尼亚，来自不同家族、甚至不同宗教的年轻人在兄弟结拜的仪式中会宣誓忠于彼此，不同宗教间的通婚更是普遍。穆斯林和基督徒会互相拜访对方的宗教圣地或参加对方宗教的集会并交换宗教护身符。

① 参见马克·马佐尔著，刘会梁译：《巴尔干》，天津人民出版社，2007年版，第60页。

考虑到这样一种宗教环境，被很多学者视为“民间的宗教”和“基督教与伊斯兰教间的桥梁”的贝克塔什教派由于其泛神和异端信仰的特点更值得特别的关注。

贝克塔什教教义与伊斯兰教逊尼派的教义相反，主张“圣徒属于全世界”。19 世纪晚期一本小册子记载：“贝克塔什教徒信奉天父，信奉真圣徒如穆罕默德 · 阿里、卡迪杰、法蒂玛、哈山和胡珊……他们也信奉所有古代和现代的圣徒，因为他们信奉善、崇尚善。他们信这些，而且爱这些，所以他们也信摩西、米利艾姆、耶稣及其仆人。”阿尔巴尼亚的贝克塔什教徒改建基督教圣徒的圣殿，并以自己的圣徒之名来重新命名；基督徒也前往贝克塔什清真寺，当做他们自己圣徒的圣殿。在这样的宗教环境里，宗教界线很轻易地消失。一位英国旅人在一间贝克塔什清真寺问神职人员：“我以为你们这里全是穆斯林。”他们告诉她：“我们是啊，但我们也庆祝圣乔治日。”①

另一方面，贝克塔什教派在阿尔巴尼亚被接受的事实更大程度上来说是由于其结合了伊斯兰什叶派和基督教的元素，比如信奉基督教的三位一体，对过错的赎罪以及十字架的标志等等。同时很多学者认为贝克塔什教派是伊斯兰教的一种特殊的表现形式，是伊斯兰“民间的宗教”。艾奇莱姆 · 发罗拉（Eqrem bej Vlora）曾说过“贝克塔什教在宗教上最受谴责的一个方面也许就是其与世俗化的紧密联系”。相比于其他穆斯林教派，在对宗教教义、教法的遵从上，它是极其包容和开明的：不强迫信徒执行教规；允许妇女和基督徒参加本教的宗教仪式，包括跳舞和饮酒；允许妇女不带面罩出门并且允许她们在公共场所与男性接触。这些在其他主流伊斯兰教教派中都是禁止的。也正是这些特点，使得贝克塔什教派明显地区别于伊斯兰教其他主流教派。

所以，虽然属于苏菲派，但它带有非正统的、泛神的特点，甚至一部分贝教教徒同时信仰异教，比如他们相信灵魂转世和死后进入涅槃这样的状态，或者因罪过而变身为动物。贝克塔什教徒不吃兔肉，因为他们相信杀死他们圣人伊玛目 · 侯赛因的凶手转世换身为兔子。这些特点在伊斯兰主流教派中也是绝无仅有的。

同时，贝克塔什教派的教义倡导人与人之间的相互帮助以及不同信仰间的相互宽容。他们的教义代表了一种精神，这种精神对于像阿尔巴尼亚这样一个对宗教信仰持有开放、包容的民族来说具有非凡的重要性，同时也在阿

---

① 参见艾迪 · 杜汉：《巴尔干的负担》，第 356 页。

尔巴尼亚人中找到最适合的落脚点。[①] 历史上，贝克塔什教徒曾号召阿尔巴尼亚什叶派穆斯林联合起来抵抗奥斯曼传统政权并对非伊斯兰教信徒采取包容的态度。这使得贝克塔什教派同在阿尔巴尼亚北部的天主教与南部的东正教的合作变得缓和、轻松了很多，这也部分解释了为什么贝克塔什教派在阿尔巴尼亚的影响能够得以稳固、加深。可以说，贝教兼收并蓄、世俗易懂的特点，[②] 加上其对基督徒的包容以及普遍的开明态度使得其在阿尔巴尼亚这块基督教与浓厚的异教信仰共存的地方（尤其在农村）格外具有吸引力并易于人们接受。

四、贝克塔什教派与阿尔巴尼亚的民族觉醒

19 世纪是贝克塔什教派在阿尔巴尼亚传播发展史中一个特殊的、不可复制的时期。正是在 19 世纪，贝克塔什教派开始了它的“阿尔巴尼亚化”，显示出鲜明的民族国家的特征，并开始在阿国的宗教、政治舞台上扮演重要的角色。哈斯路可是这样描述贝教在那个时期对阿尔巴尼亚社会、政治生活的影响：“对于一个局外人来说，阿尔巴尼亚人的特点演变出一个贝克塔什教派的形式，其中占主要位置的是社会组织而非宗教迷信……在与法国大革命同一时期内，贝克塔什教派在阿尔巴尼亚民族运动中所起到的作用使它在这片土地站稳了脚跟。这个时代特色是显而易见的。”[③]

对于阿尔巴尼亚的贝克塔什教徒来说，“民族”这一概念并不陌生，甚至他们对这一理念的推广起到了很大的作用，这一点不论在阿尔巴尼亚还是其他阿尔巴尼亚族居住区都是毋庸置疑的。教徒们对祖国的热爱深植于心。也正是在这种情怀的指引下，贝克塔什教清真寺周围常会聚集不同宗教背景的爱国者。

19 世纪后半叶，阿尔巴尼亚与周边民族和国家之间的关系趋向复杂，对于阿尔巴尼亚人来说建立统一的认同感迫在眉睫。当时阿尔巴尼亚国内的状况是：天主教、东正教、伊斯兰教和伊斯兰教贝克塔什教派以各自的团体为

---

① 参见艾奇莱姆·发罗拉：《“科奇”日记》，第 41—42 页。

② 总的来说，他们不仅对伊斯兰教教义的阻碍秉持着包容、开明的态度，还对非伊斯兰教徒也同样秉持这样的态度——尽管一些基督教徒将伊斯兰教徒视为“无宗教”、“无信仰”。

③ 参见 Hasluck：《阿尔巴尼亚的非穆斯林》，第 538 页。

中心。从宗教认同来说，首先要使南部信奉东正教的阿尔巴尼亚人区别于同样信奉此教的塞尔维亚人或希腊人；同时，在当时奥斯曼帝国的衰败已成定局的情况下，还要避免中部大量阿尔巴尼亚穆斯林的民族身份随着帝国的衰落而一并消失。在这样一种复杂的宗教状况下，一部分民族复兴者选择了将民族认同感置于宗教认同感之上。①

面对邻国企图通过对阿尔巴尼亚人的宗教身份进行同化和瓜分的严峻形势，同样是出于对祖国的热爱，一些民族复兴思想家则试图寻求另一种更简洁的方式来达到阿尔巴尼亚民族的团结和统一，即：为全民族建立一个统一的共同的宗教信仰——贝克塔什教（或者说，贝克塔什主义），这种理念将阿尔巴尼亚民族运动推向了高潮。同时，这也是贝克塔什教派阿尔巴尼亚化的一个重要时期。在这股浪潮中，最具代表性的人物便是民族复兴先驱、阿尔巴尼亚伟大诗人、贝克塔什教教徒——纳依姆·弗拉舍里。

作为虔诚的贝克塔什教徒，纳依姆·弗拉舍里通过其对自身信仰的阐述和脍炙人口的诗作表达对祖国诚挚的热爱，倡导宗教宽容并通过强烈的民族色彩将贝克塔什教派变成阿尔巴尼亚人的民族宗教，也就是将其“阿尔巴尼亚化”，同时建立起一个独特的民族认同。在他所著《过去的、现在的和未来的阿尔巴尼亚》一书中这样写道：“真正的、杰出的阿尔巴尼亚人和那些想要拯救这个国家的人，要时刻将民族置于其信仰之前；真正的阿尔巴尼亚人视对方为真诚的兄弟；他们之间的情谊坚不可摧，任何力量都无法将它分开或穿透。真正的阿尔巴尼亚应像贝克塔什教徒那样。”②

纳依姆·弗拉舍里在贝教文化氛围浓厚的环境中长大，《贝克塔什教的笔记》、《切贝拉战役》③ 和描述阿民族英雄《斯坎德培的历史》等几部诗作是他表达爱国主义情怀和贝教教义精髓的代表作。在《贝克塔什教的笔记》中，他通过对宗教事物的描述表达对祖国的热爱之情。这部作品被视为阿尔巴尼亚贝克塔什教派纲领性的代表作，其中写道：“你务必要日夜为你的人民思考，那个叫你教长并且受你赐福的人民；你务必要以崇高的道德为拯救阿

① 对于民族认同这一概念在阿卜杜勒·弗拉舍里在建立普里兹兰联盟之际的倡导中得到了很好的体现：民族的特色是同一个语言、同一片领土、同一段历史和同一种精神。其中他并没有强调同一种宗教，而是转向相同的故事，相同的歌曲、舞蹈和高尚的道德等方面。也正是由于这个原因，阿尔巴尼亚的民族复兴从一开始就带有淡淡的世俗而非宗教的色彩。

② 参见《弗拉舍里》，第144—145页。

③ 阿尔巴尼亚语为Qerbelaja，相传在这场战役中，伊斯兰教先知的侄子侯赛因殉道。

尔巴尼亚和阿尔巴尼亚民族而奋斗，为知识和人民以及他的祖国道德的提高而努力，为她的语言与人民的幸福而奉献你的一生。”①

同时，纳依姆提倡与贝克塔什教相吻合的“泛神”的概念，在描述他丰富宗教感受的作品《切贝拉战役》中，表达了这样的宗教观：“这不仅是阿尔巴尼亚穆斯林的宗教，也是东正教徒、天主教徒的宗教。只要我们是阿尔巴尼亚人，我们就怀有一个共同的信仰。”②

包裹着宗教色彩和贝克塔什教的特色，纳依姆的爱国理念在阿尔巴尼亚人的思维和心目中便更容易被接受，同时成功地建立起一个特殊的认同。纳依姆认为，带有非正统宗教色彩和兼收并蓄的贝克塔什教可以跨越阿尔巴尼亚不同宗教信仰间的隔阂并成为基督教与伊斯兰教间沟通的桥梁。③ 纳依姆在其作品中试图概括总结贝克塔什教派教义中非正统和多信仰融合的特点，还强调民族归属这一贝教教义中重要的方面。

在《切贝拉战役》的最后一段，诗人打乱了之前的诗歌顺序并开始描写阿尔巴尼亚，描写她的语言的魅力、教育的重要性、团结统一的必要性和阿尔巴尼亚人之间的友善和兄弟情谊。诗人将这些视为建立一个新信仰的基础。而这一理念主要源于贝克塔什教派，其开明、包容的特点在诗人笔下更是显得和谐、自然。

“不仅与你我，还有全体人类都是贝克塔什教徒的挚友。他们热爱其他伊斯兰教徒以及基督教徒并视其为灵魂的伙伴，并且对他们真诚、友好相待。尽管如此，大多数的信徒更热爱他们的祖国和祖国的朋友，因为这是最高尚的美德。”④

纳依姆·弗拉舍里还提倡将阿尔巴尼亚语当作贝克塔什教徒的宗教语言，通过这样的方式既促进了本民族语言文化的发展，同时也将民族复兴这一概念传播至各个阶层的人民中间。可以说，纳依姆懂得阿尔巴尼亚人从贝教中能够获得什么，他代表了一种宗教世界观，一个独特的阿尔巴尼亚民族的认

---

① 参见纳依姆·弗拉舍里：《贝克塔什教徒》，第 245 页。根据 P. Bartle：《阿尔巴尼亚民族独立运动时期的穆斯林》，第 162 页。

② 参见扎瓦希尔·斯帕西：《贝克塔什教派在阿尔巴尼亚》（Bektashizmi në Shqipëri），2004，第 58 页。

③ 参见文章《宗教和阿尔巴尼亚人》，载《奋斗》（Përpjekja），地拉那：2004 年，第 4 页。

④ 参见纳依姆·弗拉舍里：《选集》，第一卷，第 227 页。

同感。

在融入阿尔巴尼亚民族解放运动的进程中，贝克塔什教徒不仅在思想领域表现出浓厚的兴致，而且还将其落实到行动中。他们视阿尔巴尼亚民族、国家的解放和独立为最核心的问题，注重阿尔巴尼亚人使用本民族书写语言的权利和阿尔巴尼亚民族文化的发展，鼓励在当时视为非法的阿语学校的开办和阿尔巴尼亚语书籍的传播。他们的宗教仪式最早使用土耳其语，随后便用阿尔巴尼亚语创作，并在阿尔巴尼亚民族复兴时期积极地提倡阿尔巴尼亚语的使用和发展。

可以说贝克塔什教派在19世纪下半叶和20世纪初的阿尔巴尼亚民族运动的整个过程中发挥了重要作用。贝克塔什教清真寺作为宣传这一理念的重要阵地和民族活动的中心之一，不仅受到穆斯林的拜访，还有基督徒的拥护。很多贝克塔什教徒都被视为阿尔巴尼亚民族主义的奠基人，如前面提到的弗拉舍里兄弟，还有哈桑·普里什蒂纳、巴依拉玛姆·楚里等。同时，他们在著名的普里兹伦联盟、① 在阿尔巴尼亚独立运动中发挥了核心作用。这一事实得到普遍认同。

五、阿尔巴尼亚独立后的贝克塔什教派

20世纪初的若干年间，贝克塔什教派的命运起起伏伏。1912年阿尔巴尼亚的独立并没有带来政治上的稳定。随着塞尔维亚、黑山、希腊等邻国对阿领土的占领，国内的宗教文化机构成为打击目标，贝教也难逃此劫。但是，在1921年和1924召开的第一届贝克塔什教大会上，教长阿里·普里士达宣布阿尔巴尼亚贝克塔什教派独立于土耳其安卡拉教区成为自治主教区。在阿尔巴尼亚吉诺卡斯特举办的第二次大会上，宣布在贝克塔什教仪式中使用阿尔巴尼亚语。

---

① 这个联盟被视为阿尔巴尼亚民族复兴的开端和阿尔巴尼亚民族觉醒的第一次尝试。它的建立主要是为了抵抗始于1875年所谓“东方危机”时期俄国和巴尔干的斯拉夫民族对阿尔巴尼亚的侵略。参加这一联盟的成员来自包括北部阿尔巴尼亚、科索沃、西部的马其顿的四个行政区，并且由来自天主教、东正教和伊斯兰教（北部逊尼派、天主教，南部的贝克塔什教派）等不同宗教的代表共同参加。除此以外，遵守贝克塔什教与众不同的、神秘的教义精神的弗拉舍里三兄弟特殊的作用证明了贝教教徒在民族复兴过程中不可忽视的贡献。尤其是他们的影响和号召下，普里兹伦联盟明确了将本民族语言的教育作为民族发展根基的道路。

1925年，土耳其共和国总统凯末尔在国内实行现代化改革，其中一项措施就是取缔一切逊尼派分支教派。随着土耳其帝国丧失大片巴尔干的权利范围，贝克塔什教不得已放弃了在土耳其境内的教徒聚集地并迁移至阿尔巴尼亚，其直接影响就是从以奥斯曼帝国为发展中心到以阿尔巴尼亚为中心的转变。新成立的阿尔巴尼亚政府因想极力摆脱奥斯曼帝国对其的统治，因而欢迎这支反土耳其的伊斯兰教贝克塔什教派的到来。当时，贝克塔什教徒在奥斯曼帝国末期所展示出来的强烈的爱国主义特点被新政权加以宣传并创造出新社会背景下的新的民族认同。“我们不是土耳其人，不是异教徒，而是阿尔巴尼亚人”这句口号正是当时新政权所需要的。

阿尔巴尼亚的贝克塔什教派在1927年将其在世界的发展中心确定为首都地拉那，当时其在卡帕多奇亚的主要中心的大教长（grand-dede）、阿尔巴尼亚人萨利·尼雅兹也从安卡拉转移至此。为了积极面对从安那托利亚到阿尔巴尼亚这一转变，1929年9月28日阿尔巴尼亚贝克塔什教教徒在坎贝尔教长的主持下在普里什塔清真寺内召开了一次规模盛大的宗教会议并创立了第一份现代宗教章程。其中一个重要决议就是贝克塔什教正式成为独立的伊斯兰教教派。同时，由于贝克塔什教徒占全国人口的15%及其在民族复兴、国家独立的过程中扮演的重要角色，政府承认了贝克塔什教派的全国性的合法地位。在1929年的决议中，国家将贝教分为6个区域，每个教区由一位教长统管。

20世纪30年代，新的寺庙和小型的贝教中心开始兴建，同时在地拉那创立了贝克塔什教派修行会，更多的教徒在其中得到培训和教育并通过这样的途径竞选教长一职。在1929—1945年间的重建使得新的等级制度被引入，并用阿尔巴尼亚语取代先前的土耳其语命名不同的头衔，比如ashik（非贝教教徒）、muhib（教徒成员）、gjysh（取代先前的dede）、prind（取代先前的baba）和halife（哈里发）。到1937年，教长（kryegjysh）被阿尔巴尼亚国王索古所承认。1921至1950年间，阿尔巴尼亚贝克塔什教徒先后组织了五次旨在完成从奥斯曼时期苦行僧性质向新的阿尔巴尼亚国家的宗教团体的过渡。

二战结束后，阿尔巴尼亚开始进行全面社会改革，同时共产党开始对宗教实行铁腕政策，限制其影响和作用。1945年大多数宗教教产被没收，所有教会学校收归国有，驱逐所有外国神职人员，包括对伊斯兰教。1949—1954年间，约有1/3的阿尔巴尼亚逊尼派和其他派别的穆斯林领袖被处死或关押。1967年，恩维尔·霍查（其父也信仰贝克塔什教）宣布阿尔巴尼亚成为世界上第一个无神论国家，国内宗教信仰遭受严重打击。一切与宗教有关的活动都被禁止，大大小小的教堂、清真寺相继改造为电影院、博物馆、体育馆等。贝克塔什教派，也同其他教派一样，在随后20年间的发展便鲜为人知了。但尽管如此，一些虔诚的贝克塔什教徒在私下的生活中还是会秘密地进行宗教活动。

1990年5月8日，阿尔巴尼亚人民议会宣布解除对宗教的禁令，恢复宗教信仰自由。1967年关闭的所有宗教活动场所都重新开放，各个宗教团体重新活跃起来。与阿国内的天主教、东正教和其他伊斯兰教教派相比，贝克塔什教派的恢复工作困难更大。天主教可以依靠罗马教皇的财力支持，东正教依靠其传统的全球性的东正教堂的支持，伊斯兰逊尼派则可以向伊斯兰世界的国家和土耳其寻求支援。然而阿尔巴尼亚的贝克塔什教派没有国外的捐助者，逐步归回的财产和个人以及来自美国、澳大利亚、土耳其、马其顿和科索沃阿族区的捐赠多少缓解了其在恢复宗教自由初始的阶段的窘境。除了财力上的不足，贝克塔什教派在阿尔巴尼亚的发展还面临着另一个严峻的问题：教长的老龄化和教徒对本教知识的缺乏。由于经历了30年的禁教和无神论教育，年轻一代对宗教的概念已比较淡薄。这一点不仅对于贝克塔什教派是如此，阿尔巴尼亚的其他宗教也是如此。

1993年，阿尔巴尼亚贝克塔什教派团体任命雷沙特·巴迪（Reshat Bardhi）为新的教长，全国重新划分了克鲁亚、爱尔巴桑、贝拉特、科尔察、吉诺卡斯特以及发罗拉等六个教区，同时在科索沃、马其顿的泰托沃和美国底特律等地区兴建了清真寺。贝教教刊《智慧》在全国发行。

现在的贝克塔什教派在阿尔巴尼亚重新获得了生命力，他们积极培养年轻一代的教徒，送他们去土耳其、伊朗等地交流学习。2000年在首都地拉那召开的第七届贝克塔什教大会上，一方面为了重拾公众的目光，也为了顺应新时代的趋势，贝教徒通过媒体、出版物等途径展现出“科学、进步的贝克塔什思想”的新形式和新特点。

六、结语

总的来说，同阿尔巴尼亚的天主教和东正教相比，贝克塔什教派的发展和传播过程更具有本土化和民族特色。作为伊斯兰教在阿尔巴尼亚的重要传播媒介，它的传入让本身就很丰富的阿尔巴尼亚宗教结构变得更加多元。这种宗教的多元对阿尔巴尼亚人来说并没有变成一种阻碍，这不仅因为贝教本身的兼收并蓄的特点，更大程度上是由于阿尔巴尼亚人对待不同宗教的包容态度，这种包容的态度使阿尔巴尼亚人（不论是主动还是被动）能够容易并自然地接纳不同的宗教，同时常常将这些宗教信仰用主观的方式加以改造，变成易于接受的信仰。同时，贝克塔什教又以独特的或者说“第三种方式”在阿尔巴尼亚发展与传播。贝教徒倡导的爱国理念和树立起来的独特的民族宗教认同使得这支伊斯兰教派在阿尔巴尼亚和阿尔巴尼亚民族中站稳了脚跟并使之成为民族运动中不可缺少的一股力量。

参考文献

1. Baba，Rexhebi，*Misticizma Islame dhe Bektashizma*（《伊斯兰教的迷思和贝克塔什教派》），New York：Waldon Press，1970。

2. Doja，Albert，*Bektashizmi në Shqipëri — Histori politike e një lëvizje fetare*（《贝克塔什教派在阿尔巴尼亚——一个宗教运动的政治发展史》），Tiranë：Aiis，2008。

3. Durham，Edith，*Brenga e Ballkanit*《巴尔干的负担》，Tiranë：Argeta - LMG，2001。

4. Eugene Lewis，Hasluck，*The non-conformist Muslims of Albania*。

5. Frashëri，Naim. *Vepra të Zgjedhura*（《选集》第一卷），Tiranë：1980。

6. Harry，Norris，*Islam in the Balkans：religion and society between Europe and the Arab world*（《伊斯兰教在巴尔干：欧洲和阿拉伯世界中的宗教与社会》），London：Hurst，1993。

7. Norton，John，*The Bektashi in the Balkans*（《巴尔干的贝克塔什教派》），New York：Palgrave，2001. Peter，Bartl. *Myslimanët shqiptarë në kohën e lëvizjes së pavarësisë kombëtare*（1878 - 1912）（《阿尔巴尼亚民族独立运动时期的穆斯林》），Tiranë：Dituria，2006。

8. Roka，Roberto Moroco dela，*Kombi dhe feja në Shqipëri* 1920 - 1944（《阿尔巴尼亚的民族和宗教 1920—1944》），Tiranë：Elena Gjika，1994。

9. S. Shaw，*History of the Ottoman Empire and Modern Turke*（《奥斯曼帝国和近代土耳其历史》），London：Cambridge University Press，1976。

10. Spahiu，Xhevahir，*Bektashizmi në Shqipëri*（《贝克塔什教派在阿尔巴尼亚》），Tiranë，2004。

11. Vicker，Miranda，*Albanians*（《阿尔巴尼亚人》），New York：I. B. Tauris，2006。

12. Young，Antonia，*Religion and society in present-day Albania*（《当今阿尔巴尼亚

的宗教与社会》)。

13. 马克·马佐尔，刘辉梁译：《巴尔干——被误解的“欧洲火药库”》，天津：天津人民出版社，2007 年版。

14. 马细谱：《巴尔干纷争》，北京：北京大学出版社，1999 年版。

克罗地亚人口老龄化原因及其影响

杨　琳
（北京外国语大学欧洲语言文化学院）

提　要：人口是经济发展的依托。人口发展会影响社会经济发展的方向。同样，经济发展与经济结构特点的变化在很大程度上将决定人口发展的趋势，并最终决定人口结构的发展趋势。对于克罗地亚人口老龄化的研究是在当下与未来经济发展中评估克罗地亚人口潜力的重要前提。

关键词：克罗地亚；人口老龄化；原因；影响；政策

Reasons for Croatian Aging Population and its Impact

YANG Lin
（School of European Languages & Cultures, Beijing Foreign Studies University）

Abstract: Population is a basis for economic development and population development has an impact on socio-economic development. At the same time, economic development and changes in economic structure determine future tendencies in population development, and ultimately population structure. The analysis and study of Croatian aging population has become an important prerequisite for the evaluation of population potentials in current and future economic development of Croatia.

Key words: Croatia; population aging; reason; impact; policy

人口是经济发展的依托，是生产活动的最主要要素，是生产力的源泉。人口和社会与经济发展之间的关系不是简单的，它们是相互作用、互为因果的，一个国家的人口发展以及结构性改变直接或者间接影响社会与经济的发展，反之亦然。人口发展过程中的所有变化（比如人口数量、出生率以及死亡率、移民等）都会反映在社会以及经济发展当中。同时，社会以及经济发展的程度和结构的变化，也会相应地影响人口发展的趋势，尤其是发展结构。由此可以认定，一国的经济发展必然有其清晰、明确的人口学范畴。它通常由以下四个因素组成：1. 人口总数的变化；2. 人口的自然变化（出生率和死亡率）；3. 人口的机械变化（移民输入和移民输出）；4. 人口学结构（生物学意义上的，经济和社会以及教育层面的）。[①] 因此，前瞻克罗地亚的发展，不能不对其人口的相关要素做研究。

在世界人口走向老龄化和发达国家人口老龄化不断发展的今天，克罗地亚人口的老龄化也在加剧。早在 1961 年，克罗地亚就进入老龄化国家的行列；到 2001 年它的老龄化程度已经非常严重了。截至 2001 年，克罗地亚 60 岁以上人口占到了总人口的 21. 89%，且呈现人口负增长状态。社会面临着前所未有的劳动年龄（15—64 岁）人口缺失的危机。由两次世界大战、90 年代的内战及 20 世纪后半叶的移民潮造成的人口缩减和人口老龄化，给社会经济带来了严重且持久的影响。针对日趋严重的劳动人口危机，克罗地亚政府采取了一系列调整财政支出、推进医疗保险制度和改革养老制度的措施。

一、克罗地亚人口老龄化现状

人口老龄化是指总人口因年轻人口数量减少、年长人口数量增加而导致的老年人口比例相应增加的动态过程。国际上通常把 60 岁以上人口占总人口的比例达到 10%，或 65 岁以上人口占总人口的比例达到 7% 作为国家或地区进入老龄化社会的标准。目前，人口学当中有几种确定老龄化的方法：最常用的是统计 60（或者 65）岁以上人口占总人口的比例；还可以参考老龄人口与年轻人口之间的比例，也就是 60—65 岁人口与 14—19 岁人口之间的比例关系来确定。有统计资料显示，2010 年，相比欧盟各国，克罗地亚的老龄化程度是最高的，其 65 岁以上年龄的人口达总人口的 26%。根据联合国专家的调查，克罗地亚早

① Dražan Živić, *Demografske odrednice i posljedice starenja stanovništva Hrvatske*, Zagreb, REV. SOC. POLIT., str. 307 – 319, 2001.（德拉让·日维奇：《人口学与克罗地亚老龄化的后果》，萨格勒布：《社会政策回顾》，2003 年，307—319 页）。

在1961年就已经进入老龄化国家的行列，即65岁以上人口超过了总人口的7%。1971年这个比例达到了9.6%，1981年达11.4%，1991年达11.6%，到2001年达到15.6%，而60岁以上的人口甚至达到了总人口的21.89%（2001年数据为4437460人）（见表1）。在1961年，克罗地亚还是刚刚进入老龄化国家的新军，到2001年就已经步入老龄化程度很高的国家的行列了。

人口年龄结构的另一个重要指标是老龄化指数，它展示的是老年人和年轻人人口数量差距的变化，指数超过40即表示该国家的人口已经老龄化。克罗地亚1961年的老龄化指数是34.3，在1971年是47.2，已经进入老龄化，1981年为52.6，到1991年为66.7，而2001年增至90.7。过去的40年，克罗地亚老龄化指数增长了26.4。老年人口增多的必然结果是其他年龄段的人口相对减少。过去的40年，克罗地亚年轻人（0—19岁）占总人口比例下降了26.1%，而老年人（60岁以上）则几乎增长了一倍（见表2）。仅1991年至2001年间，年轻人的比例就减少了15.9%，尽管这段时间全国人口在持续减少，老年人口仍增长了14.4%。预期到2050年，0—14岁人口将基本保持不变，而65岁以上人群将继续扩大，处于工龄期（15—64岁）的人口将继续减少。2050年处于工龄期的人口和65岁以上人口的比例预期将达到1.1 ： 1。①

表1　65岁以上人口占总人口比例年份统计表

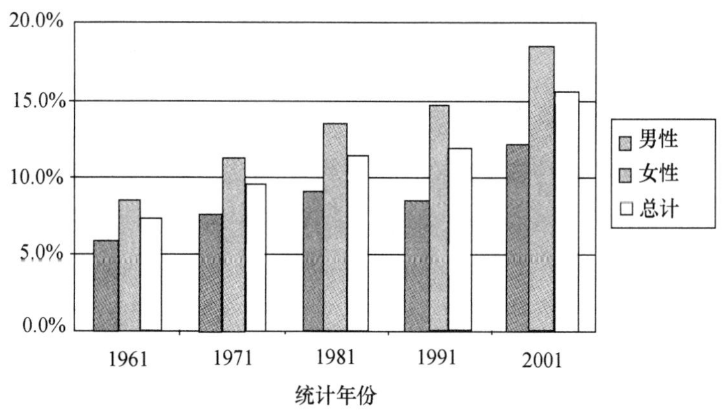

资料来源：克罗地亚国家统计局网站（http：//www. dzs. hr）。

---

① Alica Wertheimer - Baletć, *DEPOPULACIJA I STARENJE STANOVNIŠTVA - TEMELJNI DEMOGRAFSKI PROCESI U HRVATSKOJ*, Zagreb, Druš. Istraž. , Str. 631 - 651, 2004.（阿里查·维尔特哈伊梅尔—巴莱迪奇：《人口负增长与老龄化——克罗地亚人口老龄化的基本进程》，萨格勒布：《社会研究》，2004年，631—651页）。

表 2　年轻人口、劳动年龄人口以及老年人口占总人口比例统计表

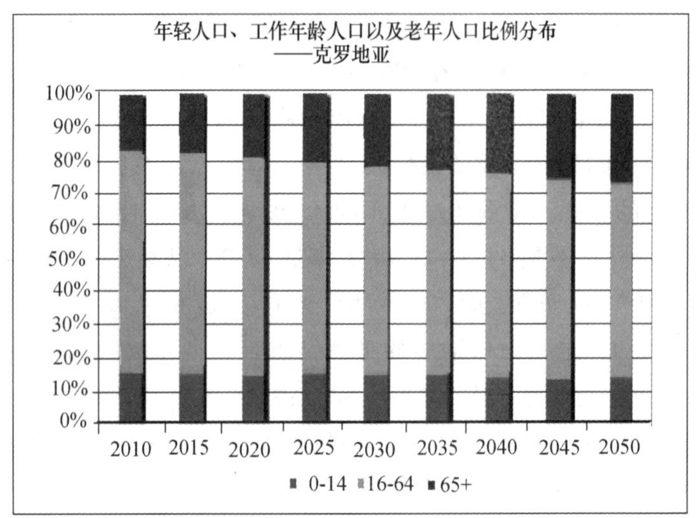

资料来源：克罗地亚国家统计局网站（http：//www. dzs. hr）。

二、人口老龄化的原因

克罗地亚人口老龄化的情况和许多欧洲国家及其他发达国家的情况相似，主要受到两次世界大战、20 世纪 90 年代的内战和战后移民潮的影响。

根据克罗地亚官方数据，战争期间一共有 8147 名士兵死亡，其中 6252 名士兵是 20 岁—40 岁的青壮年，有 1405 名士兵年龄在 40—60 岁之间（仍处于法定工龄期），有 380 名士兵甚至还不到 20 岁。这些还不包括在战争中无辜死去的平民（包括幼儿和具有生育能力的妇女），战争造成的人员伤亡对克罗地亚人口年龄结构带来重创，使得劳动年龄人口大量减少。战争还使得出生率下降。由于战争带来的心理创伤和不安全感，结婚的人减少，有计划繁衍后代的人也相应变少了。

受到两次世界大战和内战的影响，随着全球化的日益深入，20 世纪 90 年代在克罗地亚掀起了一股移民潮。1991 年克罗地亚统计的人口数字是 449. 9049 万人，而到了 2001 年，登记的人口已经减少到 421. 1309 万人。预期的人口数量和实际相差 52 万。按照世界各国移民的普遍情况，移民中大部分都是 20—40 岁的年轻人，移民潮带走的劳动力使得克罗地亚人口再生产的基础又被削弱了。

人口缩减也是老龄化的重要原因。从20世纪中叶到90年代，克罗地亚人口增长处于停滞或衰退期。第二次世界大战之后，克罗地亚的人口自然增长率一直呈持续下降的趋势，到1995年人口开始呈负增长。由于战争和移民潮的影响，20世纪90年代初人口死亡率上升，人口自然减少。1971年，15—49岁的女性（有生育能力的女性）占总人数的51.4%，到2001年同年龄女性人口减少到了46.9%，而14岁以前未成年女性的情况更不乐观。人口自然生长率下降的原因还包括：随着克罗地亚工业化程度越来越高，政府开始强调发展集中于城市的重工业和密集型产业，出台的相关农业政策也不鼓励年轻人留在农村务农，这使很多人从农村来到城市谋生计。然而同期各项配套设施却没有跟上，比如缺乏为工作妇女提供服务的规定，幼儿园数量不能满足需求，没有足够的廉价公寓等，上述原因导致人们不自觉地放缓了繁殖后代的脚步。在对人口自然增长率下降的趋势有所察觉后，政府并未相应地调整人口政策，也没有采取任何制度举措或经济手段来阻止年轻人才向外流失，在一定程度上加剧了人口缩减的局面。

三、人口老龄化带来的影响

老年人比例太高引起死亡率上升，导致人口显著减少，进而劳动年龄人口的比例减少。从1971年到2001年，劳动年龄人口从67.2%减少到66.9%。而65岁以上的人口在过去的30年里增长了一倍（见表3）。最具生产力的人口数量（劳动年龄人口）较之老龄人口（65岁以上）还将继续减少，克罗地亚总人口的自然更新已经不可能了。这种情况下，通常应当采取鼓励生育的政策。但是根据欧洲一些国家的经验，鼓励生育政策相对移民输入政策生效较缓，所以考虑从国外大批移民高素质劳动力是改变克罗地亚人口结构的一个重要措施。但是，近些年，由于经济以及其他方面的原因，克罗地亚一直是移民输出国，这使得克罗地亚还将长期面临劳动力人口不足的局面。①

① Anušič, Zoran, Philip O'Kefee, Sanja Madžarevic - Šjster, *Pension Reform in Croatia*, Washington, "Social Protection Discussion Paper Series", 2003.（Anušič等：《克罗地亚退休改革》，华盛顿：《社会保障讨论文集》，2003年）。

表 3　1961—2001 年克罗地亚年轻人口和老年人口比例图

比率（以百分比计算）

年份	出生人口数目	死亡人口数目	自然下降	出生率	死亡率	自然下降
1991	52.289	54.832	-3003	10.8	11.4	-0.6
1992	46.970	51.800	-4830	9.8	10.8	-1
1993	48.535	50.846	2311	10.8	11.4	-0.6
1994	48.584	49.482	-898	10.8	11	-0.2
1995	50.182	50.536	-354	11.2	11.3	-0.1
1996	53.811	50.636	3175	12	11.3	0.7
1997	55.501	51.964	3537	12.1	11.7	0.4
1998*	47.068	52.511	-5243	11.2	12.5	-1.3
1999*	45.179	51.953	-6774	10.7	12.3	-1.6
2000*	43.746	50.246	-6500	10	11.5	-1.5
2001*	40.993	49.552	-8559	9.2	11.2	-2
2002*	40.094	50.569	-10.475	9	11.4	-2.4
2003*	39.688	52.575	-12.907	8.9	11.8	-2.9

资料来源：克罗地亚国家统计局网站（http：//www. dzs. hr）。

同时，老龄人口的（尤其是不具经济贡献能力的人群）迅速增加迫使政府增加了包括健康、社会保障、退休金等的公共开支。一些欧洲国家不会把老龄化作为财政支出的一个决定因素，因为退休人员需交养老金税，这样也可以增加国家的财政税收。另一方面，年长的劳动力与年轻劳动力相比，被认为能创造更多的财富，这些都足以平衡国家在老龄人口方面投入的财力。而在克罗地亚，老龄化却是确定财政预算政策时不可忽略的因素。因为克罗地亚政府投入社保的钱只来源于工作的人，而不包括退休人员。① 年轻劳动力在减少，国家投入社保的钱越来越多，这样只能是加重那些低收入人群的负担。目前在克罗地亚，老人想要进设施完备、服务良好的公立养老院通常需要排上几年的队，在现有的经济条件下，国家对于养老投入的预算显然无法解决不断增加的老龄人口的养老问题。在这样的背景下，一系列的社会和经济改革势在必行，否则将引发深层的社会问题。

四、政府的应对措施

克罗地亚的人口结构变化情况也影响着克罗地亚政府经济政策和社会政

① 克罗地亚国家统计局网站：http：//www. dzs. hr/。

策的制定。面对严峻的老龄化压力，政府加大了医疗保健制度、社会保险制度和养老保险制度的建设，将鼓励生育和吸引高素质生产力移民国内的政策相结合。

以前克罗地亚退休年龄门槛很低，大量劳动年龄人口早早进入养老期。随着老年人口的增多，对养老金的严重依赖给政府财政造成了很大困难，在1999年和2002年，克罗地亚政府先后进行了两次养老制度改革。1999年改革措施包括：提高退休年龄；延长养老金审计结算时间；改变养老金调整方法；严格残障人士养老金的标准。其目的在于养老制度合理化，加强既有养老制度的稳定性和可持续性，减少政府财政支出，严格发放养老金，做到收入与付出成正比。2002年的改革以阿根廷养老制度改革为模板，对养老保险人群进行了分层，主要针对40岁以下的人群，他们被称为强制保险人群，这些人自己选择投资方式，将用于缴纳养老保险的一部分资金投入到新建立的养老基金中（个人存款资本化），而养老金的发放则根据自己投资额的多少和所选投资方式从养老基金中获得。2002年，40岁到50岁的工作者也被列入强制保险人群。

两次养老制度改革取得了良好的效果，建立了一个更加强健、公平、稳定的养老保险体系。预计55岁以下的年轻退休人口将逐步减少，由2005年的11%下降至2050年的3%，65岁以下的退休人口将由2005年的44%下降至2050年的30%，并且到2015年（或者2020年）之后，退休人口将不再增长，而呈逐步减少的趋势。① 为自己的养老保险买单的观念已经深入人心。根据国家专门负责养老制度改革的部门统计，从制度推广实施到今天，国家养老基金已经突破360亿库纳，在过去的9年里每年为GDP贡献5.27%，而每年通货膨胀率平均为2.68%，即实际为国家增加了2.59%的收益。

在促进生育率方面，克政府颁布了一系列措施，其中对于不限制生育奖励的措施由于被控是对高薪女性的歧视，使得大批女性离开岗位回家生育而被撤回。当前政策规定妇女在分娩后的半年享受全薪，而后半年将得到由国家提供不少于2660库纳的资助。

但是，对于幼儿园、学校等儿童基础设施缺乏的问题却没能引起足够的重视。

克罗地亚当前面临的劳动年龄人口严重缺乏、老龄人口急剧增多的局面

① 克罗地亚国家统计局网站：http://www.dzs.hr/。

还将在很长一段时期内持续下去。人口年龄结构失衡的问题既来自历史的客观影响，又由与社会生产力不相适应的各种体制和制度造成，克政府在正确认识国情的基础上继续推进各项体制改革，努力建立健康而稳定的人口年龄结构。也只有这样，国家才能从经济危机的打击中更快复苏，促进社会与经济的持续发展。

保加利亚华商生存发展状况探析

林 洁*

提　要：本文以保加利亚华商为研究对象，以保加利亚入盟和2008年末保国内蔓延开来的金融危机为背景，对新形势下华商摸索前进的生存模式和适时调整的经营策略进行综合探讨。笔者从社会结构的宏观层面探析保加利亚经济、社会政策走向对华商的影响变化，从个人选择的微观层面探析华商应对危机的方案以及渴望融入当地社会的精神诉求。本文的基本观点是：在各种因素中，制度因素，特别是政府的政策导向对保加利亚华商发展的影响最大。不管是危机前还是危机后，华商的发展既受经济政策的推动，又受其制约。随着客观环境的变迁，华商自身不断地进行着体制创新，但其基本的经济制度文化，如家族制等仍得到遵循，华商基本的文化制度因素对其发展起着基础性作用。随着经济全球化进程的加快，华商的发展空间扩大，也加快了调整步伐。笔者认为，保加利亚华商在争取权益方面要进一步努力。在未来的发展道路上，保加利亚华商既要发扬自己的文化精神，更要注意与当地经济相融合，并加强国际化经营力度。

关键词：保加利亚；华商；生存；发展；融合

Chinese Businessmen in Bulgaria
— *A Study on Their Survival & Growth*

LIN Jie

Abstract: This article aims to do a comprehensive research on how the individual Chinese businessmen in Bulgaria managed to survive and adapt under the context of Bulgarian accession into the European Union and the worldwide financial crisis affecting Bulgaria at the end of 2008. At the macro

* 北京外国语大学欧洲语言文化学院2010级硕士研究生。

level, the author analyzes the impact of Bulgarian economic and social policy on Chinese businessmen, while at the micro level the author analyzes their solutions to the crisis and their strong desire to integrate into the local cultural and spiritual community. The basic argument of this article is that among various factors influencing the behavior of Chinese businessmen, the most important is the Bulgarian government's policies. With rapid economic globalization, Chinese business community in Bulgaria is constantly changing, but their basic organizing systems, such as the family system and their cultural system, still continue. With further economic globalization, they see more potential for further growth and are quickening their steps to adapt. The author believes that the Chinese businessmen have to make further efforts to fight for their legal rights. In the future path of development, they are encouraged not only to carry forward their own culture, but also try to integrate into the local economy and the world economy at large.

Key words: Bulgaria; Chinese businessmen; survival; growth; integration

本文所关注的"华商",是指具有中国国籍、从中国本土走出去的商业活动者,也包括具有华裔血统,已经取得住在国国籍的个体商户。在保加利亚的大中型华商企业不在笔者的研究范围。保加利亚华商人数不算太多,据中保商会介绍为两千人左右,但其发展道路曲折,是海外华商中极具代表性的一部分。金融危机以后,华商如何适应当地国家经济发展的需要,当地国家如何更好地利用华商发展本国民族经济,仍然是必须加以深入研究的课题。本文立足于当地国家的社会政治经济实际,分析各种主客观因素,从多学科视角全面系统地研究保加利亚华商在新经济危机下的生存模式和发展方向。①

---

① 本文作者在保加利亚交换留学期间,通过对保加利亚华商的实地调查,获得了许多珍贵的第一手资料。在走访多家华商相对集中的商城和市场过程中,共发出调查问卷 100 份,收回有效问卷 60 份。问卷调查内容设置如下:华商籍贯、经营类别、通过何种途径了解保加利亚及选择其作为发展地的原因、对保加利亚最满意和最不满的两个方面、当地的朋友圈、对未来的发展规划等 6 个方面。同时,力求综合运用多学科理论,侧重从制度变迁的角度对华商发展问题进行比较深入的微观分析,以此为东欧华人经济史和海外华商史的研究提供有益参考,对一般华商经营管理和中保两国经贸关系发展等问题的进一步探讨抛砖引玉。

一、保加利亚的华人移民史

华人是保加利亚最新一代的海外移民。这不仅仅是因为两国历史渊源关系或者文化远近的制约，而是两者共同作用的结果。前者与保加利亚的市场转型有关，后者则是因为全球化改变了移民地理位置的局限性。

自新中国成立至中国改革开放之前，保加利亚境内的涉华婚姻不足十人。保加利亚华人移民潮骤然高涨的背景，与20世纪八九十年代之交东欧及中国一系列政策变动密切相关。从1989年苏东政治大地震开始，在短短两三年时间内，彻底改变了前苏东国家的政治轨道，原国家模式被完全打破，经济结构也在剧变中被肢解。东欧处在翻天覆地的动荡、转型与重整之中，保加利亚也不例外。此时的中国面临着苏东社会主义阵营瓦解的巨大压力。1989—1991年是中国国内“出国潮”涌现的高峰时段，也是移民保加利亚热潮兴盛之际。处于急剧转型①之中的保加利亚刚刚结束长期计划经济模式又急于寻求经济发展，对于外来移民，尤其是“投资移民”或者“商业移民”，无不欢迎之至。这批拥有良好的教育背景和较高社会地位的中国人开创了移民保加利亚的先河，也为后来者打下坚实的基础。

如今来自中国南部省份的经济移民构成了保加利亚华人移民的中坚力量，尤以来自经济较为发达的浙江省及福建省的华人居多。他们通过“连锁迁移”方式，在支付了一定数额的迁移费（用于办理护照和在保加利亚短期居留许可证）后入境保加利亚。因多生于农村地区，② 受教育程度低，这批移民缺乏基本的外语知识和很好的交流能力。然而他们秉承了中国南方人特殊的商业才能，精明、大胆、细致，并且深谙市场经营之道，吃苦耐劳，在商业天赋方面远胜于第一批知识移民。其中80%的经济移民落户索非亚伊连齐市场。至此，一波又一波的移民浪潮，与中国和保加利亚之间的跨境贸易同步高涨，与东欧整个大环境剧变后向市场经济的转型期不谋而合。换言之，数万华人新移民抓住了凸显的经济机遇，成为推动中保贸易往来的民间力量，而他们自身也在大浪淘沙中激流勇进，开创了属于自己的事业。

华商选择到保加利亚发展出于多重考虑：与西欧北美严格的出入境管理不同，更为宽松的签证制度是华商钟情于保加利亚的重要原因之一。也有一

---

① 保加利亚国内称之为民主之路。

② 据笔者所做的问卷调查得出结论。

些华商原本考虑借助保加利亚作为进入西欧的跳板，却在一段时间的适应之后选择留了下来。实际上保加利亚身处欧洲这个强势经济体范畴，继承了欧洲资本主义市场的种种优势，极具开发潜力。相对于西欧、北欧等发达国家高昂的物价与完善的资本市场管理体系，保加利亚步履蹒跚的经济态势更具操作性和上升空间。而保加利亚曾属于社会主义阵营，对于社会主义国家中国更具包容度，也可以适当避免一些民族矛盾和冲突。据调查问卷显示，保加利亚最鲜明的国家特征就是十字路口的地理位置和美好的自然风光。作为连接东西方的交通要道，历史上的保加利亚便是兵家必争之地，而今更是作为华人通往西方发达国家的临时跳板发挥着桥梁作用。一位中国受访者在概括保加利亚的特点时用了这样的形容：这里的绿化与人口呈完全比例。事实上，保加利亚四季分明的气候也是受人追捧的。

二、伊连齐市场——华商的半壁江山

据笔者走访调查结果以及中保商会工作人员介绍，多数保加利亚的华商为浙江青田籍，他们对于行业的选择与青田侨乡的历史沿革关联甚密。青田地处浙江省东南部，东邻温州市，北连丽水市，金丽温高速公路、金丽温铁路以及八百里瓯江穿境而过，是一座承载千年的江南小城。三百年前，青田人便沿着瓯江这条黄金水路，穿越丘陵、高山的屏障，辗转至上海、大连，或循陆路经西伯利亚到达欧洲，或跨太平洋前往日本、美国。在有关青田华侨的史籍记载中，最早远赴欧美的青田人，其最初的谋生手段无一例外地是贩运青田石雕。据民国 24 年《中国年鉴》记载，从 17、18 世纪一直到清朝末年，去欧洲的青田人“初始……皆贩卖青田石，莫不如是”，一旦获利立足，其亲友纷纷效法前往。《华侨经济年鉴》关于此事的记载更为翔实：1888 年，山口村石雕艺人林茂祥“携销其作品……远适美洲。不数年，长次令嗣，先后遍历五洲，所谋皆遂”。据资料记载，至民国初年，移民欧美的青田人已达近万人。久之，外销石雕已无法满足巨大的海外市场，由此便衍生出了百货这个行当。青田人世代传承移民海外的历史，昔日的小县如今已有 23 万多华侨分布在 120 多个国家，成为名副其实的华侨之乡。[①] 而保加利亚伊连齐市

① 青田具有 300 多年华侨史，是浙南地区华侨史记载以来最长的华侨史，至今有 18 万青田人分布于 100 多个国家和地区，并以外汇储量为浙江省县级第一而著名。最早的青田人在欧洲定居之后由行商小贩发展经营餐馆、皮革、服装百货等行业，有少数华侨进入知识界、政界。据考证，海外青田人发达之后前往温州地区购置田产或定居，然后带动了温州的华侨史。

场的华商风貌，也基本代表了青田商人在欧洲的整体风貌。

根据保中商会的介绍，在保的华人华侨约有2000多人，大部分都从事商品批发贸易，“伊连齐”就是当地华商较为集中的商城。“伊连齐”建于20世纪80年代末、90年代初，最初是作为仓库建造的，主要建筑材料为铁皮，后来逐渐变为批发市场。据估计，市场中大概有500家中国商户，占市场商户的1/3。华商经营范围广泛，涉及针织品、鞋帽、儿童玩具、化妆品、电子、工业成品与半成品等。伊连齐市场生意状况良好，日客流量平均达到2.5万人，[①] 甚至有很多保加利亚其他城市或者欧洲其他国家的顾客慕名远道而来。

枝繁叶茂的大家族模式普遍受到华商所推崇，也是其一直延续的家族制度。究其根本，在于中国广大农村偏好直系后代而排斥他姓外人的传统思想。到达保加利亚之后，华商对职业和贸易也保留了这种态度，任人唯亲是导致保加利亚境内华人家族的职业单一性的原因。在小商品零售业，只有4.5%的华商成为保加利亚人的雇佣工。事业起步阶段，49.4%的华人选择为亲戚工作，46%的华人则选择创业。[②] 极具说明性的就是为保加利亚人打工的华人人数毫无增长迹象。

三、新形势下潜藏的商业危机

规模小、外向型、依赖外资程度高是保加利亚经济的三大特点。在全球金融和经济危机进一步蔓延深化的国际大背景下，保加利亚经济所面临的危机是输入型的，其走势主要取决于欧美发达经济体的表现，一荣俱荣，一损俱损。欧美发达经济体深陷全球金融、经济危机的泥潭，经济呈零增长甚至负增长，消费趋于疲软，对外需求下降，直接造成了保加利亚出口下降和外资减少，从而对保实体经济产生了冲击，其具体表现为：

1. 经济发展速度显著下降。据保加利亚统计局统计，2008年第四季度保加利亚国内生产总值同比增长3.6%，创2000年以来季度经济增速新低，而前三个季度的平均增速为7%。2009年保加利亚GDP骤降为-2.0%，2010

① 保加利亚伊连齐官方网站2008年统计数据。

② 统计数据出自保加利亚学者安娜·克勒斯特娃（Анна Кръстева）著：《中国人》（Китайците），保加利亚少数民族和文化合作发展研究中心，2005年版。

年则为 -1.0%。从中不难发现2008年末至2009年是保加利亚经济发展的瓶颈期。

2. 严重依赖外资的房地产市场和建筑业首当其冲，受影响最大。据统计，2008年保吸引外资54.3亿欧元，与上年相比减少了10.9亿欧元，减幅为16.7%。其中，投向房地产市场和建筑业的外资分别为14亿和5亿欧元，与上年相比分别减少了39.1%和14%。自2009年初开始，保新房价格下跌了15%，其中期房、公寓住宅和农用地价格的跌幅甚至达到了30%—40%。80%的建筑企业财务状况不佳，六成房地产公司面临破产。大量房屋囤积，仅首都索非亚市就有11.5万个单位房产待售。

3. 出口下滑，工业生产呈下降趋势，外向型企业境况堪忧。保加利亚出口总额的63%输往欧盟国家，但受金融、经济危机影响，外部需求减少，保出口从2008年第四季度开始减少。据统计，2008年第四季度，保出口同比减少了10.1%。出口的减少，对外向型企业的影响是致命的。据统计，2008年11月和12月，保工业生产指数同比分别下降了9.3%和8.3%，下降幅度最大的行业是纺织服装、化工和金属行业。

4. 失业率逐渐升高，企业面临裁员。保失业率逐渐攀升，2008年11月、12月和2009年1月的失业率分别为5.9%、6.3%和6.5%。保就业署预计保全国大、中型企业3月份计划裁员人数达5500人。其中以加工工业、冶金、纺织和化工行业为主，主要集中在普罗夫迪夫、索非亚、洛维奇、普列文、加布洛沃、布拉戈耶夫格勒等大中城市。因纺织服装行业来自国外的订单锐减，4月份以后，近7.5万名纺织业职工面临失业的危险，其数量约占该行业职工总数的50%。

又据保加利亚工业联合会在2009年12月21日公布的年度报告显示，受经济危机影响，2009年保加利亚95%的公司销售额下降，华商企业自然深受其苦。据保加利亚国家统计局的统计，2009年保中进出口额为5.71亿欧元，同比下降34.1%。其中，保出口为1.15亿欧元，增长4.5%；保从中国进口4.56亿欧元，同比下降39.7%，是保加利亚进口下降幅度较大的国家之一。2010年上半年保加利亚国内失业率达10%左右。由此，保加利亚国民消费理念更趋于保守和理性，华商在瞬息万变的国际舞台上面临着更为沉重的生存负担。

为应对全球金融和经济危机的影响，保政府于2009年制定了一系列的救市措施，涉及经济、金融、商业、农业和社会保障等领域，涵盖国计民生的各主要方面。主要有：经济稳定措施——增加各相关经济领域56亿列弗预算支出；加大交通、能源基础设施建设力度；继续保持10%的欧洲最低企业和个人所得税率。银行稳定措施——2009年4月前通过国家发展银行向各商业银行注资5亿列弗，[①] 用于向中小企业贷款；为10万列弗及以下的个人储蓄提供国家担保。农业扶持措施——2.11亿列弗的农业补贴；10亿欧元的农村发展计划。刺激就业措施——政府投入1.9亿列弗增加5万个新工作岗位等。危机的应对必须是长期且有延续性。上述政策的执行力度将会直接影响到保在应对此次金融和经济危机中的表现。

新危机的迅速蔓延伴随着保加利亚与欧盟融合程度的加深，对保加利亚华商意味着更大的挑战。欧盟区域内的货物资本快速流通是否能够带来全新的商机仍待观察，而日益攀升的生活消费成本的压力却已经迫在眉睫。与欧盟价格接轨的呼声令保加利亚的通货膨胀率高居不下，自由开放的商贸流通也打破了相对封闭的保加利亚市场，引入全新的价格机制与商业竞争体系。欧盟严厉的经济监管使得华商不断调整自身的经营模式，审视或将出现的经营缺漏。

为进一步保护民族工商业，保加利亚海关署加大了对中国货物的监控力度。根据民主调查中心评论，保加利亚每年因走私和进口产自亚洲的廉价商品而损失大约5亿列弗。借入盟之机，保加利亚开始对中国纺织品实行严格的欧盟贸易标准，相关限制规定陆续生效。同时保加利亚也加强了对中国商品的税收管理。对此，保加利亚服装和纺织品进出口协会会长贝特科·施什科夫保持自己的见解。他认为，不论是配额适度还是贸易保护措施，都动摇不了中国货物在保加利亚市场上的根基。过多的限制反而会加剧华商对真实货物价值的隐瞒行为和非法进口行为。

欧盟委员会就保加利亚对里斯本条约的实施情况定期出具报告，其中指出行政能力不足和官僚之风是保加利亚最严峻的问题。报告又指出，保加利亚应改变官僚作风、经济失衡的态势，并采取更多措施来营造一个运作良好的劳动力市场和更具活力的商业环境。华商在保加利亚的日常生活及经营活动都与各政府部门息息相关，如缴纳水电税费和办理出售汽车或公寓等各类必需文件。在实际操作中，常常会出现一些职能部门在不做任何提醒说明的

① 保加利亚现行货币，标准符号：BGL。2008年10月20日美元与列弗汇率约为：1美元 = 1.46684列弗。

情况下，以不完整为名将申请文件退回，或以办理人员心情不好的私人理由将文件无限期往后拖延的情况。过多的行政官僚阻滞显然降低了个体华商的经营热情，不利于进一步吸引华商群体到保投资创业。

低价本是市场竞争的一种手段，是中国商品赢得市场份额的一把利剑。价格优势同样带来了一些负面影响，令保加利亚消费者对中国商品产生了种种误解，认为低价是理所应当的，而高价则有悖于常理。危机之后，保加利亚民众的消费观更趋于保守，价格更成为商品销售的重要因素。为了保证低价，个体华商的确采取过一些“非常”手段，走私是其中一种。过去，在保加利亚经商纳税全凭个人申报，税务官则根据个人申报数额核定课税。华商在填报货物价值的申请单内虚报货物数额，便可省下一大笔税务开支。事实上与十几年前相比，中国国内的生产环境已发生翻天覆地的变化。土地价格居高不下，人力资源向海外流失，国内人才升值，中国商品的生产成本也是节节上升。华商们已然意识到，依靠暂时的非法行径并不能够换得长远发展，而经济危机的洗牌使得他们更加谨慎起来。

国家软实力是近些年中国国内普遍强调的一个概念，即在高速发展经济的同时需要关注文化、国民价值观、影响力、道德标准和文化感召力。对于保加利亚华商而言，整体素质的提升势在必行。海外从商多年的经历赋予了部分华商巨额的财富，由此衍生而出的华商心态变化与行为浮夸，不应小觑。据受访者叙述，个别华商在公开场合出手极为阔绰，炫富色彩浓重，使得保加利亚外界对华商的收入情况颇有好奇之意。工作之余，华商三五成群来到赌场挥金如土，一改平日辛勤劳作之态。深夜之时，华商聚居地总有嘈杂的麻将声伴随左右，影响到社区居民休息。这些生活细节反映了保加利亚华商文明素质的欠缺与自我评价机制的薄弱，将会成为其长远发展的一道瓶颈。

四、华商的生存理念

著名经济学家董辅礽对成功的温州商业模式做过研究，指出其可贵之处在于温州人强烈的致富欲望和创业精神。以董先生的分析为基础，以温商模式为原型，笔者也概括了保加利亚华商守业、创业精神的四方面内涵：一是扎实劳作，二是善于变通，三是保持价格优势，四是淡然的生活方式。

“一水绕城南，春风满渡头。往来人似鲫，终日不停舟”是对名人之乡——青田的真实写照。姚先生是青田华商中极普通的一员，体型瘦小，年龄不详，在索非亚常住十年。他自豪地说，华商的生意遍布世界，每一分钟从他的故乡都会发出一艘满载货物的轮船。不善言语也从不抱怨，姚先生一直保持着紧张忙碌的生活状态。在他看来，华商取得成功的原因很简单："不论何时何地，尽管不断有麻烦缠绕着我们，不断有压力迫使我们回国，我们始终保持勤劳的态度，所以成功了。"

华商素以处事灵活、适应能力超凡和商业嗅觉灵敏著称。欧洲人循规蹈矩的处事原则下恰好彰显了华商的变通能力。计划经济下卖方主导的市场格局已经不再适应新时代的要求，这就需要一场买方与卖方地位互换的大变革。华商并不预先设定目标顾客群体，将每一个前来光顾的客户都奉若上宾。与客户建立起良好的合作关系是一切盈利的先决条件，而"顾客就是上帝"的宗旨也淋漓尽致地体现在华商的经营活动中。在商业角逐中，华商具有先天的优势。中国广大的国土面积、复杂多样的地貌以及风格迥异的地区文化都造就了华商特殊的变通力，能够迅速洞悉不同类型的顾客要求。中国人是天然材料的巧妙加工者，对新鲜事物也有极强的模仿再造能力，这种灵活性和创新能力有助于中国商品成功打入欧洲市场。比如华商在纪念品方面取得很大成绩，那是因为他们懂得挖掘每个国家不同的特点，并对形态各异的民族文化标识进行惟妙惟肖的艺术加工。保加利亚超过半数的"三月结"产自于中国，甚至有保加利亚媒体预测，中国制造的"三月结"将最终取代保加利亚本土的"彼舒—本达"三月结。

价格是"中国制造"风行保加利亚的杀手锏。定价较低的中国商品恰好能够满足保加利亚国民不算太高的消费力，为华商争取到更多的市场份额。一般来说，保加利亚的市场分为三个层次。第一层皆为昂贵的国际一线品牌；第二层是高品质低价格的商品，包括奢侈品牌的仿造品（又称高仿品）和合法的中国商标正品；第三层是产地不详，但多源于中国的商品，摆放于小城市的市场柜台出售。也有质量上乘、价格较高的中国品牌商品，却较少受到保加利亚居民的青睐，转而流向了一些更为发达的国家和地区。美中不足的是，由低价但劣质而引发的不良声誉破坏了中国商品在保加利亚国内的形象。典型代表就是在保加利亚时而可见却装潢简陋的一元店。

华商远离政治的生活态度为他们赢得了更为和平友好的创业环境。他们鲜少观看电视台播放的地区选举广告，不清楚索非亚市长是谁，也没兴趣了解。在华商的观念里，一个好市长应该是不让中国人讨厌的。这也是中国人在伊连齐市场面对形形色色的顾客时所信奉的原则。他们懂得，不带政治评论的生意是一种明智的选择，可以远离纷争，独享太平。

《2009年世界华商发展报告》[①] 显示，全球99%的华商仍在从事资产规模小、技术程度低、竞争力不强、经济效益差的零售业、餐饮服务业、中医针灸等职业。4800万海外华侨华人虽坐拥2.5万亿美元，但其经济仍处于量变的积累阶段，尚未完成进入全球主流经济的质变提升。面对强有力的金融海啸冲击，老式的经营模式已经无法适应。而当初吸引华商留在保加利亚的条件也在不断的震荡变化。随着入盟进程的推进以及入盟后国内改革的加快，保加利亚在经济法律法规、海关进出口通道以及对企业商家的监督管理层面都强化了力度。新华商群体的形成迫在眉睫。致力于谋求合纵连横、互助共赢，才能更好地发展民族品牌和进军高端产业。

五、华商与当地社会的文化碰撞与融合

中保二元文化的融合，并不是单纯将两种文化杂乱无章地堆砌在一起，而是经过理性的交锋、碰撞和长期的磨合、酝酿，有机地融合在一起，共同有序地发展。保加利亚境内华商从谋生到求发展的过程，从文化上来说本身就是一个与保加利亚文明相互包容和吸引的过程，两国人民的生活习性、生活方式和价值观念最终为多数人所认同、理解和接受，甚至逐渐趋于形成一种新的更有活力的多元文化现象。

开放和封闭，这一对反义词恰好概括了华商与保加利亚当地文化碰撞与融合过程中的特点，反映出华人渴望融合又屡遭排斥的矛盾心态。

保加利亚华商多以小家庭为单位居住。出于语言方面的考虑和民族生活习惯差异的担忧，华商群体倾向于在“希望”、“多士多”、“自由”等距离贸易市场较近或者靠近华人工作地的街区租赁公寓。事实上这样的生活方式恰恰造就了文化孤岛现象。二元文化单向性的交流缩小了华商与当地社会交流的口径。据统计，华商主要参与华人群体内部交流（60%的成人和71%的孩子甚至没有一个保加利亚朋友）；大约1/3的人与新环境建立起不同程度的关

① 中国新闻社课题组所著，该报告对世界华商总资产进行了评估；阐述了世界华商和华商经济的发展特点；以翔实的数据和丰富的案例，分别对美洲、亚洲、欧洲、大洋洲、非洲和香港、澳门、台湾的华商发展情况进行了分析与阐述。

联性，甚至重组了自身的交际圈（40%的成年人和近30%的孩子与保加利亚人为友）；[①] 跨国婚姻极为罕见。多数华商拒绝与贸易活动以外的当地人交际，当遇到一些必须与行政部门打交道的特别情况，主要依赖个别通晓当地语言的华人进行沟通。保加利亚国内曾出现很多对华商的不实报道，令他们对媒体失去了信心。谨言慎行的华商小心翼翼地守护着自己的小团体，生活方式比较私密和低调。在民族语言和价值观念方面，华商坚持在华人团体中说着各自不同的方言，只有在面对保加利亚顾客时才使用一些简单的保加利亚商业用语。这样的生活态度最终可能会因为缺少时代气息而令华商止步不前。

成长于保加利亚土地之上的华商的后代可谓是连接其父母与保加利亚的纽带。望子成龙、望女成凤的华商在对待下一代的教育问题上显得十分谨慎，思虑甚远。部分华商无法在观念上完全摒弃中式传统，总怀着深深的“叶落归根”的文化归属感，强调子女的品行操守及中文素养。曾有华商尝试在保加利亚创办中文学校，但至今没有成功，只得退而求其次聘请当地中国留学生为孩子辅导汉语。将孩子送回祖国交由亲人抚养是很大一部分华商的最终选择，用海外打拼的资金为下一代创造一个纯粹的条件优越的母语学习和生活环境。只是这些孩子从小缺乏父母亲的关注与爱护，不可避免地成为中国俗语中的“留守儿童”。那些打算长久定居在保加利亚的华商会把孩子送往保加利亚当地的幼儿园，与保加利亚的同龄人一起接受教育。伴随子女的成长过程父母也等同于经历过一次再教育的洗礼。这部分父母认同入乡随俗，甚至进行家庭饮食改革，全家总动员吃上了保加利亚的传统菜式沙拉。在此需要指出这些真正意义上融入保加利亚生活的孩子们的切身体会：他们对于汉语没有过多兴趣，从文化归属上，更希望获得保加利亚同龄人的认同。尽管他们的保语说得天衣无缝，但保加利亚孩子还是会排斥他们。有个中国孩子说，他的保加利亚同学戏称他是“中国茨冈人[②]”。

对于华商融入当地社会的程度，保加利亚人最具有发言权。笔者通过抽样调查的方式总结出保加利亚人对华商的主要评价。

半数以上的保加利亚公司表明直接受到中国货物“恶性竞争”的伤害。

---

① 数据来自于保加利亚少数民族和文化共同体调查中心。

② 吉普赛人，“罗姆人”的贬义叫法，又称波西米亚人、弗拉明戈人、茨冈人，历史上遭受过纳粹德国的迫害，令世界对罗姆人抱有反面印象，常与乞丐、小偷或人贩子等反面形象挂钩。在保加利亚，罗姆人是令当地政府较为头疼的一支少数民族。

保加利亚国内始终笼罩着一种焦虑，担心中国商品的大量进口将压垮保加利亚的民族经济，进而引发更多的失业。“每当保加利亚人失去了工作或者有任何不顺心的地方，他们就习惯性地归咎于华人、黑人和茨冈人。”①这些保加利亚人声称中国商品质量远低于国际标准，华商更是利用偷逃税款和保险金的方式来保证销售产品的低价。另一种敌意源于种族排外心理，但并不常见。

保加利亚的主流社会对华商评价相对积极。华商谦逊的态度和勤劳的个性令保加利亚人对他们保持宽容接纳的心态。毫不夸张地说，华商掌握着保加利亚市场的半壁江山，中国商品也在时刻影响着保加利亚人民的日常生活。华人会被拿来与世界上最发达的民族比较，例如法国人、德国人、美国人等。保加利亚人眼中的华人是勤劳的、果断的、勇于奋斗的。同住在“希望”街区 63 岁的保加利亚居民西莫娃说：华人商业头脑灵敏，经商天赋极高，可以将 3 元钱采购的货物卖到 15 元的高价。另一位受访者乔丹娃在保加利亚经营一家奢侈品商店，与华商属同行业竞争者。以她经营商店六年的经验来看，任何种类的商品都有一定的需求者。“我从来不跟市场里的华商竞争客源，而是积极拓展其他经营渠道。我欣赏华商那种创新、高效和集约化经营的模式。关键问题不在于商品是什么，而在于保加利亚人并不完全了解成功商人应具备的特质。所以我认为盲目抵制中国货的做法是不可行的。”

归纳起来，保加利亚对华商的评价从横向上大致分为两类：一类从文化角度考虑；另一类从社会经济学角度考虑。第一类观点多是积极乐观的，认为中国移民的融入增加了保加利亚国内文化的多元性；第二类观点则大有百家争鸣之势。纵向上保加利亚对华商的评价也存在分歧：一种观点认为华商的涌入加剧了保加利亚的商业竞争，抢夺了本该属于保加利亚人民的工作机会，中华文化也构成对保加利亚斯拉夫文明的一种入侵和威胁；另一种观点则相对积极，认为华商引入了全新的商业模式，盘活了市场经济，华人文化也是安静存在于保加利亚国土之上的一道独特的异域风景。不难发现，虽然保加利亚人习惯于控诉中国商品，却在日常生活中极其依赖它们，也丝毫没有抵制中国货的意思。笔者认为，这恰恰形象地体现了保加利亚人民对华商爱恨交织的矛盾心态。

---

① 一位在保加利亚定居十年以上的海外移民这样概括。

六、结语

作为一个新生代群体，保加利亚华商的发展仍尚未成熟。在保加利亚仍不具备形成诸如唐人街一般的大型华人聚居社区条件，也缺乏有效维护当地华商合法权益的完整的社会保障体系。与移民西欧和北美的华人相比，其形成的时间较短，内部个体的发展状况也良莠不齐。二十多年的快速膨胀期为他们带来了财富，却也潜藏着文化与文明的欠缺。然而，从求生于欧洲经济缝隙中的“过客”和受到欧洲主流社会排挤的边缘人，到成为其中不可或缺的一分子，保加利亚华商是不应被忽视的一个历史与现实的存在。他们是直接置身于中西文化两极碰撞中的一群人，也是继承着古老中华的传统烙印却又行进在现代市场经济轨道上的一群人。作为一个离开中国本土文化的移民群体，他们在海外社会地位的历史沿革也直接映射了时代风云的翻卷变幻和中国的荣辱盛衰。随着中国国际地位的提高和民族形象的提升，保加利亚境内华商的发展前景是广阔而乐观的。在追求经济目标的同时，于维护国家尊严和民族形象、促进中保两国友好合作关系长期稳定发展以及切实保护国家利益方面，华商也可谓是任重而道远。

参考文献

1. Анна Кръстева, *Българският имиграционен феномен*, Международен център за изследване на малцинствата и културните взаимодействия, 2005. （安娜·克勒斯特娃：《保加利亚的移民现象》，保加利亚少数民族和文化合作发展国际研究中心，2005 年版）。

2. Анна Кръстева, *Китайците*, Международен център за изследване на малцинствата и културните взаимодействия, 2005. （安娜·克勒斯特娃：《中国人》，保加利亚少数民族和文化合作发展国际研究中心，2005 年版）。

3. Антонина Желязкова: *Имигранти от Близкия и Средния изток*, 2005. （安东妮娜·热利亚兹高娃：《来自中东与近东的移民》，2005 年版）。

4. Елена Пенева, *Китайски квартал*, Днес, 1 септември, 2008. （艾列娜·佩内娃：《中国社区》，载《今日报》2008 年 9 月 1 日）。

5. Й. Николов, *Китайската капка*, Кипитал, 1 декември, 2001. （伊·尼科洛夫：《关于中国的点滴》，载《资本报》2001 年 12 月 1 日）。

6. Кристи Петрова *Китайските потайности*, Тема, брой42 , 20 Октомври

2003.（克里斯蒂·佩特洛娃：《揭秘中国》，载《专题》杂志第42期，2003年10月20日）。

7. Мария Иванова, *Дискриминацията към чужденците в България*, http://www.kzd-nondiscrimination.com 2009.07.17（玛利亚·伊凡诺娃：《保加利亚存在的对外国公民的歧视待遇》，网址：http://www.kzd-nondiscrimination.com，2009年7月17日）。

8. 李明欢：《欧洲华侨华人史》，中国华侨出版社，2002年版。

9. Яна Шишкова и любители на Китай, *Всичко за Китай*（娅娜·希什科娃和中国爱好者：《中国概览》）。

10. 张春荣：《保加利亚人钟情中国货》，载《经济日报》2002年1月21日。

11. 周南京主编、刘宏副主编：《华侨华人百科全书·著作学术卷》，中国华侨出版社，2001年版。

12. 《金融危机下的保加利亚金融、经济形势》，商务部网站，2009年6月23日。

13. 孔田平：《试论国际金融危机对中东欧国家的影响》，载《俄罗斯中亚东欧市场》2009年第4期。

中国与欧洲

China and Europe

施蛰存与东欧文学

林温霜
（北京外国语大学欧洲语言文化学院）

提　要：施蛰存是中国现代文学史上独树一帜的作家和翻译家。他以先锋的文学素养、独特的选译视角和现代的翻译手法，为东欧文学的引进做出了贡献。

关键词：施蛰存；东欧文学；译介；现代性

Shi Zhecun and Eastern European Literature

LIN Wenshuang
（School of European Languages & Cultures, Beijing Foreign Studies University）

Abstract: Shi Zhecun was a unique writer and translator in the history of modern Chinese literature. He made great contribution to introducing Eastern European literature to China with his pioneering literary talent, unique translation perspectives and modern translation techniques.

Key words: Shi Zhecun; Eastern European literature; translation; modernity

施蛰存是“五四”运动以来独树一帜的小说家、散文家、诗人、翻译家和编辑家。他妙喻自己一生治学“四扇窗”——古典文学研究为“东窗”、外国文学翻译研究为“西窗”、文学创作与编辑为“南窗”、金石碑版整理研究为“北窗”。施蛰存一生翻译外国文学作品一千多万字，“西窗”产量最多，其中东欧文学的翻译和介绍是成规模的、有系统性的。国内研究施蛰存翻译思想的学者的目光多停留在他对奥地利心理分析小说家显尼志勒的系统译介，以及显尼志勒对他小说创作的影响，忽略了东欧文学及其译介活动在施蛰存翻译思想形成过程中的重要作用。

这种忽略和漠视可能源于施蛰存本人对东欧和苏联文学的一次提及。施蛰存曾明确告诉读者："1950—1958 年，是我译述外国文学的丰收季节，我大约译了二十多本东欧及苏联文学，这些译文，都是从英法文转译的，只是为出版社效劳的工作，不能视作我的文学事业。"①这其中提到的 1950—1958 年的东欧和苏联文学，多因意识形态的过度取向，充当了政治宣传的工具。但施蛰存在 1945 年之前和 1970 年之后翻译的外国文学作品，即他所暗指的真正属于他所追求的"文学事业"，其中东欧文学的数量也远高于任何其他可以以文学划分的地域。并且在施蛰存本人撰写的译序、译后记等论述中，除了概括介绍作品以及作家所在国文学概况之外，也多次言及译者对所译作家作品的由衷喜爱。可见，施蛰存所提的"1950—1958 年的东欧及苏联文学"是他的文学生涯中的一个特定时代、特定现象，不影响他对东欧文学的整体关注和评价。

一、对欧洲"弱小民族"文学的关注

新文学运动时期，外国文学被大量引入，对当时求变、求新的中国知识分子的文学观念产生了巨大影响。施蛰存清楚地认识到翻译工作的重要意义，认识到翻译对中国文学现代化的影响力，因而在写小说的同时也热衷于翻译外国文学。他说："大量外国文学的译本，在中国读者中间广泛地传布了西方的新思想、新观念，使他们获得新知识，改变世界观，使他们相信，应该取鉴于西方文化，来挽救、改造封建落后的中国文化。"②

这种将挽救中国文化寄望于翻译外来文学，尤其是与中国有相似命运的国家的文学的做法在当时已经蔚为风气。周瘦鹃的《欧美短篇小说丛刊》、《小说月报》"弱小民族文学专号"及周作人的《现代小说译丛》几种书刊所载的欧洲诸小国的短篇小说满足着施蛰存的文学渴望，它们"大都是篇幅极短，而强烈地表现着人生各方面的悲哀情绪。这些小说所给我的感动，比任何一个大国度的小说所给我的更大。尤其是'弱小民族文学专号'，其中又

① 转引自陈子善编：《老古董俱乐部——施蛰存译文集》"编后记"，桂林：广西师范大学出版社，2005 年版，第 227 页。

② 施蛰存：《北山散文集》（二），上海：华东师范大学出版社，2001 年版，第 1410 页。

有一些论文，介绍欧洲诸小国文学状况之一斑，使我得到了初步的文学史知识”。[①]施蛰存在外国文学作品的阅读中构想出异国的面貌风情、自然和人文环境，也思考着中国文化的困厄和出路。“我怀念着巴尔干半岛上的那些忠厚而贫苦的农民，我怀念着斯干狄那亚的那些生活在神秘的传说与凛冽的北风中的小市民及渔人。我觉得距离虽远，而人情却宛然如一。在我们的农民中间，并不是没有司徒元伯伯，而在我们的小城市中，也有很多同样的‘老古董’。所可惜的是我们的作家们却从来没有能这样经济又深刻地把他们描写出来，于是我们不能不从旧杂志堆里去寻觅他们了。”[②]可见欧洲小国文学对施蛰存文学素养及文学观的形成具有的启蒙作用。

从20世纪30年代开始，施蛰存就通过英文书报，阅读了解波兰、匈牙利、保加利亚等东欧国家的文学史和重要作家。施蛰存对东欧文学的译介，可以分为三个时期：三四十年代着重翻译心理分析类小说，也涉及现实题材；50年代多翻译赞颂自强不息的民族精神的作品；80年代撷译戏剧作品，尤以独幕剧为主。

三四十年代是施蛰存文学观形成并走向成熟的时期，也是他充分体现“政治上左翼，文艺上自由主义”的时期。

1936年商务印书馆出版了施蛰存选译的《匈牙利短篇小说集》，内收《看不见的伤创》（克思法路提）、《跳舞会》（摩耳）、《洛希那草》（密克扎特）、《舞熊》（巴尔松奈）、《轻骑兵》（海尔采）、《黄昏》（妥木耳凯尼）、《永久的阿孔》（贝加尔）、《银剑柄》（莫尔那）、《丝彩带》（莫里支）、《暗影》（皮鲁）、《淡墨画》（科茨妥朗易）等11篇。同年，还译出《波兰短篇小说集》，其中收入了《两个祈祷者》（式曼斯奇）、《辞行》（娜芙柯丝卡）、《巧克切人》（谢洛修思奇）、《死刑判决》（班特罗夫思奇）、《你记得吗》（奥才式珂）、《灯塔守》（显克微支）、《强的性》（什郎斯奇）、《审判》（莱蒙特）等8篇。

施蛰存热衷于波兰诗歌。1946年抗日战争胜利后，施蛰存回到上海，“第一件事就是到中西旧书店中去访书，以补偿多年来的文化饥渴。”翻译自1936年加拿大温尼伯城波兰书店出版的《波兰抒情诗金库》，是施蛰存买到

① 陈子善编：《老古董俱乐部——施蛰存译文集》，桂林：广西师范大学出版社，2005年版，第93页。

② 同上，第94页

的第一本外国诗。施蛰存认为，这本诗集可以被看作是波兰抒情诗的精粹。“波兰是个多难之邦，几个世纪以来，一向为东西两大强邻所侵占和统治。波兰文学的主题，大多数是为祖国争取独立自由。这二百多首抒情诗也并非例外，无论是抒写爱情，表现人生哲学，还是吟咏风景季节，贯串在大多数诗中的，仍是爱国主义的呼声。”[①] 施蛰存遗憾自己不通波兰文，不能欣赏原作，但考虑到英译本的译者华琛·凯尔克康奈尔是一位深通多国语言和文学的波兰学者，也是一位诗人，所以从中选译了二十几首作为他巡礼外国文学的里程碑，其中五六首曾发表于《大晚报》副刊。后《波兰诗抄》被编入1985 年出版的《域外诗抄》。

20 世纪 40 年代施蛰存辗转福建永安、厦门、三元等地执教，在烽火连天的年代里，潜心研读优秀的外国文学作品，陆续“择优翻译”欧洲“弱小民族文学”，译成短篇小说集《老古董俱乐部》（收入了包括保加利亚、匈牙利、捷克、南斯拉夫诸国的短篇小说）和波兰显克微支的中篇小说《战胜者巴尔代克》，它们与重新修订的旧译奥地利著名心理分析小说家显尼志勒的中篇《自杀之前》一同列为“北山译乘”第一辑前三种，于 1945 年 9 月、10 月和 12 月由福建永安十日谈社初版。同年，施蛰存从英译本转译了匈牙利现代戏剧家弗朗茨·莫尔那的喜剧《丈夫与情人》，使 1945 年成为他文学翻译生涯中辉煌的一年。

20 世纪 50 年代是施蛰存翻译作品相对高产的时期。1952 年翻译出版了保加利亚长篇小说《轭下》；1953 年译出匈牙利莫列支长篇小说《火炬》；1955 年与周启明[②]合译《显克微支短篇小说集》，选译了《炭画》、《为了面包》、《奥尔索》、《酋长》、《误会的笑话》、《灯塔看守人》、《一个普慈南家庭教师的日记》、《胜利者巴尔代克》八篇小说。其中除了《炭画》，其余七篇皆译自施蛰存。

施蛰存用了两年时间，翻译了有“保加利亚文学之父”之称的伊凡·伐佐夫的鸿篇巨制《轭下》，并在中、保两国文学界友好人士的帮助下，对照英、俄两种译本，[③] 完成了中文译本的注释。1952 年 4 月，施蛰存翻译《轭下》译本由上海文化工作出版社初版和再版，使对该书仰慕已久的中国

① 《域外诗抄》，施蛰存译，长沙：湖南人民出版社，1987 年版，第 156 页。

② 周作人笔名。

③ 英译本为文中提到的 1921 年修订版，俄译本为 1950 年莫斯科出版的《伐佐夫选集》第二卷。

读者得以领略它的风貌。后经修改，1954 年 6 月北京作家出版社又印行了第三版。施蛰存对《轭下》的翻译虽是转译，却标志着保加利亚文学在中国译介的第一个高潮时期的到来。这个译本以其所反映的原著的崇高的思想内容、动人的艺术魅力，以及译者对书中的保加利亚历史、风俗及服饰等不易了解的细节给出的充分而达意的注释，在中国读者中具有很高的影响力。同时，这也被看作保加利亚文学在中国的一个重要普及读本。通过这部小说，中国读者了解到在遥远的黑海岸边，一个同自己民族有着相似命运的国度，他们的人民也在经历了被奴役的苦难之后不屈地求得解放。施蛰存对保加利亚文学作品的翻译代表着该国文学在中国的传播过程中的一个重要时期，而他的《轭下》中译本也是在中国最具影响力的保加利亚文学作品之一。

20 世纪 80 年代，经历了“浩劫”的施蛰存重操旧业，继续他的“西窗”煮字生涯。除了修订一些旧译本，主要译作是 1981 年与海岑合编的《外国独幕剧选》第一集，选译捷克耶·荷尔赫列支基的《见证》、波兰塔·普尔什瓦尔斯基的《强盗华史拉》、罗马尼亚扬·卢卡·卡拉迦列的《莱欧尼达先生遇见“反动派”的时候》、阿尔巴尼亚恰尤比的《死后》。这些剧作虽然短小，却以戏剧特有的文学手法对戏剧冲突中人物的心理反差描写得入木三分，体现了施蛰存对心理分析作品的偏爱。

二、选译作品的现代性取向

20 世纪 30 年代的中国，国运衰败，民族命运系于一线。在当时的社会环境中，施蛰存创作和翻译的小说都与救亡图存的左翼文学主题意蕴与艺术追求相去较远。深受弗洛伊德学说的影响，他的作品包括译作都着意于人物潜意识的挖掘，反映双重或多重人格，细腻曲折而又富有层次地展现人物的心理过程。这在当时及之后很长一段时间都不可避免地受到了批判。但是施蛰存所表现出的坚定的文学旨趣，也彰显了他在中国现代文学史上的个性和地位。

在欣赏和译介东欧文学方面，施蛰存也秉承了他注重心理分析、意识流动的选择视角。所译的保加利亚埃林·彼林的短篇小说《圣史璧列侗的眼睛》讲述了圣史璧列侗在被列入圣人之前原是个穷苦的鞋匠，为消除他灵魂里的对女人的欲念，他努力保持同前来光顾的城里那些美丽少妇的距离。但偶然的一次，他的眼角瞥见了一只穿着精致黑丝袜的纤足，灵魂因此发生了扰乱。但信仰的圣感抵抗住了觉醒的欲念，圣史璧列侗为使自己的灵魂得救，用钻子挖出了他曾经遭遇诱惑的眼珠。但这淫猥的幻象仍旧显现出来并且占据他，让他痛苦不已，只得跪求祈祷主赏赐他纯洁的目光。作品表面看是歌颂圣徒在凡尘中表现出的非凡的虔诚和倾向着上帝的洁净思想，但在圣史璧列侗反复的灵魂煎熬中，被信仰所压抑的人性显示出强大力量。在埃林·彼林的众多代表了保加利亚散文之精粹的短篇小说中，《圣史璧列侗的眼睛》算不得绝对经典，但施蛰存选译这篇，从一个侧面反映出译者现代意识的文学倾向——对人性的强烈关注、对社会精神危机的突出表达，着重于描写个人的内心生活、个人的情绪、思想和幻觉。

施蛰存也多翻译以心理描写为主的戏剧作品，如捷克的耶·荷尔赫列支基的戏剧《见证》，在刻画人物矛盾的复杂心理方面颇具匠心。全剧围绕女主人公戴雷莎的性格特点，组织安排了起伏多变、充满跌宕的情节。戴雷莎纠结在与他的丈夫于思妥思的年轻的帮办古斯塔夫的爱情中，痛苦而矛盾，道德感与爱欲的纠缠，迫使她决定放弃这一切，搬离住了 15 年的家。但在搬家那天，对面疯人院的看守跑来要挟戴雷莎，说他 15 年来看到了发生在她家里的一切。作品以出人意料的情节突变和非同一般的悲剧性结尾，把女主人公的性格、心理做了精彩的描述。

施蛰存在这一时期翻译作品同他的文学观念是合而为一的。虽然人物各异，故事有别，但所译作品都以各自的手段表现着爱欲与现实的冲突。在施蛰存看来，这种冲突是生命本能对外部现实的抗争。抗争的结果大多是惨痛的，但生命本能所爆发出的巨大力量，连主人公本人都无法预见和控制，信仰、道德等一切外在的力量都会成为它的敌人，但最终爱欲会战胜一切，直至与生命同归。

20 世纪 40 年代以后，施蛰存对翻译作品的现实意义有更多关注，试图在现代主义和现实主义中找到平衡点。施蛰存翻译波兰作家显克微支的小说《胜利者巴尔代克》，不仅仅是因为它是显克微支“最精致的作品”，“尤其是巴尔代克这个参加过普法战役的英雄，在作者极幽默的笔下，被描写成这样一个狼狈不堪的人物，使我们不期而然的会联想到近年来我国的一些与巴尔代克差不多的为虎作伥的人物。我觉得显克微支的揶揄巴尔代克，正好替我们揶揄了这一批中国的巴尔代克。由于这一点联想，所以我从许多待译的珍珠中尽先译出了这一颗”。[1]

施蛰存在翻译作品的内容选择上，注重外国“弱小民族的文学”，是被这些作品中表现出的自强不息的民族精神所打动，也因为这些作品中的民族意识和民主思想能给当时的中国民众带来启发，关注作品的现实意义和反响。施蛰存在1990年5月3日给保加利亚学者巴佐娃的信中写道：“《轭下》的思想内容是鼓动人民摆脱土耳其帝国的羁轭，争取民族解放和民族独立。这是一部发扬民族主义、爱国主义的作品。如果说，爱情是人的文学的永久主题，那么，爱国主义、民族主义就是一切被侵略、被压迫民族文学的永久主题。《轭下》非但深深地感动了你们的人民，同样也深深地感动了我和我的读者。……几乎每一章都使人心跳的。这样好的一部文学作品，我怎么能放过不译呢?”[2]

施蛰存注重翻译，还有一个重要目的，就是借鉴和学习外国现代文学的题材选取、创作手法，以达到激发中国现代作家创作灵感和提供方法参照的目的。对外国独幕剧的引进和翻译，便体现了施蛰存的这一用心。匈牙利剧作家莫尔那的《丈夫与情人》是由19篇独幕剧组成的剧作，施蛰存称其“全体都是一种喜剧的素描”，题材大多是浮华社会中的男女恋爱纠葛、复杂的三角关系。对此，施蛰存评价说：“我把这个译本第一先供献给习作喜剧的人。这十四篇对话的内容，差不多全是关于恋爱的，而喜剧并不是必须都以恋爱为题。这我知道。……我对于作者的极敏锐、极深刻、极讽刺的恋爱心理学，差不多可以说是完全赞同的。”[3] 由此可见，施蛰存对剧目和剧本的选取，是以借鉴为目的，以欣赏为前提的。

三、翻译手法的现代意识

施蛰存精通英语、法语，但对中国读者知之甚少的欧洲“小国”文学也情有独钟。他对东欧文学的翻译都是转译，不能直接用原文领略作品的原貌或许是他的遗憾，但并未动摇和削减他的翻译热忱。更为重要的是，因为施

---

① 施蛰存：《胜利者巴尔代克》译者引言，载陈子善编《老古董俱乐部——施蛰存译文集》，桂林：广西师范大学出版社，2005年版，第34页。

② 《致巴佐娃》，载陈子善、徐如麒编《施蛰存七十年文选》（三）诗话、词话、书话，第148页。

③ 施蛰存：《丈夫和情人》初版引言，载《北山散文集》（二），第1221页。

蛰存对转译译本的精挑细选，加上他对作品的深刻领悟和现代的翻译手法，使他的译本在准确和精美程度上都不逊于直译本。

近代翻译家严复主张译文要“信、达、雅”，“信”是要忠实于原文，“达”是要充分表达原文的内容，“雅”则是要用雅驯的文辞译出。而早期翻译界过分强调“雅”的境界，宁可失真，也化俗为雅，如果碰到“俚鄙不经之事”，一定都“芟剃不言”。这实际已经违背了“信”字当头的翻译准则。施蛰存则认为中国翻译界应该力求避免这种删节现象，不能为求雅而失去了作品的本来面貌。施蛰存在翻译中也严格遵循着信、达而后雅的原则，多用淳朴的文句进行翻译，避免近代译文的雅词丽语，力求译文忠实、流畅、易懂。

在《域外诗抄》的“序引”中，施蛰存就译诗技巧的理论与实践做了独到的阐释，他不主张为了照顾到原诗的音节和押韵法而失去诗意；也不赞同为了保存原诗的诗意结构或语法结构而逐行直译。而是大胆地提出：“一首诗的美，存在于四个方面：音节、韵法、辞藻、诗意。前面三项都属于语言文字，这是无法翻译的。我们翻译外国诗，恐怕只能要求最忠实地译出其诗意。我对于自己的译诗工作，也只希望能做到传达原意。如果不懂外文的读者，可以借此了解一点外国诗人的思想、感情的表达方法，也就可以满足了。”① 这种翻译策略使施蛰存的译诗显现出现代诗歌的风格特点：冲破格律的束缚，语言趋于口语化、散文化；注重开放的内涵和自由的形式。

施蛰存力求译文准确、忠实，对由于语言习惯和文化差异等造成的翻译困难则采取审慎的态度加以解决，如遍寻解决之道而不得，则不惜笔墨在译文后辅以说明。正文如此，注释也绝不草率处置，严苛地要求译文的精度。1945 年施蛰存翻译《老古董俱乐部》，其中南斯拉夫作家阿洛昇·克莱苐的短篇小说《建筑家》是译自原载于 1924 年的《活时代周刊》。对文中英文译作 Gospod Doctor② 的人物译名，施蛰存经多方查证，仍不能确定译法。所以在译文后特别加以说明，“本文中所谓福音医生，英文乃为 Gospod Doctor。Gospod 一字斜书，遍查不识。意者即 Gospel 之异文乎。故暂作此译，向来是‘慈善的’之意，否则，或者是一种郊区里的牧师而兼医生者。不熟悉中欧

---

① 《域外诗抄》，施蛰存译，长沙：湖南人民出版社，1987 年版，第 II—III 页。

② Gospod 在南斯拉夫语中是“主，上帝”之意，小说中病人将医生视为救他性命的上帝，情急之下称其 Gospod doctor。

社会生活，故不敢定。伏乞读者惠教”。[①] 如今看来，英译本的译者对 Gospod 一词也不理解，索性不译，而直接以斜体标示。施蛰存作为转译者对这种做法并不满意，所以“遍查”试图给出确切的译法。虽然最终未果，但文后的这个特别说明则给读者以清楚的交代，既表明译者的推测，又留下开放的空间以博采读者之长，处理得恰当、得体，又不失译者的严谨风范。

在翻译《轭下》的过程中，施蛰存发现有许多关于土耳其或保加利亚的历史、风俗、服饰等专有名词不易了解和准确达意，英译本的注释又很少。施蛰存并未受制于英译本的这些缺陷，而是找来俄译本《伐佐夫全集》，将其中《轭下》的注释翻译过来，补充到译文里。又经吕叔湘先生介绍，把几条疑问写给在清华大学留学的保加利亚学生祁密珈女士，请她逐一解释清楚。祁密珈女士到上海，施蛰存又抓紧机会与她会晤，多改正了几条注释，多解决了些疑问。后来在祁密珈女士的帮助下，到访中国的保加利亚诗人季米特尔·伯列扬诺夫和小说家乔治·卡拉斯拉沃夫专程到上海与施蛰存见面，针对《轭下》给了他最可靠的解答和注释。

对于人名，包括作者姓名和作品中人物名称的翻译，施蛰存竭力避免近代以后中国翻译外来文学中出现的音译混乱的现象，追求译名所用汉字的美感和前后统一。翻译作品的书名也在保持原书名含义的基础上，体现作品的内涵与汉译意蕴的和谐。施蛰存翻译外国文学作品的书名、人名时所采用的译法，对当代文学翻译起了一定的示范作用。

虽然不是一个专职的翻译家，但施蛰存对中国现代翻译文学，特别是东欧文学译介的贡献是不可低估的。他以其先锋的文学素养、现代的翻译思想和翻译品格，塑造了一个中国翻译史上的典范。

施蛰存是神秘的、多维的、自由的。他与鲁迅之间的争辩在很长一段时间影响了他在中国文坛应有的位置，甚至改变了他的创作轨迹；但也许正是这些遭际，加上他温和而又倔强的性格，使他在任何形式的创作和研究中都保留了独立的人格，其作品，包括译作也因此更经得住人性的拷问、时间的推敲。

---

① 陈子善编：《老古董俱乐部——施蛰存译文集》，桂林：广西师范大学出版社，2005年版，第152—153页。

参考文献

1. 《域外诗抄》，施蛰存译，长沙：湖南人民出版社，1987 年版。

2. 陈子善编：《老古董俱乐部——施蛰存译文集》，桂林：广西师范大学出版社，2005 年版。

3. 施蛰存：《北山散文集》（二），上海：华东师范大学出版社，2001 年版。

4. 伊凡 · 伐佐夫：《轭下》，施蛰存译，北京：人民文学出版社，1982 年版。

5. 杨迎平：《论施蛰存的现代翻译思想》，载《文艺理论研究》2008 年第 5 期。

6. 杨迎平：《施蛰存的诗歌翻译及其对当代诗歌的影响》，载《齐鲁学刊》2009 年第 2 期。

7. 杨迎平：《小说家施蛰存对戏剧的关注和贡献》，载《社会科学》2008 年第 9 期。

8. 耿纪永：《〈现代〉、翻译与文学现代性》，载《同济大学学报》（社会科学版）第 20 卷第 2 期，2009 年 4 月。

中国古代经典在捷克的译介*

——斯多切斯的翻译成就及对中欧文化交流的贡献

徐伟珠

（北京外国语大学欧洲语言文化学院）

提　要：中国古诗词的翻译构成中国古代经典著作在国外译介的重要组成部分。最初的捷克语译本大多从德、法和英等译本进行转译，翻译者并非汉学人士，仅是东方或中国文化爱好者，他们以二手“译本”把东方历史、文化介绍给国人。本论文重点介绍捷克人费迪南·斯多切斯（Ferdinand Stočes，1929— ）——中国古诗词鉴赏者，他毕生研究、转译和翻译中国古诗词，同时对别国的译本查证纠错。作为非汉学专业人士，他在中国古诗词译介方面独树一帜。

关键词：中国古诗词；译本；转译；斯多切斯

Translation and Presentation of Ancient Chinese Works in Czechia

— Ferdinand Stočes and His Contribuition to the Cultural Exchanges Between China and Europe

XU Weizhu

(School of European Languages & Cultures, Beijing Foreign Studies University)

Abstract: Translation of ancient Chinese poetry constitutes an important part of oversea translation of ancient Chinese classics. The first Czech translations were mostly retranslated from the German, French and English translations

* 本文为中国教育部哲学社会科学研究重大课题攻关项目“20 世纪中国古代文化典籍在域外的传播与影响”（项目编号 07ZD0036，项目负责人张西平教授）阶段性成果。

and the translators were not sinologists, but lovers of oriental or Chinese culture. They used their second-hand "translations" to introduce the oriental history and culture to their people. This paper focuses on Ferdinand Stočes (1929 –), a Czech who loves ancient Chinese poetry and has devotes his lifetime studying and translating ancient Chinese poetry and correcting errors in the translations in other languages. As a non-professional sinologist, he has played a unique role in the translation of ancient Chinese poetry.

Key words: ancient Chinese poetry; translations; retranslation; Stočes

中国古代经典著作在国外的译介最早一般涉及佛教、道教和儒家哲学著作，对中国古诗词的翻译也是另一重要组成部分。最初的捷克语译本大多从德语、法语和英语等译本进行转译，翻译者本人不是汉学人士，仅是东方或中国文化爱好者。他们以二手“译本”把东方历史和文化介绍给国人。

最早的《道德经》捷克语译本产生于1878年，由从事东方哲学与宗教研究的学者弗兰基谢克·楚伯尔（František Čupr）转译，他参考了德国学者普兰克内尔（Reinhold von Pländckner）1870年在莱比锡出版的德译本《道德经：通向德行之路》（*Lao-tse, Tao- te-king, Der weg zur Tugend*）和斯坦尼斯拉斯·朱里安（Stanislas Aignan Julien）1842年在巴黎出版的《老子道德经》（*Lao Tseu Tao Te King, Le Livre de la Voie et la de la Vertu par le Philosophe Lao Tseu*）法文本。

崇尚诗歌艺术是捷克重要的文化传统，对中国古诗词的翻译，已历经几代人，作品至今保持恒久的魅力。中国古诗词展示的那种清新、舒展、平和、愉悦的意境，深得捷克民众的喜爱，许多人能够出口成诵。儒家经典“五经”之首的《诗经》和古诗艺术巅峰的唐诗，历久弥新，格外受到欧洲和捷克汉学界的重视，成为学者们译介和研究的重要领域。

中国古典诗歌的翻译，存在从汉语原文直译或者从其他外语译本转译两种方式。在捷克，直译中国古诗一般以汉学家和诗人合作的模式进行。1897年，捷克东方学学者、汉学家鲁道夫·德沃夏克（Rudolf Dvořák）与诗人雅罗斯拉夫·沃尔赫利茨基（Jaroslav *Vrchlicky*）合译《诗经》二册。这是第一部直接从中文翻译的捷克语作品，开启了这种合译模式的先河。类似的其他诗歌译本还有：《关上月》（*Měsíc nad průsmykem*），由汉学家李莎娃（Marta Ryšavá）和希尔沙尔（Josef Hiršal）合译；《中国古诗第三编》（*Třetí zpěvy staré Číny*），由普实克（Jaroslav Průšek）和马泰休斯（Bohumil Mathesius）合译；《古中国之春与秋》（*Jara a podzimy staré Číny*），由乌金（Zlata Černá）和弗拉基斯拉夫（Jan Vladislav）合译；《寒山：玉潭明月》（*Nad nefritovou tůní jasny svit*），由李莎娃和希尔沙尔合译；《寒山：冰山之歌》（*Básně z Ledové hory*），由罗然（Olga Lomová）和布拉霍娃（Alena Bláhová）合译；白居易诗选《杏园枣树》（*Datlovník v meruňkovém sadu*），由高马士（Josef Kolmaš）和施特罗布洛娃（Jana Štroblová）合译；李清照诗选《露痕》（*Jízvy rosy*），由乌金和弗拉基斯拉夫合译。

中国古诗在捷克广为传播，源远流长，无疑，博胡米尔·马泰休斯的转译本《中国古代诗歌》（*Zpěvy staré Číny*）功不可没，他本人是位诗人、俄罗斯文学翻译家。1939年，马泰休斯参照俄、德和法语版本编译了《中国古代诗歌》第一编，其中以《诗经》和唐诗为重点，他凭借深厚的文字功底，用轻松、柔曼的抒情笔调对诗歌进行润色，深深攫住了读者的心，1940年随即推出第二版《中国古诗新编》（*Nové zpěvy staré Číny*）。马泰休斯创意性的翻译风格得到了捷克汉学家普实克的认可，1949年由普实克从汉语直译、马泰休斯修饰的《中国古诗第三编》（*Třetí zpěvy staré Číny*）问世。1950年，《中国古诗》三册合集出版，从诗歌源头《诗经》延续到13世纪的元代，共收录古诗129首。在诗集的后记里，普实克这样写道："诗歌表达一种永恒，马泰休斯恰恰抓住了这种感觉，赋予格律和音韵，犹如溪水在淡淡的忧愁中淌过。轻吟这些诗句，谁会在意，这些诗赋是转译自俄国阿列克谢耶夫的手笔，抑或德语或者法语译本呢。"①

马泰休斯的中国古诗译本获得空前的成功，每推出一版即销售一空。自1939年首版起，经反复修订、扩充，至1988年已经推出了28版，出版量达30万册，几乎每个捷克家庭的书架上都摆放一册。这种盛况以及这本诗集所产生的深远影响，在欧洲其他国家也不多见。甚至二战期间在纳粹集中营里，这本小册子也被悄悄传阅和吟诵，让众多痛苦的心灵得到片刻的抚慰和平静。捷克诗人兼评论家拉基斯拉夫·费卡尔（Ladislav Fikar）这样评价这部诗集："中国，一个古诗词兴盛的强大国度走入捷克语境，其诗歌不单纯被视为经典

① 博·马泰休斯《中国古代诗歌》（*Zpěvy staré Číny*），Melantrich出版社，布拉格，1946年版，第86—87页。

或者宝藏，而且肩负着体现不朽和生命价值的使命。”①

马泰休斯的诗歌译本，在半个世纪之后，启发和导致了另一部更专业、更浩繁的中国古典诗歌转译本——《古中国的歌与诗》（*Písně a verše staré Číny*）的诞生。

《古中国的歌与诗》在2004年由捷克青年出版社出版，第二年就荣膺捷克国家奖——最佳文学翻译年度奖项。这本诗集是迄今为止收录中国古典诗歌最多、介绍最为详尽的捷克语译本，其年代跨度达1500年，从最早的《诗经》一直延伸到14世纪的元、明时代。诗集共321页，翻译诗歌230首，除佚名诗之外，介绍中国诗人66名，其中李白和杜甫的诗歌占据篇幅最大，分别为70首和45首。这部转译诗集的作者叫费迪南·斯多切斯（Ferdinand Stočes），捷克农业专家，多年在联合国和国际农业发展基金会工作，通晓多门外语，足迹遍至世界各地，1971年移民法国。欣赏中国古诗词是他毕生的爱好，并逐渐由欣赏拓展和深入到对诗歌译本的研究，进而往法语和捷克语转译，几十年孜孜不懈的努力使他在翻译和研究中国古诗词领域取得了丰硕的积淀和成果。

学生时代的斯多切斯就迷恋诗歌，当他在20世纪40年代第一次接触到马泰休斯的《中国古代诗歌》时，便沉迷其中不能自拔。几乎每一首诗他都能默诵，这些诗句后来伴随他走过人生的不同阶段。1964年秋，他被派往非洲加纳大学工作，这趟旅程改变了他的人生轨迹。出行时他把诗集也装进了行囊，对他来说，那些隽永的诗句已成为支撑他心灵的故乡的组成部分。他多年辗转于埃塞俄比亚和西非的多哥，身边共事的都是法国人。70年代初，在多哥的一次聚会上，他试着把自己挚爱的几首中国古诗转译成法语，朗诵给法国友人们听，出乎意料得到热烈的回应。那些法国人对中国古诗似乎闻所未闻，这让斯多切斯感到震惊。朋友们追问他：“那些诗句如此慑人心魄，是谁把魅力植入了字里行间，是译者马泰休斯，还是那个中国诗人？”这个问题让他无言以对。除了玩味和诵读，对于中国诗词和诗人，斯多切斯几乎一无所知。他给朋友们承诺，一定会给他们找到答案。当时他自己也不曾料想，这个追寻过程竟然持续了三十余年。

斯多切斯一直以为，瑰丽、神秘的中国古典诗歌，如同在捷克受到的热

① 博·马泰休斯《中国古代诗歌》（*Zpěvy staré Číny*），SNKLHU出版社，布拉格，1961年版，第187页。

烈爱戴那样，整个欧洲一定早已风靡，尤其在英国、法国这些西欧国家。接触到的现实让他深感意外。自20世纪50年代起，虽然西欧已陆续出版了几十种中国古诗选集，然而当地读者，无论是高层文化人士抑或爱好诗歌的普通民众，对中国古诗却知之甚少。这种现象让斯多切斯大惑不解：在法国这样一个文化多元、诗歌传统深厚的国度，为什么那些由知名汉学家译介的抒情优美的中国诗句，除了专业行家们有限的小圈子，走不进读者的心田？

他的疑惑在法国诗人、中国诗歌评论家克洛德·罗伊（Claude Roy）那里得到了诠释。罗伊认为，法国出版的中国古诗翻译语言准确，忠实于原诗，但译者的翻译囿于形式套路，没有把原诗的情绪和意境真正体现和释放出来，而且这种刻板的翻译模式至今仍在延续。罗伊在《夏宫之梦》（*Les songes du palais d'été*）一书里这样坦陈：一个世纪以来，法国人对于中国诗歌的深层次理解与汉学学科的水平提升不相匹配，送到读者手里的中国诗大多是死的，鲜活的甚少。对此，斯多切斯把20世纪五六十年代出版的法译诗集进行了通读，认同了罗伊的观点。他暗自萌生想法，决心亲手把中国抒情古诗从捷克语转译成法语，让法国的普通读者也领略到中国古诗的真谛和魅力。他着手搜集起中国古诗译本的资料。

除了常驻法国和意大利，斯多切斯的职业让他时常有机会涉足德、英、美、俄罗斯和西班牙等诸多国家。每到一处他便钻进书店购书，很快就找到了几十本关于中国古典诗词方面的书籍。在二十余年的时间里，他在世界各地网罗到上百册19世纪末至20世纪初出版的中国古诗的英、德、法、俄语译本，他精心选择前沿汉学家和中国古诗专家的翻译作品和研究著作。犹如集邮爱好者，对于同一首诗他时常拥有30种不同版本的翻译，他把译文复印归类，对比分析，形成个性化的私人诗集。他关注世界各地关于中国古典诗歌的翻译动态，对哪位译者在哪 年翻译了哪几首诗他都了如指掌。斯多切斯意识到，马泰休斯的译本存世已逾半个多世纪，在这50余年里，包括法国汉学在内的世界汉学研究取得了长足的发展。仅从马泰休斯改编的自由体诗歌译本进行转译是远远不够并且达不到水准的，于是他对马泰休斯译本诗歌的原生性开始寻根溯源。大量的史料采集和考证，拓宽和加深了斯多切斯对中国诗歌的理解，在与欧洲汉学家包括捷克汉学家的翻译文本比照的过程里，他找出了许多没有包含在马泰休斯诗集里的新诗。时光荏苒，这类没有被译介的“新诗”越积越多，同时越来越多的新诗人被挖掘了出来，斯多切斯遂又产生新的思考和想法，他把目光开始投向对诗人生平的探索和研究，尤其是他心仪的唐代大诗人李白。

在斯多切斯的个人诗集里，出自马泰休斯译本的诗歌在不断删减，因为在与其他译本进行对照时，他发现好几首古诗查不到汉语原诗的出处，他面临鉴别翻译真伪的考验。

有 5 首诗在马泰休斯的诗歌译本里都没有被提及。通过查阅斯多切斯发现，这几首诗马泰休斯转译自克拉邦德（Alfred Itenschke Klabund）的德语译本《紧锣密鼓——中国战争诗》（*Dumpfe Trommel und berauschtes Gong*），而克拉邦德援引的又是当时年仅 22 岁的朱迪特 · 戈蒂埃（Judith Gautier）的法译本《玉书》（*Le Livre de jade*），这让斯多切斯心生疑窦。进一步探究他发现，1867 年首版的《玉书》里共收入 71 首中国古诗翻译，其中 70 首诗引用了法国汉学家德理文（Marquis d'Hervez Saint-Denys）出版于 1862 年的《唐诗》（*Poésies de l'époque des Thang*）。耐人寻味的是，朱迪特的翻译仅从德理文的译文诗句中摘取片言只字，为打造诗画的意境，她在《玉书》中进行了大胆的虚构和编撰，融入了大量建构中国形象的主观想象。斯多切斯由此得出结论，因译者自身语言能力、文学和知识修养的局限，以往的某些诗歌译本存在误译，存在改编甚至杜撰的现象，他决心公开指出并纠正它们。他坦言：作为工程师，尊重科学法则是其职责。汉学家们可以轻易忽略的东西，他不能。在那些文字瑰丽的诗集里，给读者昭示哪几首诗是真实存在的，哪几首则是匪夷所思的赝品，是他不容推辞的责任。

1985—1990 年，斯多切斯供职的农业基金会在中国拓展了开发项目，他幸运地前往中国常驻。在中国任职的五年里，斯多切斯翔实补充了资料，结识了古诗词翻译的行家。他与长年从事古诗词研究的中国教授们切磋，与香港大学翻译中国古典文学的资深专家探讨。香港学者们除了专职用英语译介中国古典诗词，撰写翻译研究论著，还负责一项诗歌翻译的甄别工作，即对于国外那些找不到原诗匹配的古诗词翻译，标记“不存在”符号输入电脑。正是在王兆杰（Wong Siu-Kit）等专家学者的辅助下，斯多切斯证实了自己对朱迪特的怀疑：《玉书》译本里的 70 首中国古诗不存在原诗依据。

三十多年来，斯多切斯造访汉学家和中国古诗词研究专家，搜集译本、诗人生平和学术文献资料。他以严谨、科学的态度从事中国古诗的转译工作，每一首诗他都参考各国权威汉学家们的翻译，揣摩译者对诗歌的理解、赋予的涵义、选择的关联。在接触到李清照的诗词后，斯多切斯决定不再转译，而要从汉语直接翻译。李清照成为继李白、杜甫之后斯多切斯由衷喜爱的第三位中国诗人。他以李清照诗词全集为蓝本，在意大利罗马师从中国教员郑素学习古汉语。他让郑素把汉语原诗进行解构，逐字进行讲解和诠释，然后把成文的翻译与捷克汉学家们推敲、探讨，弄懂诗句里关键词的涵义和搭配，最终形成自己的译本。

历尽艰辛，天道酬勤，斯多切斯开始收获成果：1987 年，出版法语诗集《不朽的文字》（*Signes immortels*）。1988 年，《不朽的文字》捷克语版本《珠帘》（*Perlový záves*）在慕尼黑自费出版，1994 年在布拉格由捷克青年阵线出版社推出。1992 年，李清照诗集《玉桂花》（*Květy skořicovníku*）在捷克出版，2002 年再版。1999 年，出版李白诗选《天作被，地作枕》（*Nebe mi pokryvkou a země polštářem*）捷克语译本。2003 年，《李白—诗中的生活：诗人李白生平与作品（701—762）》[*Kniha Li Po - Život v básních*"（701 - 762）] 简装本由捷克帕拉茨基大学出版，作者部分自费。2003 年推出法语译本《天作被，地作枕：诗人李白生平与作品（701—762）》（*Le Ciel pour couverture*，*la terre pour oreiller*，*La Vie et l'oeuvre de Li Po*（701 - 762））。相对于捷克语文本，法语译本删减了学术性，更侧重趣味性和可读性。2006 年，推出第二版法语袖珍版。2004 年，《古中国的歌与诗》由捷克青年阵线出版社出版，2005 年荣获捷克文学翻译年度奖。

2007 年 10 月，斯多切斯的又一部巨作——李白传记《贬入凡尘的仙子：李白生平与作品（701—762）》（*Nebešt'an na zemi vyhnany*，*život a dílo Li Poa*（701 - 762））在捷克青年阵线出版社出版，全书共 421 页。这本大部头著作可视为帕拉茨基大学 2003 年出版的简装本的扩充版，添加了作者新的注解、心得和体会。传记的每一章都以李白的诗或史料命名，按年代顺序排列，每一首诗在书后都注解原文出处，既有科学的严格考证，也具备趣味的可读性。这本传记与英国汉学家阿瑟·韦利（Arthur Waley）1950 年在伦敦出版的权威之作《李白的诗歌与生平：701—762》（*The Poetry and Career of Li Po*，701 - 762 *A. D*）遥相呼应，互为观照。斯多切斯以李白的诗歌创作为主线和背景，以诗歌贯穿诗人的生活，勾勒出诗人鲜明、真实的人性肖像，用诗歌在读者心中塑造和凸显诗人的印象，从而作出自己的判断与评价。斯多切斯认为英国人韦利在内心里是不欣赏李白的，呈现在韦利笔下的李白没有个性，近乎于酒鬼。斯多切斯的著作是继韦利之后第二部有关李白生平较全面的传记论述，在法国和捷克的学术界和读者群引起不俗的反响。

斯多切斯的基本翻译要略是：中国古典诗词简约含蓄，翻译时侧重表达意境内涵、突出诗人情绪，从而把诗歌的构架放在次要位置。他的翻译不添加注解，译文抑扬顿挫，节奏稳定，攫住音调和韵律的和谐，展示语言的自然顺畅，一气呵成。在斯多切斯心目中，中国抒情诗本质上是印象派，因此中国古诗词的翻译即是印象派创作，适合意译或者释义，而不宜套用等值翻译手法。对于古诗格式、韵律、声调、结构在欧洲表音文字无法转换和体现的情况下，把握诗句中每个汉字的多义解释，抓住诗歌的基调和意境，突出情感共鸣，让读者在理解的基础上形成意象显得尤为重要。斯多切斯对中国古典诗词执着沉迷，他浓郁的中国文化情结加上笃实、严肃的治学态度，使他得以外行的身份在中国古典诗词翻译和研究领域独树一帜，为捷克汉学填补了几项空白。同时，斯多切斯的翻译也展示了中国古诗词译介的另一种视角和比照。斯多切斯诗译本的贡献在于：首先，他一方面规避忠实刻板的直译，赋予诗歌以唯美、抒情的魅力和可读性，同时杜绝随心所欲的改编和再创造，让法国和捷克的读者体味和领略到中国古典诗词隽永的真谛所在；其次，他在大量史料的基础上，考析、论证并指出了某些法、德译本不科学的误译和杜撰，强调了文学翻译的科学和真实性；第三，他在诗歌翻译的基础上，对诗人李白的生平展开学术探索和研究，终成正果。斯多切斯的作品得到了捷克和国外汉学界的首肯和褒扬，捷克当代汉学权威、翻译家克拉尔（Oldřich Král）教授这样评价："依照'二手'译本进行再创作，即便参照的译本是无暇可信的，但依然怀着暗礁丛生的防范意识，那么，这样的转译比起行家里手那种肤浅呆板的直译要更胜一筹。"①

参考文献

1. 朱学勤：《中国与欧洲文化交流志》第 10 典，上海：上海人民出版社，1998 年版。

2. Bohumil Mathesius, *Zpěvy staré Číny*, Praha, Melantrich, 1950.（博胡米尔·马泰休斯：《中国古代诗歌》，布拉格：Melantrich 出版社，1950 年版）。

3. Zlata Černá, Jan Vladislav, *Jara a podzimy staré Číny*, Praha, Mladá fronta, 1961.

① 费·斯多切斯：《玉桂花》*Květy skořicovníku*，布拉格：青年阵线出版社，1992 年版，第 104 页。

（乌金、杨·弗拉基斯拉夫：《古中国之春与秋》，布拉格：青年阵线出版社，1961年版）

4. Ferdinand Stočes, *Květy skořicovníku*, Praha, Mladá fronta, 1992.（费迪南·斯多切斯：《玉桂花》，布拉格：青年阵线出版社，1992 年版）。

5. Ferdinand Stočes, *Li Po - Život v básních*, *Život a dílo básníka Li Poa*（701 - 762）, Olomouc, Nakladatelství UP, 2003.（费迪南·斯多切斯：《李白——诗中的生活：诗人李白生平与作品（701—762）》，奥洛莫茨：帕拉茨基大学出版社，2003 年版）。

6. Ferdinand Stočes, *Písně a verše staré Číny*, Praha, Mladá fronta, 2004.（费迪南·斯多切斯：《古中国的歌与诗》，布拉格：青年阵线出版社，2004 年版）。

7. Ferdinand Stočes, *Nebeý žan na zemi vyhnany*, *život a dílo Li Poa*（701 - 762）, Praha, Mladà fronta, 2007.（费迪南·斯多切斯：《贬入凡尘的仙子：李白生平与作品（701—762）》，布拉格：青年阵线出版社，2007 年版）。

孔子进入罗马尼亚文三百年考述*

［罗］伊丽亚娜·霍加—韦利什库（杨玲）
（罗马尼亚布加勒斯特大学）

一、引言

在马可波罗（1254—1324）之后，最为轰动的当数尼古拉·米列斯库·斯帕塔鲁（Spătarul Nicolae Milescu，1636—1708）对中国的踏访。这位出自瓦斯卢伊一带的摩尔多瓦人，堪称中国人及其国家相关知识方面笃诚而敏慧的传布者，他撰著的三部作品和绘制的数种地图，通过欧洲当时最著名的学者福伊（Foy de la Neuville）、（Philippe Avril）、斯帕尔文斐尔德（I. G. Sparwenfeldt）或伊万·科克拉乌斯（Ioan Cochlaeus）等人的评介，迅即在欧洲产生反响。而当时在罗马尼亚地域上，有关远东和中国的地理知识还极为粗泛。

欧洲在不断深化对世界的认识，17 世纪承继了 16 世纪作为遗产留下的任务。譬如，康帕内拉（Tommaso Campanella，1568—1639）就坚持认为，通过发现和研究中国将建立一种新的世界观①，中国以丰厚无限的物质文化元素，成为最光辉的地域范例，那里几千年的各种神秘事物都有待人们深入了解并向全世界传布。

---

* 本文为中国教育部哲学社会科学研究重大课题攻关项目“20 世纪中国古代文化典籍在域外的传播与影响”（项目编号 07ZD0036）阶段性成果；作为会议论文，曾提交北京外国语大学与罗兰大学联合举办的“中国与中东欧文化交流的历史与现状国际学术研讨会”（2009 年 5 月 28—29 日，布达佩斯）；另收入作者与骆东泉合著的《中国文化集粹》（*Nestemate ale culturii chineze*）一书，布加勒斯特：Capitel 出版社，2009 年版。

① ［法国］保罗·阿扎尔：《欧洲意识的危机》（*Criza conştiinţei europene*），布加勒斯特：宇宙出版社，1973 年版，第 8 页。

尼古拉·米列斯库·斯帕塔鲁之后的罗马尼亚知识阶层，在努力扩大对世界的认识、以创造自身的繁荣和进步方面颇为突出。面向世界，是罗马尼亚文化领域中一个源远流长的进程，因为西方，也包括东方，都拥有涉及我们国家民族历史的重要文献史料。当时罗马尼亚文人学者理解和感知的东方，在地理上仅仅指近东或小亚细亚的土耳其和阿拉伯世界，我们所涉指的其地理文化和政治空间已为世人熟知。第一位将概念延伸到远东的评注学者是阿古莱蒂（Th. Avr. Aguletti），① 他所提出的并非对中国地理文化的阐释，而是鼓励罗马尼亚人要重视“法国东方学家协会”开展的东方学研究，该协会即1822年创办的“亚细亚学会”（Société asiatique），所出版的《亚细亚学报》（*Journal asiatique*）对我们来说是极有价值的信息来源：“……自1790年以来，在法兰西学院就开展诸多研究，包括马来语、摩尔语、兴都斯坦语、鞑靼—满语、汉语、亚美尼亚语、民间希腊语、民间阿拉伯语（阿拉伯语教研室由亨利三世和路易十三建立）、土耳其语等……”② 该文还包括涉及东方学研究重要意义的实质性评价，明确指出“全欧诸多学者正开始把东方文学视为一个巨大的整体，将其作为人类历史的基础”；同时强调“需要培养我们的专业人员，能够理解东方问题并深入研究各种涉及社会、政治和语言、宗教与文化的参考文献——简而言之，研究东方的全部生活”。③

罗马尼亚报界从其诞生之初就成为东方问题的一个敏锐接受者，首先是对土耳其人和阿拉伯世界，之后是关于印度、波斯和中国，“随着时间的推进，逐渐形成了一种东方思想的良好传统，其博学的代表人物有梵文学家西门斯基（Simenschi）、亚述学家内戈伊策（Negoiţă）、阿拉伯学家约索佩斯库（Iosopescu）、伊朗学家波佩斯库—乔克内尔（Popescu-Ciocănel）、希伯来学家瓦·拉杜（V. Radu），埃及学与汉学只是在今天才得到发展”。④ 这一说法是指直到建立共和国之后，在1949—1950年间，一批为数很少的罗马尼亚学生才进入中国的高等教育中心，在不同学科领域的权威专家指导下，投身于语言文学、历史、外交、农业和陶瓷等不同专业，并由此开启罗马尼亚人学习

① Th. Avr. 阿古莱蒂：《关于东方学研究中专门涉及罗马尼亚人的著述》（*Asupra însemnărilor studiilor orientale cu privire specială la români*），布加勒斯特，1897年。

② 同上书，第31页。

③ 同上书，第20页及之后。

④ 奥维迪乌·德林巴：《世界文学史》（*Istoria literaturii universale*），布加勒斯特：教学与教育出版社，1968年版，第52页。

汉语和中国文化的时代。

这批志同道合的汉学家是从中国的精神世界内部去深度了解这个国家的，经过对古代汉语和现代汉语十年的研习培养，到“文革”前已经奠定了坚实的基础，能够细致入微地理解中国观念，以及语言、文化和文明方面的大量实际情况，成为中国文化进入罗马尼亚思想和感知方面的开路者。20 世纪五六十年代培养的专业人员，怀有对中国的景仰，将自己的毕生奉献给与中国相关的工作和研究，堪称罗马尼亚中国学学科的“先驱”。他们富有创造性和建设性，笃学严谨，习惯直接从中国的文献资料出发来研究中国的问题。这些真正的汉学家有意绕开能够提供“歇脚便利”的那些外国对华研究，而依靠自己的艰苦探索来揭示中国，对先前提供给罗马尼亚人的那些模仿性的、远离中国实际、产生意义丢失和偏误的研究进行了修正。

原因何在？中国人的传世典籍有几千年的历史，对我们来说是非常明确的东西，其理念清晰透彻，而对它的感知应当只有一种，只能是中国人的，而非属外国人。

一些固执己见的外国人，似乎能够以各自的方式①理解他们从中国古代传统与思想中需要的东西，用一些人为创造的术语和概念，诸如以所谓“现代”视角，通过“论与再论”，“重读”、“再读”来“改编”中国经典贤哲，这种视角无非是要“颠覆”古代典范的孔子，用另一个符合当今现代化进程的“孔子”取而代之。

作为在认识博大精深中国的道路上的艰辛跋涉者，笔者记忆中总呈现着那些使自己富有的知识，并将那些认真守护着中国精神遗产——也是世界文明的重要部分——的人们的思想，视为一种道义要求。在曲阜孔庙的门票背后，笔者看到了这种思想：“人类要在 21 世纪生存下去，必须要从两千五百

---

① 罗穆鲁斯·约恩·布杜拉：“中国，崛起的超级大国”，载《浓情挚意万万千，罗中关系三百年》（*Evantaiul celor 10. 000 de gânduri. România şi China*：*Trei veacuri de istorie*），布加勒斯特：“扬·克里斯托尤”出版社，1999 年版。文中写道：“50 年代有一位名气不扬的民间作家曾诧异地发现，那些到中国访问了几天的人可以就这个国家写上一部厚书，那些访问几周的人可以写一部中等篇幅的书，那些访问了几个月的人能写篇专论，而那些在中华帝国生活了数年的人，只能写上几篇文章，甚至什么都写不出来了。这一现象该如何解释，当然是众说纷纭。不过，这位作家想说的倒是实情：对中国社会认识的深入过程，会暴露出你的不知或不解，这就提醒你必须审慎，必须有度。第二次世界大战以前罗马尼亚人关于中国的论述，撇开尼古拉·米列斯库·斯帕塔鲁著述这一特例，包括战后的那些著作，通常不过是以西方文献为基础、而非通过直接观察提出的论述、观点和撰写的研究……”

年前孔子那里去寻找智慧……”——这是当今中国意识复兴的真正理由，不用什么“再论”孔子。

中国意识在封建君主制的中国被赋予历史性和多重改造，直到当代，经过了这样千百年的教义旅行之后通过儒家思想得到复兴，这对于外国来说意味着回归“儒家学说”在欧洲的初始。在那个年代，学识渊博的基督教耶稣会士们主动承受了一种刻意的殉道，他们在中国生活了几十年甚至死在中国，他们对各种准则、箴言、思想和格言作了艰苦卓绝的长年探索，最终将中国思想宝库中最重要遗产的儒家思想奉献给欧洲大陆的文明世界。当然，这些身为耶稣会士的学者，为发现孔子付出的辛劳，也在他们努力向中国人传播基督教的终极使命范围，其心灵已受到被耶稣会士称为“中国贤哲孔子”（*Confucius Sinarum Philosophus*）本身的陶冶。

基督教道德与《论语》释放的原始人道主义之间的某些契合，引发了外国人对中国人的这位精神领袖的喜爱热潮——在那些刚到成年的年轻人眼里，孔子是一位巨人，犹如至尊无上的大主教，用自己的思想保护着整个中国古代思想体系。

利玛窦（1552—1610）在1583年决定留在中国，当时不过31岁，他最终也死在中国。当他向耶稣会撰写最初的《报告》时提到了“孔子”（Confucius），当时被他称作“孔夫子”（Confutius），是中国人尊崇的至圣先师，这个名字散见于中国地理和历史方面的各种研究著述，而这些也正是利玛窦为之痴迷的。又过去了3/4世纪。此时37岁的殷铎泽（Prospero Intercetta，1625—1696）发现孔子著作中万物有度，它赋予中国精神以身份，使孔子的拉丁化名字与佛的名字一起永存世间，他们两位因对世界文化的命运所产生的重大影响，而成为大地上被人们最常提起的名字。

耶稣会士——笔者这里只提到利玛窦和殷铎泽——是最先深入探究中国人心灵的一批人，他们关爱普通民众，厚待一些条件和观念特殊、有代表性的社会群体，凭着良知来推广对孔子的神圣崇拜，他们深信中国哲学具有强烈的基督教成分。这些有价值的判断对于他们的后人来说几乎无关紧要，中国文献已经向我们展示他们一手持《圣经》，另一手握儒家经书，他们在中国传教期间从不离手，他们提出并发展了属于职业信仰的“合儒”和“补儒”观念。不论怎样，欧洲传教士学者学习汉语口语，用以向文化程度参差不齐的人群传布基督教义，孜孜不倦地研习古文典籍，以深入文字和精神，即使今天已经与他们生活的年代相距遥远，然其热情和执著仍令我们心怀崇敬，感佩至深！尤其令人赞叹的是，他们对中国一往情深，对作为文化最重要组成部分的语言饶有兴致，并不遗余力地将儒家经典翻译成拉丁文向欧洲传播——《大学》（*Marea Învăţătură*）和《论语》（*Cugetările*）在 1662 年刊行，7 年之后又有《中庸》（*Calea de mijloc*）和《孔子传》（*Compendium despre viaţa lui Confucius*）合题为《中国的政治道德学》（*Moralitatea în guvernarea Chinei*）问世。

经过真正的创造阵痛之后，殷铎泽在去世前十年的时候完成了作品《中国四书》——《大学》、《中庸》、《论语》和《孟子》，编就《中国贤哲孔子》（*Confucius Sinarum Philosophus*），1687 年用拉丁文在巴黎出版，印有孔子像，扉页标题是“国学仲尼天下先师”（Zhong Ni - Învaţatul ţării，cel dintâi profet al Lumii de sub Cer），中国人熟悉的名称是《西文四书解》——欧洲后来对儒家学说的所有研究均源于此，但其文字和思想表述之精准、译者对自然精彩的中国精神之忠实，却无人能与之相比，因为译者身在中国，生活在中国人之间，从内部把握了现象本身。①

二、孔子流传正未有穷期

“国学仲尼天下先师”是在欧洲文化范围发现的“孔子出生证”，其内涵如此丰富独特，以至于自唐朝（618—907 年）到后来整个中古时代，历代皇家对孔子冠以的“文宣王”，中国思想的“玄圣”、“至圣”、“大成”和“隆道公”等赞辞，都恰当地融会在对这位进入欧洲的“国学”的描述中。人们都不会忘记两千多年前中国的史学之父司马迁（前 145—前 86）在孔子墓前的虔诚思考：“余祗迴留之不能去云……孔子布衣，传十余世……自天子王侯，中国言六艺者折中于夫子，可谓至圣矣！”②

孔子在欧洲的轰动迅即、巨大而持久，其流传之广与最初特定而完美的强烈冲击密不可分，爱读古旧书籍译本的欧洲人，把对人生的参悟和孔子的论著变成了信仰的表白，以无可比拟的兴奋庄重接受“世界上产生的最大智

① 张岱年主编：《孔子大辞典》，上海：上海辞书出版社，1993 年版，共 1188 页，汇集了儒家典籍在世界流布的全部信息。

② 参见胡佩韦：《司马迁和史记》，上海：中华书局，1962 年版。（原文见《史记·孔子世家》——译注）

者是一位名叫孔子的中国人”。① ——这一公正的衡量在渴求知识的西方文人学者内心反应强烈，它体现了当时正值繁盛的浪漫主义流派对边远地域文化的关注，来自中国的异域情调引发了人们巨大的兴趣。

值得我们欣慰的是，在19世纪罗马尼亚知识阶层中，文学泰斗爱明内斯库和斯拉维奇是最早为新颖的中国思想所吸引的学者。作为姗姗来迟的罗马尼亚浪漫主义的一声回响，孔子完美地进入了思想大师的行列，与叔本华、佛陀、康德、达尔文、卢梭、佩斯特拉齐、洛克、斯宾塞等一起，为斯拉维奇的思想提供了丰富的养分。

斯拉维奇的思想对中国古代哲学的摄取发生在他初到维也纳的时候，在认识哲学方面“爱明内斯库带他品尝了涩果”，叔本华是他们两人汲取的第一处“源头活水”。当时，爱明内斯库正在深入研读《吠陀》和《奥义书》，在他的鼓励下，斯拉维奇如饥似渴地沉浸于孔子的《论语》，从中发现中国智慧的力量。德国哲学家赞美孔子是“世界上产生的最大智者”，这促使斯拉维奇去解读藏于这些话语的真谛：“斯拉维奇与爱明内斯库对孔子都极为崇拜，他曾坦言，在孔子大师的诸多教诲中，他所汲取的是：秉正，求理，明善，思诚。”②

多年以后，有一篇在罗马尼亚与中国文化关系研究方面的经典论文《斯拉维奇与孔子》，着重阐述孔子思想体系在罗马尼亚的接受，为我们完整地展示了孔子在罗马尼亚文化范围内受到的深入研究和赞誉，包括那些箴言的精神与文字，对前帝国时期中国历史情况③的看法，儒家思想运动的兴盛年代，汉、唐两代及传统教育的模式，宋明新儒学视角，孔子思想准则的普遍性程度以及为欧洲哲学家们称道和斯拉维奇实践的功用主义优点。

斯拉维奇是渊博的学者和杰出的教育家，马约雷斯库、约尔卡、加拉克蒂昂都赞扬其才学，称其为“国民先生”，他本人也坦言“过去和现在都是教书先生”。他生命中的十年时间都致力于创建位于莫古雷勒的“奥泰特莱沙努”学院，作为教育单位，其目标是“使妇女成为贤妻良母，成为真正的家庭主人，能够独立地修行和培育罗马尼亚社会的家庭精神、健康的家庭生

① 参见扬·布雷亚祖：“斯拉维奇与孔子”（*Slavici şi Confucius*），载《文学研究》，锡比乌，1948年，第13页。这一论断出自叔本华，见《论自然中的意志》中“汉学”一章。

② 埃廖诺拉·斯拉维奇：“一场心灵官司的辩护”，载《边陲》1953年第12期，第7页，阿拉德。

③ 扬·斯拉维奇写有一部世界史专著，其中有1/3的篇幅述及中国历史。

活观念、良好的道德风尚、热爱家国的情操”。作为学院的院长，斯拉维奇按照孔子提出的教育理想模式编写教科书，撰写文章，他的教育理论家和实践者的热情，以及在锡比乌的报刊《家园》和《论坛》开展的大量活动，都是一种社会改良理想的具体实践，同时也体现了孔子对罗马尼亚文人学者产生的深远影响。[①] 斯拉维奇的广博学识有着叔本华唯意志论思想的基础，这决定了他与孔子在思想准则上的契合，其最终目标是在罗马尼亚文化范围建立一种儒家类型的知识分子模式——孔子道德理想的“君子”范式，而斯拉维奇本身就是最有说服力的典范。

情绪的感染对于公国统一后的罗马尼亚文人学者来说是一种颇具特点的现象，他们学识渊博，对欧洲科学、文学、社会政治和经济学知识通过各种语言媒介的传入同声相应、同气相求，日耳曼文化圈也针对阿尔迪亚尔人，尤其重视与全国其他地区的思想和信息交流，这正是罗马尼亚人对孔子及其观念广为关注的原因。

自20世纪初，罗马尼亚文学报刊就担当起社会道德塑造者的角色，大约从1918年起，罗马尼亚人以愈加强烈的兴趣参与世界范围的美学思想交流，使民族解放兴起，中国哲学与道德方面的部分内容得到不断反映，其中孔子及其思想和语录最受关注。[②] 对于孔子的伟大，朱熹（1130—1200）曾以最简洁的语言向我们指出：国不可一日无孔子。国因其学而拥有文明，得以统治，建立传统，国势昌盛，农业和工业繁荣。我们对其感念浩如天地，因其启迪开发了我们的天赋。尊孔永之不过。[③]

---

① 扬·斯拉维奇:《理性教育》，“密涅瓦文库”，布加勒斯特，1908年，以及《道德教育》，“密涅瓦文库”，布加勒斯特，1909年；均为受孔子思想影响的观念方面的论述。

② “格言”，载《地平线》第1卷（1921）第26期，7月28日，第20页，关于中国妇女状况的几条孔子语录。“格言”，载《地平线》第3卷（1923）第6期，2月8日，第44页，孔子智慧。“孔子墓”，载《地平线》第3卷（1923）第14期，4月5日，第122页，描写孔子大师的墓地并作若干说明。“插图”，载《地平线》第3卷（1923）第16期，4月19日，第144页，为满洲原野上矗立的孔子塑像。“孔子诞辰2479年”，载《世界镜像》第7卷（1928），第49期，12月1日，第7页，报道海外华人在欧洲举行的纪念活动。

③ 转引自G. Soulié de Morant：《孔子生平》，Ram出版社，戈尔日，阿尼诺阿萨，见“开篇”，第1页。

三、20世纪孔子著作罗马尼亚文译介事迹

（一）（未标出版年代）约1941—1942年，乔治·苏利耶·德莫朗（G. Soulié de Morant）[①]：《孔子生平》［*Viaţa lui Confucius*（*Krong Ţe*）］，格奥尔基·迪霍尤从法文翻译，Ram出版社，戈尔日，阿尼诺阿萨

1. 版本信息

A5开本，高级不透明厚纸印刷。

封面插画为孔子壮年期的肖像，根据作者G. Soulié de Morant在“前言”所述，画像作于1749年。这幅头像由A. Ouvré根据1749年的一幅孔子头戴儒冠绘像木刻而成。

全书共28章，按年代叙述孔子生平，每章正文以一花饰艺术体字母开头。

封底印有：价格：60列伊；书的最后4页为Ram出版社的出版信息；社址：戈尔日县阿尼诺阿萨乡，比贝什蒂邮局；出版信息和目录索要即赠。

值得注意的是，Ram出版社在已刊印的17种图书中还提到《老子：道德经》（*Lao Tse*：*Tao Te King*）并附有如下引文提示：“天之道，利而不害”……“知不知，尚矣；不知知，病矣”……“上士闻道，勤能行之；中士闻道，若存若亡；下士闻道，大而笑之。”……书价：30列伊。

2. 《孔子生平》——全书结构与叙事核心

（1）孔子时代的中国；姓氏；降生；世家（2）最初的职位；娶妻；生子；人品喜好；问礼老子；最初的弟子；动荡的列国（3）孔子在齐国（4）困顿；简朴（5）转动的车轮（6）仕途上升（7）道胜于内（8）道胜于外（9）显赫招嫉（10）过时的方法；孔子离开鲁国（11）流离；初到卫国；孔子于危难（12）在卫国；因乱而离（13）在宋国；死亡威胁（14）往返陈蔡两国（15）在鲁国（16）颜渊卒；又到陈国（17）再到卫国；回归故里（18）智者的晚年（19）遗嘱与卒（20）殡葬；祭奠（21）身后事。

① 在部分医学文献资料中，亦称李理、苏理。——译注

3. 《孔子生平》的作者和译者

作者乔治·苏利耶·德莫朗（1878 年生于巴黎，1955 年去世）才识超凡，他拥有司马迁撰著的明朝印本《史记》32 册。他用中文通读了 12 世纪理学家朱熹的全部著作，编写首部孔子全传在西方出版，在中国也未有同类著作。

从“开篇”即可强烈地感到作者由衷喜好在书中探究的主题，熟悉中国的特点和中国人的天性，对他们的深入了解就等同于对亚洲的理解力。中国是乔治·苏利耶·德莫朗生活了近二十年的国度，他跟随中国学者学习文言文、音乐和诗歌、针灸和中医典籍，他是从中国人那里取得资质后在西方应用并传播针灸的唯一外国人，他本人也深受其益，1905 年北京发生霍乱期间，他和许多中国人染病后，都是通过针灸进行治疗。

格奥尔基·迪霍尤教授的译本文笔优美，语言典雅，句子流畅，这些都令读者产生了阅读的愉悦，缺憾是从法文转译了长串的人名和地名，读起来吃力且难以记忆。

4. 该书在罗马尼亚文化中的影响

《孔子生平》一书的出版与“斯拉维奇与孔子”的年代相隔 70 多年，在两次世界大战之间，精英、博雅并渴望了解边远地域地理文化的罗马尼亚知识阶层对该书引起浓厚的兴趣。

中国以苦难深重的近代历史引起了世界各国人民的关注，他们同情中国的种种不幸遭遇。按照 1949 年中国解放以前罗马尼亚社会政治和文化报刊的介绍，人们感知的中国是一个英烈辈出的国度。

（二）（未标出版年代）约 1941—1942 年，《孔子箴言录》［*Preceptele lui Confucius*（*Krong Ţe*）］，乔治·苏利耶·德莫朗从中文翻译，乔治·杜尔库教授根据乔治·苏利耶·德莫朗先生的授权用罗马尼亚文出版，Ram 出版社，戈尔日，阿尼诺阿萨

1. 版本信息

A5 开本，高级不透明厚纸印刷，112 页。

封面印有内容要点：方法；人的完善；义务与方式；读书人与智慧；性格；情感；社会关系的完善；统治者与被统治者之间关系的完善；与看不见的世界之间关系的完善。

封底印有：价格：50 列伊；上方为中国图书《老子：道德经》（*Lao Tse*：*Tao Te King*）的分析，下方是根据印度 Jwala Prasad Singhal 教授的观点做的“宗教概观”，提到了世界上所有宗教。

关于《道德经》，分析文字指出：“世纪轮回。世间荣耀如尘埃灰烬随风飘散。神的荣耀旷世永恒。欧洲人的形而上学思想与老子登峰造极的荣耀和光芒孰高孰低？希望在创作和理解上超过爱明内斯库的罗马尼亚思想家，要深入研读这些属于永恒智慧的著作。”

该书有乔治·苏利耶·德莫朗撰写的“前言”，着重阐述了法国自 18 世纪就出现的对中国的兴趣，提到耶稣会士和以对中国社会怀有浓厚热情而著称的伏尔泰（1694—1778）。

乔治·苏利耶·德莫朗通晓蒙语和日语，是学识广博的东方学家，著有许多有关中国音乐和绘画的书籍，1929 年翻译《孔子箴言录》，那时他对汉语的掌握已是炉火纯青。他从 8 岁起，就在侨居巴黎的有名的中国家庭教师 Ding Dongling 指导下学习汉语。Ding 在泰奥菲尔·戈蒂埃（Théophile Gautier，1811—1872）的知识分子圈里人缘很好，与译者的父亲德莫朗医生一家也是好朋友——《孔子箴言录》一书的真正译者，还是这些奠定中国典籍直接外译的文化传统的老翻译家。

笔者阅读了乔治·苏利耶·德莫朗的传记，仔细研究了这位中国和孔子思想的热爱者的生平，在他看来，孔子的思想如同训诫，其中的真理是普遍而永恒的。究其辉煌一生，可以看到这位汉学家不仅通晓古汉语，而且人品高尚，这正是那个年代要跨越古汉语的艰深晦涩、开启世人尚不了解的中国历史、文学、艺术和科学奥秘的成功钥匙。

2.《孔子箴言录》——全书结构与叙事核心

第一，方法。（1）最高的学问（曾子辑）；人的完善。（2）义务与方式。自我完善的义务；如何自我完善。（3）读书人与智慧。学习；意识；音乐；先见之明，洞察力。第二，人的完善。（4）性格。毅力，意志，美德；英勇；坚韧，顽强；忠，信；宽恕与善意；大怒与耐心，安详与担忧；傲慢；慷慨、浪费与吝啬。第三，人的完善。（5）感情。感情的混合与起因；孝道；父母之恩；放纵；友情；爱憎；乐趣；家庭。第四，社会关系的完善。（6）礼；互利；公正；社会中的人；富有与贫穷；同级关系；对上关系；对下关系。第五，被统治者与统治者之间关系的完善。（7）统治的需要；统治的目的；当政者的完善。被统治者的完善。（8）与看不见的世界之间关系的完善：命运；死与亡故者；看不见的生命。①

3. 该书在罗马尼亚文化中的影响

在此值得一说的是译者的语言天赋，他在罗马尼亚语词汇中选择了那些包括了整个伦理道德和神话民俗方面的语汇，赋予自然的句子以文采，易懂好记，进而使孔子及其弟子的每一段思考，无论在连续的语境中还是摘录出来，都能单独成文且内容完整。

这些具有高尚、纯洁的道德内涵的精辟思想，就如同古老的格言和谚语，使罗马尼亚人一直从中受益。他们喜爱孔子的箴言，在文学作品中将它们作为“题记”，放入智慧人物的话语，肯定或否定一些做法和观念、感情和愿望，还不忘在它们的前面注明：“录自孔子的智慧。”

（三）1948 年，扬·布雷亚祖（Ion Breazu），“斯拉维奇与孔子”（*Slavive şi Confucius*），载《文学研究》（*Studii literare*），克卢日

这是关于孔子哲学的价值，关于空间辽阔的中国及其几千年历史研究方面最为严谨的论文。

（1）以赞誉的语言评价了孔子在欧洲的接受情况，对孔子思想进入我们欧洲大陆思想的途径进行了考察。

（2）对那些被认为属于孔子的著作做了描述。

（3）在对孔子的学生进行分类研究方面做了尝试，称赞他们使大师的著作得到了完善，这样做是出于对大师的敬重，而并未忽略、改动原来的意思，或替换他们老师所讲的某句话语。

（4）考述了作家斯拉维奇与孔子思想的接触轨迹。

（5）借助叔本华的著作《论自然中的意志》（*Uber dem Willem in der Natur*）中“汉学”一章的开头，来强调这位德国哲学家关于“世界上产生的最大智者是一位名叫孔子的中国人”的论断。

（6）扬·布雷亚祖认为：根据文献史料，我们伟大的作家爱明内斯库和斯拉维奇，早在维也纳留学期间就踏上了探求远东之路——爱明内斯库通过

① 对《孔子箴言录》中使用的所有伦理道德和哲学范畴，均在“脚注”中有所解释。作者的评注系统而严谨，从内部来阐释汉字的语义，像脚本一样来“表现思想”，例如第 46 页的脚注：“1）Cinste，汉语词‘忠’，由‘中’和目标‘心’组成，即便心的中间是最深的。2）Sinceritate，‘信’由‘单立人’加‘言’字构成，君子之言，而非小人之言。该词还有‘信任’之意。”

《吠陀》和《五卷书》转向印度世界，而斯拉维奇则选择了《中国历史》和孔子，这两位罗马尼亚作家对远东世界开展了研究并达到很高的知识程度，在这方面叔本华的观点起了决定性作用。

(四) 1962 年，伊丽亚娜·霍加（Ileana Hogea），《中国古代文学》（*Literatura chineză veche*），教材，布加勒斯特大学外语学院，教程，打字稿，有关章节："秦始皇统一中国之前的哲学散文与历史散文"（*Proza filosofică şi proza istorică din epoca premergătoare unificării Chinei de către Qin Shihuang*）

1. 教程的结构——以孔子及儒家思想为核心

(1)"诸子散文"的出现 。

(2) 作为儒家经典的"艺术散文"的出现：《诗经》、《书经》、《礼记》、《鲁国春秋》、《百国春秋》。

(3) 中国封建时代第一位教育家孔子的生平与著作。

2. 关于孔子及其思想的文字讲义和口头讲座的意义与影响

这是与布加勒斯特大学课程相关的最早的公开讲座，除中文专业的学生外，旁听的学生和老师还来自罗马尼亚语言文学院、历史学院、哲学院，尤其是印地语、日语等其他东方语言专业。

(五) 1971 年，伊丽亚娜·霍加，"斯拉维奇思想里的中国论点"（*Argumentul chinez în gândirea lui Slavici*），论文，载《布加勒斯特大学学报》"世界文学与比较文学"版，第 21 卷第 2 期，159—167 页

本文介绍了儒家思想成分在欧洲文化的传入，并通过德语的媒介进入罗马尼亚文化的情况。详细描述了"君子"说和个人如何通过学习达到尽善尽美，中国封建王朝时期的精英管理即源自儒家学说并通过古代的教育体系延续至近代。

(六) 1975 年，伊丽亚娜·霍加—韦利什库，《中国古代文学》（*Literatura chineză veche*），第一部分，布加勒斯特大学印刷厂

1. 版本信息

(1) A4 开本，打字油印本，168 页。

(2) 在表示技术性说明的方框内写有："本教程供罗曼语言、古典语言

和东方语言系汉语专业一年级学生使用。本教程业经教研室集体审定，同意按现书稿付印。”

（3）书前有作者撰写的“前言”，其中说明，除汉语专业的学生外，该教程还可供选修世界文学和比较文学的学生以及广大读者使用。

（4）伊丽亚娜·霍加—韦利什库还编有《中国古代文学作品选》（中文），由布加勒斯特大学 1973 年印制。作为与之配套的《中国古代文学》教程（第一部分），是布加勒斯特大学罗曼语言、古典语言和东方语言系中国语言文学教研室首部出版的教材，作者在其后来的汉学教师的生涯中，又对该书作了大量增补。

2. 全书结构——以“孔子和儒家学说”一章为例

（1）对孔子生平做了详尽描述。

（2）列举、详解并第一次将孔子的全部哲学范畴准确地翻译成罗马尼亚文，包括：“学”、“天”、“礼”、“仁”、“正名”等，同时还努力将孔子思想所使用的全部中文专门用语对译成罗马尼亚文。在那之后，这些用语的罗文译法经历了长期而不间断的使用，没有人再修改某个用语的译法，数以十计、百计的大学生从一开始就接触了我们根据中文文献来源提出的关于孔子和儒家学说的正确概念。

3. 孔子和儒家思想在大学生中的影响

从 1962—2006 年的 44 年里，笔者对有关孔子及其学说的讲稿不断充实、完善和细化，经常重温笔者在中国大学掌握的基本概念，从中国的知名教授那里，我准确地理解了中国人的孔子观：

（1）对于中国人来说，孔子过去是、将来也是“一盏明灯和一个神话”；

（2）中国人关于他们先师的看法是“传统主义和一成不变”的，而对孔子生平和著作的一切联系和解读只能由中国人自己来做，他们穿越了千百年的时空，经历了众多的时代和朝代，对孔子有自己的视角，随着时间对孔子的著作有自己的价值取舍。外国人在不具备这样的认识情况下进行“解读”，必然会失之浅陋告于失败，被中国人看作是对孔子精神的误读和曲解。山东省在修建京沪铁路时选择绕道路线避开曲阜，以免“惊扰在孔子庙中安息 2500 年的至圣先世”，当地政府官员的这一举动是意义深远和令人称道的。

（七）1976年，伊丽亚娜·霍加—韦利什库，《中国文学在罗马尼亚的接受》（*Receptarea literaturii chineze în România*），博士论文，论文摘要，TUB，布加勒斯特，布加勒斯特大学罗马尼亚语言文学院（1975年6月18日）公开答辩，包括从比较文学视角对孔子思想在罗马尼亚文化领域的传播研究

1. 版本信息

（1）全文376页，存于布加勒斯特大学档案馆。这是在罗马尼亚答辩的第一篇汉学研究论文，由此产生了世界文学与比较文学专业汉学研究方向第一位博士。

（2）论文分为两部分：一是对罗中文化关系方面从古至今的开创性研究成果进行述评；二是“论文的批评体系”，包括社会文化、历史、观念等方面的评注，关于中国的专题性、一般性“参考文献”，以及罗马尼亚报刊发表的有关中国和中国文化等问题的文章“目录”。

2. 例章结构：“国内外关于中国文学在东南欧和罗马尼亚的影响问题研究的现状，以我国图书馆和罗马尼亚报刊提供的资料为依据，时间自起始（1829年/30至今），重点考察本国情况，尤其是：斯拉维奇与孔子”。

（1）涉及“四书”——儒家经典《大学》、《中庸》、《论语》、《孟子》——在此基础上笔者完成了第一篇比较文学的应用研究：“孔子伦理道德原则对扬·斯拉维奇的中篇小说《吉利的磨房》的影响”。

（2）论文首先阐释了孔子道德学说的基本范围和特点：忠君；孝道；夫妻恩爱。将它们与罗马尼亚作家的本土基督教民俗思想的冲突和交融情况做了细致的对比分析。

（3）论文以独特的修辞和结论表明，在孔子的宽厚思想和基督教的人性精神之间不存在任何不相容之处，人的天性及其基本特征都是人类共同的，不论其产生在什么地理文化区域并带有怎样的色彩和特点。

（八）1976年，伊丽亚娜·霍加—韦利什库，“斯拉维奇思想里的中国理据——论斯拉维奇与孔子的亲合性”（*Argumentul chinez în gândirea lui Slavici. Slavici şi Confucius afinităţi elective*），这是作者在中国北京大学取得毕业证书（1962年）后，为在本国罗马尼亚语言文学院取得第二学位而撰写的学士论文

（1）对扬·斯拉维奇的教育思想与中国从古代到近代以孔子为代表的教

育思想进行了认真的平行研究。

（2）分析了孔子道德思想对罗马尼亚最伟大的作家之一斯拉维奇的文章产生的影响。斯拉维奇的思想是多元的，也受到来自本土神话民俗和基督教信仰的基本观念方面的其他现代性影响。

（3）《论语》翻译习作，这些古代关于“君子”美德的精辟箴言，品位高雅，是自孔子以来各种哲学、神学、心理学和艺术思想取之不竭的灵感源泉。

（九）1983年，伊丽亚娜·霍加—韦利什库，《中国古代和近代文学词典》（*Dicţionar al literaturii chineze clasice şi moderne*），科学与百科全书出版社，布加勒斯特

1. 版本信息

（1）A5开本，普通纸印刷，278页。

（2）学术审读：欧夫罗西娜·道洛班楚、扬·道洛班楚、斯特凡·斯坦库

（3）硬皮本，封面和封底印有中文。

2. 作为一部工具书的全书结构

（1）本书是系列工具书中的首部，该系列还包括其他百科全书、专著、文学史、重要的文学理论与批评研究。

（2）作家简介。

（3）文学史的基本点。

（4）主要文学术语介绍。

（5）中国文化的符号、主题和象征。

（6）中国社会政治形态一览表。

（7）汉语发音指南。

3. 根据本书性质对“孔子”词条做的概括性编辑

“孔子”简历着重强调了这位在中国文化中占突出地位的先哲及其命途多变的人生，他的身份有教师、教科书和专著的作者、古代作品的评注家，特别是思想家、哲学体系和学派的创立者。

他所倡导的思想是通过学习来自我完善——作为人类进步的基础，孔子提出的高尚风雅“君子”理念，前提是熟知历史，尊重先民传统，有责任心，恪守孝道，为人忠信。孔子以毕生精力研究整理古代经典，从中形成了

他的学生记载其言论的必读之书。以箴言、对话、道德原则、警句等文体构成的《论语》，是对人的不同类型及其行为的细致入微的分析。

4. 该书尤其是所介绍的孔子及儒家学说在罗马尼亚文化中的影响

如同科学与百科全书出版社出版的所有图书一样，《中国古代和近代文学词典》印数大，是该领域唯一的工具书，通过对孔子思想体系相关的全部术语的条目编辑，以及介绍儒家经典的单独条目，本书产生了巨大反响，是许多知识分子的案头必备工具。作为布加勒斯特大学中国语言文学专业学生的教学工具书，至今也仍是唯一的。

（十）1985 年，伊丽亚娜·霍加—韦利什库，“孔子和儒家学说讲座”（*Prelegeri despre Confucius şi Confucianism*），布加勒斯特文化科技大学哲学专业研究课题“中国古代信仰体系中的哲学成分”（第一、二期）的成果，公开讲座，定期在布加勒斯特市历史和艺术博物馆大厅举行

（1）对“四书”的原文进行系列述评。

（2）对孔子曾辑录的《诗经》作了原创性翻译，孔子为利用《诗经》还著有《乐记》。

（3）翻译了《论语》和《孟子》的大量内容。

（4）对孔子思想体系中的所有哲学范畴进行了解释。

（5）介绍了截至秦始皇统一中国的前帝国时期百家争鸣情况。

（6）对儒家与墨家学说做了比较。

对《论语》做了原创性翻译，在公开课上宣读，通过广播电台和电视台在中国国庆之际的访谈节目播放，或在一些公开报告和专书中被引用。另外，《论语》的译文还发表在布加勒斯特“金星”大学出版的《学术论文集》语言文学卷，截至 20 世纪末的 1999 年，之后也有刊载。

（十一）1987 年，伊丽亚娜·霍加—韦利什库、杨建昌（音译），“伟大的思想家和教育家孔子：中国古代哲学奠基者”（*Un mare gânditor şi pedagog - Confucius, întemeietorul filosofiei antichităţii chineze*），比斯特里察—讷瑟乌德县教育局主办的研讨会，中小学校长参加，波勒格乌河滩和迪古察关口，德拉库拉城堡

研讨会由伊丽亚娜·霍加—韦利什库主持并在讨论中担任翻译。在讨论

中，孔子的名字与西方世界的伟大哲学家相提并论，引起了与会人员的浓厚兴趣，他们提出了许多问题，布加勒斯特大学根据罗中文化协定邀请的汉语专家杨建昌教授做了解答。

汉语教研室的杨建昌教授用抑扬顿挫的中文朗诵了《论语》中的“学而”篇，其间笔者朗诵了自己完成的标准的罗马尼亚译文。

伟大的哲学家孔子的名字在罗马尼亚为人熟悉和敬重，为了更好地传播孔子思想，笔者选译的《论语》章节还被收入一些后来出版的书中，如《浓情挚意万万千，罗中关系三百年》（*Evantaiul celor 10. 000 de gânduri. România şi China：Trei veacuri de istorie*），第二辑，AGER—经济学家出版社，2005 年；《罗马尼亚先贤、摩尔多瓦—瓦拉几亚贵族、赴康熙大帝朝廷的使臣尼古拉·米列斯库·斯帕塔鲁》（*Un stră-român，boierul moldo-valah Nicolae Milescu Spătarul，ambasador la Curtea Marelui August Kang Xi*），布加勒斯特大学出版社，2007 年版；《中国文化集粹》（*Nestemate ale culturii chineze. Un prinos de iubire pentru sufletul chinez*），与骆东泉合著，“安德列·沙古纳”基金会出版社，2009 年版；《古代中国与中国文学》（*China mandarinală şi literatura chineză*），“明日罗马尼亚”，布加勒斯特，基金会出版社，2009 年版。

（十二）1994 年，伊丽亚娜·霍加—韦利什库，“论孔子与斯拉维奇在哲学和实践上的相交”（*Tangenţele filosofice şi practice între Confucius şi Slavici*），《金星大学丛刊》，语文学分卷，第 4 辑，“金星 21 世纪”出版社，布加勒斯特，第 70—77 页

扬·布雷亚祖作为最敏锐的研究者，首先发现了斯拉维奇思想与孔子思想之间的对应，他说：“当我们想了解最重要的罗马尼亚作家之一斯拉维奇的思想来源时，即使他没有谈到对中国哲学家怀有崇敬之情，我们也应当去寻找这些对应内容并给予它们应有的重视。”① 本文从他的观点切入，对孔子与叔本华、达尔文、卢梭、佩斯塔洛奇、赫尔巴特、斯宾塞、柏拉图、亚里士多德、昆体良、洛克等其他滋养斯拉维奇思想的学者、哲学家和人物的影响程度做了比较。

笔者仔细研究过许多斯拉维奇的传记作者，发现他们都持同一种观点：

① 扬·布雷亚祖，前引书，第 67 页。

“在斯拉维奇知晓的所有哲学家中，孔子对他的影响最大。”①

本文所依据的都是最重要的一手文献，其中对孔子赞誉极高：佩尔佩西丘斯，“扬·斯拉维奇生平”（*Schiţa biografică a lui I. Slavici*），载《文学运动》（*Mişcarea literară*），第2卷（1925），第42—43期；扬·巴卢，“斯拉维奇的教育思想”（*Gândirea pedagogică a lui Slavici*），载《文学谈话》（*Convorbiri literare*），第69卷，1935年；斯卡尔拉特·斯特鲁采亚努，《扬·斯拉维奇其人其作》（*I. Slavici, comentariu asupra omului şi operei*），“罗马尼亚文字”出版社，克拉约瓦，1930年版；D. 瓦塔马纽克，《扬·斯拉维奇与他经历的人间》（*Ion Slavici şi lumea prin care a trecut*），罗马尼亚社会主义共和国科学院出版社，1968年版；蓬皮柳·马尔恰，《扬·斯拉维奇评传》（*I. Slavici - Monografie*），文学出版社，布加勒斯特，1968年版；埃莱奥诺拉·斯拉维奇，“一场心灵官司的辩护”（*Apărarea unui proces sufletesc*），载《边陲》（*Hotarul*），第12期，阿拉德，1935年版等等。

当然，孔子思想对罗马尼亚知识阶层的影响是巨大的，正如斯拉维奇的评注者们看到的那样，孔子的总体人性思想自然而坚固地与我国本土神话民俗内容尤其是与基督教的事例是互相贯穿的。

（十三）1994年，伊丽亚娜·霍加—韦利什库，《中国与中国文学散论》（*Eseu despre China şi literatura chineză*），Grand出版社，布加勒斯特

1. 版本信息

（1）A5开本，普通纸印刷，664页。

（2）封底为作者文：“《中国文化散论》是一部总观中国文学的专书，它将各种思想、作家与作品有机地汇成宏大篇章，并不断改变着时间视角。对历史元素的思考是动态的，所介绍的各种事件有力地穿越时光，固定在由每个特定时代的文学现象决定的方阵中。”

（3）作为一部概念性著作，本书有“前言”，以史为序，系统阐述中国古代文学的发展过程，作者围绕中国文学史家的观点及其文化背景，根据他们的重要评断，从个人的角度对作家和作品进行了解读。

（4）全书厚重，附有“世界年表”，内容扩展到：世界历史与文化、世界文学、中国文化与文学、文化关系。

① Th. Gal：《斯拉维奇论教育》，布加勒斯特：教学与教育出版社，1967年版。

2. 全书结构，以孔子思想的构成为重点

（1）第三章　中国古代重要著作：《诗经》——中国抒情诗歌的开端；《书经》——中国叙事文学的起始。

（2）第四章　周朝的思想论争；疆域形态的变化；道德观念与政治思想；中国的史学及著作。

3. 本书的意义

对截至 1994 年——即法国汉学家让·皮埃尔·纪尧姆·波蒂埃的《四书》法文本，由弗拉德·科若卡鲁转译成罗马尼亚文（*Patru cărţi clasice ale Chinei*），在雅西“时代”社的出版——罗马尼亚文化中所有关于孔子的著述进行了编目分类。

深入阐述了孔子对一些罗马尼亚文人尤其是扬·斯拉维奇的文章的影响。

4. 本书的影响

印数很小，影响了这部坚实的著作向广大读者传播。

（十四）1994 年，《孔子箴言录》（*Preceptele lui Confucius*），乔治·苏利耶·德莫朗从中文翻译，乔治·杜尔库教授根据乔治·苏利耶·德莫朗先生的授权用罗马尼亚文出版，Ram 出版社，戈尔日县，阿尼诺阿萨乡；Zamolxis 出版社重印，克卢日—纳波卡

1. 版本信息

（1）A5 开本，高级白纸印刷，111 页。

（2）封面印有孔子年轻时身着儒袍的肖像。

（3）封底中央是太极图。

（4）该书有乔治·苏利耶·德莫朗的“前言”，但书的校对者埃米尔·克珀尔纳什误将其归于乔治·杜尔库教授，并在扉页上标注为“乔治·杜尔库教授翻译并作序”。

（5）“经典图书”印社印制。

2. 《孔子箴言录》，全书围绕伦理道德核心来设计和展开

克卢日—纳波卡的 Zamolxis 出版社 1994 年重印本，与戈尔日县阿尼诺阿萨乡 Ram 出版社的原版书完全一样，其开本和内容结构的情况如前所述。

3. 《孔子箴言录》在罗马尼亚的接受

见上文“约 1941—1942 年（未标时间）版”的相关述评。

4. 该书在罗马尼亚文化中的影响

本书1994年出版，与“1989年革命”仅隔5年，当时正值思想解放、言论自由、文化高涨的年代。《孔子箴言录》在渴求开放和认知、积极接受不同文化地域的人类思想遗产和精神价值的罗马尼亚读者当中，产生了广泛的影响。这部由乔治·苏利耶·德莫朗翻译的著作倍受欢迎，成为了一部真正的文学传世之作，是后来出版的罗文相关著作的基础和灵感源泉。

（十五）1994年，让·皮埃尔·纪尧姆·波蒂埃，《孔子学说或中国的“四书”》（*Doctrina lui Confucius sau Cele Patru cărţi clasice ale Chinei*），弗拉德·科若卡鲁从法文翻译，“时代”出版社，雅西

1. 版本信息

（1）A5开本，黄色特种纸印刷，477页。

（2）封面有“时代”出版社的徽记，其上方是汉字“四書”。

（3）封底下方印有“恒久哲学丛书”和标价6000列伊。

（4）弗拉德·科若卡鲁的罗文译本依据的是让·皮埃尔·纪尧姆·波蒂埃从中文翻译的法文本 *Doctrine du Confucius*，巴黎，加尔尼埃兄弟书店（Librairie Garnier Frères，1852年）。

（5）卷首为“罗文本出版说明”，其中强调雅西“时代”出版社刊印的是“迄今为止第一部罗马尼亚文完整版的中国古代传统思想体系创始人孔子的著作”，另有对汉语专名拼读的说明。

（6）“孔子生平年表”是最为耐读的评注部分，它帮助罗马尼亚读者熟悉这位中国思想家的基本生平和著述情况。在译著中附列此类年表，领风气之先的即让·皮埃尔·纪尧姆·波蒂埃本人。早在1837年，他就完成了前近代时期的第一部译著《大学》。在以后的150多年里，有多种根据纪尧姆·波蒂埃译本的编纂本，这种做法也发展到孔子著作的翻译，它们都能显示近代最初的译者是法国人纪尧姆·波蒂埃，传统上称其为“古汉语著作译家”。波蒂埃的模仿者们，极力要把自己的名字与中国联系在一起，自然也包括其最光辉的代表人物孔子，他们忘记了胆怯，缺少起码的中国情怀和对中国人自己都难以吃透的古汉语的基本了解，但却不乏粗鄙和骄狂。

（7）雅西“时代”社出版的译本卷首，还有译者弗拉德·科若卡鲁撰写的“中国文明导论”，内容丰富，文笔精美。他翻译的孔子著作是最令人赏心悦目的罗文全译本，语言典雅，字里行间充满对中国和中国人民的景仰之情。

(8) 在版权页上方，居中印有《孔子学说或中国的“四书”》这部杰作的出版人对中华人民共和国驻罗马尼亚大使馆给予支持的鸣谢。

2.《孔子学说或中国的“四书”》，根据收录著作的核心特点编次

(1)《大学》(*Da-xio – Cartea Marelui studiu*) ——皇家书院之书，有朱熹的“大学章句序”和“子程子曰”。

“四书”之首，孔子及其弟子曾子所著。

曾子“传”文。

释明明德。释新民。释止於至善。释本末。释格物致知。释诚意。释正心修身。释修身齐家。释齐家治国。释治国平天下。

(2)《中庸》(*Chong-yong – Invariabilitatea pe calea de mijloc*)

“四书”之二。“子程子曰”。出于孔子孙徒子思之手，三十三章。

(3)《论语》(*Lun-Yu* sau *Dialoguri filosofice*)

“四书”之三。上论为第一至第十篇，下论为第十一至第二十篇。

(4)《孟子》(*Meng-Zi*)，“四书”之四。

上孟为卷一至卷六，下孟为卷一至卷八。

3.《孔子学说或中国的“四书”》在罗马尼亚文中的接受

乔治·苏利耶·德莫朗撰著的《孔子生平》和他翻译的《孔子箴言录》——分别由格奥尔基·迪霍尤教授和乔治·杜尔库教授为阿尼诺阿萨县戈尔日乡的 Ram 出版社译成罗文——后者 1994 年由克卢日—纳波卡的 Zamolxis 出版社重印，显示着孔子在 20 世纪中期的罗马尼亚的流传。而知识渊博的法国汉学家让·皮埃尔·纪尧姆·波蒂埃的要著《孔子学说或中国的“四书”》，经由弗拉德·科若卡鲁译成罗文出版，则意味着罗马尼亚文学界对中国及其古老文化兴趣的兴起。

弗拉德·科若卡鲁的译著有过出版发布、推介和研讨活动，好评如潮，其中也受到罗马尼亚许多知识分子的主观迎合。他们关注《易经》的神秘、中国的土地方位占卜文化“风水”和中国的 12 生肖说法，这是深入了解孔子哲学思想的真正的文学动因。

4. 该书在罗马尼亚文化中的影响

J. P. G. 波蒂埃的名字在欧洲很有影响，他致力于东方典籍的翻译，中国的哲学、道德和政治是其译著活动的中心。他研读中国古代稿本，分别在 1837 年和 1838 年出版儒家学说和道家学说。他的译著在我们欧洲大陆受到一致好评，成为了解中国的源泉。在美洲大陆，埃兹拉·庞德曾称赞东方学家

波蒂埃的博学。通过上帝的青睐，他后来也被罗马尼亚人发现。这要归功于罗马尼亚人弗拉德·科若卡鲁，他是一位哲学怪才、知识渊博的语文学家，对中国有深入的了解，尤其对中国人民充满感情，他要向不同知识层次的罗马尼亚读者——从哲学著作的评注大家到渴求知识的青年学生——奉献一部精品，而使用精心推敲的语言来表现经典哲人孔子的思想主体，是这部有关中国之书的成功关键。《孔子学说或中国的"四书"》从开篇到末页都赏心悦目，引人入胜，孔子思想大获全胜。读着庄重、高尚和精美的语句，我们丰富了对中国的知识。我们从译者弗拉德·科若卡鲁撰写、以"中华文明"作为简约标题的"前言"中摘录片段，以为例证："如果我们想把中国从古至今的书籍里表达的所有类似道理汇集到一起，那会有许多卷册。需要说明的是，中国政治和道德伦理作家要明显多于其他任何地方，但在所有这些文人中，我们没有发现一个是宣扬暴政和压迫，没有一个敢说这不是冒天下之大不韪，敢否认所有人都有权享受上帝的恩赐，即源于人类社会生活的各种好处，而要求独享或用于少数人。中国政治和道德伦理作家认为，领导人的最大权力不过是一种代表上天或绝对至高理性的权力，只能为全民利益全民福祉所用，而绝非为一己私享。为抗衡绝对权力，人们提出了一些不可逾越的限制；如果权力越过这些限制，践踏这些道德法则，利用赋予的使命，就会像12世纪中国一位著名哲学家朱熹在帝国所有学校必读'四书'之首的'大学章句序'中所提到的那样，人民对这样的政权没有任何敬畏，它会立刻消亡，让位于另一个公正的政权，即能为所有人利益服务的政权。"

（十六）1995年，孔子，《论语》（*Analecte*），弗洛伦蒂娜·维尚从古汉语翻译，"人文"出版社，布加勒斯特

1. 版本信息

（1）A5开本，上等羊皮纸印刷，318页。

（2）书带护封，底部印有"Humanitas"出版社标识和名称。

（3）该书列入"学说"丛书，书前有孔子的生平简要。

（4）扉页印有译者文字："弗洛伦蒂娜·维尚从古汉语翻译，撰写导言、年表、评注."

（5）代前言的文字为"《论语》——礼教化与人类高尚行为之典范"，主要停留在孔子生平和《论语》稿本的流变，并未阐明孔子如何"礼教"文化，结论是："政治、社会和道德的混乱（显然指孔子所处的时代，我们猜

测）创造了有利于学术争鸣的环境，与其完好结合的是一个新的、以学为业并得到强化的社会阶层，他们以寻找一种能够带来秩序与和平的治国方略为专任。”文中突出了《论语》中行之有效的哲学范畴，并列出了多种译法。冗长的“导言”欲求明晰，但在“哲学家孔子”的问题上却作了如此表述：“要知道孔子是否是哲学家，意味着要从中国思想这种相对‘系统’‘反映’的‘表述’本身出发，意味着要把《论语》文本当作哲学著作来读，即将它放在一种由于暴力产生的压力当中，［原文如此！］是由于我们思考中国思想是通过自己的思想（按照其产品对它的塑造方式并以专门的术语），是为缓和冲击，［原文如此！］通过积极适应中国思想的特点，来抵消这种侵入的力量，中国思想的自省性从一开始就以应用的而不是思辨的方式向我们呈现。换言之，我们应当让文本以我们易懂的哲学语言讲话，让这种易懂特点尽可能采取攻势，［原文如此！］这种办法似乎要求我们对‘哲学’一词本身重新定义，并要求某种审慎，一种在运用其概念方面宽泛适应和灵活的态度。”［原文如此！］

像弗洛伦蒂娜·维尚的这样一篇论述，长达46页，对读者来说不免产生阅读疲劳。第18页中间和第19页上方的引录，反复用“哲学家”（filozof）一词来指称孔子亦无必要，因为我们都知道这位博雅温厚的中国哲学家孔子（*Confucius Sinarum Philosophus*）。

（6）在“译本说明”中，又老套地偏转到欧洲著名译本的小史，而让我们忽略标准，这里出现新的遗漏，诸如先行者让·皮埃尔·纪尧姆·波蒂埃（1801—1873）和乔治·苏利耶·德莫朗（1878—1955）。他们对于罗马尼亚人来说，当属孔子著作的罗语本之父。另外，文中提及了《论语》的多种外文本书名，其中可以看到*Analecte*的标题，译者受其启发并移用到自己的罗文译本，但这不是地道的罗语词，即使有这个词，它也可以理解为anale的派生词，语义被指小化，因而也贬义化，对孔丘这样巍然如山的名字是不合适的。

“说明”之所以重要，因为它揭示译者弗洛伦蒂娜·维尚的“用意”：“目前，孔子著作的任何译者都有义务了解《论语》的翻译传统，这不仅仅是一位博学的译者的职业义务，［只字未提在罗马尼亚文化中长期流传、光华夺目的G. 波蒂埃和‘四书’，以及G. S. 德莫朗的《孔子》和《孔子语录》］是‘亲和’期不可或缺的训练（最大限度地熟悉文本和评注），而且也是对这个汉学的智性项目应有的道德义务：‘更新’译本，在具体阅读中以独特方法重构文本，解读观点，确定阅读取向，通过自我选择将其与时代精神接合。”［原文如此！第47页中］这里的意思是：“重构”孔子！

（7）该书有一必不可少的关于中文名称的“读音解释”。

（8）“大事年表”涉及“中国朝代及孔子和儒家学术的基本情况”。

（9）书的末尾是“注疏表”，在279页脚注有说明：“本表收注文本中最重要的术语（涉及儒家思想体系的要义和‘君子’的定义，以及一系列评价和成就的动词［原文如此！］，其中大部分成为观念）。”

（10）“参考书目”在第331页。

2. 孔子《论语》，弗洛伦蒂娜·维尚译，第一至第二十篇的结构目次。

（1）学而（Despre învăţătură）（2）为政（Despre guvernare）（3）八佾（Despre rituri şi muzică）（4）里仁（Despre virtutea omeniei）（5）公冶长（Despre omul ales）（6）雍也（Despre rituri şi guvernare）（7）述而（Despre arta de a fi Maestru）（8）泰伯（Despre cei vechi）（9）子罕（Despre păstrarea regulilor）（10）乡党（Despre postura corectă）（11）先进（Despre discipoli）（12）颜渊（Despre virtuţi şi punerea lor în practică）（13）子路（Despre calea acţiunii）（14）宪问（Despre calea omului）（15）卫灵公（Despre noima bunei acţiuni）（16）季氏（Despre modelarea de sine şi despre calea guvernării prin rit）（17）阳货（Despre calea guvernării cu virtute, prin rituri şi muzică）（18）微子（Despre peregrinările Maestrului în căutarea unui Principe model）（19）子张（Despre învăţătură şi meritele Maestrului）（20）尧曰（Despre spusele celor vechi）

3. 《论语》弗洛伦蒂娜·维尚译本在罗马尼亚语中的接受

如此组成的《论语》变成了一堆观点、看法、部分欧洲译者评注变体的混杂，罗文本译者认为他们是最好的译者，将这些内容压入译文后的评注。对各种译法反复提及、比较、核对和挑选，以适合每一个需要进行所谓语文学深入分析的词语，导致句子繁冗，挤压了那些抽出分析的语词，而翻来覆去地征引，最终使评论窒碍，从中无法再有任何读解。这种欧洲三位一体赞美诗式的《论语》译本，打算通过它来努力从中国的内部去了解孔子。译者感到需要告诉我们其翻译为什么是这样而非别样，以解脱对读者质疑自己翻译粗略的惶恐，这是用无助于任何人的东西充塞，我不认为会有人浪费时间“夸夸其谈”，亦如弗洛伦蒂娜·维尚那样采取莫名其妙的处理。她翻译的《论语》极为艰涩，充满了不规范的外来语词（如 inteligibilitate）、方言词和纯本土词（如 noimă）、旧词（如 cârmuire），我认为用这些词来翻译《论语》这种 2500 年的古老文字是非常恰当的。

《论语》罗文译本的风格缺乏朴素之美，不具柔性，译者苦心运用哲学性论述，自己却深陷其中，如“导言”中有关“是或不是哲学家孔子”的话，从中无法看到一个清晰的观点。

我初读弗洛伦蒂娜·维尚译本，是在它出版后 14 年，这是因为对我来说一直是读原著。我才知道《论语》是第一次“直接”从古汉语翻译。在“译本说明”中，白纸黑字地写着：“本译本是直接根据古汉语原文翻译的首部罗文本，使用了中国评注家杨伯峻（1958）和钱穆（1963）注释的版本……”

这对我真是莫大的欣悦！1958 年我本人也沉浸在杨伯峻的《论语译注》。翻开该书，随便读到一段有现代汉语注释的古文：“7·2……学而不厌，诲人不倦……”，孔子在 2500 多年前的原文中如是说，杨伯峻将其译成现代汉语是：“努力学习而不厌弃，教导别人而不疲倦……”，译文中出现了“努力”一词。

再看弗洛伦蒂娜·维尚的《论语》译本，在第 140 页上方：“7/2：……Neostenit să cercetez ce am învăţat, să nu îmi pierd răbdarea cu cei pe care i-am îndrumat……”，而注解 2 简直令人惊愕：“对‘学而不厌’（la învăţat să nu am odihnă）这一精辟话语我们在翻译时作了重新表述。我们不仅强调勤奋的意思，而且还兼顾顽强的意思，[原文如此！] 以更好地反映大师那富有生命力的探索精神。”

是的！用原文和自己的想法“重新表述”一位大师，只能是一种亵渎！该人不明白活的汉语的规范，杨伯峻在表述中使用了“厌弃”，厌恶嫌弃，属“讨厌”一词的语义范围，是惹人厌烦等意思。好一位不顾语义的语文学者！“孔子过去、现在和将来都是光辉和神话”——他的人民已经讲得如此清楚，为什么还需要“重新表述”！诸如此类的重新表述，在译者弗洛伦蒂娜·维尚为罗马尼亚人提供的《论语》中比比皆是，原因在于自身：缺乏在中国的专业研修，也缺少罗马尼亚高等教育中“古汉语”课程的教学大纲，这些都影响到严谨的治学，也影响到作为文化行为的翻译。这里绝不同于翻译一篇中国古代小说中哪位穷困无名小吏的短曲或古代民歌中表现的哀叹。我们是在明确地讨论孔子——“中国精神苍穹的支柱”、“中国人心灵的塑造者”、“中国的光辉与神话”。

弗洛伦蒂娜·维尚长期不为人们了解，应当格外称赞她作为“自学者”和“学说史作者”为迈向艰深的领域而付出的热情和努力。说到具体情况，只有屈指可数的几位罗马尼亚人可以在一本书的封面上问心无愧地写上“译自古汉语”。笔者有几部这样注明的译著：屈原的《楚辞》（1974），曹雪芹的《红楼梦》（1975），曹雪芹、高鹗的《红楼梦》（1986），《古汉语词法、句法、词汇》（1989），以及数以百计的诗词和哲学、文学、道德内容的文字，零散收入各种教科书，发表于报刊。可贵莫过本真。我们这些头顶“汉学家”之星的人，尤其要尊重真实和真理，老子谆谆教导我们要心怀虔敬：“知者不言，言者不知。”

4. 该书在罗马尼亚文化中的影响

本书作为教材在汉语教研室流传，由弗洛伦蒂娜·维尚教授“执着地”向我们的学生讲授，但却有意忽略了向年轻人推荐罗马尼亚文化中已有的其他关于孔子的书籍和文字。

（十七）1997年，《老子与孔子》（*Lao Zi şi Confucius*），米拉和康斯坦丁·鲁贝亚努译介，“玉麒麟”出版社，“五蝠”丛书，布加勒斯特

1. 版本信息

（1）A4开本，高级纸张印刷，第二部分“孔子《论语》”共193页，自210—381页，有老年孔子像。

（2）封面，以中国织锦衬映，内容为（明代）画家Yan Rang的“早春图”局部，边衬为文徵明（1470—1559）的“竹”；封面右侧为署名：米拉和康斯坦丁·鲁贝亚努为您译介《老子与孔子》。

（3）封底为（明代）画家Yu Ying的绘画“秋雨图”，左下方印有：“道家和儒家经典”。

（4）扉页分两部分：左为“老子《道德经》”，右为“孔子《论语》”，两者下方是“五蝠”丛书的图案，译者在该页的反面解释了图案的含义：“‘五蝠’图案对于古今中国社会是一个明快的象征符号，广为流传。该图案的‘蝠’（哺乳动物）与祝福的‘福’字谐音，书写不同。在平时或特定场合，可口头或书面表达‘五个吉祥祝福’或‘五种幸福’：寿比南山、恭喜发财、健康安宁、品德高尚、善始善终。其传播范围要远超出儒家道德提倡的生活中的‘五常’，即：仁、义、礼、智、信。‘五蝠’图案常见于不同的器物上，有吉祥之意。可以说，伟大的中华民族无论是过去还是现在，都在

生活中与这五种象征清明美好的崇高符号相伴，并追求着他们更为远大的理想。”

（5）扉页印有一对戏珠蟠龙，作为神话—民俗主题的图饰，将书名《老子与孔子》环绕其中。在图文下方署有：“米拉和康斯坦丁·鲁贝亚努从古汉语翻译、导读、评注。”再往下是“玉麒麟”出版社的标识，一只玉质或金银丝饰的神话中的独角兽。

（6）米拉和康斯坦丁·鲁贝亚努写有译者“坦言”，谈到他们为译介这两位迥异而又有其共性的中国思想泰斗，付出长达15年的不懈努力，他们将老子与孔子学说概括为“智慧之书”。译者谦逊平和地写道：“我们的翻译是否成功，将由读者评判。”

我赶紧翻阅杨伯峻的《论语译注》（1958），对这部书我曾多年研读，当我读到：“7·2 学而不厌，诲人不倦”，再翻到米拉和康斯坦丁·鲁贝亚努根据古汉语翻译的孔子《论语》文本：Să studiezi şi încă să fii nemulţumit，să nu oboseşti învăţându-i pe alţii... 内心不禁感到十分欣慰。康斯坦丁·鲁贝亚努未曾在中国留学，在布加勒斯特大学也没有学过古汉语，然而他凭着自学，在汉语的故乡中国多年工作并与中国人接触，尤其是大量的翻译实践，最终掌握整个中国的精神世界，对其深入了解并由衷热爱。

（7）“导读”按主题顺序编撰：孔子生平；编修典籍 ；关于《论语》；儒家思想；仁；义和礼；其他道德观念；中庸；人性；关于天；君子；为政 ——笔者非常赞同以这样的顺序来引导罗马尼亚读者，使他们能够真正理解孔子思想的精髓。

译文的语言具有一种朴素美，精选的语词有如拼画的马赛克瓷砖，不可替代，《论语》中充满哲理的观点在米拉和康斯坦丁·鲁博安的评注下熠熠生辉，充满柔性：“君子”，是人的理想高度和值得仿效的典范。

通过突出这种类型的人，孔子或许是在人类历史上第一次展示了通过文化来提升的贤明学者、杰出人才的价值。实际上，孔子本身就是“君子”（第205页）。

2. 米拉和康斯坦丁·鲁贝亚努译孔子《论语》，第一至第二十篇的结构目次。

（1）学而篇第一（Despre învăţătură）（2）为政篇第二（Practica guvernării）（3）八佾篇第三（Opt rânduri） （4）里仁篇第四（Locuinţa omenească）（5）公冶长篇第五（Gongye Zhang） （6）雍也篇第六（Ran

Yong）（7）述而篇第七（Desluşire）（8）泰伯篇第八（Prinţul Tai Po）（9）子罕篇第九（Rar vorbea învăţătorul）（10）乡党篇第十（Acasă）（11）先进篇第十一（Mai întâi dregătorii）（12）颜渊篇第十二（Yan Hui）（13）子路篇第十三（Zi Lu）（14）宪问篇第十四（Xian a întrebat）（15）卫灵公篇第十五（Ducele Ling）（16）季氏篇第十六（Clanul Ji）（17）阳货篇第十七（Yang Huo）（18）微子篇第十八（Wei Zi）（19）子张篇第十九（Zi Zhang）（20）尧曰篇第二十（Yao a spus）

3. 米拉和康斯坦丁·鲁贝亚努译孔子《论语》在罗马尼亚语中的接受

这部译著创意和编排新颖、译笔精美，以完好地反映2500多年前中文原著的面貌。康斯坦丁·鲁贝亚努对汉语及其两个发展时期的特点非常熟悉，很好地掌握了鲜活的汉语，他是罗马尼亚作家协会会员，是一位细腻的知识分子，曾以优美的文笔翻译过数千页的作品，用罗马尼亚文学语言遣词造句十分精到。他尊崇中国传统，认为孔子是中国传统最杰出的代表，以认真负责的态度向罗马尼亚读者准确地传递了孔子思想，它恰恰来自中国神话—民俗、伦理和道德思想的精髓，即中国人自己最熟悉的文化价值。

4. 该书在罗马尼亚文化中的影响

米拉和康斯坦丁·鲁贝亚努翻译的孔子《论语》流行于外交界和学术界，为精英作家群所熟悉，通过广播电台和电视台做过介绍，在广大读者获得巨大成功，本人曾适时向学生热忱推荐。

（十八）1999年，安娜·埃瓦·布杜拉，《符号的国度——从孔子到毛泽东》（*Ţara simbolurilor - De la Confucius la Mao Zedong*），Paideia（教育）出版社，布加勒斯特

1. 版本信息

（1）A5开本，Metropol印刷厂印制，普通纸，298页。

（2）封面为现代画家潘天寿（1898—1971）的国画“荷花”。

（3）全书分为“人物传记”和“览胜撷英”两部分，收录的文章内容各异，述评结合，如同镶嵌的美丽宝石，相互之间无粘连，或许只是第一部分的“年代顺序”，是从历史的角度来揭示书名中的“符号”，并没有在论述中突出强调。

（4）书后“文献精选”部分显得有些杂乱无序，根据著述大家和我们通

行的做法，一部书的文献征引和评注，是重要的研究方式和批评工具，反映着学术的坚实程度和全书的结构，需要严谨和遵循学术规范。

（5）“孔子”作为开篇为全书增添了厚重之感，孔子不过是一位穿越中国历史、深入中国人意识的行者，作者没有在文中展开哲学探讨，没有为20世纪末的罗马尼亚人去详细解读这位以自己的著作和弟子战胜了欧洲思想的反叛精神的思想家的那些寓意丰富、思想严密的具体箴言。

（6）孔子的“肖像”是一次自生到死的平静旅行，如同世界上每一位有生有死、在生命中两个关键点之间挣扎的凡人，安娜·埃瓦·布杜拉拥有她从古文读本中撷取的丰富信息，她懂得穿行其中并怀着发现者的兴奋流连，但向我们介绍时却有失平淡。

（7）安娜·埃瓦·布杜拉能讲非常流利的汉语，在古文——孔子的语言方面修养深厚，因此她没有畏避之难。我作为一位特殊的读者，深感这些古文阅读不同寻常，并且会影响到一个人前进的脚步。

然而，我极为喜欢这部书中的两处：一是“题记”；二是“跋文”——我称它们为“至理名言”，是献给这部书的各个时代读者，也是献给对我们所有人来说永恒的孔子。

题记：“象犀珠玉怪珍之物，有悦于人之耳目，而不适于用。金石草木丝麻五谷六材，有适于用。而用之则弊，取之则竭。悦于人之耳目而适于用，用之而不弊，取之而不竭，贤不肖之所得，各因其才，仁智之所见，各随其分，才分不同，而求无不获者，惟书乎！”（苏轼：《李氏山房藏书记》）

跋文：“汉学家们认为中国是符号的国度。安娜·埃瓦·布杜拉的著作将这些符号向罗马尼亚读者逐一解码，是对中国的历史与文明的回溯，所接触的是我们星球另一边的国度，是一个有十多亿人口、向往（寿、富、康宁、攸好德、考终命）‘五福’、懂得给予和接受艺术的民族。”

四、有关20世纪罗马尼亚接受孔子的若干结论

（一）孔子在罗马尼亚民族认识领域的进入过程

1. 罗马尼亚人是最早听说孔子名字的欧洲民族之一，信息直接来自中国。尼古拉·米列斯库·斯帕塔鲁的中国之行（1676），最终成就了《中国纪行》，其中给我们带来的有关中国文化和文明的信息弥足珍贵。尽管时间已经过去333年，但米列斯库通过观察得到的印象依然真实而新鲜：“中国人对

学习和知识崇尚备至，所见之处，无人不会读书写字。无知无识之庶人，连起码的差事也无法谋到。人的学问愈大，愈受尊重。于中国人，任何升迁皆以学问为前提。”①

米列斯库还注意到，良好的教育带来良好的社会状况——法律、管理机构、严谨的学术、各种手工技艺——最终的结果是：“千方百计学习（如何更好地治国治民）”。② 为政和忠信是同孔子的名字连在一起的，米列斯库将孔子视为中国人的上帝：“余前已述，中国的宗教分三种：一是儒教，先于其他宗教，通领帝国，倍受尊崇，信徒众多，皆遵循其上帝即中国的哲学与儒教开山鼻祖孔子的学说和教诲……按照传统，中国的儒生为其先导和上帝孔子建立神庙，各地的孔庙都装修堂皇，另附设学堂。那里还建有殿堂和两庑，供奉大多数贤儒并附以各种题铭。在无孔子塑像处，则以金字大书其牌位，左右摆放若干中国人如神敬奉的孔子门生之小塑像。逢望月或新月，满城官吏会集孔庙，按习俗燃点蜡烛和香火，鞠躬跪拜，祭祀这位至圣先师。人们为孔子立有高大塑像，也制作轻小偶人，一些儒生甚至随身携带。”③

2. 早在19世纪初，社会与文化类报刊（1829年）、文学与政治类报刊（1829/1830年）和文学报刊（1829—1842），就开始反映中国的情况，刊发各种格言、警句、古训和思想，提及佛、老子和孔子。

3. 到19世纪下半叶后，罗马尼亚公国统一（1859年）为一个参照节点，通过罗马尼亚知识分子游历西方，大量中国文化知识进入罗马尼亚，发生在罗马尼亚的晚期浪漫主义对从西方来源的信息中摄取重要的哲学、伦理道德和美学思想起到了推动作用，孔子的名字在文学方面流传甚广。

4. 19世纪末的罗马尼亚重要作家，主要是爱明内斯库和斯拉维奇，通过德语和法语的媒介，将遥远中国的情况带入罗马尼亚民族的兴趣视阈，孔子的名字愈加流传，他的伦理道德思想开始对罗马尼亚创作者的思想产生影响，文学社团“青春社”及其刊物《文学谈话》（1867—1885、1885—1938、1944）都具体折射出孔子对罗马尼亚创作者著述和观念的影响。

① 伊丽亚娜·霍贾—韦利什库（杨玲）：《罗马尼亚先贤、摩尔多瓦—瓦拉几亚贵族、赴康熙大帝朝廷的使臣尼古拉·米列斯库·斯帕塔鲁》，布加勒斯特大学出版社，2007年，第334页。

② 同上书，第335页。

③ 同上书，第337页。

（二）罗马尼亚文化中的中国论据，或孔子生平与著作在罗马尼亚的传播

1. 《孔子生平》和《孔子箴言录》两部著作在两次世界大战之间出版，可谓当时已完全融入世界思想体系的罗马尼亚美学思想运动蓬勃发展的明证，也是与西方文化和学术不断交流的结果，一种智力竞争的信号。

2. 孔子的思想成为了罗马尼亚学者著作中经常援引的文学借题和伦理道德主题，像欧洲思想家的语录一样经常被借用。

（三）孔子——中国文化在罗马尼亚的代表

1. 孔子和与他一同进入罗马尼亚文化的精神泰斗佛和老子相比，是作为道德典范被接受和记忆的。

2. 在罗马尼亚学者的视野中，“君子”的形象在 20 世纪得到固化。

伟大的孔子在当今和未来罗马尼亚文化空间的传布和影响正未有穷期。

参考文献

1. Th. Avr. 阿古莱蒂：《关于东方学研究中专门涉及罗马尼亚人的著述》（*Asupra însemnătăţii studiilor orientale cu privire specială la români*），布加勒斯特，1847 年。

2. 扬 · 布雷亚祖：《斯拉维奇与孔子》（*Slavici şi Confucius*），载《文学研究》，锡比乌：“图拉真的达契亚”出版社，1948 年版。

3. 安娜 · 埃瓦 · 布杜拉：《符号的国度——从孔子到毛泽东》（*Ţara simbolurilor - De la Confucius la Mao Zedong*），布加勒斯特：Paideia（教育）出版社，1999 年版。

4. 《孔子箴言录》（*Confucius*，*Preceptele*），乔治 · 杜尔库根据乔治 · 苏利耶 · 德莫朗译本从法文转译，Ram 出版社，戈尔日，阿尼诺阿萨，未标出版年代，约 1941—1942 年。

5. 《孔子生平》（*Vieaţa lui Confucius*），格奥尔基 · 迪霍尤根据乔治 · 苏利耶 · 德莫朗的法文本翻译，Ram 出版社，戈尔日，阿尼诺阿萨，未标出版年代，约 1941—1942 年。

6. 《孔子箴言录》（*Preceptele lui Confucius*），乔治 · 杜尔库从法文转译，克卢日—纳波卡：Zamolxis（扎莫尔克西斯）出版社，1994 年版。

7. 《孔子学说或中国的“四书”》（*Doctrina lui Confucius* sau *Cele Patru cărţi clasice ale Chinei*），弗拉德 · 科若卡鲁根据 G. 波蒂埃的译本从法文转译，雅西：“时代”出版社，1994 年版。

8. 孔子：《论语》（*Analecte*），弗洛伦蒂娜 · 维尚从中文翻译，布加勒斯特：“人文”出版社，1995 年版。

9. 奥维迪乌·德林巴：《世界文学史》（*Istoria literaturii universale*），布加勒斯特：教学与教育出版社，1968 年版。

10. Th. 加尔：《扬·斯拉维奇论教育》（*I. Slavici despre educaţie şi învăţământ*），布加勒斯特：教学与教育学出版社，1967 年版。

11. 保罗·哈扎尔德：《欧洲意识的危机——兼论中国文明》（*Criza conştiinţei europene - cu referiri la civilizaţia chineză*），布加勒斯特：宇宙出版社，1973 年版。

12. 伊丽亚娜·霍加—韦利什库：《中国古代文学》（*Literatura chineză veche*），布加勒斯特大学外语学院，1962 年版。

13. 伊丽亚娜·霍加—韦利什库："斯拉维奇思想里的中国理据"（*Argumentul chinez în gândirea lui Slavici*），载《布加勒斯特大学学报》（世界文学与比较文学版），第 XX 卷，第 2 期，1971 年。

14. 伊丽亚娜·霍加—韦利什库：《中国古代文学》（*Literatură chineză veche*），布加勒斯特大学出版社，1975 年版。

15. 伊丽亚娜·霍加—韦利什库：《中国文学在罗马尼亚的接受》（*Receptarea literaturii chineze în România*），博士论文，布加勒斯特大学出版社，1975 年版。

16. 伊丽亚娜·霍加—韦利什库："斯拉维奇思想里的中国理据——论斯拉维奇与孔子的亲合性"（*Argumentul chinez în gândirea lui Slavici. Slavici şi Confucius afinităţi elective*），学位论文，布加勒斯特大学罗马尼亚语言文学院，1976 年版。

17. 伊丽亚娜·霍加—韦利什库：《中国古代和近代文学词典》（*Dicţionar al literaturii chineze clasice şi moderne*），布加勒斯特：科学与百科全书出版社，1983 年版。

18. 伊丽亚娜·霍加—韦利什库："孔子和儒家学说讲座"（*Prelegeri despre Confucius şi Confucianism*）（第一、二期），布加勒斯特文化科技大学哲学专业。

19. 伊丽亚娜·霍加—韦利什库、杨建昌（音译）："伟大的思想家和教育家孔子：中国古代哲学奠基者"（*Un mare gânditor şi pedagog - Confucius, întemeietorul filosofiei antichităţii chineze*），研讨会论文，比斯特里察—讷瑟乌德县教育局，波勒格乌河滩。

20. 伊丽亚娜·霍加—韦利什库："论孔子与斯拉维奇在哲学和实践上的联系"（*Tangenţele filosofice şi practice între Confucius şi Slavici*），《"金星"大学丛刊》，语文学版，第 4 期，布加勒斯特："金星 21 世纪"出版社，1994 年版。

21. 伊丽亚娜·霍加—韦利什库：《中国与中国文学散论》（*Eseu despre China şi literatura chineză*），布加勒斯特：Grand 出版社，1994 年版。

22. 伊丽亚娜·霍加—韦利什库：《罗马尼亚先贤、摩尔多瓦—瓦拉几亚贵族、赴康熙大帝朝廷的使臣尼古拉·米列斯库·斯帕塔鲁》（*Un stră-român, boierul moldo-*

valah Nicolae Milescu Spătarul, ambasador la Curtea Marelui August Kang Xi)，布加勒斯特大学出版社，2007 年版。

23. 伊丽亚娜·霍加—韦利什库、骆东泉：《中国文化集粹》（*Nestemate ale culturii chineze*），康斯坦察："安德烈·沙古纳"基金会出版社，布加勒斯特：Capitel 出版社，2009 年版。

24. 胡佩韦：《司马迁和〈史记〉》，上海：中华书局，1962 年版。

25. 《老子与孔子》（*Lao Zi şi Confucius*），米拉和康斯坦丁·鲁贝亚努译介，布加勒斯特："玉麒麟"出版社，"五蝠"丛书，1997 年版。

26. 埃廖诺拉·斯拉维奇："一场心灵官司的辩护"（*Apărarea unui proces sufletesc*），载《边陲》（*Hotarul*）第 12 期，阿拉德，1953 年。

27. 扬·斯拉维奇：《理性教育》（*Educaţia raţională*），"密涅瓦文库"，布加勒斯特，1908 年。

28. 扬·斯拉维奇：《理性教育》（*Educaţia raţională*），"密涅瓦文库"，布加勒斯特，1909 年。

29. 张岱年主编：《孔子大辞典》，上海：上海辞书出版社，1993 年版。

30. "格言"（*Maximă*），载《地平线》（*Orizontul*）第 1 卷，1921 年 7 月 28 日，第 26 期，第 20 页。

31. "插图"（*Ilustraţie*），载《地平线》第 3 卷，1923 年 4 月 19 日，第 16 期，第 144 页。

32. "格言"（*Maximă*），载《地平线》第 3 卷，1923 年 2 月 8 日，第 6 期，第 20 页。

33. "孔子墓"（*Mormântul lui Confucius*），载《地平线》第 3 卷，1923 年 4 月 5 日，第 14 期，第 122 页。

34. "孔子诞辰 2479 年"（*A 2.479 aniversare a naşterii lui Confucius*），载《世界镜像》（*Oglinda Lumii*）第 7 卷，1928 年 12 月 1 日，第 49 期，第 7 页。

35. 弗洛里亚·杜米特列斯库、伊丽亚娜·霍加—韦利什库（杨玲）、埃尔维拉·伊瓦什库、约兰达·齐吉柳主编：《浓情挚意万万千，罗中关系三百年》（*Evantaiul celor 10.000 de gânduri. România şi China: trei veacuri de istorie*），布加勒斯特："扬·克里斯托尤"出版社，1999 年版。

（北京外国语大学欧洲语言文化学院　丁　超 译）

18 世纪中叶至 20 世纪初中国小说在保加利亚的接受

［保］波丽娜·东切娃
（保加利亚大特尔诺沃大学古典和东方语言文化系）

本人撰写的《中国小说在保加利亚：接受的问题》对 18 世纪至今的译成保加利亚文字的中国小说创作进行了梳理和研究。本文选取其中部分内容，旨在展现保加利亚关注中国的源起、发展进程、译者以及他们在不同历史时期对作品的选择。本文将论述重点放在 19 世纪中期至 20 世纪初，意在思考这一百年的文化传统，回溯保加利亚翻译文学的成就，概述中国文学在保加利亚的渗透，这不仅是我国一个特殊的文化现象，也反映外国文学在保加利亚文学环境里的接受状况。

保加利亚和中国在 18 世纪中叶，即保加利亚民族复兴时期的文化联系，表现在接受外国文化价值观的自然进程中。阿列托夫在他的《保加利亚的复兴和欧洲》中写道，“按照马克斯·韦伯的分类法，建立某种‘合理的’身份认同的必要性，在国家组织传统被打破后，得到双倍的加强，正如在保加利亚。那就是为什么过去，在不同的地点，不同的纬度上，都有对建立这样一个身份认同的根据的狂热搜寻。他们不得不既要证明他们国家遥远的过去，还要证明他们的领土范围（当今的和过去的）、与他人享有的平等权利、业已建立的身份认同以及历史区块。由于建立身份认同意愿和不得不靠理性目标弥补某种心灵缺失，反映机制就通过这些方式出现。”（阿列托夫，2001）

在稳定的价值观约束下的节制而又保守的生活造就了民间文学类型的文化，这些文化在不断重建一个相同模板的“本土”，而“外来”则被理解为具有威胁性和负面的。

在已经逝去的历史中，对“本土”的完全保留和全盘拒绝“外来”都是不可能的，“开放”和“封闭”的社会之间的界限既不是含混的，也不是短时间可能跨越的①。保加利亚的历史命运便是一个例证——保加利亚在第二个千年开始的时候处于斯拉夫东正教语言—宗教社会的中心②。在已有稳定的认同模式下，土耳其的入侵导致了保加利亚人民思想的封闭、隔绝和萎缩（皮齐奥，1981）。

再往前追溯，18 世纪标志着保加利亚复兴的开始，随后便是保加利亚人的精神和国家发展、经济关系等的恢复阶段。在这一进程中，“外来的”概念也在善与恶、威胁与友好、吸引与排斥这类概念中扩充。在保加利亚人，甚至是整个巴尔干半岛的分化过程中，在不同价值观的基础上产生了欧洲—东方③的对立。

18 世纪末，一些指向当时民族发展中的问题的史学、教育学和一些教化性质的文章不断涌现（索夫朗尼·弗拉灿斯基、彼得·贝隆、瓦西列夫·阿普利洛夫等的文学活动）。作品，诸如古保加利亚短篇小说《瓦尔拉姆和约瑟夫》、《史蒂芬托斯和伊克尼拉托斯》，以及较晚的《哲学家辛提普的神话》有着明显的训教作用，实际也与保加利亚社会中启蒙运动的基本规范相关联。《一千零一夜》自从在法国安东尼·伽兰德的第一个译本出版（1704—1717）就已经蜚声欧洲。由索夫朗尼·弗拉灿斯基翻译自希腊语的保语版《一千零一夜》在保加利亚复兴时期的文化中也占据着重要的地位。这部书给我们一个模仿的范本，即脱离圣经的非基督教文明的代表。这部短篇小说是复兴时期翻译的第一本重要的小说作品。通过这一介质，一些内容丰富的叙事结构，渗透进保加利亚的文学中，成为复兴时期的显著特点。除了有趣的描述不同类型的社会行为，短篇小说还通过加入东方异国情调的元素，拓宽了保加利亚读者的精神视野。因为那个时代读者的知识水平的限制，作品中的形象仍然与印度的形象相似甚至一致。

证实这一点的是一个奇怪的事实：第一部中国文学在保加利亚的“翻译”作品是一个错误的结果——《阿拉疆——一个年轻魔法师的一生》

① 术语“开放的社会”和“封闭的社会”第一次由亨利·柏格森在《道德和宗教的两个来源》（1932）中提出，并在其后由奥地利哲学家卡尔·波普尔在他的著作《开放的社会和它的敌人》（1942—1943）中得到发展。

② 皮齐奥的观点。

③ 参见伯格丹诺夫的理论研究文章《文学，小说文本和文学作品》，载《文学思潮》1990 年第 1 期。

(1896)。该书在鲁塞市的 L. 格斯坦印刷厂出版，译者的姓名首字母为 A. G. S. ，没有关于翻译来源或者译入语言的信息。这本书实际是《一千零一夜》中一个流行的故事"阿拉丁和神灯"的译文，有着特定的阿拉伯色彩，故事有关发生地的名称有中国元素。然而根据译者所说，这本书是"一个很好的旧中国中篇小说"。

中国文化让我们想起它第一次出现在阿纳斯达斯·加尼特斯基的书《饮品与算命》(1849)，其中描述了"非常新奇的算命过程，我们可以将其与著名的中国古代著作《易经》间接地联系起来"(阿列托夫，2001)。这本书面向的是大众读者，并且是东方形象渗透入复兴文化中的中下阶层的一个佐证。复兴时期，对古代文明和作为智慧源泉的东方人的欣赏呈现上升的势头，这是保加利亚人现代世界观形成的一个非常重要的时期。

这种变化表现在愿意接受已经与保加利亚建立了互动的新的世界。还可以在复兴的新闻界发现一个相似的趋势，主要反映生活的务实一面的期刊媒体占据了主导。从 19 世纪 50 年代初到 1878 年解放，在奥斯曼帝国出版了约 30 种保加利亚语报纸和杂志，在罗马尼亚、俄国、塞尔维亚、奥地利——超过 60 种。这一时期，对东方文化的接受有了新的渠道。60 年代，在复兴时期最重要的杂志之一的《保加利亚书》(1858—1862)中出现了翻译的游记《关于中国的事》、明乐作品的摘选(明乐，1960)。游记的译者是保加利亚民族复兴作家伊万·耐德诺夫，保加利亚主教区在土耳其政府的代表和保加利亚文学社(现为 BAS)的成员。耐德诺夫对中国的关注是持久的，因为在他后来的报纸《进步》也可以找到有关中国生活的信息说明。

长篇游记《西藏风俗——在西藏旅行》在几期《图书馆》杂志中连载(《西藏风俗——在西藏旅行》，1882)。译者没有署名，但考虑到他对东方文化的兴趣，有可能是耐德诺夫。游记部分地代表着一个大的趋势，即对知识的追求，以及保加利亚人在探索奇怪的世界——东方的中国和西藏过程中精神视野的扩大。自浪漫主义时期，东方的形象已经被标注成有深度，以及超越社会准则，超越务实头脑的束缚，超越桎梏精神的所有规则的自由想法的无穷延展。浪漫主义的艺术家和哲学家踏上通往东方的地理和形而上之旅，为的是找到未知和自由存在的异国风情，和未被资产阶级实用主义侵蚀的美德，如高贵、诚实和仁慈。

众所周知的民族复兴时期的趋势，就是对待他人的著作权的自由态度和做一些"保加利亚"语的翻译工作。在现代文学的概念还处于形成阶段的复兴时期，翻译作品中的情节被当成改变社会心态的手段成为一种普遍现象。大众读者，带着父权的和民俗色彩的世界观给翻译的话语设定限制因素。如果翻译的文本符合他们的价值体系和“期待范围”，则译文就很容易被接受。伊万·耐德诺夫的翻译在很大程度上迎合这种趋势，“大胆占有”外国文本并使其保加利亚化。在这种情况下，译作没有任何来源信息，对《图书馆》杂志刊载的第二本游记《西藏风俗》（图书馆，1882）也完全没有提及。译者在很大程度上等同于原创者，窃用了著作权，这一点我们可以通过游记“更加保加利亚的”风格变化判断出来。作品的意义同样如此。这些游记反映了社会心态从复兴时期转变至旅行和遭遇新的世界。游记的讲述者有着强烈的好奇心和了解未知的冲动。

感知一切领域新鲜事物的愿望激发了类似文章的出版，如：刊载于期刊《联合劳动》的《火药和印刷》——历史教师尼古拉·卡赞阿克里的一次公开演讲（卡赞阿克里，1868）。演讲的主题选自产生“发现和发明”的现代时期之前的阶段，作者强调了“世界上最古老的人之一”——中国人的贡献。

对东方文明的兴趣在19世纪70年代的保加利亚期刊中与日俱增——期刊《知识》、伊万·耐德诺夫主编的报纸《进步》，在它们的版面上刊载有关中国文化和新闻、政治的信息——《进步》（1874年16期第6页；1875年34页）报道了关于中国和日本的紧张关系，关于大百科全书的中文版，以及分别开始于康熙皇帝（1662—1722）和18世纪中期乾隆皇帝统治时期的《旧文学和新文学选集》。

《知识》期刊自1875年的八期都在其科学专栏中刊载作者为鲁道夫的翻译文章《茶》（鲁道夫1875：载《知识》），集中介绍作为茶树的母国、茶的主要生产者和消费者的中国。文章揭示了茶树的植物学特点、生产和传播技术，为读者提供了有用的科学信息。

保加利亚在复兴时期对中国乃至东方的兴趣主要体现为表面触点——发表在期刊杂志中的公告、笔记、参考书籍、翻译作品，其功能就是向保加利亚读者介绍中国的社会生活、政治组织。这些触点普遍具有通俗的特征，并且为以后在保加利亚境内对中国文化的领会建立了了必要的信息储备。它们是几个世纪的拜占庭—东正教文化和东方文化交流的产物，虽然仍然是片断的和前后矛盾的。

这个过程一直延续至保加利亚解放（1878）以后时期。从复兴时期继承下来的稳定的倾向继续发展，但除此之外，还出现了新的动向，不仅是本国的，还有相当多的欧洲文化的特点也被加以总结。保加利亚“民族中心主义”成为背景，取而代之的是“人类中心主义”（伊高夫，1992）。

19 世纪 90 年代末和 20 世纪初，随着新的保加利亚国家的建立，变化接踵而至，在社会方面体现为集体意识逐渐向个人意识过渡。在新的保加利亚社会中普遍意识到保加利亚在精神和物质层面融入全球的必要性，这引起了关于国家现状的广泛的社会讨论。

一方面，知识的必要性和在发现世界的更多范畴中进行的自省不再仅仅依靠形成于复兴时期的欧洲视角。我想以阿列科·康斯坦丁诺夫的《到芝加哥再向后》为例，这是一条公众态度变化的重要路线，作者和公众人物打破了欧洲中心论的界限，并用一种现代的方式把外国形象引入保加利亚文学。

另一方面，19 世纪末期，对西方功利主义的失望情绪在欧洲蔓延，对未知、无限以及存在的追求，显得越来越难以实现。它们迫使哲学家们，如尼采、凯雷、艾默生、柏格森，去寻求一个以印度和中国哲学为代表的东西方哲学的合成体。本着这一精神，“欧洲化的倡议”（伊科夫，1992），已经显现出对欧洲经典的积累同化的特点并成为一个煽动“现代”的基本纲领，在随后的历史阶段，又要求保加利亚的艺术运动与欧洲的现代艺术同步。叔本华、尼采等哲学家和现代的欧洲诗人是担当新角色的典型。

随着保加利亚社会关系和文化关系的变化，一个历史事件引起了对东方文化的兴趣——19 世纪末 20 世纪初远东的政治紧张局势与日俄战争（1904—1905）。俄国和中国的冲突，以及日俄军事行动在保加利亚引起了很深的共鸣。本文追踪事件的消息、信息记载和报刊中的评论发现，其中最活跃的是期刊《保加利亚聚集》（1894—1915）和《游记》（1899—1905）。

在杂志《保加利亚聚集》上发表过斯特凡·波波切大的文章《远东地区的保加利亚》，记录了 1904 至 1905 年日俄战争期间保加利亚与中国最初的接触（波波切夫，1904）。文章分析了保加利亚社会的态度，并阐明了保加利亚人对日俄战争的贡献。曾经组织过筹措资金、自愿捐款、舞会和音乐会等活动，为了支持受到伤害的俄国人，保加利亚音乐家协会举办了交响音乐会；苏丹娜·佩特洛娃——战事部部长拉奇优·佩特洛夫将军的夫人，担任了夫人委员会主席，这一组织的目的在于募集资金援助满洲地区军用医院的装备。另外，还有其他一些上流社会的女性参与，如保加利亚著名政治家的夫人们。1904 年 6 月末，保加利亚的医生和护士抵达哈尔滨东边的滚珠林市，在那里建了一所医院，医院一直运转到 1905 年 11 月 10 日。吉米特尔·基拉诺夫医生是卫生使团的团长。

有趣的是基拉诺夫医生对这场东方的战争的印象，他曾在 1905 年 11 月 13 日和 1906 年 2 月 2 日的两次公开演讲中描述并于 1906 年在《保加利亚医师》杂志上发表了题为《我在远东的使命》的文章（基拉诺夫，1906；基拉诺夫，1908；布兰科娃，2004）。尽管不是基本的主题，基拉诺夫医生的回忆本质上反映了保加利亚人与中国第一次真正的接触。

大多数保加利亚期刊中的政治评论和小说材料都离不开这些话题。期刊《历代记》详细地按年代描绘中国内战中发生的事件，义和团运动、俄国的干预、中国内部事务中的英国和日本，一直到日俄冲突（《历代记》1900：第 6，14—18，20，23，24 页）。

这些摘录中国国内冲突的年表显示了媒体作为公共舆论的晴雨表，是深受欧洲（包括俄国）强烈影响的产物，把欧洲看作支配“野蛮状态”的远东的象征。中国的武师们只被认定为欧洲概念中的暴力和残酷，国内战争冲突被简化为对欧洲传统的反抗。这次军事行动的成果中，联军的实质为侵略的使命，被定性为对文明和人道的救赎。在这种情况下，因为自我认同为文明的欧洲世界的一部分，保加利亚支持殖民主义成为稳固世界各国关系恰当的规则。这种立场关联到解放后在保加利亚社会中传播开来的进步和现代化的概念——国家经济和文化的上升趋势要求掌握新的产品、思想、技术；也与先进的欧洲国家实证主义和激情的形象相联系。

其余的有关在中国的生活的出版物——游记、新闻类和科学类的文章也延续了类似的趋势。出版的选择策略（因为大部分出版物都是译作）揭示出追求高于其他社会的自我身份认定的心理。西方与东方的对比关系被简化成现代性、优越性甚至是强权性。这些对立的元素可以变成个性和创造（西方）与衰败和原始（东方）的对立，但也可以暴露出机械和冷酷（西方）与传统和真实（东方）的对立。

虽然多数出版的文本都假装是纪录片式的、客观的，但我想说，它们仍然有游记、通俗文章或书信体的特点，并且它们直白地暴露了倾向性（《启蒙》，1904）。

19 世纪末和 20 世纪初，保加利亚人依照另外的模式和标准重建了自己的国家，俄国的文化和理念便是其中之一。

关于如何在本土重塑这些模式的争论至今仍是一个问题。保加利亚的政治家、公众和文化人士或是把他们的观点看作是西方或俄国的变种，或是保持着一定的距离和限制。西方话语经常不是歉意的。保加利亚期刊中的游记和科学类文章——对东方兴趣不断增加的结果，在东西方对立的原则基础上，遵循着他们自己的“道德地理”。因此，游记《中国的教育（一个旅游者的笔记）》（花开，1897）把中国的教育评价为道德上的，尽管其有别于欧洲人认为的中国的教育。

对中国刑法的分析——《远东地区：中国刑事法律》（《历代记》，1900），是由一位佚名作者根据科兹洛夫的《远东地区：中国的民事和刑事法律》基础上写成的。文章展现了中国刑法的仁爱和优于西方法律的方面：“中国的刑法把教唆犯和主犯与其他从犯区别开来，在自愿供述的情况下予以减轻罪责，免除对未成年人的处罚。”（历代记，1900：21，421）

东方社会和文化的问题被保加利亚作家们反复分析，并演变为关于自由的保加利亚国家进步的社会大讨论的一部分。在政治和经济领域，他们遵循着早期的文明公约以及与启蒙相关的进步概念。这些概念与欧洲之上学说以及保加利亚人的“野蛮身份”和落后状态一起被强制接受。对待东方的这种立场是拒绝可能与所谓的衰退、原始的东方世界相等同的标志，是国家长期落后和不发达的结果，也是保加利亚 19 世纪 90 年代表现出的刻板形象。

这个趋势似乎在接下来的几十年里仍然没有改变——直至第一次世界大战。期刊《现代思想》中对中国发生的政治事件的分析和评价显示出一种倾向，即将所有发生在中国的事情概括为欧洲认为的样子，或是按照日渐普及的历史和唯物的马克思主义概念理解。

从 20 世纪初到第一次世界大战的那些年，保加利亚的知识分子尽管受到了历史条件的限制，仍然被进步的信念、未来和国家繁荣深深吸引。这是一个充满乐观和活力的年代，对异域文化有着难以抑制的兴趣，专注自我，智力迸发。视野的快速变化导致与之前完全不同的美学、政治学和社会学思想的渗入。巴尔干文化的研究者莉莉娅·基洛娃（基洛娃）认为，这一时期引领文学和艺术的“最重要的原则”是“改变自己”。异国，不论是何起源，都要按照欧洲的思维定式理解，但是“东方问题”在社会的审美和概念取向上激发了道德观的一个新的层次。

保加利亚的报刊杂志，因为它们的新闻立场和战略方向，对公开讨论远东（19—20 世纪）的政治变动情有独钟，也设计特别的文化范畴，如“本土”和“外来”，侵略和文化。这些文本的语言策略遵循夸张的浪漫主义隐喻修辞，或是实证条款，通常归结为“进步”、“头脑”、“自由”等词汇。上下文中使用这样的术语，体现了文明和文化之间关系的破裂。在这种情况下，“启蒙”概念的牢固性（一致性）在《保加利亚聚集》和《历代记》的版面中分解了。一方面，这一概念继续作为“博学”的代名词通过传统发挥作用——复兴时期，即启蒙（被认识和理解为“教育”和“科学”）被当作完成民族身份建构和民族独立的工具那个时期的遗产。但另一方面，作为“文明”概念的同义词，它被以《历代记》主编康斯坦丁·伟利切克夫和这两本杂志的投稿人为代表的社会人士拒绝，标志着在实证价值观基础上构建一个新的保加利亚国家的启蒙幻想的危机。

20 世纪初，伊万·安德雷钦的作品也日益突出。这些作品本质上都在表达一种对“异国”所持的新的态度，以及这种态度在国家文明进步中的合理化——对当时巴尔干新文学总体而言的一个典型的趋势。在他的文选《社会早晚》（安德雷钦，1903）第一卷，安德雷钦用他自己从俄文翻译的有教育意义的短篇小说展现中国文学。译者摘选的这些作品往往是民间故事和谚语，其中心是寓言的起源。向东方文化遗产转移是因为渴望形式和主题领域艺术的复兴。对于象征主义的创作者而言，远东文学是接近欧洲哲学所追求的题材的来源，这也许会成为传统和现代之间的桥梁、集体的和个人的纽带。

保加利亚最前卫文学的先驱格奥·米列夫认为，表现主义、现代主义艺术是无国界的艺术，属于一种国际的精神共同体。

20 世纪初出版的亚洲抒情诗翻译中，应当尤其关注珊瑚系列：《蓝色小时》（1922）、《心的狂想》（1936）、《桃树花期》（1936）、《笛声悠远》（1937）、《大和之歌》（1937）、《花枝》（1938）、《爱情和智慧》（1939）、《安南的花》（1939）。这些诗作都是原创者对保加利亚文学的贡献，他倾注毕生心血向保加利亚读者系统展示亚洲民族的抒情诗作——诗人尼古拉·德扎罗夫。对比德扎罗夫的译作和原作，尽管使用了媒介语（法语、俄语、德语），必须肯定译作已经最大限度的接近了原作的精髓，而且，诗歌韵味并未受到影响。他的诗集蕴含着中国诗歌的主要格调，其目的是向保加利亚读者介绍中国文学的佳作。

19 世纪末 20 世纪初远东的冲突似乎激发了保加利亚对中国的兴趣。基于理想国对进步概念进行的合理规范，中国的政治和社会生活被接受，之后，在寻求理解世界价值观优先的认同中，保加利亚知识分子认为文化具有巨大的潜能。可以得出这样的结论，在世纪之交保加利亚精神和社会政治生活的对立中，文化概念作为文明之间唯一可能的对话工具沉淀下来。康斯坦丁·伟利切克夫、伊凡·伐佐夫、斯托扬·米哈伊洛夫斯基、彭乔·斯拉维可夫，这些作家和不同审美学说的拥护者让我们相信文化在它的身体里积聚了无数印记，是一个保留着一切已经发生、正在发生和即将发生的事情的巨大的宝库。

文学史家通常将19世纪末20世纪初的保加利亚划分为现代时期。不同审美模式的汇聚导致不同类型的风格元素相互渗透、混合，也导致刺激新现象出现的触点密集扩张。

保加利亚社会对东方的兴趣呈现出新的特点。权威研究者在报刊杂志上发表了深刻的分析。

世纪之初，作家们抱有一种新的看法，那就是有必要将技术的西方和达观的东方合并形成"世界的"、"东西方的"哲学，那会使人们更接近至上的价值观。尼克莱·莱诺夫便是其中之一，他的部分作品主题与本文密切相关（例如：他发表在《金角》上的文章《神奇的故事》，1926；他的基础科学研究《大理石神像》，1941，实际是全面地分析印度、中国和日本的建筑、雕塑、绘画艺术和应用艺术对欧洲文学风格的影响；他的中国故事重述）。在这些中文文本里，莱诺夫揭开了一个奇妙的世界，在现实、远处和梦想世界中间的无人地带；一个关于色彩、形状、声音、光亮和阴影的颓废的故事。有趣的是，作者毫不费力地将发生在相当广的时间范围和地域范围中的事情组合成常见的神话主题，并把它们的符号转化成他自己的文学语言，又用统一的符号来表示所有的哲学和宗教概念。

因为其妙不可言，这个故事成为表现主义的首选题材。它呼应了人们要求征服和改变现实的渴望，也迎合了对神话的魔法人物以及极端的心理状态，怪诞、恐怖、孤寂和奇异的兴趣。

那个时期，伊丽娜·佩特洛娃和特奥海洛夫也涉足文坛。对东方的普及在当时有一个很重要的载体，就是月刊《复兴》。杂志向保加利亚读者介绍泰戈尔、圣雄甘地、列夫·托尔斯泰的作品和活动。这里需要指出三部迪米特尔·舍施曼诺夫1936至1939年发表在《金角》上的非传统体裁的作品。作者展现了一个名字叫周古林（音译）的中国人的经历。作品表现了在东西方隐蔽的对立中，中国代表文明和人性的摇篮，反抗着西方国家的侵略。

舍施曼诺夫给保加利亚带来了一个前大战时期的很可观的文化概念，当时的"异国"生活就像是我们自己的身份中被隐藏的部分。表现这种关系的文学原型是陌生人的角色，以及一个对自己而言也是异类的精神流浪者的形象。走近中国，乃至更广的东方文学，成为具有完整人格的人的自我认识的途径，正如神和人的神秘结合体，或是潜意识和原型的概念。

20 世纪 30 年代，通过尼古拉 · 德扎罗夫的翻译诗选和报刊杂志上发表的作品，保加利亚的读者已经了解了中国古典诗歌的主要抒情风格。因为缺乏受过良好教育的汉学家，翻译仍然是通过转译进行的。按照现代主义的概念，中国诗歌应该在不同文化的对话中进行研究和考察。

渴望从历史的视角观察现实并对极富戏剧性的年代给出合理的解释，是驱使翻译家们投身中国当代小说的动力。林语堂的小说《京华烟云》于 1942 年出版，二版和三版（1943）也接踵而至。译者之一是聂维娜 · 罗泽娃。有人可能说林语堂是第一位翻译自己作品的作家。成长于一个基督教牧师家庭的他属于中国和美国两种文化，因此他给自己确定了将东方文明普及到西方的使命。

林语堂小说中代表中国人的一个特别的群体是中国杰出的诗人和画家（苏东坡等），他们的作品是结构性的和有代表性的叙事模式。

拉德夫斯基翻译的萧三的诗歌（《我们的命运是这样的》，1934 年），完美地契合了 30 年代的左派文学潮流并且扩充了它的国际化概念；而林语堂的小说创作与这一时期保加利亚的小说发展也有相似之处（格奥尔基 · 查内夫称为“小说的冲击”），代表作家是约尔丹 · 约夫适夫、贝特卡诺夫、斯托扬 · 扎高尔切诺夫、凡尼 · 波波娃—木塔弗娃、格奥尔基 · 卡拉斯拉沃夫等。

逻辑上，中国小说与一些保加利亚作家的叙事环境相吻合，如鲍里斯 · 舍瓦切夫（《南美的信》，1932）、马特维 · 瓦列夫（《马群扬起的尘土》，1937）、迪米特尔 · 迪莫夫的第一部小说《中尉的奔驰》（1938），这些作家都擅长描写遥远的国度或是参悟外国人的心理，对他们而言“外国”作为描述的对象有其特殊的价值。他们的作品标志着关于异域文化的新的审美概念的出现——那是一种独立的、截然不同的文学世界的代表，它不仅表明了人性的普遍性，还指出了不可改变的差异性。

在此期间，保加利亚已经具备了文学和文化领域革新的历史和政治前提。对旧文学已经腐朽的预设，批评文章中对创新过程复杂性的低估，以及“尚未过时的英雄主义、乐观精神”决定了文学世界的发展趋势，班特雷 · 扎莱夫多年以后做出了这样的评价。那一时期，作家（中国的和保加利亚的）之间频繁地互访（萧三、陈白尘、戈宝权、瓦列里 · 彼得洛夫、斯托扬 · 维列夫、博果米尔·诺涅夫等)。《恨由生——马可波罗的非常之旅》等作品揭开了欧洲人发现中国的内幕,强调了几个世纪以来西方对中国掠夺的殖民政策;在瓦列里·彼得洛夫的游记《关于中国的书》中,作者用丰富的情感和细腻的诗歌风格感知在这个遥远的国度里隐藏在事实和数字(游记体的部分内容)背后的社会心理。在同一时期还出版了以下书籍:《中国故事》(1940)(格奥尔基·迪科夫斯基翻译自世界语)、中国文坛最著名的作家之一老舍的小说《骆驼祥子》(1946)。

这一时期在保加利亚出版的中文翻译作品大约有30部,大多数都是译自俄文,因此通常在俄文版出版以后。这就在一定程度上预先规定了题材的选择。

避开苏联对翻译文学施加的限制不谈,俄文翻译都是由专业素养较好的汉学家完成的,而且他们通常亲自撰写前言。

解释复兴时期的文化现象是以当时的作家关于公正的社会秩序的启蒙意识为前提的。发表在报刊杂志上的游记,在很大程度上建立起一个披着异国情调和神秘外衣的浪漫主义的东方形象。受土耳其帝国的压迫,解放前的保加利亚对在“封闭”帝国里获取的关于世界的有限知识应该是感到满意的。

复兴时期,保加利亚人重新发现远近不一的国度,与外来文化的较量已经成为一种国家认同的方式。与所有“外来的”沟通的过程无疑是以接近欧洲文化的发展成就为导向的。然而,对东方文化表现出的兴趣标志着从属关系的存在,保加利亚文化融入全球文化绝不是从一而终的。关键是要抓住世界历史文化进程中普遍与唯一的辩证关系,因为它对主导的欧洲中心论提出了质疑。

21世纪的全球化进程把焦点聚集在哲学和文化的完整性上,它的本质是相互渗透的世界保持完整,要解决当今一些普遍的问题,文化多元在这种完整性面前就显得必要。全球化和国际化的进程把文化概念以及各个时代、各个国家的象征符号都放到没有文化界限的对话中。通过对不同种族和民族的心理和存在的探知,本文的贡献在于对保加利亚文化中一些基本的倾向给出了合理化的解释,分析我们的身份认同过程中“本土”与“外来”的对抗。

参考文献

1. Andreychin, 1903: “Social evenings and Mornings”, vol. Ⅰ-Ⅳ, 1903 - 11; vol. Ⅰ - Ⅱ, 1930 - 1931.(安德雷钦:《社会早晚》,1903年第1—4卷,1930—1931年

第 1—2 卷）。

2. Aretov, 2001: N. Aretov, "Bulgarian Revival and Europe", Sofia, 2001.（阿列托夫：保加利亚复兴和欧洲，索非亚，2001 年）。

3. Bobchev, 1904: S. Bobchev, " Bulgaria in the Far East ", in: " Bulgarian gatherings" periodical, 1904, b. 9.（波切夫：《远东的保加利亚》，载《保加利亚聚集》，1904 年第 9 期）。

4. Bogdanov, 1990: B. Bogdanov. The literature, the fiction text and the literary work, in: "Literary thought", 1990, №1.（伯格丹诺夫：《文学，小说文本和文学作品》，载《文学思潮》1990 年第一期）。

5. Brankova, 2004: Katia Brankova, " The Bulgarian medical mission during the Russian-Japanese war" . In: "War-historical collection", Military publishing house, c. 2/2004.（布兰科娃：《日俄战争中的保加利亚医疗队》，载《战争史集》，军事出版社，2004 年版，第 2 页。）。

6. Dzherov, 1922: Nikola Dzherov, Blue hours, Japanese lyrical poetry, Sofia: "Korali": Rangel Mladenov publishing house, 1922.（德扎罗夫：《蓝色小时，日本抒情诗》，索非亚："Korali" 兰赫尔 · 姆拉德诺夫出版社，1922 年版）。

7. Dzherov, 1936: Nikola Dzherov, Mirages of the heart, Asian lyrical poetry, Sofia: "Korali": Rangel Mladenov publishing house, 1936.（德扎罗夫：《心的狂想，亚洲抒情诗》，索非亚："Korali" 兰赫尔 · 姆拉德诺夫出版社，1936 年版）。

8. Dzherov, 1938: Nikola Dzherov, The songs of Yamato, Japanese anthology. Sofia: "Korali": Rangel Mladenov publishing house, 1938.（德扎罗夫：《大和之歌，日本文集》，索非亚："Korali" 兰赫尔 · 姆拉德诺夫出版社，1939 年版）。

9. Dzherov, 1939: Nikola Dzherov, Love and wisdom-Indian lyrical poetry, Sofia: "Korali", 1939.（德扎罗夫：《爱情和智慧——印度抒情诗》，索非亚："Korali" 兰赫尔 · 姆拉德诺夫出版社，1939 年版）。

10. Dzherov, 1939: Nikola Dzherov, Flowers from Anam, Sofia: "Korali", 1939.（德扎罗夫：《安南，抒情诗》，索非亚："Korali" 兰赫尔 · 姆拉德诺夫出版社，1939 年版）。

11. Dzherov, 1943: Nikola Dzherov, The blossom of the peach, Chinese lyrical poetry, Sofia: "Korali": Rangel Mladenov publishing house, 1943.（德扎罗夫：《桃树花期，中国抒情诗》，索非亚："Korali" 兰赫尔 · 姆拉德诺夫出版社，1943 年版）。

12. Dzherov, 1943: Nikola Dzherov, Distant flute whistles, Chinese anthology, Sofia: "Korali": Rangel Mladenov publishing house, 1943.（德扎罗夫：《笛声悠远，中国文选》，索非亚："Korali" 兰赫尔 · 姆拉德诺夫出版社，1943 年版）。

13. Dzherov, 1943: Nikola Dzherov, Flowering twig, Japanese lyrical poetry, Sofia: "Korali": Rangel Mladenov publishing house, 1943. (德扎罗夫:《花枝,日本抒情诗》,索非亚:"Korali" 兰赫尔·姆拉德诺夫出版社,1943 年版)。

14. Dzherov, 1922: Nikola Dzherov, The blessing of the world. Lyrical songs. Troyan, Balkan publishing house, 1922. (德扎罗夫:《世界的祝福,抒情歌曲》,特罗扬:巴尔干出版社,1922 年版)。

15. Dzherov, 1934: Nikola Dzherov, The living legend of Ohrid. Sofia, 1934, Knipegraph publishing house. (德扎罗夫:《奥赫里德活着的传奇》,索非亚:Knipegraph 出版社,1934 年版)。

16. Dzherov, 1930: Nikola Dzherov, Spring around the lake. Sofia, 1930, Gladstone publishing house, Sofia. (德扎罗夫:《湖畔春天》,索非亚:格拉斯通出版社,1930 年版)。

17. Igov, 1992: Svetlozar Igov, "Three fundamental conceptions in the Bulgarian literature". In: Bulgarian masterpieces, Sofia, 1992, p. 23 – 31. (斯威特罗扎尔·伊果夫:《保加利亚文学的三个基本概念》,索非亚,1992 年,第 23—31 页)。

18. Kazanakli, 1868: Nikola Kazanakli, art. "Gunpowder and bookprinting", "Joint labour", b. 1, 1868. (尼古拉·卡赞阿克里:《火药和印刷》,载《联合劳动》,b. 1, 1868 年)。

19. Kiranov, 1906: Dimitar Kiranov, "Over my mission in the Far East", in: "Bulgarian physician" periodical, I year, 1906, c. XIX - XX, c. 345 - 371 и c. XXI, p. 380 - 409. (迪米特尔·基拉诺夫:《我在远东的使命》,载《保加利亚医师》,I, 1906 年)。

20. Kiranov, 1908: Dimitar Kiranov, "The Russian physician service during the Russian-Japanese war and the necessary changes in our military physician service during a war time", in: Military magazine, c. 3, 1908, p. 352 - 385. (迪米特尔·基拉诺夫:《日俄战争期间的俄国医疗服务及战时我们的军事医疗服务的必要改变》,载《军事杂志》1908 年 3 期)。

21. Kirova, 1999: Liliya Kirova, "Southeast European aesthetic phenomena. The symbolism and the critical thought in the literatures of the Slavs on the Balkans", Sofia, 1999, p. 59, citation over http://www.rastko.org.yu/rastko-bg/umetnost/knjizevnost/lkirova-fenomeni2.php. (莉莉娅·基洛娃:《东南欧的审美现象:巴尔干斯拉夫人的象征主义和批判思想》,索非亚,1999 年)。

22. Kovacheva, 1985: N. Kovacheva, "To tell a story, the story is in the works of Bulgarian authors", Sofia, 1985. (科瓦切娃:《讲一个保加利亚作家的作品中的故

事》，索非亚，1985 年）。

23. Chronicles，1900：“In the Far East. The Chinese criminal law”，in：“Chronicles”periodical，1900，c. 21，p. 421 and following.（《远东地区：中国刑事法律》，载《历代记》，1900 年）。

24. Milev，1920：Geo Milev，The cruel ring，Works in three volumes，Sofia，1975 – 1976，1920.（格奥・米列夫：《残酷的戒指》，索非亚，1975—1976，1920 年）。

25. Milev，1976：Geo Milev，National Art，in：Works in three volumes，Sofia，V. 2，Sofia，1976，p. 183.（格奥・米列夫：《民族艺术》第 2 卷，索非亚，1976 年）。

26. Milev，1976：Geo Milev，The modern poetry，from：“Zveno”periodical，1，1914，b. 4 – 5）- in：Milev，G. Writings. V. 2，S.，1976，p. 54 – 66.（格奥・米列夫：《现代诗歌》，载《环节》杂志，1914 年第 1 期，4—5 版）。

27. Mingle，1960：G. Mingle，“Something about China”，in：“Bulgarian papers”periodical，1860，c. 2，p. 31.（明乐：《关于中国的事》，载《保加利亚书》1860 年第 2 期）。

28. Picchio，1981：Riccardo Picchio，“The place of the Bulgarian literature in the culture of Europe during the Middle Ages”. In：“Literary thought”periodical，1981，№ 8.（皮齐奥：《中世纪欧洲文化中保加利亚文学的地位》，载《文学思维》，1981 年第 8 期）。

29. Enlightenment，1904：“Enlightenment”periodical，“The position of the child in life”，c. 9 – 10，1904.（《孩子在生活中的位置》，载《启蒙》，1904 年，第 9—10 页）。

30. Rainov，1919：Nikolay Rainov，“A Book about mysteries”，1919.（莱诺夫：《一本关于未解之谜的书》，1919 年）。

31. Rainov，1926：Nikolay Rainov，“The Magic stories”. In：“Zlatorog”periodical，c. 2 – 3，1926，p. 97 – 126.（莱诺夫：《神奇的故事》，载《金角》，1926 年 2—3 期，第 97—126 页）。

32. Rainov，1933：Nikolay Rainov，“Ryorih and the struggle for culture”. In：“Zlatorog”periodical，1933，b. 7.（莱诺夫：《Ryorih 和文化的斗争》，载《金角》，1933 年第 7 期）。

33. Rainov，1941：Nikolay Rainov，“History of Art. Marbled Gods”，vol. Ⅳ，St. Atanasov publishing house，Sofia，1941.（莱诺夫：《艺术史．大理石神像》第 4 卷，索非亚：圣阿塔那索夫出版社，1941 年）。

34. Rainov，1971：Nikolay Rainov，“Selected writings”，vol. 4，Stories of the East，

Sofia, 1971, p. 5 – 10. （莱诺夫：《作品选》第 4 卷，《东方故事》，索非亚，1971 年）。

35. Rainov, 1989: Nikolay Rainov," Works in five volumes", vol. 1, Sofia, 1989, p. 477. （莱诺夫：《五卷本作品》第 1 卷，索非亚，1989 年）。

36. Dictionary of the Bulgarian literature, vol. 3, Sofia, Bulgarian Academy of Sciences, 1982, p. 139 and following. （《保加利亚文学辞典》第 3 卷，索非亚：保加利亚科学院出版社，1982 年）。

37. Rudolph, 1875: L. Rudolph, "Tea". In: "Knowledge" periodical, 1875, c. 8. （鲁道夫：《茶》，载《知识》，1875 年第 8 期）。

38. Blossom, 1897: "The education in China (Notes of a traveller)", Apr. 1897, c. 4, p. 145 – 148. （《中国的教育（一个旅游者的笔记）》，载《花开》，1897 年 4 月，第 4 期）。

39. Shishmanov, 1936: Dimitar Shishmanov, "Together with Ku Lin Chou at the Coliseum". In: "Zlatorog" periodical, 1936, b. 5, p. 193 – 196. （迪米特尔·舍施曼诺夫：《与周古林在大戏院》，载《金角》，1936 年第 5 期）。

40. Shishmanov, 1938: Dimitar Shishmanov, "Together with Ku Lin Chou standing at 4400 meters altitude". In: "Zlatorog" periodical, 1938, b. 3, p. 97 – 99. （迪米特尔·舍施曼诺夫：《与周古林在海拔 4400 米》，载《金角》，1938 年第 3 期）。

41. Shishmanov, 1938: Dimitar Shishmanov, "Letters to myself", 10 Apr. 1938. （迪米特尔·舍施曼诺夫：《给自己的信》，1938 年 4 月 10 日）。

42. Shishmanov, 1939: Dimitar Shishmanov, "Ku Lin, Chamberlain and Eryo". In: "Zlatorog" periodical, 1939, b. 5, p. 213 – 216. （迪米特尔·舍施曼诺夫：《古林、张伯伦和埃里奥》，载《金角》，1939 年第 5 期）。

（北京外国语大学欧洲语言文化学院　林温霜 译）

北外芬兰语专业创办十周年暨中芬文化交流特辑

Tenth Anniversary of Finnish Language Program at BFSU &
Sino-Finnish Cultural Exchanges

编者按：2012 年 10 月 26 日，北京外国语大学欧洲语言文化学院与芬兰研究中心联合举办“庆祝芬兰语专业成立十周年暨中芬文化交流国际学术研讨会”。应邀出席活动的有芬兰驻华使馆负责新闻和文化事务的溥明睿参赞，芬兰教育部国际交流中心主任帕西·萨尔伯格，赫尔辛基大学余尔基·努米教授，日本芬兰研究中心主任高歌教授，北京外国语大学副校长钟美荪教授，中国外交部欧洲司倪晓京参赞，前驻芬兰大使王家骥先生、张直鉴先生，还有来自中国社会科学院、中国青年出版社等单位的专家学者，以及北外芬兰语专业全体中外师生。

钟美荪副校长代表学校发表了热情洋溢的致辞，向芬兰语专业成立十周年表示热烈祝贺，对芬兰驻华使馆、教育部门和有关大学给予北外的支持表示感谢，鼓励芬兰语专业师生向着更高更好的目标努力。溥明睿参赞代表芬兰驻华使馆高度评价北外通过开办芬兰语教学对芬中关系发展做出的贡献，称赞芬兰语专业十年来在全体师生的努力下取得了显著成绩。倪晓京参赞代表外交部欧洲司，同时也以北外校友的身份，向芬兰语创办十周年表示衷心祝贺，并就中芬关系的发展作了重要讲话。

在研讨会上，专家学者就中芬关系、双边文化交流史、继续扩大教育文化交流合作、语言文化教学等问题进行了深入研讨。外交部欧洲司倪晓京参赞从政治、经济等角度介绍了中芬关系和两国关系的历史，以及中芬合作面临的新的发展机遇。从澳大利亚专程来华参会的芬兰教育部国际交流中心主任帕西·萨尔伯格先生则与我们一同分享了芬兰教育体制为世界提供的经验和贡献。赫尔辛基大学努米教授从中国大诗人李白入手，从文学影响的角度，探讨了中国诗歌对芬兰诗歌的影响。来自中国社科院边疆史地研究中心的马大正研究员和前驻芬兰大使王家骥先生，分别以翔实的史料，生动地介绍了中芬两国学术界对百年前深入中国西北的芬兰探险家马达汉和兰司铁的研究。北外余志远教授的论文围绕芬兰短篇小说的题材和内容，以对普通人生活以及自然的描写为切入，分析了芬兰文学的民族特色。北外芬兰研究中心副主任李颖着重介绍了 20 世纪 50 年代中国文学在芬兰译介的第一次高潮，从中国文化与芬兰的多元接触的视角，探讨了芬兰的中国形象的构成来源。此外，日本芬兰文化中心主任高歌先生、中国社科院许建英研究员都就自己的研究领域和课题做了相关发言。

我们在这里选编刊发若干发言和论文，祝贺芬兰语专业创办十年，希望它能成为一扇新的视窗，让更多的读者与我们共同关注芬兰，展望中芬关系的美好前景。

中芬合作面临新的发展机遇

倪晓京
中华人民共和国外交部欧洲司
（2012 年 10 月 26 日）

女士们、先生们、朋友们：

今天，我很高兴与大家一起参加在北京外国语大学举办的中芬文化交流学术研讨会暨芬兰语专业成立十周年纪念会。北京外国语大学也是我的母校。34 年前，我曾经在北外英语系学习英语，其后于 1979 年赴芬兰学习芬兰语。在此，我很荣幸也很高兴地向今天的庆典活动转达来自外交部欧洲司的诚挚致意和热烈祝贺。十年前，我有幸参与了北京外国语大学芬兰语教学的启动进程。我曾经推荐一些著名的芬兰跨国企业参与赞助芬兰语教学，并捐献了自己曾经用过的芬兰语课本。十年后，我对芬兰语教学与研究取得的丰硕成果倍感欣慰。芬兰语毕业生中有的成为了知识渊博的学者，有的则成为我在外交部或其他国家机关经验丰富的同事。

女士们、先生们：

中芬友好关系源远流长。中国和芬兰的首都相距万里之遥，分处欧亚大陆两侧，但现代交通工具使人们可以朝发夕至，把北京和赫尔辛基的距离拉近到 8 小时工作和生活圈以内。其实，从中国内地许多地方到达北京，路上可能要花费更长的时间。当然，两国之间在幅员、人口、历史和文化等方面存在着很多差异，仅仅是在面积和人口上就相差近 30 倍和 250 倍。

芬兰虽然只有 540 万人，仅相当于中国一个中等地级市人口，但在电信、森工、造纸、机械、节能环保等传统和新兴领域不断开拓创新，产生了众多世界顶级品牌，如诺基亚、通力（KONE）、芬欧汇川（UPM）、芬航、玛丽亚·古琦（Marja Kurki）、Linux 和愤怒的小鸟等。芬兰在可持续发展、竞争力、透明度、国民教育等国际评比中也屡屡领先，诸如在每年的达沃斯世界经济论坛各国环境可持续发展指数（ESI）、柏林透明国际、经合组织国际学生评价项目（PISA）的排名上。即使是近年横扫西方的金融危机也未使芬兰伤筋动骨，经济与许多欧洲国家相比仍有不凡表现。这一切都不禁令世人对芬兰刮目相看，本性谦虚的芬兰人不经意间也惊讶地发现自己在诸多方面的长人之处。

中国是当今世界上最具活力的经济体之一，正在致力于经济可持续发展，努力实现稳增长、调结构、转方式和增加内外需求，与芬兰这样的欧洲发达国家在各方面都有较强的互补性，如在开发利用清洁技术、创建绿色经济方面，在建设和谐社会、实现社会稳定方面，在完善社会保障体系、关爱弱势群体方面，等等。发挥两国各方面优势，进一步加强中芬互利共赢合作，不仅将造福于两国和两国人民，也必将有利于各自地区和整个世界的和谐与稳定发展。中芬合作在新时期有着良好的发展机遇。

在政治领域，中芬相互尊重、相互信任，政治关系一直发展良好。芬兰是第一批承认并与新中国建交的西方国家之一。再过两天我们将迎来中芬建交62周年纪念日。芬兰在1953年也是西方国家中第一个与新中国签订政府间贸易协定的国家。路遥知马力，日久见人心。尽管建交60多年来两国国内形势和国际局势发生了各种各样的变化，但两国关系始终平稳前行。即使是在20世纪80年代末那段动荡的岁月，芬兰也没有参加西方国家对中国的集体制裁，而是通过坚持其独立自主的外交政策，支持了中国的改革开放进程。近年来，中芬双方保持了高层交往与互访的良好势头。2010年上海世博会之年，时任芬兰总统的哈洛宁女士、议长尼尼斯托先生、总理基维涅米女士分别访华。中国国务院副总理李克强和国家副主席习近平于2009年和2010年先后成功访芬。今年5月，中国全国人大常委会副委员长路甬祥访芬。此外，在两国中央政府和地方之间，每年还有80—100起副省部级以上的代表团互访。两国在国际和地区事务中相互支持，相互协调。两国外交部之间有着举行不定期政治磋商机制的传统。当前国际局势正在经历深刻变化，国际金融危机影响还在持续，中芬两国需要进一步加强政治联系，共同努力把双边关系提升到一个新的水平。

在经贸领域，两国有着很强的互补性。中芬双边贸易去年达到111.8亿美元，比2010年增长17.5%，今年1 6月两国贸易额为62.1亿美元，同比增长22.8%。中国是芬兰在亚洲最大的贸易伙伴，在全球的第四大贸易伙伴，芬兰则是中国在北欧第二大贸易伙伴和技术进口国。目前有300多家芬兰企业进驻了中国市场，投资总额达到80亿欧元。中国企业赴芬兰投资也方兴未艾，目前投资总额为2000万美元。中国目前正处于快速工业化和城镇化阶段，拥有与世界各国合作的巨大市场潜力和无限投资机会。芬兰虽然国家不大，距离中国也很遥远，但是作为一个高度发达和富于创新的现代化国家，无疑是中国理想的合作伙伴。

在科技、文教、司法、旅游和民间交往等其他领域，双边近年来的交往与合作也十分活跃并富有成果。随着2005年两国在上海浦东建立了芬华创新中心和2010年中芬金桥创新中心进驻芬兰埃斯堡市，双方科技合作不断加速发展。两国自2007年开始轮流联合举行中芬清洁技术大会。截止去年底，中国共从芬兰引进了800多项技术和设备，合同金额达71.6亿美元。文化交流在两国也越来越受到欢迎。中方已经连续6年在赫尔辛基举办欢度中国传统春节的文化活动。近年来越来越多的艺术展览和演出在两国不断展出和上演。下周，芬兰今年在华举办的规模最大的文化活动——芬兰革新设计周将在中国上海拉开帷幕。两国人民学习对方语言的兴趣也越来越浓厚。十年前，芬兰语正式成为在北京外国语大学教授的外国语言之一。2007年，第一家孔子学院在芬兰挂牌。2008年，第一所芬中双语学校在赫尔辛基开始招生。中芬早在1994年就开始了在司法领域的合作，双方定期就立法和法治等议题进行交流和举办研讨会，取得了良好成效。值得一提的是，芬航自1988年起就执飞中欧之间最短的航线之一，目前直航中国四个城市，即北京、上海、重庆和香港。2011年，共约有6.5万名芬兰人和2.2万名中国人造访对方国家。两国之间建有20余对友好城市。目前约有5000名中国公民在芬留学、工作、定居。

女士们、先生们：

随着经济全球化和地区一体化深入发展和民间交往空前活跃，中国与世界其他国家未来的命运也更加紧密地联系在一起。我们深信，在中芬双方的共同努力下，两国传统友好合作关系的前景将更加辉煌，两国合作亦将成为21世纪国际合作的典范。我们也相信，芬兰语教学与研究将会为此继续发挥重要作用，作出自己的贡献。

最后，谨祝今天的研讨会圆满成功！

谢谢大家！

李白的“芬兰之行”

——中国诗歌、“纯粹意象”以及芬兰20世纪50年代的现代主义

[芬] 余尔基 · 努米
（赫尔辛基大学文学院芬兰语、芬兰—乌戈尔及北欧语言文学系）

一、遇见诗人李白

自1956年起，佩蒂 · 涅米宁（Pertti Nieminen）便已经把中国诗歌翻译成了芬兰语。其中一首叫做 *Juon yksin kuutamossa*（《月下独酌》），一首四行诗，是这样写的：

Ruukku viiniä kukkien seassa;	花间一壶酒，
yksin juon，ei ole mukana muita.	独酌无相亲。
Nostan maljani，kutsun kirkasta kuuta;	举杯邀明月，
varjoni tulee mukaan ja meityä on kolme.	对影成三人。
Mutta kuu ei välitä viinistä	月既不解饮，
ja varjo on minussa tiiviisti，tiiviisti kiinni.	影徒随我身。
Kun minä juovun，kuu pitää varjosta huolen;	暂伴月将影，
iloitse！Kevät on jo kohta mennyt. ①	行乐须及春。

在这首诗里面我遇到了李白，一个来自8世纪的中国诗人。在他整个生命中，他写了关于自然、酒、友谊、孤独以及时间的流逝的诗歌。他很容易被音乐和酒所动容，这两者也是在他的诗中不断受到赞美的意象。芬兰读者对他的喜爱不足为奇，而且他也在芬兰诗歌中成了文化名人。

① 见 Nieminen（1963，52）。

在20世纪50年代之前，被译为芬兰语的中国文献相对较少。20世纪早期，在芬兰，对中国文化的兴趣才开始兴起。一个连接这两种遥远文明的因素——传教活动，在19世纪90年代开始兴起，并在20世纪初得以扩展。之后，许多旅游书籍在芬兰得以出版，第一份关于中国文学的翻译也在20世纪初出现。在1929年之前便有不少的书籍出版，但是几十年之后却出现了另一个沉默时期。中文翻译的高潮出现在20世纪50年代。舆论一致认为，这十年是中国诗歌在芬兰的黄金时代。在这之后，甚至在今天，翻译的脚步慢了许多。①

那么中国的诗歌传统在芬兰文学中到底扮演了什么样的角色呢？到底是什么把一个拥有超过3000年文学传统的国家和一个仅有150年记载的文学传统的国家联系起来的呢？或者更准确地说：为什么中国的诗歌在芬兰现代主义诗歌中占有如此重要的地位呢？

二、文学交流

一种很常见的解释文化交流的方式便是指明在经济以及政治层面的变化。一直以来，人们经过争论得出的结论关于中国对20世纪50年代芬兰文化影响加强的最重要原因——作为一个社会主义国家，中国在战后的政治发展也对芬兰产生了影响。芬兰的左翼政治分子对于中华人民共和国发生的现代化突然产生了很大的热情。很多具有革命思想的作家的作品被译为芬兰语，中芬的外交关系也在20世纪50年代得以建立。除了出于政治动机的翻译之外，还有对于中国古典文学传统的翻译，比如林语堂的小说。

与过去相比，翻译开始有了一个非凡的发展。然而，在数字的背后，存在着一个很有趣的文化以及政治现象：大部分翻译成芬兰语的作品都是在苏联完成的。在那段时期，中苏关系蓬勃发展，而且这种温暖情谊也影响到了文学活动。大约有十本书通过俄语翻译成了芬兰语，并在苏联卡累利阿地区出版。这些在20世纪初或者在中国解放时期出版的书包括童话、民间故事、小说和短篇小说集。

这些改变生成于巨大的社会环境之中。这些改变对同时代的正在经历自身危机的芬兰诗歌的影响很小。左派的文化政策，或右翼政策，都对现代主

① 见Saarti（2007，261）；关于50年代的全面情况，参见Toivanen（2008，146 - 221）。

义诗人以及批评家来说并没有什么兴趣。出于政治动向的文学并没有影响到年轻一代的诗人，他们更喜欢把自己置于前线之间，处于无人区。① 对于文学繁荣的解释，我们应仔细看看其他文学领域以及文学交流的本质。但是这也是为什么事情会变得复杂？我们想通过文学交流表达什么？它们是如何构成的？文学交流构成的原则是什么？以色列诗人佐哈尔提出了“文学干涉十法则”，涵盖了诗歌的复杂规则。② 对于现在的目的，我们并没有必要一一仔细的对它们进行介绍。取而代之的是，我把他们重新组合成以下三个大概的分类：

1. 关于源文学的选择的规则；
2. 关于交流范围的规则；
3. 关于源文学引用的规则。

第一组涉及的是权力关系的法则以及源文学和目标文学的地位。“源”在这里意味着一种作为范式的文学，而“目标”则意味着遵循这个范式的文学。在文学市场上最重要的规则便是源文学总是根据其声望所选择。由于它的文化力量和文化资本，源文学被看作是被模仿的形式。尽管并不必要，文化力量有时候还是会和政治和经济力量有关系。③

用中心—边缘的组合格局来描述这种动态的关系非常恰当。基本原则是简单明了。由中心产生创新并且将他们散布到边缘。边缘文化，不断地吸收外部资源，因此从自己的角度出发引进了这些创新。作为一项法则，从中心到边缘的转移很是常见，而从边缘到中心的转移极为罕见但也偶有发生，不经由中心的从一个边缘到另一个边缘的转移确是闻所未闻。④

在文学中心国家中有着丰富的文学资源，这其中就包括了各个不同文学分支的专家。这就意味着，这里有大量不同语种的译员，反之，在文学边缘国家，这些专家是极其缺乏的。有能力的译员的缺乏是边缘国家文化交流要借助第三方的一个具体表现。随着时间的推移，边缘国家不断加强对于文学的兴趣，因此拥有扎实的专业知识，可以翻译源语言的译员将逐渐出现。

这也是发生在芬兰的现象。在 19 世纪以及 20 世纪之交，当第一部关于

---

① 参见 Viikari（1992）有关 50 年代诗歌的论述。

② 见 Even-Zohar（2005）。

③ 关于欧洲的文化产品和市场的诞生，参见 Sassoon（2006，Parts I and II）；关于文学市场的国际化，参见 Casanova（1998）。

④ 见 Moretti（2000，75，77）。

中国哲学文学作品的译本在芬兰出版时，中国和芬兰在以欧洲为中心的世界文学市场上都属于边缘文化，尽管二者在地理面积以及文学历史上有很大不同。当时未曾被挑战的文学中心是巴黎和伦敦，在这两个地方，创新被传播到边缘地域。作为权力群体的一部分，在中心和边缘之间，还存在着分中心，像德国柏林和瑞典斯德哥尔摩，在这些地方，各种创新经过修改和重塑而适应不同的用途。

中国诗歌进入芬兰的第一条路径便是通过当时的分中心——柏林和斯德哥尔摩，在这两个地方，中国诗歌被改编。第一部中国抒情诗歌选集在 20 世纪 20 年代进入芬兰并被翻译成芬兰语，译者艾诺·迪卡宁（Eino Tikkanen）正是通过欧洲其他语言进行翻译，进而熟悉中国诗歌。这部选集包含了从孔子时期一直到 18 世纪的中国诗歌。不久之后，迪卡宁在 20 世纪 40 年代和 50 年代又基于德语和瑞典语出版了两部中国诗集。

因此，我们可以看出，在边缘文化互相传播之前，在中心和分中心，这些文化已经被过滤。中国诗歌于 19 世纪 50 年代进入欧洲，当然，除此之外，中国文化的影响还与另外的更普遍的层面——丝绸之路、家居装潢以及餐桌餐具等等有关，在法国，这种现象被称为“中国风”。这种潮流从 17 世纪开始对欧洲有着持续性的影响。[①] 在高蹈派（Parnassians）诗歌及其代表诗人戈蒂叶（Theóphile Gautier）那里，中国形象已经进入法国诗歌，在以下这首以“中国古玩”为题的诗歌中可以明显地看出：

Ce n'est pas vous, non, madame, que j'aime,
Ni vous non plus, Juliette, ni vous,
Ophélia, ni Béatrix, ni même,
Laure la blonde, avec ses grands yeux doux.

Celle que j'aime, à présent, est en Chine ;
Elle demeure, avec ses vieux parents,
Dans une tour de porcelain fine,
Au fleuve Jaune, où sont les cormorants ;

① 参见 Rubins（2002，147）。

Elle a des yeux retroussés vers les tempes,
Un pied petit, à tenir dans la main,
Le teint plus clair que le cuivre des lampes,
Les ongles longs et rougis de carmin ;

Par son treillis elle passe sa tête,
Que l'hirondelle, en volant, vient toucher,
Et, chaque soir, aussi bien qu'un poète,
Chante le saule et la fleur du pêcher. ①

在这首诗中我们可以看到熟悉的意象，这也成为之后中国诗歌中的标志以及象征：青花瓷、黄河、小脚、长指甲、燕子，以及对于赋诗的热爱是文明生活的一个重要部分。一个显著的主题对照体现在对于美女的刻画中。这种形象与传统欧洲美女形象，比如佩迪达的劳拉，但丁的碧翠斯，或者是莎士比亚的奥菲拉，形成对比，展示了另外一种美女的形象。东西之间的对比再明显不过。

尽管高蹈派同时代的作品包含了极其广泛的主题，但是流派运动的成员们一致遵从纯粹的“因艺术而艺术”的唯美动机，都强调**口头技艺**（以反对浪漫派激发的灵感），他们**诗歌中冷漠和非个人的特质**，以及**用视觉艺术效果丰富诗歌的趋势**，同时将描述作为最终倾向。② 这些特质都可以在所有的欧洲文学现代主义作品中找到，它也构成了芬兰现代主义的基本架构。

第二组谈论的是交流范围。首先，交流可能只会发生在目标文学的一部分中，然后再在其他部分中进行。然而外国元素只被引进于目标文学的某个部分之中，经常地在边缘的文化中，其余的部分可能不受影响。其次，格局变化中它们有可能转移到中心，以便那些原先“封闭”在外围的外国元素与空间发挥作用。③

这种情况正好体现在 20 世纪初期中国古典哲学被翻译为芬兰语的案例中。第一部被翻译成芬兰语的中国哲学作品是老子的《道德经》，它在 1907

① 参见 Gautier（1835/1901 -02，xx）。
② 见 Rubins（2002，147）。
③ 见 Even-Zohar（2005）。

年由派嘉·尔瓦斯特（Pekka Ervast）根据“西方的理解”所翻译的。1921年，卡莱·科霍宁（Kalle Korhonen）翻译了孔子的《论语》。直到1950年老子的《道德经》才被直接由中文译为芬兰语，其译者是曾在中国待了很长时间的前任传教士托伊伏·柯斯基卡里奥（Toivo Koskikallio）又名王为义。

哲学著作首次在文学系统中获得了次要的地位，但是在20世纪50年代当中国诗歌加入了文学范围时一种新的情况出现了。1956年，一本具有介绍和评论的中国古典哲学选集由佩蒂·涅米宁编辑出版，这部选集的书名叫做《中间的路》，而出版人也曾和克里斯蒂娜·基维沃利（Kristiina Kivivuori）一起翻译了很多诗歌。这本书在读者当中引起很大的热情，第二版很快出版。此外，当时最具影响力的批评家和诗人托马斯·安哈瓦（Tuomas Anhava）也为这本书出了一部谚语选集。安哈瓦和基维沃利是通过欧洲语言翻译的，而涅米宁则是直接通过中文来翻译的。这部作品展示了中国人的思想，同时节选了古老的《诗经》中的部分，这些诗歌要追溯到第一个千年。同时，选集试着想覆盖所有最重要的思想家。

在这里，时机是很重要的。古典哲学文学在理解中国文化的过程中扮演了一个很有用的角色。然而在文学生活中，如果没有自己特殊的文学功能，它的角色却是模糊不清的。一个遥远且未知的哲学传统靠它自身而言是无法在诗歌层面有所作为的。然而，它为其他诗歌主题提供了一个很好的必要的语境背景。这种功能是随着中国诗歌翻译的逐渐问世而体现和完成的。

第三组涉及了源文学引入。文学介入的最重要的目的正是目标文学中缺失的元素的需求。作为一项重要的规则：一旦作品被引入，它也就不再包含曾经在源文学中所表现的功能了。一旦作品被引入，它的价值和功能就不再由其在源文学中所扮演的角色决定了，而是由在受体文学中的内在的联系和分层决定。①

一个普遍的趋势是，引入正在简化，变得有规律、变得系统化。然而，从另一方面来讲，复杂的、多义的模式将在另一种文学转移过程中减少。另外的一个相反的趋势也可能存在。这种情况下，受体文学引入了简化的模式，并且借此与未规律化的、未被系统化的语境下生发的内容共同作用。②。

① 见 Even-Zohar（2005）。

② 同上。

三、意象

二战后，随着年轻一代开始发表自己的作品，芬兰诗歌传统有了明显的突破。现代主义诗歌的突破性进展发生于1956年，也就是当爱娃—丽萨·玛娜（Eeva-Liisa Manner）著名的诗歌著作《此次旅行》（*Tämä matka*）出版之后。①

在20世纪40年代后几年写在报纸和文学杂志上的丰富的评论和批判作品为文学巨变铺平了道路。此后三篇关注于现代芬兰诗歌的介绍将这些突破延续，并继续推进，它们是：奥斯莫·霍米娅（Osmo Hormia）的《现代诗歌》（*Moderni runo*）（1955），托马斯·安哈瓦的对于玛娜的《此次旅行》的长篇评论和凯·拉伊蒂宁（Kai Laitinen）对于现代诗歌本质的长篇理论论文。之后的几年，奥斯莫·霍米娅出版了第一部现代芬兰诗歌选集《最美丽的新诗》（*Uuden runon kauneimma*），这部诗集在短期内就销售一空。因此，在那个时代产生的一个清晰的迹象表明：诗歌的新概念在芬兰文学生活中取得重大突破。

所有的这三部介绍都有一个共同的关于现代诗歌本质的争议，即意象的中心性。看起来好像我们正站在熟悉的比喻领域：明喻、隐喻、象征、转喻等。然而，霍米娅介绍了一个被她称为“绝对意象”的新概念，这个概念无法限定在以上常见的各种意象领域的有限用法中。② 之后，拉伊蒂宁提出了新概念的结构意义：“意象的功能并不是修饰……相反的是，它把整首诗歌串联起来。”③ 在诗歌中托马斯·安哈瓦给了这个概念一个绝对的地位：“独立的或者自主的意象演化为主要法则，而且不再是一般性的世界的说明性的片段，而是**诗人自身世界的一部分**”。④ 这就是救赎的全能的意象吗？

批评家们说是一回事，但是诗人怎么做确是另外一回事。让我们以诗歌的实践来开始。

1949年，拉斯·努米（Lassi Nummi）出版了以中国为主题的诗集《山上

---

① 见Polkunen（1967，545）。

② 见Hormia（1955，219－220）。

③ 见Laitinen（1958，229）。

④ 见Anhava（1956/2003，395），安哈瓦所用的斜体。

的牧羊人》（*Vuoripaimen*），努米的父母都是20世纪20年代在中国的传教士，因此对中国的生活具有浓厚的兴趣是这个家庭传统的一部分。努米的兄弟余基（Yki Nummi）的关于中国主题的画作被加在了作品当中，而且诗歌本身也被作为歌词被拉斯的小弟弟赛博（Seppo Nummi）谱成了歌曲。那么，中国诗歌在努米的诗歌中是如何表现的呢?

中国诗歌的鉴赏家指出以下特点是在传统中经常出现的：朴素但却非常有张力的意象，其意义存在于隐含的含义中；强调人与自然的和谐；预设诗歌是基于个体的、日常的经验；认为个人天赋与历史模式不可分割的联系；强调个体的“创造性”表达，但并不与原创性自身的狂热混淆；以及诗人希望万古流芳的信念。让我们来看一下这些特质是否在诗歌《沉思的玉米地》（*Mietteliäät vainiot*）中存在。

Mietteliäät vainiot

Pian he syövät kaiken riissin majassa.
Minulle eivät jätä muruakaan…

Lintuparvet kirkuen
yllä keltaisten peltojen.
Sateen tuoksu.

Pajupensas ja minä istumme, kyyhötämme vuoren rinteellä.
Huiluni myötäilee vainioiden kellastuvaa kauneutta.

On oltava alakuloisia ja mietteliäitä, pajupensas,
sen ovat viisaat sanoneet.
Joidenkin on aina oltava alakuloisia.

Tänään on meidän vuoromme, pajupensas

沉思的玉米地

很快地，他们吃光了小屋里所有的米。

他们不会给我留下一粒米……

成群结队的鸟儿尖叫
在金黄的田野之上。
雨的气息。

我和柳树林一起坐着，我们聚在山脚。
我的笛声与金黄的田野一起律动。

他定是忧郁多虑的，柳树林，
智者如是言。
有些人必将永远犹豫。
今天便轮到我们了，柳树林。①

不难看到，至少一部分中国诗歌的元素出现在这首诗中。当然，诗歌中有些独立的细节和段落，在阅读时会让我们感觉到这是中国的环境。诗歌当中的主人公害怕小屋中的其他人会吃掉所有的“米饭”，他将不得不站在“山”脚下。环绕在他身旁的景色都由“黄”颜色所主宰；他有“木笛”陪伴着他，他在对“柳树林”说话，他跟从年迈智者的教诲。所有这些特征都在向读者表白，这不是芬兰的自然景物，这是东方，中国的景色。

诗歌中的景物是艺术和艺术观察的结果。通过牧童的笛声，艺术在诗歌中得到体现。当作者描绘到笛声**随着黄色田野而飘扬**，一个美妙的诗歌画面得以展开。笛声与田野**完全不一样**；它也没有渲染中国的自然或是诗歌背后的现实。因此，作者以及整篇诗歌都拒绝以任何现实主义或者自然主义的态度来对待“**田野的美丽**”，即任何自然中审美的物体，例如秋天的田野，都应当被视作一件艺术品。作者并不否认田野的现实性和田野的美丽。他只是强调与田野呼应的音乐与田野自身的关系是相似的，而不是一一对应的。

现实和艺术的差距在诗篇的开头就得到了强调。读者在开始可能发现一个复杂的结构，两组不完整的句子被分拆在三行中，以及这些诗句中的三种不同的感官体验结合在一起：**听到**鸟鸣、**看到**这些鸟儿飞过田野以及最终**闻**

① 见 Nummi（1949，53）。John Skinner 英译，见于 S. Nummi（1983/84）。

到雨的味道。最后一种意象和前面的叙述并没有任何相关的"连接"。句法上连接元素的缺乏使鸟与雨的气味之间缺乏了自然常规的连接。这些元素只是一个接一个的出现，正如文中显示的，形成了中国表意文字形式上独立的符号之间的跳跃。上述的组合结构也许能用埃兹拉·庞德的关于诗歌意象中著名的一句话来解释，即"在不连续的时间段落中，呈现出理智和情感的复合体"。①

内在句法中连接元素的缺乏，促使读者激发他们自己通过间断的、分离的、余下的诗歌来了解整个诗篇的含义。这只是纯粹的、绝对的意象，而没有寓言的或者象征的意义，正如笛声似乎表达的那样？我将拆分这个意象组合，使不同感觉体验中的三个常规含义分离。鸣叫的鸟指的是诗人和诗歌，金色的田野指秋天，一个消逝的季节；雨意味着繁衍和生命的更新。整个意群也许能被解读对诗人周而复始的创造性的评价。

但是这种解读并没有使得意象"完整"。诗歌的开放性和独立性仍然存在。因此，问题是：意象是如何同剩下的诗篇联系在一起的呢？不用过于深入，我认为，意象应该和诗歌忧郁的主旨以及年长智者的建议相联系，前面指一种潜在的状态，后面指的是传统。这个诗歌也可以被解读为独立的艺术家和传统之间的关系。

四、意象诗歌

我们可以看到，努米使用了一种新的意象。然而在玛娜的书中我们能发现一种更激进版本的意象，米勒娅·博库宁（Mirjam Polkunen）将它描述为：这是"第一部根据意象创造的诗歌的作品集，以及一本征服广泛的大众喜好的意象诗歌的作品集"。② 让我们看看什么是"意象诗歌"。

在 1956 年，佩蒂·涅米宁出版了名叫《石器时代》（*Kivikausi*）的第一本诗歌选集，在整本书中他收集了一系列翻译的中文诗歌，也收录了他自己的诗歌。为了阐释在这个例子中意象的角色，我将孟浩然《春晓》一首诗的两种不同版本的翻译作比较。第一个翻译版本是迪卡宁的，第二个是由涅米宁所翻译。

---

① 见 Pound（1913，200）。

② 见 Polkunen（1967，545）。

Kevät

Kevätaamut liian varhain valkenevat
ja linnunlaulu yllä helisee:
niin runsaat kerkät yöhön varisevat,
kun kevättuuli unta hyväilee. ①

Kevätaamu

Kevät. Nukun tietämättä auringon noususta
kunnes lintujen laulu jo kaikuu kaikkialta.
Yöllä kuulin tuulen ja sateen äänen:
kuka laskee kaikki pudonneet kukat?②

雅诺·萨尔蒂（Jarno Saarti）已经比较了这几种翻译，并且注意到它们的不同之处：迪卡宁使用了韵律和押韵的结构，而涅米宁已经完全抛弃了这些工具；迪卡宁的语言比涅米宁的语言更加抽象；迪卡宁使用非个人的，泛指的语言，而涅米宁将诗歌译成以第一人称叙述；迪卡宁的用语是严肃的，而涅米宁更多地使用日常化的口语。③ 这些显著的差别显示涅米宁的翻译更加符合同时代的现代诗歌的标准。

萨尔蒂的分析是基于在诗歌语言学方面的特点而得出的结论："使用媒介语言的翻译者似乎失去了原有诗歌氛围的某些固有特点。"④ 现在，如果这一点确实存在，我们不得不承认，如果翻译的诗歌越接近原来的版本（不论是通过什么样的方式），翻译就越好。我认为这个论点是非常有问题的，这个结论是由于对诗歌本质的误解而得出的。所以，现在让我们根据迪卡宁和涅米宁不同的翻译版本来考察不同诗歌的优劣。

首先，这两个版本的翻译是源自不同的诗学理想，而且他们甚至可能会被视为完全不同的两首诗。一个萨尔蒂没有注意到的重要细节暴露了他们的

① 见 Tikkanen（1950，120）。
② 见 Nieminen（1975，23）。
③ 见 Saarti（2007，268）。
④ 同上。

不同点，就是在第一行的第一个元素（诗歌标题之下）。迪卡宁把这处理为扬抑格的完整诗句：“Kevätaamut liian varhain valkenevat”，涅米宁分离了第一个词，翻译成单数，使用了一个更常见的名词（使用 kevät“春”，而不是 kevätaamut“春晨”）：“Kevät. Nukun tietämättä auringon noususta”。从语言学的角度来说，单一词汇**春天**形成了一个不完整的句子（一个没有谓语的句子），与紧随其后的一个连续文本用一个句号从韵律节奏上分离。然而，语言学的分析并不能涵盖这个微小的诗的变化所表露出的诗学含义：对于所展示的意象，单一词汇作为一个独立的结构的作用是立即促生一个意象。这能使读者直接联想起中国诗歌的本质特征，也就是诗歌的本身是通过意象来表示的。

诗歌中 *Kevät*（春天）这个词在诗赋中是常用的题目，一般是单独使用或者带着介词或后缀使用（“Keväälle”，致春天）。在视觉艺术中也存在与春天有关的绘画传统。因此，虽然他们都只是对一首中国诗歌的翻译，又有着同样的标题，然而这种微小的不同却使得这两种翻译版本成为两首完全不同的诗。第一种翻译的版本我们可以用一个欧洲学术名词“颂/赋”（ode）来解释，第二种是“意象诗”（image-poem）。迪卡宁的翻译是一种关于喜洋洋的春天的叙述，并且使用的是一种或多或少的大众化的语言表达；第二个翻译是一种对春天意象的仔细观察，是对自然现象特别之处的细致研究，以及作者对此的主体体验。在涅米宁的翻译中，正是这种意象把握了整个诗篇。

因此我们能得出一个大致的结论：如果一个诗歌的翻译或者改编本身也是一首成功的诗（正如萨尔蒂对涅米宁的翻译的评价），那么也许可以尝试着假设这个结果正是因为它事实上接近或者直接来源于原诗的模式——但前提必须是原诗就是毋庸置疑的好诗。

标志着芬兰诗歌小型革命的这种意象组合，带领我们一次又一次地走向中国诗。新的诗歌概念的引入让我们想起在英裔美国文学中50年前的一次行动，这正是对埃兹拉·庞德（Ezra Pound）所执行和领导的意象派运动的仿效。我们也能这样说，是中国的诗歌伴随着意象派的诗歌理论来到芬兰的。①

在对于东方主义和现代主义的研究中，钱兆明曾特别关注中国诗歌在西方诗歌概念发展中所起的作用。② 他提出这样一个问题，庞德和威廉斯对于

① 参见 Sala（1970）。

② 见 Qian（1995，1-6）。

中国诗歌和文化的兴趣，对他们在 1920 年前后迅速转向“极端现代主义”（High Modernism）起到什么样的作用？第一波浪潮出现于世纪之交的绘画艺术。早期，庞德和威廉斯都是从中国的风景画激发了创作灵感，这对他们来说并不陌生。而东方吸引英美诗人的正是东方持续至今的丰富的文化传统中的激烈、精准、客观、清晰，以及与自然的和谐——这些都是现代主义的重要元素。

早期的意象派——T. E. 休姆、F. S. 弗林特，通过模仿法国象征主义开始写作，不久就被东方的作品所倾倒。刚开始是日本的俳句与和歌，然后是更为精妙的中国诗。庞德的作品《神州集》（*Cathay*）于 1915 年出版时，几乎所有重要的现代主义者——叶芝、福特、刘易斯、艾略特和威廉斯——都为这部诗集的清新、优雅、简洁鼓掌欢呼。在《神州集》的影响下，掀起了一股模仿东方的热潮。此后，庞德一直因他贫乏的中文语言知识，以及因此导致的错误而饱受批评，成为文学评论的靶子。

谢明（Xie Ming）曾经写过一篇文章关于中国诗歌在欧洲现代主义中的作用，就庞德的误译提出过一个很重要的观点：

> 有创造力的误读和误解……也可以是十分成功和有影响力的，因此，历史上大量中国诗歌的翻译和改编也可以成为一种隐形的传统，并且为西方读者建立了一个独特的诗歌视角和创作标准。①

主要的观点就是：在文学的转换中，接受方的文化传统往往根据自身的需要对原传统进行了再创造。这种观点被 A. C. 格雷厄姆（Graham）描述的非常生动，他曾经写道：“对中国诗歌的翻译是意象派运动的副产品，第一次出现在庞德的《神州集》（1915）中，阿瑟·韦利（Arthur Waley）的《一百七十首中国诗歌》（*One Hundred and Seventy Chinese Poems*）（1918）和艾米·洛威尔（Amy Lowell）的《松花笺》（*Fir Flower Tablets*）等都可以见到。”②这正是格雷厄姆对艾略特 1928 年的著名论断——“我们今天所知的中国诗歌，在某种程度上是由庞德所创造的。”③——的回应。

---

① 见 Ming（1998，3）。

② 见 Graham（1965，13）。

③ 见 Eliot（1954，xii）。

五、温和的现代主义——芬兰诗歌现代主义的模式?

最后的问题是：一种元素——在这种情形下的，即意象——能否独自突破整个传统？答案是：不能，当然不能。在对“纯粹或绝对的意象”的狂热背后还曾经有一个现代诗歌的新概念，它与现在所一致接受的现代主义的概念是不同的。这个“纯粹的意象”的理念掩盖了当代诗歌的更广阔的发展图景，而这正与芬兰在20世纪50年代的思想发展有着密切的联系。

相比于更为刺激和先锋的“激进的现代主义”，K. B. 潘特（Painter）认为早期的现代主义诗歌是现代诗歌的另一种选择，她称早期的这种版本叫“温和的现代主义”——“温和”是因为这类诗歌中的诗句大多“是在平凡和安静中发现美”。[①] 这些诗歌不强调创新的形式，令人惊讶的内容，或者与过去的割裂。它们往往也不会表达主观的、神秘性的或者抽象、宏伟的梦幻。相反，它们偏向用温和的、平和的方式来处理意象、结构以及关于现实和诗学本身的描述，它们往往强调平衡、精确和对于界限的保留。[②]

潘特把19世纪初期同一时期，但是又来自于不同的文学传统和流派的一群诗人都定义为“温和的现代主义诗人”：来自德国的里尔克（Rilke），美国人庞德，来自俄国的尼古拉·古米廖夫（Nikolai Gumilev），以及许多相似思想的诗人，例如安娜·阿赫玛托娃（Anna Akhmatova）、奥斯普·曼德尔施塔姆（Osip Mandelstam）、希尔达·杜利特尔（Hilda Doolittle）、威廉·卡洛斯·威廉姆斯（William Carlos Williams）和艾略特（T. S. Eliot）。潘特同样强调，在国际上，这种现代主义的另类大多被忽视，而且是不被认可的。

如果说芬兰20世纪50年代的现代主义并不完全继承这一诗歌传统，那么至少也是与其相似的。在芬兰现代主义者的诗歌中一直都能清晰地看到这种与世纪初的现代主义者相似的发展。战后一代相对年轻的诗人需要面对的情况，正如50年前美国诗人和英国诗人面对维多利亚派和象征主义诗歌时一样。他们旗帜鲜明地拒绝象征主义，拒绝其孤立和梦幻，其对含糊不清的强调、神秘主义和主观性，因为这些反映了一种信念，即日常世界的具体事物都只是通向不可见、更高级层面的媒介和途径，即通向诗学自身的内在的梦

---

① 见Painter（2006，1）。

② 见Painter（2006，3）。

幻世界或者是更高的柏拉图理论中的抽象“理念”。①

20 世纪 40 年代芬兰诗歌中，后象征主义和浪漫主义依然处于主导地位，芬兰的年轻诗人感到有一种强烈抛弃这些陈腐的需要，创造一种新的属于他们自己的语言。芬兰的现代主义理论家们发现了英裔美国人的诗学传统，摒弃了战前来自德国的影响，将这种意象派诗歌创造移植为自己的创作形式。

在这种移植过程中，中国诗歌是众多要素之一，并成为一种范式。意象是用以与传统诗歌区分的最重要的一个工具。事实上，意象确实很好地承担了这个功能，芬兰现代主义诗歌与更广泛的全欧洲传统相衔接：这个传统开始于法国高蹈派诗人，在 20 世纪初传承至早期现代主义的意象派和阿克梅派，最终在 20 世纪 50 年代蔓延到战后的芬兰，此时芬兰试图再一次加入现代世界，本着兰波（Rimbaud）的精神希望彻底地现代化。

参考文献

1. Anhava Tuomas. 1956/2003. *Runon uudistumisesta*. In: Todenkaltaisuudesta. Kirjoituksia vuosilta 1948 - 1979. Ed. by Helena ja Martti Anhava. Helsinki: Otava. （《诗歌的改革》）

2. Casanova, Pascale. 1998. *La république mondiale des lettres*. Paris: Seuil.

3. Chang, Kang-i Sun. 1993. *Chinese Poetry*. In: *The New Encyclopedia of Poetry and Poetics*. Ed. Alex Preminger. Princeton, New Jersey: Princeton University Press.

4. Eliot, T. S. 1954. *Introduction. Litterary Essays of Ezra Pound*. Ed. by T. S. Eliot. London: Faber & Faber.

5. Even-Zohar, Itamar. 2005. *Papers in Culture Research*. http://www.tau.ac.il/~itamarez/works/books/EZ - CR - 2005.

6. Gautier, Théophile. 1833 - 38/1890. *Poeésies*. Paris: Lemerre.

7. Graham, A. C. 1965. *Poems of Late T'ang*. Marmondsworth: Penguin.

8. Hollsten Anna. 2004. *Ei kattoa, ei seiniä*. Näkökulmia Bo Carpelanin kirjallisuuskäsityksiin. Helsinki: SKS. （《无顶无墙》）

9. Hormia, Osmo. 1955. *Moderni runo*. teesejä ja esimerkkejä. Suomalainen Suomi 4/1955. （《现代诗》）

10. Laitinen Kai. 1958. *Mikä uudessa lyriikassamme on uutta*? Puolitiessä. Esseitä. Helsinki: Otava. （《什么是我们新诗中的创新》）

11. Ming, Xie. 1998. *Ezra Pound and the Appropriation of Chinese Poetry*: *Cathay*,

① 参见 Painter（2006，15 - 41）。

Translation, *and Imagism*. London: Routledge.

12. Moretti, Franco. 2000. *Conjectures on World Literature*. New Left Review 1/2000.

13. Nevala Maria-Liisa. 199X. *Muodon vallankumous* (《形式的革命》)

14. Nieminen, Pertti. 1963. *Jadepuu. Kiinan runoutta II*. Helsinki: Otava. (《玉树：中国诗选二》)。

15. Nummi, Lassi. 1949. *Vuoripaimen*. Helsinki: Otava. (《山上的牧羊人》)

16. Nummi, Seppo. 1983/1984. *Five Song Cycles*. BIS. D－279.

17. Painter Kirsten Blythe. 2006. *Flint on a Bright Stone. A Revolution of Precision and Restraint in American*, *Russian*, *and Grman Modernism*. Stanford University Press: Stanford, California.

18. Polkunen, Mirjam. 1967. *Lyriikan modernismi*. In: Suomen kirjallisuus VI. Ed. by Matti Kuusi et al. Helsinki: Otava, SKS. (《抒情诗的现代性》)

19. Pound Ezra . 1913. *A Few Don'ts by an Imagiste*. Poetry 1/1913.

20. Qian, Zhaoming. 1995. *Orientalism and Modernism. The Legacy of China in Pound and Williams*. Durham and London: Duke University Press.

21. Rubins, Maria. 2002. *Dialogues Across Cultures*: *Adpatations of Chinese Verse by Judith Gautier and Nikolai Gumilev*. In: Comparative Literature. 54: 2/2002.

22. Saarti, Jarmo. 2007. *Kiinan kirjallisuus*. In: Suomennoskirjallisuuden historia 2. Ed. by H. K. Riikonen et al. Helsinki: SKS. (《中国文学》)

23. Sala, Kaarina. 1970. *Lyriikka*. In: Suomen kirjallisuus VIII. Ed. by Matti Kuusi et. al. Helsinki: Otava, SKS. (《抒情诗》)

24. Sassoon, Donald. 200. 6*The Culture of the Europeans. From* 1800 *to the Present*. London: Harper Press.

25. Tikkanen, Eino. 1950. *Keltaiselta joelta*. Helsinki: WSOY. (《源自黄河》)

26. Toivanen, Tuulia. 2009. "*Se on se kiinalainen Nieminen*" . *Modernisti ja protesti Pertti Niemisen tuotannossa*. Helsinki: SKS. (《这是中国人涅米宁：涅米宁作品的现代主义和反抗》)

27. Viikari, Auli. 1992. *Ei kenekään maa. Avoin ja suljettu. Kirjoituksia* 1950 – *luvun suomalaisessa kulttuurissa*. Ed. by Anna Makkonen. Helsinki: SKS. (《非谁之国：开放与封闭》)

（北京外国语大学芬兰研究中心　李　颖 译）

一面反映芬兰普通人生活的镜子

——浅谈芬兰文学的典型特点

余志远

（北京外国语大学欧洲语言文化学院）

如果要简短地概括芬兰文学的典型特点，那么可以说它是以普通人的视角来观察生活。芬兰小说中没有英雄故事。小说中的人物一般都是自身具有弱点的小人物。小说呈献给读者的是生活中出现的危机和重大的转折，或者描述人们平时的日常生活。读者通过文学作品可以看一看芬兰普通人的生活，跟他们一起体验他们的内心活动，向他们表示同情，同时读者也可以在阅读过程中为自己吸取力量和勇气来应付自己日常生活中所遇到的抉择。

芬兰书面语言是比较年轻的。芬兰语早在基维前300年就已经形成，即公元16世纪，但芬兰语文学到19世纪才开始真正地发展起来，因为那时芬兰社会真的感到有这个需要。在这之前，芬兰人当然也读文学作品，但都是瑞典语的，因为那时候瑞典语是芬兰官方语言。

尽管如此，芬兰语文学的根基在历史上是很深的，虽然那时还没有书面语言。芬兰民族有着丰富的民间诗歌的传统，在历史的长河中靠口头进行传播。19世纪初，随着芬兰民族觉醒运动的发展，开始寻找自己的民族特性，民间诗歌的搜集和研究引起了学者们的重视。1835年埃利阿斯·伦洛特编纂出版了以芬兰民间诗歌为基础的作品，这就是举世闻名的芬兰民族史诗《卡勒瓦拉》。《卡勒瓦拉》叙述了三个主要人物的故事，这三个主要人物既非帝王将相，亦非妖魔和神仙，而是普通劳动者，只不过他们的所作所为被民间诗人染上了一些非凡色彩而已。《卡勒瓦拉》不仅描述了主要人物的种种遭遇和心情变化，而且还描绘了芬兰瑰丽的自然景色，记录了古代芬兰人的冶炼、耕种、造船、狩猎和医疗等劳动技能。《卡勒瓦拉》这部史诗语言朴实，感情真挚，生活气息浓厚。这部史诗对芬兰民族意识的形成产生了不可估量的影响。随着芬兰民族意识的增强，芬兰语文学也随之产生与发展。总之，《卡勒瓦拉》是芬兰文化的基石，它对芬兰的文学、音乐和绘画艺术产生过很大的影响，而且它的影响还在继续，将经久不衰。

随着时代的发展，芬兰文学也在与日俱进地发展，不断完善，反映了芬兰人民的物质和精神文明。虽然芬兰文学是多样化的，但学者们还是从芬兰文学中找出了一些典型的特点，这些特点给芬兰文学打上了烙印。芬兰文学研究专家卡·拉伊蒂宁提出这样几点：在芬兰文学中，首先有着大量的对大自然的描写；第二，农村常常在作品中占有中心地位；第三，他提到了产生于19世纪的现实主义，它也深深地影响了后来的芬兰文学。现实主义原则经过修正后，文学力图精确地刻画细节，此外，在叙述中要尽可能如实地反映现实。

大自然对芬兰人来说是一切的一切。它既是朋友，也是敌人。当严寒侵入住家和霜寒造成欠收时，它就是敌人。它在给孤独者带来宁静和慰藉，给相爱的人送去美好的祝福时，它就是朋友。人们非常重视芬兰文学中对自然的描写。对芬兰人来说，美丽的大自然就好像他们自身的一部分。芬兰人的心脏是通过自然而跳动的。

现在芬兰在世界上是以高科技而著称的国家，但从历史上看，芬兰以前曾是一个以农业为主的国家。概要地说来，芬兰大部分国土是森林和湖泊，因此传统上这也是芬兰小说中典型的景色。在芬兰，文明和文化已经存在了好几百年，但文学主要描写的依然是农村、农民生活和农村的贫苦大众。当谋生方式改变时，芬兰文学却依然是以农村为中心。移居到城市的芬兰人好像通过文学找到了自己的根。描写大自然就是返璞归真，这方面在阿历克西斯·基维的作品中得到了淋漓尽致的表现。他的代表作小说《七兄弟》是一部反映芬兰农村生活的杰作。小说的主人公是住在尤科拉（Jukola）地方的七兄弟。他们弟兄七人在失去父母的情况下，不得不自己料理自己的农庄。但他们同周围的人合不来，经常发生冲突。原因是他们太没有教养。他们不愿意念书，感到念书比什么都难。后来他们把农庄租给别人，自己移居到森林之中，又另开垦了一片土地进行耕种，过着独立的生活。经过了10年的时间，他们都长大成人了，长了见识，愿意再移居回来成为有组织社会负责的公民。小说叙述的技巧很独特，是通过主人公之间的对话，表现出七兄弟各不相同的性格和特点。《七兄弟》是现实主义和浪漫主义的结合，是幽默和幻想的结合。这本小说至今在芬兰仍然很受欢迎。当代人都可以从中看到自己的影子。

自从20世纪以来，人们的生活圈子多样化了。科学技术的发展以及城市人口的增长为人们带来了新的动力。世界的外貌发生了变化，但在人们的心中，旧的生活方式继续存在着。

在芬兰文学中，弗兰斯·埃米尔·西伦佩（1888—1964）的作品可以算是芬兰文学的一个巅峰。西伦佩是农村的孩子，但他是在20世纪的氛围中进行创作的。西伦佩擅长人物心理刻画，描绘大自然，寓情于景，使人物和景物水乳交融，互相辉映。《神圣的贫困》是西伦佩成名之作，它是对人生的一种大胆无畏又辛酸痛楚的描绘。小说发表于1919年这个悲惨的年头，作者是在亲眼目睹了民族主义者与无产者之间的国内战争，在风云变幻的驱使下写成的。他把这部小说题名为《神圣的贫困》，是为了缅怀在极端贫困的条件下生活的大多数芬兰人民，铭记他出身的、他感到最亲切的那个阶级。芬兰长期以来是个落后的农业国。在佃农制的统治下，农民们在不足以糊口的土地上耕种，有一部分时间还要到地主的农场服工役，他们不受双方契约的保护。西伦佩把他们的贫困称为神圣，是因为这种贫困就像不可逃脱的命运一样，被人们怀着宗教般的虔诚而接受下来。小说的主人公尤哈·托依伏拉，除了物质贫困之外，还得忍受其他的折磨，婚姻家庭带给他的也是灾难。尤哈虽然最终卷进了革命洪流，但他仍然没有逃脱悲惨的命运，这是他性格发展的必然结果。西伦佩的艺术成就是卓越的。在《神圣的贫困》中，他描绘了典型的芬兰自然风光，展现了带着地道的芬兰气息的一幅幅风俗画。尤其突出的是，他的作品具有一种单纯朴素的风格。

西伦佩的创作深深扎根于芬兰大地，他谙熟民族的历史、祖国的山川、家乡的风俗，特别是贫苦农民的生活和心态。他的作品大多取材于他的家乡，着重表现的是农民的生活，有着强烈的民族特色，散发出浓郁的乡土气息。正是这一点，1939年西伦佩获得了诺贝尔文学奖。

芬兰学者巴努·拉亚拉认为西伦佩更加深入地剖析了人与自然的关系。在基维和阿霍笔下，大自然是与人的活动结合在一起的。阿霍对自然的描写当然要更深刻一些，他通过描写自然来提高读者的民族感情和爱国情怀。对西伦佩来说，大自然还有更深层次的意义。自然本身就是主位，而人类是深深地扎根在自然之中。在西伦佩的作品中，他所刻画的人物是与周围环境融为一体，人物是不能从自然中分离出来的。自然是通过人物在呼吸、在活动、在感受一切。

20 世纪 50 年代芬兰文学进入了现代主义时期。二次世界大战后芬兰经历了社会变革和发展。伴随着破坏和死亡的战争终于过去了，人们开始往前看，同时也必须适应新的生活环境。工业化开始了，农业慢慢地处于次要地位。在文学方面，新时代产生了现代主义。现代主义文学属于 20 世纪资本主义文化的一部分。这种文学不主张用作品去再现生活，而是提倡从人的心理感受出发，表现生活对人的压抑和扭曲。在现代主义文学作品中，人物往往是变形的，故事往往是荒诞的，主题往往是绝望的。芬兰现代主义文学的代表就是凡依约·梅里（1928— ）。除了凡依诺·林纳之外，战后的芬兰作家中就要数梅里最有名。

然而，有的现代主义作品，其风格却是简练，如实地描述普通的日常生活，只是从外部观察现实而已，因此也被称之为客观现实主义。安第·许吕（1931— ）是芬兰文学史上最具有独创性的作家之一。他的独创性源自于以极其普通的手法来刻画普通场景这样的风格。许吕虽是现代主义作家，但也是一位真情实况的描绘者，他是客观现实主义作家。在他的作品中，许吕并不加以评论，也不发表他的观点，没有任何道德上和政治上的说教，他只是如实地反映人们的日常生活。他的许多作品都是描写工作和劳动。他在农村时童年生活以及芬兰北部的农村生活是他小说的中心题材。

芬兰女作家在芬兰文学史上发挥了很大的作用。女性对文学有自己的、心理上非常敏感和委婉的视角。女作家在芬兰文学中的作用正变得越来越重要。

芬兰文学的经典作家明娜·康特对芬兰现代女作家具有最强大的影响，是她们学习的榜样。康特尖锐和有力地揭露和探讨了当时的社会矛盾和道德问题，从女性的视角来观察问题。康特作品的主题是贫穷、妇女的地位、社会中的不公正、工人的悲惨地位和人们道德上的抉择。她的作品所具有的影响力至今都还存在。通过她的作品，康特仍对当今芬兰社会实现公正产生巨大的影响。

玛丽亚·约图尼是生活在 20 世纪初的芬兰女作家，而埃伊拉·彭纳宁和埃尔薇·西奈尔沃则是二次大战后的女作家，她们代表两个不同的时期。约图尼的作品多数以男女之间的关系为主题，主人公中有中产阶级，也有平民百姓，她的笔调有时轻快幽默，有时尖酸刻薄。她最早的作品是两部短篇小说集《关系》（1905）和《爱情》（1907）。后来她又发表了两部短篇小说集《当有感情的时候》（1913）和《玖瑰园里的姑娘》（1927）。在约图尼的作品中，女人常常是生活的中心，男人则成了牺牲品，女人虽然只管具体的事情，但实际中却操纵着一切，男人们往往表现软弱，表现得滑稽可笑。约图尼是简洁对话、人物刻画和透彻分析的能手。埃伊拉·彭纳宁笔下的主人公大多是中产阶级，特别是妇女，早期受劳伦斯影响，后期创作特别注重人物心理描写和剖析，强调伦理道德，透过人物的内心世界，暴露人物潜在的心理活动。在创作手法上更多通过对白、独白来展现人物的内心世界和故事情节。埃尔薇·西奈尔沃是以感人的诗歌和从多方面描绘工人阶级生活而著称。她是芬兰左翼作家组织“基拉社”成员，30 年代积极参加反战和反法西斯运动，曾被捕入狱，二战后她继续从事文学创作。西奈尔沃深受高尔基等作家的影响，主要作品有诗集《云》、《啊，黑翅膀的鸟》、小说《换来儿——瘸腿威廉》、《同志，不要叛变》等。1957 年她随芬兰文化代表团访问中国，回国后翻译出版了鲁迅的《祝福》等作品。

上述三位女作家的作品有一个共同的特点，那就是她们的作品所涉及的都是处于转折点上人与人之间的关系。这些女作家为芬兰文学提供了新的视角，作品中叙述的虽是一些悲痛的故事，但读者从中却可以获得很多启发。

从 20 世纪 80 年代开始，芬兰文学发生了新的变化，也可以说芬兰文学出现了后现代主义。这一切都要归功于罗萨·列克逊姆（1958— ）。她出生于芬兰北部拉普兰，她父母是农民，以捕鹿、养鹿为生。她 17 岁时移居到赫尔辛基。她干过许多工作，在赫尔辛基大学学习人类学。她的青年时期是在欧洲各地的非法棚户和公社里度过的。她在丹麦克里斯蒂那住了 4 年，在巴黎度过许多个夏天，她也在挪威北部居住过，苏联勃列日涅夫时期她在莫斯科学习。她最初的三部作品是在克里斯蒂那写的。她抛弃了传统的写作风格而采用具有世界公民特色的创作风格。她的作品深受读者的喜爱，特别是年轻的读者。列克逊姆作品的特点是：作品给读者留下了更多解读和揣摩的余地，由读者自己来制定正确与错误的界限。新式的小说中，作者不给最终的答案，这就是说，生活就是这样的，让每个人自己去判断吧。

玛丽特·凡洛宁（1965— ）是芬兰 21 世纪新一代的作家。凡洛宁曾两次（1993、1995）被提名为芬兰地亚（Finlandia）文学奖的候选人，获得过许多种文学奖：1992 年卡列维·耶蒂奖，1996 年奥维基金会文学奖，2005 年年青阿历克西斯奖和 2011 年天文学家奖。她的作品中的人物往往活动在神话世界之中，现实与幻想交界的地方。她的创作风格脱离了当今芬兰文学的主流，在她叙述的故事中，她依然相信人的真善美。

贝特利·坦米宁（1966— ）也是芬兰21世纪新一代的作家。1985年他在大学时就开始文学创作。1995年他在坦佩雷大学获得社会科学硕士学位，1995—1997年他担任记者，现在坦米宁在坦佩雷大学讲授文学创作。他的写作风格是简练，他是所谓后现代主义最低限度作家（minimalist），擅长于采用简短的主句以及多次重复的句子结构。他除了短篇小说外，还写了很多散文。他发表了4部小说：《错误的立场》、《舅舅的教导》、《什么是幸福》和《侦探小说》。2006年《舅舅的教导》获得了芬兰地亚国家文学奖。

芬兰文学为我们提供了一面反映芬兰普通人生活的镜子，一个通向芬兰人民内心世界的阶梯。在阅读芬兰文学作品时，我们不由地感到，芬兰150多年来的变化是多么巨大啊，然而芬兰社会的变化也带来了芬兰文学的变化。可以肯定地说，随着时代的发展，新的、优秀的芬兰文学作品将会不断地呈献给读者。

20 世纪上半叶芬兰人认识的中国

李　颖
（北京外国语大学芬兰研究中心）

提　要：在 20 世纪初芬兰特殊的历史背景下，芬兰与中国之间交流逐渐增多，芬兰国内有关中国的报道也开始见诸报纸杂志。本文从芬兰早期传教士的报告、芬兰总统马达汉的报告和日记、芬兰作家在 20 世纪 50 年代的首次来华访问以及中国文学作品的芬兰语翻译等几方面，探讨 20 世纪上半叶芬兰对中国认识构成来源。

关键词：中国形象；中芬关系；文化交流

Image of China in Finland in the First Half of the 20th Century

LI Ying
(Center of Finnish Studies, Beijing Foreign Studies University)

Abstract: In early 20th century, Finland struggled to gain its independence. At the same time, missionaries, diplomats and "explorers" came to China. Their reports and descriptions of China were published in Finnish. A few Chinese classics were introduced to Finland and translated into Finnish. During the 1940s and 1950s, works of contemporary Chinese literature such as works of Lin Yutang and Lao She, and classical novels were translated from English to Finnish. The first Finnish cultural delegation, consisting of many writers, visited China in 1953. Two reports were published shortly after the official visit. All these were widely read by Finns and thus created an image of China as a mixture of old and new.

Key words: Image of China; Sino-Finnish relations; cultural exchange

一、历史背景

提到“芬兰”，大多数人就会联系到“北欧”。从政治地缘学和地理学的角度而言，芬兰确是北欧不可分割的一部分。从汉学角度而言，芬兰的汉学也部分师承于瑞典汉学。在杨富雷（瑞典）的《北欧视角下的中国形象》①中提到，以瑞典为代表的北欧国家通过“十九世纪末、二十世纪初的传教士所描绘的形象和内容”依然“深受早期报告和十八世纪欧洲‘中国风’的影响”。“与其他西方人一样，早期来华的瑞典和北欧访问者深受偏见和无知之害，而且他们也要面对有着类似心态的读者”。芬兰传教士是新教传教士的一支，他们与挪威、瑞典和美国的传教士有交流合作，但是也有其独特性。这是以前在传教士的研究中容易被忽略的。对于传教士在华活动的著述，有学者指出“具体分析少而笼统断语多”②。对于历史，不能简单的肯定和否定，而应该进行具体而细致的分析。对于进入中国不同传教团体的传教士，由于20 世纪初不同国家在中国的利益诉求不同，以及中国与其他国家的外交关系不一样，即使是同处北欧的芬兰和瑞典，也应该从其不同国家的历史和国情背景上加以区别。

在 1808 年芬兰脱离瑞典成为俄罗斯自治大公国之前的七百多年，芬兰一直保持着与瑞典的密切关系。19 世纪末 20 世纪初芬兰的传教士也与其他北欧国家，例如瑞典、挪威的传教士有着广泛的合作和联系。因而芬兰对于中国的印象和接受也在很大程度上受瑞典的影响。但是如果从自身民族历史发展以及文化特点而言，芬兰与其他北欧国家又有些很明显的区别。例如杨富雷谈到“北欧国家虽然不是殖民霸权，但自然同样受惠于鸦片战争的条约。瑞典在 1847 年与中国签署了第一个条约，此后逐渐建立了官方关系，1907 年向中国派出了第一个大使”。实际上芬兰 1917 年独立。1919 年 7 月中国承认其独立，两个月之后芬兰向远东地区派出代办——一个说瑞典语的芬兰人兰司铁（Gustav John Ramstedt，1873—1950）。代办的主要任务是监控苏联在远东地区的行动，并且在国际社会中为了芬兰与邻国有争议的领土问题争取远

---

① 杨富雷（Fredrik Fällman），汉学博士，北欧斯德哥尔摩孔子学院前任主管。此文为 2007 年在“世界汉学大会”上所提交的论文修改稿。刊于《中国文化研究》2010 年春之卷。

② 熊月之：《西学东渐与晚清社会》，上海：上海人民出版社，1994 年，绪论第 4 页。

东地区国家的支持。第一次世界大战之后，中国试图收复在鸦片战争后一系列条约中丧失的利益和土地，所以在与芬兰的外交关系上，明确指示，如果芬兰要与中国建交，要中国承认芬兰的外交和领事权，必须先与中国缔结平等条约，芬兰承诺不要求治外法权。作为一个国家，不论芬兰是否有企图参与瓜分中国，只从芬兰的国情而言，芬兰作为一个一直被瑞典和俄国控制、刚刚独立的国家，不论从国力还是从军力都完全没有能力侵占其他国家的利益。芬兰此时更关心的是发展刚刚独立的国民经济和政治、如何得到世界的承认以及保住这份从未有过的独立状态。兰司铁还给中国当时驻日本的公使写了一份备忘录："尽管中国政府提出各种新的原则，但依然与百年前的立场一样，不欢迎外国人。芬兰从来没有巨大的战船和大炮，用以炮轰中国的沿海城市，就像英国人、葡萄牙人和其他国家的人所做的那样。芬兰只不过派了一些传教士来，建立了几个小小的传教站，试图通过治疗疾病帮助苦难的中国老百姓。"① 实际上，同为北欧国家的，芬兰、瑞典、挪威、丹麦等国在文化传承上有延续性，相互影响，但是在历史细节上有着众多的差异，而这些差异恰恰容易被忽略。不论是芬兰与中国接触之始，还是芬兰传教士在华经历的清朝衰落灭亡，以及之后中华民国的战乱时期，因为芬兰其自身特有的历史背景、民族特点，因而芬中关系有别于其他北欧国家的独特性。浸淫其中的每一个到过中国的芬兰人都不免受其影响。所以谈及芬兰，不能单纯地归入欧洲的大联盟，甚至不要只是联想到北欧国家的共性，更重要的是将芬兰这个独特的研究对象放在芬兰自身的历史文化背景下进行解读。

二、传教士的报告

在 19 世纪末、20 世纪初，芬兰第一批传教士已经开始在中国学习中文。1892 年，芬兰播道会（The Evangelical Free Church of Finland）派遣威海米娜·阿比爱宁（Vilhelmiina Arpiainen）和另外两名传教士到达扬州，并从那里到达浙江省，在那里为中国内地差会工作。之后他们转移到江西省。另一个重要的芬兰传教组织——基督教信义会芬兰差会（Finnish Evangelical Lutheran Mission）派遣的第一位传教士尔兰德·斯沃宁（Erland Sihvonen）

---

① 王家骥著：《芬兰的东方学考察和研究》，收于马大正、厉声、许建英主编：《芬兰探险家马达汉新疆考察研究》，哈尔滨：黑龙江教育出版社，2007 年版，第 306 页。

于 1902 年到达湖南北部。芬兰传教士在中国内陆地区建学校、开孤儿院、建医疗站，虽然目的是为传教，但是从客观结果而言，确实将西方先进的文化的一部分带到了中国内陆。20 世纪初，传教士对处于战乱的中国状况感到震惊，尤其是芬兰的传教点主要在湖南地区，这里战乱频繁，交通不便。传教士们开始直面中国文化，在湖南这片地区他们一方面能看到中国主流传统文化对生活的深入，另一方面湖南地区各种民间信仰、民俗传统交织，在他们面前呈现出更加复杂的文化冲击。与那些早年在欧洲大陆塑造中国形象的法国耶稣会士一样，芬兰的传教士也属于最早深入中国内地，长期在那里生活、传教并掌握汉语的一批外国人。

芬兰对中国的早期认识只有数本传教士的旅行游记，例如 1908 年出版的沃利宁（A. Wuorinen）的《中国旅行观察》（*Matkahavainnoista Kiinasta*），上册题为“我的旅行见闻”（*Mitä minä näin matkallani*）。下册题为“中国图景”（*Kuvauksia Kiinasta*）。传教团体也出版了一些芬兰传教士的工作报告，包括芬兰差会来华第一位传教士汉纳斯·瑟波罗姆（Hannes Sjöblom）1907 年出版的报告合集《中国和中国传教》，1927 年芬兰传教士王为义（Toivo Koskikallio）就写了小册子《身处时代风暴之中：我们在中国内战中的传教活动》[①]，介绍芬兰的传教士在中国的情况，并由芬兰基督教信义会出资同年出版发行。在芬兰基督教信义会在中国传教 25 年的纪念文集《在中国的二十五年》[②] 中，他就当时在中国的传教情况写了《当非法的掌握了权利》[③]。王为义和妻子[④]大量的日记和书信记录了湖南各地针对传教士的运动接连不断。芬兰传教士们经历了无数次的险境。1927 年 1 月，王为义一次途中停靠河口[⑤]，他面前跳上来两个年轻人，手持手枪，质问他是哪国人。王为义告诉他们自己是芬兰人。这两个年轻人又一再质问，还从王为义的名片身份记录中一再确认他不是英国人之后才放过他。芬兰人因为没有参与侵略和瓜分中国的战争，也没有与中国签订任何不平等条约，相比较其他国家的传教士而言，

---

① 芬兰文书名：*Aikojen myrskyn keskellä：kiinanlähetyksemme sisällissodan jaloissa*

② 芬兰文书名：25 *vuotta Kiinassa：muistojulkaisu Suomen lähetysseuran työstä Vv.* 1902 – 1927

③ 芬兰文书名：*Kun laittomuus saa vallan*

④ 他的妻子 Inkeri Koskikallio 在 1920—1928 年与他一同在湖南传教，后来 Toivo Koskikallio 在其妻去世之后为纪念她在中国的传教岁月，将其部分日记结集出版。

⑤ 芬兰原文为“Hokou”。

“芬兰传教士的状况要好一些”①。例如湖南地区多山区，所以在战乱时期，湖南土匪占山为王、多行不义是出了名的。在王为义及其妻子在1926—1928年的记录中，“土匪”也是出现频率极多的一个词，在芬兰基督教信义会传教25年的纪念文集中，王为义详细叙述了一次他亲身经历的遭土匪抢劫过程。在王为义的描述中，当时的当地政府对土匪无能为力，束手无策。土匪当道，传教士们出门远行，或是去另一个传教点都需要经过土匪的许可。

“从来欧人关于东方知识，多得于旅行之见闻，或事业之报告”②。而芬兰人关于中国的知识也是从很多传教士的报告和游记得来，可见芬兰传教士在中国形象的描述和关于中国知识的传递对芬兰人起了早期的“启蒙”或“导入”作用，但是芬兰传教士并不像欧洲其他国家早期传教士那样对中国充满了美好的描述。早期传教士切身接触中国文化，对当时中国的宗教文化充满兴趣，并且开始学习汉语，研究中国古典哲学经典，但是由于语言原因，在20世纪初他们对中国文化的翻译介绍并不多。反而他们的报告因其大多来自湖南的战乱地区，所以有时格外具有血腥的冲击力。他们也间接的将此传递给芬兰人民。在当时，芬兰人对遥远的中国了解甚少，这些报告是屈指可数的有关中国的材料。

三、马达汉

另一位与传教士几乎同一时期到达中国，并在芬兰引起对中国关注的人物是马达汉（Carl Gustaf Emil Mannerheim，1867 – 1951）。马达汉一生富有传奇色彩，他出身贵族，是瑞典化的荷兰人后裔。他在芬兰独立前一直在俄军服役。后来他申请随俄军前往中国东北，参加日俄战争。他在中国东北时，开始观察东北地区的中国人、蒙古人，开始对中国产生了浓厚的兴趣。他向俄军的总部建议应该更仔细地考察中国的北部边境区域。日俄战争结束后，他回到圣彼得堡，后又回到芬兰。不过他受俄军总部的邀请回到圣彼得堡，请他参加伯希和的探险团，前往中国北部进行考察。他作为负有间谍使命的

① Uola，Mikko. *Suomi ja keskuksen valtakunta*：*Suomen suhteet Kiinan tasavaltaan* 1919 – 1949. Kangasala：Kangasalan Kirjapaino Oy，1995（米克·沃拉《芬兰和中间之国：芬兰与中华民国关系史（1919—1949）》，刚艾萨拉：刚艾萨拉印刷公司，1995年，第173页）

② 莫东寅：《汉学发达史》，郑州：大象出版社，2006年版，叙言，第1页。

俄属芬兰的探险家在 1906—1908 年伪装成科学家从彼得堡出发，经中亚进入中国新疆喀什噶尔，开始其对中国进行为时 27 个月的考察。他之后进入甘肃河西走廊，到达兰州，然后经过陕西、河南、山西、河北到达北京。作为俄国军人，马达汉搜集并撰写了重要的军事报告。与此同时，马达汉行前在芬兰接受“芬兰—乌戈尔学会”和芬兰国家博物馆筹备委员会“安特尔委员会”的委托，进行关于人类学、民族学、人文历史和语言习俗的考察并收集古代文物的任务，为此他做了多方面的准备工作，拜访了芬兰多位人类学者和探险家，学过关于人类学的一些学术训练，了解如何描述当地不同的种族。他对中国的考察还广泛涉及政治、经济、社会、民族、考古、人类学、气候等方面，给世人留下了大量旅行日记、考察报告、人文图片和古代文物等有价值的科学考察资料。他回到彼得堡后向沙皇进行了汇报，并用俄文撰写了题为《奉陛下谕旨穿越中国突厥斯坦和中国北部诸省到达北京之旅的初步调查报告》，长达 173 页，内容丰富，包括了自己绘制或者搜集的从新疆到内地的重要道路、河流、城市方位图，以及相关各省的政治、经济、军事、地理、历史和民族的统计资料。① 1911 年，马达汉在芬兰—乌戈尔学会的期刊上节选了民族学和语言学的考察内容，发表了题为《访问撒里和西拉裕固族》的文章。而芬兰学者，也就是后来的芬兰代办兰司铁对马达汉收集的含有古蒙古文的手迹残片进行了研究分析，并在同期杂志上发表了《试析蒙古方块文字残片》。

虽然马达汉基本与传教士同一时期到达中国，但他的旅行报告和详细的考察资料当时并未发表，他的日记在 20 世纪 40 年代出版，这距离他那次旅行已经很多年。所以马达汉在中国考察期间，甚至是之后的很长时间，他在芬兰并不知名，他只是俄军中的一名普通军人。直到芬兰独立（1917 年）之后，他才被称为芬兰独立的民族英雄，成为军队的领袖。他于 1933 年获陆军元帅称号，1942 年晋升为芬兰元帅。1944 年 8 月至 1946 年 3 月间当选为共和国总统。他也是芬兰历任总统中唯一一位无党派的当选人。当他成名之后，汉学研究也因为他的日记而被关注。1940 年，距离马达汉探险结束很多年后，他的日记和部分照片才经过芬兰—乌戈尔学会选编发表出来，其中文字未加修饰。原著只有瑞典文和英文版两种。而芬兰语版本《穿越亚洲之

---

① 王家骥：《马达汉》，“走进中国西部的探险家”系列丛书，北京：中国民族摄影艺术出版社，2002 年版，第 245 页。

行——从里海到北京的旅行日记》是在次年（1941 年）出版。他的日记内容非常丰富。他除了收集实物，还详细记录了沿途所见所闻，画了不少地图，形容当地的村镇，描述当地人的住房、当地的富人生活状况，甚至富人住宅的院子有多大、有多少树木等等。在他的日记中，有很多有趣的事，比如他在新疆遇到一些游牧民族，他们从来不洗澡，马达汉把他们带到河边，让他们洗个澡。在他的日记中，他写道：非常高兴再次来到中国的北部。这里的炕很像芬兰乡下家里的床。他很喜欢这些有炕的屋子，让他想起芬兰。马达汉还做了一些研究，也记录了当地语言的一些单词。他还试图学习汉语，但是不久就放弃了，因为太难了。此外他在山西五台山见过当时的达赖喇嘛。其他探险家例如瑞典的探险家斯文·赫定（Sven Hedin）一直很想见达赖喇嘛，来过中国很多次，但是从来都没有实现，对于只到过中国一次的马达汉非常羡慕。在他的日记出版之前没人会把他看作是汉学家，但是现在从他对芬兰汉学的学术贡献的意义而言，有些人认为他是芬兰汉学的创始人，因为他的日记和考察记录非常细致严谨，还没有其他人像他这样对中国做了如此详细的笔记。所以后来他因为在中国的考察工作而闻名。

“芬兰—乌戈尔学会”和芬兰国家博物馆筹备委员会“安特尔委员会”给马达汉资金和建议搜集不同的实物和瓷器等，但是马达汉用这笔钱直接向别人买了一些东西，而不是自己去探险找这些东西。他带回了不少物品，他收集的物品都收藏在芬兰国家博物馆。他收集的一个雪茄盒，保存了 60 年，一直到 70 年代才打开。这些东西对国家博物馆的收藏和文化研究有很大的贡献，尤其是对东亚、中国的研究。另一方面，这些对于当时芬兰人而言非常新奇的藏品正是他们可以感性地接触中国最直接的方式。马达汉的日记虽然出版的较晚，但是他从实物、照片、文字记录多方面带给芬兰人一个虽然不够全面，但是充满细节和趣味的中国。

虽然传教士与马达汉对中国的描述都是详细而具体，充满了细节和故事，但是因为他们所接触的地区以及在当地的经历不同，马达汉笔下的同时期的中国远没有“传教士的中国”那么暴力，相反倒显得温和而有趣。

四、芬兰作家的中国之旅

新中国建立后，芬兰是最早与中国建立外交关系的国家之一。芬兰于 1950 年 1 月 13 日承认新中国，同年 10 月 28 日与中国建交。在此之前芬兰有关中国的文学作品和文化的介绍书籍都非常少。在上世纪 50 年代之前，尽管对东方的智慧充满了好奇，芬兰作家对于中国文学和文化的认识途径依然非常有限。对老子和孔子生平及其思想的简单了解，对《道德经》和《大学》译本的基础阅读，都是非常皮毛的。林语堂英文书籍的翻译可以说是沙漠中的一片绿洲，让他们得以较为深入地了解传统文化背景下的现代中国思想和生活。

20 世纪 50 年代在芬兰一些左派人士和芬中协会积极促进下，1953 年芬兰第一个文化代表团访华，领队为当时的总理夫人苏乐维·凯科宁（Sylvi Kekkonen，1900－1974），团员包括教授、作家、艺术家和编辑等，其中有数位著名作家，例如韩培（Pentti Haanpää，1905－1955）、库仁沙里（Matti Kurjensaari，1907－1988）等。应该说这是第一次芬兰文学界与中国的接触。这次访问于 1953 年 4 月 17 日从赫尔辛基出发，途径列宁格勒（现名圣彼得堡）、莫斯科、斯维尔德洛夫斯克、鄂木斯克、新西伯利亚、克拉斯诺亚尔斯克、伊尔库茨克、乌兰巴托，最后到达北京，之后他们游览了很多城市，先后在蚌埠、南京、上海、杭州、广州、长沙、武汉等城市参观、访问，之后回到北京，于 6 月 12 日回到赫尔辛基。因为此次活动由官方邀请，所以在中国的旅行芬兰代表团不仅看到了古老的长城、故宫和颐和园，现代的中山陵，品尝了让他们又惊又怕的“蛇汤”，还参观了幼儿园、农村。访问上海和北京时，参观了鲁迅博物馆。在上海，唐弢向他们介绍了鲁迅的一生及其创作活动。

这批出访作家回国后陆续出版数本有关中国的回忆录。芬兰作家库仁沙里先生担任过记者、编辑，是当时芬兰总统的亲近幕僚之一，有着广泛的影响力，在回国后就将自己的旅行日记整理，于 1953 年出版了《中国日记：芬兰人眼中的新中国》（*Kiinalainen päiväkirja：uutta Kiinaa suomalaisin silmin*）。而另一位作家韩培是当时芬兰非常有名的作家，在短短 50 年中写了三百多篇短篇小说，十几部长篇小说。到中国随团访问以后出版了《中国故事》（*Kiinalaiset jutut：muistikuvia*），讲述了当时在中国的所见所闻，以及从不同的视角观察到的中国生活。虽然韩培在书中试图保持旁观的视角，但是行文中处处有他的个人特色。这些中国故事中又处处透露着韩培式直接而敏锐的气质。后来此书又多次再版。这些书对左派作家颇有影响，例如，库仁沙里在书中有一节关于鲁迅的介绍，引起了艾尔维·雪奈尔佛的兴趣。她自己在 1957 年随芬中协会友好团访华之后，从英文版书籍中翻译了鲁迅的一些著名的作品，例如1960年出版的《祝福及其他故事》（*Uudenvuoden uhri ja muita kertomuksia*）。这些芬兰著名作家对中国之行见闻所出版的书，与50年代芬兰对中国文学翻译兴起的第一个高潮相互呼应，他们在芬兰人眼前共同构建了一个古老中国文化与新中国社会相结合的图景。

五、中国文学作品的芬译本

20世纪初，中国文化典籍译成芬兰语并在芬兰出版的屈指可数。中国古典文化的第一本芬兰语译本是派嘉·尔瓦斯特（Pekka Ervast）从英文翻译的《道德经》，1907年发表于报纸《良心》（*Omatunto*）。尔瓦斯特并不会中文，所以他的翻译是借助于西方其他国家译本，主要是1894年沃特·R. 欧德（Walter R. Old）的英译本，还参考了M. Julie翻译的版本，以及埃里克·佛克（Erik Folke）的瑞典语译本《道和德的书》（*boken om tao och te*）。尔瓦斯特的译本出版时写了一个介绍性的前言，包括对中国三个主要宗教：儒、佛、道的地位的介绍。他认为："虽然儒家的学说从哲学的内涵而言更唯物主义，相对的道家学说代表了中国人纯净的精神和神秘的追求。佛学，如我们所知，是来源自印度的。道家学派的创始人名为老子，非常有智慧，他与孔子同时代，大概公元前7世纪。"之后介绍了老子的生平以及《道德经》文本的情况。在前言中，他将老子其人其书增加了很多神秘主义的色彩。例如，"我们也可以翻译成芬兰语的《通往上帝的道路及其实现》。有过体验的宗教神秘主义者此时很容易理解，这个名字包含了怎样的含义。"尔瓦斯特的《道德经》译本主要是直译。他坦言："这些芬兰语的译本只是为了让大众了解东方古老的信仰，智慧的思想家，渊博的智者。他们可能使真理的探寻者在研究中得到些许帮助，可以满足他国文学爱好者的热情——并不拘泥于芬兰语的形式，而能从内容文意中探索。""读者可以自己体会享受其中让人惊喜的格言和看似自相矛盾的观点，及其激发的联想和最终引发的深层思考。或许一开始的句子让你费解，但在思考琢磨之后方可理解其意；有时候我们大胆地加入了我们对文章内涵的理解。"之后的1925年，该书重新在世界圣书系列出版。

正如前文提到的，传教士在报告中对中国现状、风土人情进行了大量的介绍，但也不仅于此。他们为了传教大多学习当地的语言，学习中国文化，并且开始尝试翻译中国古代儒家和道家的经典。卡勒·柯和宁（Kalle

Korhonen）就是其中第一个尝试者。第一本中国儒家文化典籍的翻译和介绍，就是柯和宁翻译的《大学》（*Suuri Oppi*），于 1921 出版。柯和宁是一名传教士，分别于 1910—1917 年、1921—1925 年、1929—1935 年相继在中国传教，对中国文化有一定的切身体验。书中关于大学的翻译只是很少的一部分内容，更多的篇幅是介绍孔子的生平及思想。作为最早的芬兰语中国儒家思想读本，该书的目的是将儒家哲学思想介绍给芬兰人。但是该译本最严重的问题，也是早期翻译作品的原罪，就是他们以一种自身文化优越甚至傲慢的视角去审视其他文明，尤其是作为传教士，从宗教和意识形态的立场出发而做的翻译，这种立场在柯和宁文本中的体现非常明显。

另一位传教士王为义掌握多种语言，在中国传教几十年。他是非常普通的一名传教士，但是他的汉学翻译成就却非常突出。他经历了中国的内战、中日战争、第二次国内战争，也去过战乱纷争的湖南地区，尽管中国没有给他平静的传教生活，但是他对中国以及中国文化感情很深，他学习中文，同时将中国的道家思想和佛学思想与基督教思想进行比较，将其介绍到芬兰，出版了《基督教的道和老子的道》①。"一方面是要向欧洲介绍中国文化，一方面是作为自己学习中文的工具"，② 同时也是为了更好地理解中国古典文化，传教士将中国文化典籍从汉语译成芬兰语③。1947 年，当王为义离开湖南之际，他对中国宗教信仰、哲学思想的研究已经有 27 年了，他感觉汉语已经完全向他敞开大门，那时他已经能够独立阅读中文书籍和中文释义，在现代汉语（白话文）注释、西方其他语言注释以及中国老师的帮助下，他也更深入地理解了中国典籍。1950 年他将《道德经》重新翻译，并由芬兰 Werner Soderstrom（WSOY）出版公司出版了《老子：神秘之路》（*Lao-tse, salaisuuksien tie*），共 107 页。这个版本直接译自中文，但是没有说明译自哪个版本。1951 年又再版发行，1963 年又加评注，发行了第三版。作者在全书开始介绍了老子的生平，译本主体分为两部分，第一部分：道，从第一章到

---

① Koskikallio, Toivo, *Johanneksen Logos ja Lao-tze'n Tao*: *pastoraaliväitöskirja*, Helsinki, 1935.

② 周振鹤著：《知者不言》，北京：生活 · 读书 · 新知三联书店，2008 年 7 月，第 217 页。

③ 不同于芬兰的一些其他传教士或者汉学家，王为义都是从汉语原本入手，他的译本都会特别注明译自中文，这也说明其中对中国哲学思想的理解大多是他自己的独立思考，较少受欧洲其他译本的影响。

第三十七章；第二部分：德，即最高的美德（完善），从第三十八章到第八十一章。第二部分又分为四个部分，分别为老子的学说，老子的形而上学，老子的伦理观及老子的政治观。之后几十年王为义一直不断地翻译中国文化典籍，并陆续出版。

中国的文学作品借助其他欧洲语言也零星地被翻译成芬兰语。早在1912年芬兰的外交官、作家莱诺·司万拓（Reino Silvanto）将施耐庵（Shi Nai Ngan）《水浒传》第二回到第六回的内容进行了翻译，并改编成一本只有116页的“喜剧历险小说”《起义的鲁达》。书中第一页就简单介绍了原作者施耐庵生平，及其作品《水浒传》。芬兰作家、记者艾诺·迪卡宁（Eino Tikkanen）主要从德语翻译了3000年前中国的古诗，分别于1925年、1946年和1950年结集出版，这是芬兰人第一次用母语了解中国古典诗歌。此外从40年代开始，林语堂的著作被翻译成芬兰语出版，到20世纪中期，已经有四部名著译成芬兰语，它们是《吾国吾民》（1942）、《京华烟云》（1946）、《生活的艺术》（1948）和《鳏夫、尼姑和歌妓》（1953年）。另外还有老舍的《骆驼祥子》也从英译本翻译成芬兰语，于1948年出版，赵树理、周立波等人的小说也被翻译结集出版。中国古典文学方面，50年代从德文转译了两部长篇：《金瓶梅》（1955）和《红楼梦》（1957），在后者的序言中介绍了中国白话小说的起源。

在20世纪20年代零星的几本对中国文学、哲学的介绍之后，经过二十多年的沉寂期，随着新中国的成立以及文学界受欧洲大陆文学思潮的影响，芬兰对中国的关注在四五十年代重新燃起，加上芬兰文化界代表团的访问中国以及之后著名作家此次访问的日记出版将这股“中国风”推向了高潮，在50年代这十年内，对中国文学的翻译数量达二十多本，是对中国文本翻译的第一个高峰，甚至到中芬交往如此频繁的今天都从未超越。通过这些翻译，芬兰人对中国的认识不再局限于游记中的风土人情、传教报告中的社会现实、马达汉描述的西域人文社会。从《金瓶梅》、《红楼梦》到林语堂、老舍，从老子、孔子到毛泽东文集，读者第一次可以用自己的母语多方位、多角度地了解中国文化。

参考文献

1. 马达正、厉声、许建英主编：《芬兰探险家马达汉新疆考察研究》，哈尔滨：黑龙江教育出版社，2007年版。

2. 王家骥著：《马达汉》，“走进中国西部的探险家丛书”，北京：中国民族摄影艺术出版社，2002 年版。

3. 王宁、葛桂录：《神奇的想象——南北欧作家与中国文化》，银川：宁夏人民出版社，2005 年版。

4. 张卫华译，奥斯莫·尤西拉等著：《芬兰政治史 1809—1995》，北京：中国经济出版社，2001 年版。

5. 25 *vuotta Kiinassa*: *Muistojulkaisu Suomen lähetysseuran työstä Vv. 1902 – 1927* Helsinki: Suomen Lähetysseura, 1927. (《在中国的 25 年：芬兰基督教信义会传教工作纪念集 1902 年—1927 年》，赫尔辛基：芬兰基督教信义会，1927)。

6. Koskikallio, Toivo. *Aikojen myrskyn keskellä*: *Kiinanlähetyksemme sisällissodan jaloissa*, Helsinki: Suomen Lähetysseura, 1927. (《身处时代风暴之中：中国内战中的传教活动》，赫尔辛基：芬兰基督教信义会，1927)。

7. Lund, Pekka, *Kuilun reunalla – Suomen Lähetysseura Kiinassa 1926 – 1929*, Helsinki: Suomen Lähetysseura, 2006. (《站在悬崖边上》，赫尔辛基：芬兰基督教信义会，2006)。

8. Saarilahti, T., Nikkilä, K., Nikkilä, Pertti, and Matti Ijäs, *Idän myrskypilven alla*: *Sata vuotta suomalaista lähetystyötä 1859—1959 III*, Helsinki: Suomen Lähetysseura, 2002. (《东方的暴风雨下：芬兰传教百年史 1859—1959》第三部，赫尔辛基：芬兰基督教信义会，2002)。

9. Saarti, Jarmo. 2007. *Kiinan kirjallisuus*. In: Suomennoskirjallisuuden historia 2. Ed. by H. K. Riikonen et al. Helsinki: SKS. (《中国文学》，收于《芬译文学史》，赫尔辛基：芬兰文学协会，2007)。

10. Screen, J. E. O., *Mannerheim*: *The years of preparation*, London, C. Hurst& Co. Ltd. 1993 . (《马达汉：准备的岁月》，伦敦，1993 年。)。

11. Sjöblom, Hannes. *Kiina ja lähetystyö Kiinassa*: *Kolme esitelmää Kiinasta*12. . *Helsinki*: Suomen Lähetysseura, 1907. (《中国及中国传教：三篇关于中国的演讲》，赫尔辛基：芬兰基督教信义会，1907)。

12. Toivanen, Tuulia. *Se on se kiinalainen Nieminen. Modernisti ja protesti Pertti Niemisen tuotannossa*. Helsinki: SKS, 2009. (《这是中国人涅米宁：涅米宁作品中的现代主义和反抗》，赫尔辛基：芬兰文学协会，2009)。

13. Uola, Mikko. *Suomi ja keskuksen valtakunta*: *Suomen suhteet Kiinan tasavaltaan 1919 – 1949*. Kangasala: Kangasalan Kirjapaino Oy, 1995. (《芬兰和中央之国：芬兰与中华民国关系史 1919—1949，刚艾萨拉：刚艾萨拉印刷公司，1995)。

14. *Waloa Kaukaisessa Idässä*, Helsinki: Suomen Lähetysseura, 1905. (《远东之

光》，赫尔辛基：芬兰基督教信义会，1905）。

15. Wuorinen，H. *Matkahamainnoita Kiinasta I*：*Mitä minä näin matkallani*，Helsinki：Suomen Lähetysseura，1908（《中国之旅 I：我的途中见闻》，赫尔辛基：芬兰基督教信义会，1908）。

16. 同上，*Matkahamainnoita Kiinasta II*：*Kuwauksia Kiinasta*Helsinki：Suomen Lähetysseura，1908（《中国之旅 II：中国惊闻》，赫尔辛基：芬兰基督教信义会，1908）。

新书评介·怀念

New Book Review & Memorial Articles

积微成著 古稀力作

——评马细谱先生的新作《保加利亚史》

陈 瑛

（北京外国语大学欧洲语言文化学院）

2011年秋季学期伊始，我收到了马细谱先生亲手赠送的他的著作《保加利亚史》。书是刚出版的，封面素雅，还散发着墨香。作为一名从事保加利亚语言文化教学工作的年轻之辈，我一直期待着拜读这本书，希望从品读中可以全面纵观保加利亚的古今之路，还可以学习借鉴著者的治学之道。

马细谱先生1998年退休后被聘任为国务院发展研究中心欧亚社会发展研究所特约研究员和东欧室（欧洲室）主任至今。其间他撰写了大量应用性的政治理论文章、论文和研究报告，切入保加利亚和其他中东欧国家现实社会热点问题，为国家相关部门提供建议和决策依据。他一直在潜心研究保加利亚历史，继《南斯拉夫兴亡》（2009年）之后，又为我们奉献了他的新作《保加利亚史》。

《保加利亚史》一书是马细谱先生承担的中国社会科学院老年科研基金资助课题的研究成果，获中国社会科学院出版基金资助。该书作为优秀成果还被列入中国社会科学院文库并获选为国家社科基金后期资助项目，尚在问世之前就已经引起国内外关注。

本书共分八章，记述了六大部分内容：第一保加利亚国家时期（681—1186年）；第二保加利亚国家时期（1186—1396年）；奥斯曼帝国统治时期（1396—1878年）；第三保加利亚国家时期（1878—1941年）；社会主义时期的保加利亚（1945—1989年）和当代保加利亚（1989年以来）。时间跨度1300多年，从公元681年保加利亚建立国家到2009年中保两国正式建立外交关系60周年，阐述了其间发生的主要历史事件、重要历史人物及其活动，以社会政治为主，兼顾文化经济，略涉军事和外交。该书内容丰富，既有理论性，又有可读性。透过《保加利亚史》一书，我们看到了一位研究者的学术韧度，更领略了该书的学术突破和创新之处及其实用性。

一、研究生涯笔耕不辍，古稀之年再填中国世界史研究空白

马细谱先生已年逾古稀，是中国社会科学院世界历史研究所研究员、巴尔干地区和国别问题研究专家，曾任该所苏联东欧史研究室主任。他也是我们的校友，在学校前身北京外国语学院留苏预备部学习过一年俄语。他于1960年9月赴保加利亚留学，在国立索非亚大学学习历史专业，自此开始了他与这个国家和民族的不解之缘，他与保加利亚的深厚感情可以从本书的代前言“我的保加利亚情缘”里窥见一斑。前后十几年在保加利亚的学习和工作亲身经历以及所见所闻，给了他充分了解和研究保加利亚历史、文化和与保加利亚史学家进行交流的机会。

20世纪80年代马细谱先生赴南斯拉夫进修，专攻巴尔干史专业，并在马其顿共和国获得历史学博士学位；他通晓俄语，熟练掌握保加利亚语和塞尔维亚语以及马其顿语；东欧剧变之初，他又被派往中国驻保加利亚大使馆任文化一秘。近十年的国外学习和四年多的外交官生涯，赋予了马细谱先生深厚的历史专业知识积淀和外语语言功底，奠定了其学术研究发展的空间基础，使他敏锐的政治观察力得到了充分的发挥。

多年来，马细谱先生一直从事巴尔干国家的历史和现状研究，多次承担国家重点科研项目，内容涉及国别和区域问题，发表了200多万字的学术成果。其代表性的专著有《巴尔干人民反法西斯战争史》、《巴尔干纷争》、《南斯拉夫兴亡》等，另有合著、合译作品多部。《南斯拉夫兴亡》填补了中国世界史研究的空白，2010年贝尔格莱德梅加特雷大学文化传媒学院的《年鉴》以《寻找失去的国度——结识巴尔干和南斯拉夫》为题全文刊登了马细谱先生《南斯拉夫兴亡》一书的序言“我与南斯拉夫”。“编者按”是这样评价这部专著的：“这是一本富有挑战性的、令人感动的学术著作。作者深入研究了和平时期的南斯拉夫历史，这是中国和亚洲独一无二的有关南斯拉夫政治和历史的著作，具有重要的研究意义。”

2008年马细谱先生进入古稀之年，他生日前夕收到了一份弥足珍贵的来自异域的礼物：保加利亚7位具有政治和学术影响的重要人士专门成立了马先生的生日庆贺委员会，其中保加利亚知名政治家、保加利亚科学院院士亚

历山大·利洛夫教授还在杂志上发表了题为《我们感谢你，保加利亚的朋友!》的祝贺文章。这是一个学者能够收到的最好礼物。正如马细谱先生在他书中的“结束语”里写道：“我到了‘古稀之年’决定写作和出版本书，这是我毕生研究保加利亚历史的总结，也是在为中国世界史学者在该领域争取话语权。近 50 年来，外国学者专门撰写保加利亚历史的著作寥寥无几，只有四五本保加利亚简史。”

马细谱先生在退休 10 年后，毅然决定再次挑战自己，我们从《保加利亚史》一书的“结束语”里可以了解到作者写作此书的保加利亚情结及其必要性和迫切性。保加利亚是世界上第二个承认中华人民共和国的国家，之后，两国政治、经济、文化等领域交流频繁。中保两国之间没有历史遗留问题，只有美好的历史回忆；没有根本的利害冲突，只有互信的友好情谊。两国人民向来互相尊重，互相支持，堪称一个大国与一个小国建立良好关系的例证。近 20 年来，保加利亚社会政治制度发生了根本性变化，中国尊重保加利亚人民的选择，两国关系进入友好合作新阶段。在我国，前后大概翻译出版过 3 本英文版保加利亚历史书籍，其中一本为保加利亚学者迪米特尔·科谢夫院士等人于 1963 年撰写的《保加利亚简史》，另两本为英国学者所著，而我国过去从未有学者编写或撰写过这方面的著作。这一现象与我们这个具有悠久历史又正在对国际事务发挥积极作用的文明古国来说很不相称。

这本《保加利亚史》不是对保加利亚历史简单的编著和诠释，而是一本凝聚了著者毕生研究心血的专著，它填补了我国世界史研究的又一个空白。而且，在今后可以预见的一段时间内，由于受到语言和专业知识的限制，也很难有人能够超越。

二、资料采集依据对象国母语第一手史料，内容史客观、真实准确

英国学者 R. J. 克兰普顿于 1995 年出版了他的《保加利亚史》，并于 2004 年进行修订和再版。此书中文版于 2009 年 9 月由中国大百科全书出版社出版发行，全书共 25 万字。此书不仅存在一些保加利亚语言翻译方面的不准确和错误之处，而且内容不够丰富，且在一些问题上政治观点失之偏颇，明显带有西方意识形态对另一种政治文化的偏见。

马细谱先生在他的《保加利亚史》中所涉及的资料基本都是来自保加利亚语原版史料，可以保证信息的精确度和纯度，不受西方意识形态的影响，

避免政治偏见，因而较之欧美学者的同类研究成果，更接近保加利亚历史的真实，更准确、权威可信。他五十多年的学习和工作经历，积累了大量的保加利亚历史素材，除文章、论文外，他所研读和利用的保加利亚文专著就有近五十部，涉及保加利亚历史、民族、文明发展、政治、外交、与邻国关系等等。为了保证信息采集的广泛性和多面性，有关保加利亚历史的文献，不仅涵盖各个时期的书籍，而且包括同一年代不同作者的作品。著者娴熟的保语基本功和保学知识的广博使得本书材料的取舍和立论公正客观，可以经得住时间和历史的考量。

三、亦述亦评的史论方式，兼纳诸家之言，兼顾历史与现实

本书在讲述历史的时候，涉及保加利亚历史上一些有争议的问题时能客观介绍保加利亚政治学家、史学家和社会学家的诸多争论，同时阐明了著者个人的观点和看法。书中时间跨度一直延续到了 2009 年。可以说，对保加利亚剧变后至今的这段历史的书写需要相当的勇气，因为这段历史备受东西方争议，在保加利亚国内也是不能一锤定音的。如何看待保加利亚社会主义时期的发展以及后来共产党丧失执政地位、各党派力量的较量、保加利亚加入北约和欧盟后、经济转轨的艰难等社会发展状况，对这段现实材料的整理和研究尤其提升了本书的现实意义。

保加利亚历史上一些重大事件、重要人物以及特殊时期与中国千丝万缕的关系在本书中也得到了体现，如：保加利亚 1923 年“九月武装起义”在中国进步报刊上的反响，20 世纪 30 年代中保两国文学交流关系，新中国成立后两国政治交往等等，进一步扩充了此书的知识面，拉近了中国读者与保加利亚历史的心理距离，历史走进了现实。

四、突破传统国别史“百科式”的辑录方法，各章节内容凸显保加利亚历史进程中的关键点

国别史有别于国别百科全书。《保加利亚史》一书中的各章按历史进程的时间段划分，但各节的叙述里没有明确的时间标示，时间只是“隐性”排列，采取的是一种“点式”链接，有的是历史上重要时间点，有的是重大事件点，有的是一段时期国家发展的着重点。所以就内容而言，本书突破的是

一般史书的平铺直叙，而是以“点”带面，突出重点。通过浏览书里各章节的标题就可以了解保加利亚历史发展进程各个时期的特点：或是国家强盛和衰落；或是文化和宗教；或是民族的复兴；或是政治制度的萌芽和社会改革等等。本书的编排特点在学术上也是一种大胆的尝试和创新。

五、书中关于保加利亚族源问题的初步探究，具有历史突破性的研究意义

本书中关于古保加尔人与中国族源问题的探究的“插叙”，虽然只是初步的研究，但具有非常重要的研究启蒙意义，也给中国学者未来的保加利亚学研究提供了重要的依据和方向。一段时间以来，保加利亚学者对其民族与华夏民族的族源关系一直很关注，也很期待能有突破性发现，但语言的限制使得他们在这个问题上望而却步。马细谱先生查阅了中国汉代及以后多个朝代的历史文献以及保加利亚相关史书的记载，综合语言、纪年法、古代传说等方面的比较，扼要进行了理论推断，具有突破性的历史意义，说明这一问题未来可以成为两国学者共同交流和努力探究的方向。

马细谱先生几十年研究保加利亚国家和民族历史，其外语优势和深厚的专业知识积淀在《保加利亚史》一书里得到了全面的体现。漫长的研究之路，无论所处的社会环境如何，他对保加利亚的关注直至古稀之年始终“不离不弃”，这种执著精神，严谨的治学态度，勇担国家重任的学术毅力，非常值得我们年轻一代保学研究人员学习。他的研究成果不仅给后辈的年轻学者提供了学习资鉴，而且也得到了国外同行的尊敬和高度评价。《保加利亚史》对中保两国文化和学术交流、大学的国情教育以及关心中东欧问题的学者都具有重要的参考价值。本书在保加利亚学界已引起广泛好评和关注，保加利亚有关刊物即将发表本书的前言，有的学者已经撰写了长篇书评。人们盼望本书的保文版有朝一日能出版发行，以满足保加利亚广大读者的期待。《保加利亚史》一书的学术价值和现实意义将对加强中保两国学者的交流和中保两国的互识起到非同寻常的推动作用。

诗人的赤诚与译者的情怀

——读郑恩波先生新译集《母亲阿尔巴尼亚》

陈逢华

（北京外国语大学欧洲语言文化学院）

20 世纪六七十年代，阿尔巴尼亚电影在中国广为流传，家喻户晓，许多中国人至今仍津津乐道，难以忘怀。但是对与之相关的阿尔巴尼亚文学，了解的人并不多，研究译介者更是屈指可数，从阿尔巴尼亚语直接翻译的文学作品寥寥无几，影响十分有限。最近，由阿尔巴尼亚文学翻译家、作家郑恩波先生翻译的《母亲阿尔巴尼亚——德里特洛·阿果里诗选》由香港中华文化出版社出版，令人倍感欣喜。

近 400 页的《母亲阿尔巴尼亚》译诗集分为短诗和长诗两大部分，以发表时间先后为序一一呈现，所选诗作均直译自阿尔巴尼亚语。其中，短诗总计 100 首，以 1990 年为界，分别收录了阿果里发表于 1990 年之前的 60 首和之后发表的 40 首诗作；长诗则皆为六七十年代阿果里的代表作，共 5 首。全书洋洋洒洒，约 30 万字，诗作质朴，译文生动，图文并茂。卷首附有译者与诗人的合影以及阿尔巴尼亚共和国驻华大使库依蒂姆·扎尼（Kujtim Xhani）专为译诗集写的序。著名外国文学翻译家、画家高莽先生作为译者的“老朋友”，也以“为恩波画像”为题作序，为我们描绘了他眼中的译者，勾勒其“勤奋超常、毅力非凡”，“豪爽仗义、坦诚如月”的个性。在诗作部分之前，译者另附自序一篇，其间饱含深情地详细介绍了阿果里生平，回顾了自己与其难忘的交往片段，对其文学创作、各时期作品及其贡献作出了积极的评价。在译后记中，译者还记述了自己与阿尔巴尼亚语结缘的特殊经历，追忆了周恩来总理对其工作的殷切期望和鼓舞，以及常年辛勤耕耘于文学翻译与研究领域的所感所悟。细细翻看之下，不仅处处皆能感受到译者的匠心巧运，学者的严谨真诚，而且更为令人动容的是，深藏于抒情风格诗作之间的阿尔巴尼亚诗人与译者共有的赤诚情怀。

一

德里特洛·阿果里是当代阿尔巴尼亚文坛最具影响力的诗人。他于1931年10月13日出生在阿尔巴尼亚东南部德沃利地区的门库勒斯村。中学时代，阿果里就开始创作发表诗歌作品。大学时期，他远赴苏联列宁格勒（即今天的圣彼得堡），主修新闻专业。毕业归国后，阿果里学以致用，在阿尔巴尼亚劳动党中央机关报《人民之声》开始了记者生涯，一干就是15年。其间他发表了一批带有浓厚文学色彩的通讯和报告文学，在社会上产生了广泛的影响。从1973年至90年代初退休，阿果里一直担任阿尔巴尼亚作家与艺术家协会主席，成为当时阿尔巴尼亚引领风骚的文坛领袖。

在社会主义现实主义文学为主流的年代里，阿果里的通讯、报告文学频频见诸报端，他的诗歌创作也是硕果累累。他出版过多部诗集，如1958年的《我上了路》（*Në rrugë dola*）、1961年的《我走在柏油路上》（*Hapat e mija në asfalt*）、1965年的《山径和人行道》（*Shtije malesh dhe trotuare*）、1968年的《中午》（*Mesditë*）、1977年的《语言凿石》（*Fjala gdhend gurin*）、1985年的《我思绪万千地走在路上》（*Udhëtoj i menduar*）等。他还发表了多首长诗，如1964年的《德沃利，德沃利》（*Devoll*，*Devoll*）、1969年的《父辈》（*Baballarët*）和1974年的《母亲阿尔巴尼亚》等。在众多的诗作中，阿果里擅长把叙事与抒情巧妙结合，在继承和弘扬阿尔巴尼亚诗歌优秀传统的基础上，展现新的时代主题。他或是纵情歌颂阿尔巴尼亚劳动党的历史功绩，或是表达对英勇无畏的阿尔巴尼亚人民的深切敬意，或是抒发对家乡与祖国的赤子深情，或是体现对社会生活与人民疾苦的细微体察，处处皆流露出诗人真挚坦诚的情感。虽然这些诗歌作品不可避免地带有时代烙印，但质朴高超的诗歌语言，原汁原味的民族特色，浓郁纯净的乡土气息，无疑使作品具有了不可磨灭的艺术价值。即使是在苏联东欧解体，阿尔巴尼亚政坛风云变幻之后，阿果里在文坛的威望也没有动摇，他先后出版了《迟到的朝圣者》（*Pelegrini i vonuar*，1995）、《来一个怪人》（*Vjen njeriu i çuditshëm*，1996）、《半夜纪事本》（*Fletorka e mesnatës*，1998）等诗集，表达了诗人对国家命运和民众疾苦的持续关注，对和平安宁的迫切渴望，对人生价值与意义的深度思考，对自由美好的执著追求，依旧颇受读者喜爱。

当然，诗歌只是阿果里文学创作的一个重要组成部分，他在戏剧、小说、文学评论及翻译领域均有建树，其中小说领域的贡献也很突出。1964 年的《往昔岁月的喧声》（*Zhurma e erërave të dikurshme*）、1970 年的《梅茂政委》（*Komisari Memo*）①、1973 年的《居辽同志兴衰记》（*Shkëlqimi dhe rënia e shokut Zylo*）②、1975 年的《带炮的人》（*Njeriu me top*）、1996 年的《赤身骑士》（*Kalorësi lakuriq*）、1997 年的《魔鬼的箱子》（*Arka e djallit*）就是其不同时期的长篇小说作品，题材多样，风格迥异，不愧为阿尔巴尼亚文坛的"长青树"。

二

郑恩波先生是当代中国研究、译介阿尔巴尼亚文学作品成果最多的学者。他于 1939 年 4 月 3 日出生在辽宁省盖州市滨海的一个小山村，半个多世纪的文学生涯虽几经沉浮，却始终对阿尔巴尼亚语不离不弃，研究译介成果斐然。

郑恩波自幼爱好文学，尤其喜爱俄罗斯文学和乡土文学，中学时代便展露出过人的文学才华。中学毕业后的几年间，国际风云瞬息万变，几番阴差阳错，郑恩波最终赴阿尔巴尼亚留学，开始与阿尔巴尼亚文学结缘。在阿留学期间，对文学痴迷的他很快开始钻研阿尔巴尼亚文学名著，翻译纳·弗拉舍里的代表作《畜群和田园》（*Bagëti dhe bujqësi*，1886）③、伊·卡达莱的《群山为何而沉思默想》（*Përse mendohen këto male*，1964）和《山鹰在高高飞翔》（*Shqiponjat fluturojnë lart*，1966）、德·阿果里的《德沃利，德沃利》等，这些成为他努力求学的动力，也施展了他在文学领域的聪明才智。

1969 年至 1978 年间，郑恩波在《人民日报》任记者。他以"红山鹰"为笔名，撰写了大量颇有影响的阿尔巴尼亚通讯，同时利用业余时间从事阿尔巴尼亚文学的翻译工作。1970 年的阿尔巴尼亚通讯集《一手拿镐，一手拿枪》和 1974 年的《阿果里诗选》就是这一时期他文学耕耘的代表作。此后，中阿两国关系由热骤冷，郑恩波重返社科院外文所，潜心研究阿尔巴尼亚文学。后来，中阿文学交往面临停滞，他又有机会掌握了塞尔维亚—克罗地亚

① 书名国内也有译作《麦茂政委》，后改编成电影《第八个是铜像》，为中国观众熟知。

② 郑恩波译，重庆出版社，2009 年。

③ 国内也有译作《畜群与大地》。

语，逐渐成为国内罕有的既精通阿尔巴尼亚文又熟谙塞尔维亚—克罗地亚文，专门从事两国文学译介研究的中坚力量。

长期的留学生涯，深厚的中文功底，使郑恩波在东南欧文学，尤其是阿尔巴尼亚和前南地区文学译介研究领域中自由驰骋，他撰写的《南斯拉夫当代文学》、《阿尔巴尼亚文学史》、《南斯拉夫戏剧史》等学术著作先后出版，成为国内介绍、研究东南欧文学不可多得的参考文献。

1999年，郑恩波转入中国艺术研究院当代文艺研究室，回到了他最初钟爱的乡土文学领域。他在潜心研究乡土作家刘绍棠的同时，一直保持着对阿尔巴尼亚及南斯拉夫文学的关注，《刘绍棠传》、《二十世纪阿尔巴尼亚、南斯拉夫当代文学史》、《世界反法西斯文学书系·南斯拉夫卷》、《世界反法西斯文学书系·阿尔巴尼亚卷》等学术著作都是近十几年间笔耕不辍的成果，当然还包括今年特别奉上的新译作《母亲阿尔巴尼亚》。

三

身为中国读者注定是幸运的，如今这份幸运又增加了一分。在郑恩波先生的不懈努力下，我们得以畅读当代阿尔巴尼亚诗坛数一数二诗人的杰作。译者与阿尔巴尼亚文学有缘，这种缘分带来的享受他没有独占，而是无私地奉献出来与广大中国读者共享，让我们凭借一首首美好的诗歌，插上想象的翅膀，穿越千山万水，走进了那个遥远的山鹰国度，去感受诗人与译者同样的激情。

在诗人的眼中，阿尔巴尼亚风景秀丽，生气盎然，一年四季都令人神往。春季里，“万物都被雨水和雪水洗涤干净/万物都充满生机，兴隆喧腾，抱着希望，狂喜发疯/树上绽放出粉露露的幼芽”，那是“春天在亲吻大地和大空”①；夏季里，“五月沙锥鸟醒来了，脊背上亮出蓝盈盈的颜色……蜗牛醒来了，宛如降落伞在风中飘落”②，那是森林苏醒后的生机无限；秋季里，“我看到香瓜、南瓜和西瓜露出成熟的模样/我看到叶子中间瓜果的背上着了色，发出亮光”③，那是期盼丰收的酣畅喜悦；冬季里，“在地平线上，很少

① 短诗《在春天》（1967年），第50页。
② 短诗《醒来后的森林美景》（1984年），第91页。
③ 短诗《献给秋天的歌》（1966年），第49页。

一点阳光在把世界瞭望/白雪闪烁出千万亿细碎的光芒”，那是一片银装素裹的洁白天地。

一方水土养一方人，诗人对阿尔巴尼亚挚爱情深，对手足同胞更是视若珍宝。阿尔巴尼亚山民纯朴无华，英雄威武，他们用“橡树般粗壮的腿脚”，“越过针一般尖的悬崖峭壁/翻过高高的峻岭来到城里”，“怀着一颗火热的心进城看望儿子”①；阿尔巴尼亚妇女美丽可爱，母亲质朴勤劳，“只要站在镜子前面少许打扮/她们便又像水灵灵的姑娘一样俊俏”，她们“……在家中操持家务十分辛劳/在田野，在山坳/把砍柴、撒种的担子肩上挑”②；就连阿尔巴尼亚老人的絮语也令人珍爱，“梧桐树把枝条垂到桌子上边/它在聆听老人们说些啥，还把头点/老人们的话语好似树叶的沙沙声/慢慢地传遍枝叶并把它们摇撼”③。

诗人的赤诚热爱之心，洋溢于诗作之中，就如同阿尔巴尼亚这块养育他成长的沃土一样质朴厚重，无处无刻不在。田野、村庄、牲畜、农人都是他激情荡漾的源泉，“月亮挂上柳树和松树的树梢/鸟儿在叶子里睡觉栖身/我与鸟雀和牲畜结伴为友/惊喜地躺在地上，睡得多么开心”④；无论多小的物件都能化作他抒怀的对象，“我们在手上把面包握一握，它变得像海绵一样/蜂窝眼彼此聚近，全都团在一起你依我靠”⑤。艰苦战争岁月总令他怀想，“每当想起自己的儿子/总是要怀念那个在这个屋里过夜的姑娘/她经常问：‘姑娘在哪里？’/仿佛那位女游击队员就是她儿子的新娘”⑥，激情燃烧的建设岁月更是他诗意挥洒的舞台，“让甜梦在电灯下展翅飞舞/像溪水那样淙淙的音响”⑦。国家动荡不安，国人困惑迷茫的时刻，诗人感同身受，“好像不是生活在我的祖邦……在湿漉漉的表皮剥落的墙壁中间惨度时光”⑧，内心阴郁沉重，“江河湖泊呈灰色/片片天空呈灰色/灰色染遍了窗户/灰色浸透了孤独者”⑨。他忧愤求索，艰难地前行，时而痛苦地喘息，呐喊着，“活得沉

---

① 短诗《山民》(1960年)，第6页。

② 短诗《为我们的妇女而歌唱》(1961年)，第8页。

③ 短诗《我城里的老年人》(1977年)，第71页。

④ 短诗《地里人》(1965年)，第21页。

⑤ 短诗《一块面包》(1984年)，第89页。

⑥ 短诗《永不忘怀的姑娘》(1967年)，第26—27页。

⑦ 短诗《高山峻岭架线忙》(1968年)，第35页。

⑧ 短诗《我好像不是生活在我的祖邦》(1996年)，第152页。

⑨ 短诗《灰色》(1991年)，第147页。

重！——任何人都不怯懦地如此谈论/从大海里把一个淹死的人捞到岸边/在痛苦的屋子里/死者的床铺依然还挺温暖"①；但他并不惧怕他人的责难，"你们朝我身上甩得烂泥如此之多/简直全身都被烂泥包裹/这身上能长出一棵梨树和一棵木瓜树/还有一大片小柞树林生机勃勃"②；在自嘲中，他挺直了腰杆，"你怎么样，老汉德里特洛/你有兴趣跳舞，还是想要唱歌"③。

阿果里的短诗题材多样，抒情色彩浓厚，时而浅吟低唱，时而疾呼呐喊，激荡的文字、优美的韵律包裹着对国、对家、对土地、对人民的深情厚谊，在译者的诠释下真切地展露出来。此后的五首长诗更是积蓄的这一浓烈爱国情感的大喷发。《德沃利，德沃利》尽情地赞颂诗人魂牵梦萦的家乡，"我就是德沃利人……在我的诗行里/仍然散发着那种泥土气息/拂动着那种三叶草和绿茵/蜂蜜还是那么甜美/牧笛还是那样动听/荆棘仍旧长着那种针刺/玫瑰依然那样美丽迷人……"④，热爱、思念之情溢于言表；《母亲阿尔巴尼亚》讴歌诗人无比挚爱的祖国，"让我躺在你那温暖的腿上/呵，千百年的苦痛该如何计量/我亲吻你那世上美妙无比的双手/我喜悦得无语凝噎，像婴儿一样"⑤，他为身为阿尔巴尼亚的儿子自豪骄傲。《德沃利，德沃利》曾荣获共和国一等奖，《母亲阿尔巴尼亚》更是当代阿尔巴尼亚诗坛的巨幅长作，《我的土地，我的歌儿》（*Toka ime，kënga ime*，1968）、《父辈》（*Baballarët*，1969）及《共产党人》（*Komunistët*，1971）也是诗人珍爱土地、仰慕父辈、敬党爱党之情的真实流露，其中蕴含的深厚情感在译者饱满张力的笔下闪烁着浓烈的红色光芒。

四

郑恩波先生的译诗集《母亲阿尔巴尼亚》问世于阿尔巴尼亚独立一百周年纪念日前夕，却不是仓促的应景之作。他在阿尔巴尼亚文学译介与研究领域耕耘了半个多世纪，早已到了收获的季节。此时此刻，他为中国读者特别选择了阿尔巴尼亚文学泰斗阿果里的作品，并精心翻译了其不同时期的诗作，

① 短诗《活得沉重》（1993—1994年），第114页。
② 短诗《致我的反对者》（1994年），第115页。
③ 短诗《在生气地几分钟》（1994年），第121页。
④ 长诗《德沃利，德沃利》（1964年），第160—161页。
⑤ 长诗《母亲阿尔巴尼亚》（1974年），第232页。

在我看来，实非偶然。

阿果里是译者仰慕热爱的阿尔巴尼亚作家，被其尊为良师益友，赞为写出“喷放着泥土芳香诗歌”的伟大诗人。郑恩波在阿尔巴尼亚文学译介研究领域贡献突出，是阿尔巴尼亚作家与艺术家协会唯一的外籍荣誉会员，与阿果里相识相交多年。两个人虽然一中一外，却都是农民的儿子，都是眷恋乡土、爱国情深的性情中人。阿果里对中国人民充满友好之情，被郑恩波称为“中国人民真正而永远的朋友”；而郑恩波更是视阿尔巴尼亚为第二故乡，把阿尔巴尼亚人民当作自己的兄弟姊妹。在中阿关系火热、交往频繁的六七十年代，郑恩波 1974 年翻译出版了《阿果里诗选》，1976 年在《诗刊》第二期上刊登了阿果里的长诗《母亲阿尔巴尼亚》片段，无论是感染于阿果里诗歌的激情也好，还是源于二人的私交情深也罢，都是他们人心意相通、情谊深厚的佐证。

如今阿果里已耄耋之年，郑恩波先生也逾七十之稀。阿果里八十大寿之时曾接受记者专访，在被问及是否停止文学创作时，他风趣地回应道：“文学创作好似打喷嚏，没有谁能忍得住”；郑恩波也在著书立说等诸多场合表达了毕生致力于译介、研究阿尔巴尼亚文学的雄心壮志。常言道，“老骥伏枥，志在千里”。郑先生如今的翻译佳作《母亲阿尔巴尼亚——德里特洛·阿果里诗选》，把诗人的赤诚之心展现于译者笔下，把译者的满腔热忱融会于诗作之中，他的“山鹰情结”不改，他对阿尔巴尼亚文学的热情不减，足见毕生为之奋斗所言不虚。

五

如果纵览阿尔巴尼亚文学蓬勃发展的近二三百年的历史，不难发现，无论是在民族复兴时期的浪漫主义文学，还是在民族独立解放时期及社会主义时期的现实主义文学，诗歌都占有十分重要的地位。阿尔巴尼亚人纯朴直率，他们爱诗、崇尚诗，阿尔巴尼亚作家更是钟情于诗歌直抒胸臆的表现形式，所以毫不夸张地说，阿尔巴尼亚盛产诗歌，古往今来的阿尔巴尼亚作家多半同时也是诗人。阿尔巴尼亚浪漫派代表纳伊姆·弗拉舍里咏叹语言的佳作《科尔察》（*Korça*）妇孺皆知，世代吟诵，展现家乡山美水美人更美的长诗

《畜群和田园》[1]（*Bagëti dhe bujqësi*）名扬诗坛；现实主义文学先驱安东·扎科·恰佑比的抒情诗《祖国》（*Mëmëdheu*）质朴情深，感人肺腑，而如今阿尔巴尼亚最著名的作家伊斯玛依尔·卡达莱[2]虽以小说见长，但早年他更是位才华横溢的诗人，诗作《我的世纪》（*Shekulli im*）曾令诗界刮目相看。现今郑恩波先生新译作出自阿尔巴尼亚著名作家、诗人德里特洛·阿果里，其成名作也是吟咏故乡的抒情长诗《德沃利，德沃利》（*Devoll*，*Devoll*）。

有人言，诗作不可译。此话虽不免绝对，但也道出了译诗的艰难。换言之，译者必须极深入地了解诗人，极执著地研究原作。郑恩波先生苦心翻译阿果里诗歌最多，自然也就是对阿果里的文学作品最了解的中国学者。诚然，阿尔巴尼亚与“诗的国度”——中国在诗歌文化上存在较大的差异，但阿果里的诗歌作品，或情深意长、疾呼呐喊；或欣喜若狂、悲痛难当，在郑恩波先生精准的诠释下，皆如镜子一般折射出不同历史时期阿尔巴尼亚诗人心中充沛的情绪和巨大的热情，使我们幸运的中国读者对“郑恩波式”的阿尔巴尼亚当代诗歌略知一二。

2012年对阿尔巴尼亚共和国而言是具有特殊意义的一年。一百年前，在亚得里亚海岸边的港口城市发罗拉，民族解放运动的领袖伊·捷玛利宣告阿尔巴尼亚独立。百年后，在金秋时节的北京，手捧着郑恩波先生亲自送来的新译诗集《母亲阿尔巴尼亚》，感受着饱含在字里行间的诗人拳拳爱国之心与译者恋恋不舍之情，好似倾听着两位老者远隔万里的心灵对话，钦佩之意，无以言表。

---

① 国内也有译作《畜群与大地》。

② 国内译名因源自英法文，故为“伊斯梅尔·卡达莱”。

他们走了，他们还在

——追思 2012 年远去的两位前辈

丁　超

2012 年的冬天格外寒冷，往年稀少的飞雪几番降临京城。年终岁末，当我们盘点一年的收获，满怀希冀期待着新一年到来的时候，总会想起那些曾经让我们动情、让我们伤感、让我们无法忘却的人和事。作为在北外原东欧语系、今天的欧洲语言文化学院成长工作多年的一名教师，我的脑海里时常浮现两位不久前仙逝长者的音容笑貌：一位是东欧语系的老主任史迁同志，另一位是帮助北外创办希腊语专业的杨广胜大使，他们都是为我国欧洲语言文学学科建设发展做出历史性贡献的功臣。

史迁：北外东欧语种学科的领导者

史迁同志是北外，可以说也是中国东欧语种学科的早期组织者，东欧研究方面的一位积极倡导者和优秀领导人。

他 1927 年 1 月 17 日出生于浙江萧山县岩下村的一个贫农家庭，在家乡接受了启蒙教育。少年时代正值抗战时期，他艰苦求学，历经磨难。1947 年春，从浙江省立建国中学转辗到山东单县，在共产党领导的冀鲁豫军区三分区参加革命工作，在北方大学文教学院俄文班、华北大学俄文系学习。1950 年 5 月由齐平、孙受恩同志介绍加入中国共产党。从 1950 年到 1956 年，他先后在北京外语学校俄文部和北京俄文专科学校担任助教，在全国俄文教学指导委员会主办的《俄文教学》杂志编辑部工作，历任秘书、编辑组长、编辑部主任。

新中国成立后，为了发展与苏联和东欧人民民主国家之间的友好合作关系，党和国家非常重视培养通晓对方语言的干部。在周恩来总理的亲自指示和关怀下，我国从1950年9月开始向东欧国家派遣留学生，从1954年起又陆续在北京大学和北京外国语学院开设从事波兰语、捷克语、罗马尼亚语等东欧国家语言文化教学的专业。1956年，波兰语和捷克语从北大调整到北京俄语学院，成立波捷语系，史迁同志被任命为副主任兼党支部书记。1959年，俄语学院与北外合并，他又担任新的北京外国语学院波捷罗语系副系主任兼支部书记。1965年至1974年任东欧语系主任，1981年至1986年再度出任该系主任。

从上个世纪50年代后期到70年代末，中国经历了数次破坏文化和传统、乱及社会与人心的政治运动，东欧语言人才的培养和学科创业也充满了坎坷。尽管如此，仍有许多在今天看来也令人感佩的成绩，诸如1960年前后编制的教学大纲和教学计划，捷克语、罗马尼亚语最初编纂出版的语法和词典等，这些都凝聚着当年组织者和广大教师的努力追求和辛勤汗水。无论从政治还是学术角度，无论在人生阅历还是革命情怀上，史迁同志和他那一代前辈，都是我等后之后学无法企及和难以评价的。

1950年代后期，史迁同志（中）与罗马尼亚专家斯特凡·乔苏同志商讨工作，右为罗马语教研室毛春普老师。

我对史迁同志最深的印象来自上个世纪80年代。1982年1月，我从东欧语系罗马尼亚语专业毕业留校。在那之前，德语专业刚从东欧语系分出，单独建系，在一些老同志的请求下，学校党委派史迁同志重新回东欧语系主持工作，赵申同志任党总支书记。当时恰逢国家改革开放之初，科技文教事业如沐春雨，欣欣向荣。史迁同志年富力强，经验丰富，加之他长期形成的革命事业心和责任感，与赵申同志和广大教师一起，开拓了东欧语系创建后一个全新的发展时期。他从实际出发，提出东欧语系应当教学科研并重，充分发挥教师的积极性。在他的带领下，全系的教师和干部深入探讨新时期的办系方针，统一思想：教学任务重时，以教学为主，科研为辅；教学任务相对轻时，大搞科研和学科基本建设。他主持的工作很多，其中至少有三件对后来的学科发展意义非凡。

一是倡导东欧研究，创办《东欧》杂志。1981年初，他敏锐地看到，东欧国家的政治经济改革对我国有重要的借鉴意义，东欧历史文化研究对我们了解人类文明有独特的认知价值，于是通过学校向教育部提出申办东欧研究机构，得到正式批准。当年4月，北外东欧研究室成立，史迁同志兼任主任。在他的策划和主持下，1982年6月，《东欧》丛刊第1辑由外语教学与研究出版社出版。虽然刊发的文章数量不是很多，但学术质量很高，作者都属于东欧语系各专业开创一代的学者，其中有杨燕杰先生撰写的纪念季米特洛夫百年诞辰的文章，有陈远志先生对波兰事件经济根源的分析，有朱伟华先生对布拉格语言学派理论的述评，有易丽君先生关于波兰现代小说创作的专论，还有冯志臣、徐哲、何雷等老师对东欧文艺的介绍。这些都是当时在国内其他报刊上无法看到的全新内容。1987年，《东欧》丛刊改为季刊（北京市期刊登记证第1476号），被列为国家一级刊物，直至1999年后改为《国际论坛》。如果说今天申办一份学术期刊甚至难于注册一家出版社的话，那么《东欧》杂志对北外、对我国东欧研究的学术贡献无疑是巨大的。

二是推进东欧语种辞书编纂。我国虽然从50年代中期起，陆续开设了各东欧语种专业，但由于历史原因，教学基础一直非常薄弱，除了捷克语和罗马尼亚语专业在1959年出版了简明小词典外，其他语种长期缺乏工具书，直接影响到教学和科研。在五六十年代的中国，辞书编纂出版严重滞后，与我们五千年的文明古国地位极不相称。1975年5月，邓小平同志主持国务院工作，落实周总理的批示，改变“大国家，小词典”的状况。为此，国家出版局在广州召开了中外语文词典出版规划会议，部署了160部汉语语文词典和汉外双语词典的编写、出版工作。根据规划，东欧语系启动了波汉、捷汉、匈汉、保汉等双语词典的编纂。80 年代初，史迁同志对这项工作紧抓不放，从行政领导的角度积极协调，创造各种有利条件，鼓励推动词典的编写。在他的争取下，相关的几个教研室都派遣了教师，专门赴各对象国，与国外专家共同校订词典。到 80 年代中期，几部词典陆续脱稿。1998 年，丛林教授主编的《新捷汉词典》由商务印书馆出版并获 1999 年全国辞书出版一等奖；2007 年，杨燕杰教授主编的《保加利亚语汉语词典》由外语教学与研究出版社出版，2009 年获第五届中国高校人文社会科学优秀成果三等奖。未列入“广州会议”规划的《汉罗词典》和《罗汉词典》，由冯志臣教授和任远教授主编，也分别在 1994 年和 1996 年问世。这些成果的取得历经了长期的奋斗，凝聚着编纂人员的智慧和汗水，也与当年史迁、赵申等同志的办系取向、高远眼光和信念勇气密不可分。

三是重视高水平人才培养，开启了东欧语系的研究生教育。“文革”之后，我国在恢复中断十年的高考的同时，也恢复了研究生教育。但是，限于当时高等教育的发展水平，能够培养研究生的学科专业点都十分有限，研究生导师更是凤毛麟角。史迁同志基于对人才培养的自觉意识和对东欧语系学科发展的责任感，坚定地主张有条件的专业筹备研究生教育。在他的争取和鼓励下，罗马尼亚语专业在 1984 年率先招收硕士研究生 4 人。在裘祖逖、杨顺禧、张志鹏、冯志臣等 4 位副教授和罗马尼亚专家约尼尔·斯坦副教授、乔治·蒙特亚努副教授的共同指导下，经过 3 年的学习，首批研究生顺利毕业，获得硕士学位。这批研究生后来都成为所在单位的业务骨干，其中分配到社科院外文所的高兴，已成为我国东欧文学研究和译介方面的知名专家。通过研究生教育，东欧语系的人才培养也提升到一个新的水平。

1986 年 12 月，史迁同志远赴匈牙利布达佩斯大学，在那里讲授中国语言文化，1988 年 9 月回国后离休。在那以后的二十多年里，他仍然心系东欧语系的建设和发展。每当全系教师新年团拜或是我们去看望他时，谈论最多的都是东欧语种人才培养、队伍建设和学术研究的问题，而作为一位前后三度担任系主任的老干部，他始终过着极为简朴的生活。

最后一次见到史迁同志是 2012 年夏天的一个傍晚。我在学校东院的晨读园里与他偶遇，随即告诉他北外的中东欧研究中心已被批准为教育部区域和国别研究培育基地，我知道这是他曾多年为之奋斗的事情。八十有五的老人显得非常高兴，除腿脚有些不便外，思路和言谈都极为清晰，他特别叮嘱，希望我们发挥语言优势，多做基础性研究。没有想到，在那次晤谈之后不久，老人不幸因伤病，在武警总医院去世。

北外东欧语系的老一代开创者，多经过战争洗礼和艰苦环境磨难，他们胸怀远大理想，坚定地为党和国家的教育事业奋斗，在我国东欧语言人才培养、学术研究、对外文化交流等方面做出了杰出贡献。在这个光荣群体中，史迁同志是一位德高望重的组织者和高瞻远瞩的先行者，他的名字将与那些为东欧语种专业奠基的前辈一起，永远镌刻在这个学科的史册。

杨广胜：北外希腊语专业的开创者

2012 年 10 月 12 日是个星期五，学院办公室的老师打来电话，告诉我杨广胜大使因病去世的消息，对于我们许多人来说，都无法相信。10 月 15 日上午，我们在北京医院与他的遗体最后告别。外交部的一些领导和杨大使的生前好友、希腊驻华大使、以及杨大使教过的学生都来了，大家都为他的倏然离去而痛惜不已。

杨广胜大使 1939 年 12 月 7 日出生在山西岢岚，1958 年 9 月考入北京外国语学院俄语系，1961 年秋被国家派往保加利亚索非亚大学学习希腊语，1965 年毕业回国，在外交部翻译队工作。他 70 年代在中国驻塞浦路斯使馆工作，80 年代在驻希腊使馆工作，1995 年至 2000 年任中国驻希腊大使。他从青年时代学习希腊语开始，几乎毕生都在为中国和希腊两国之间的友好交往辛勤工作，为国家的外交事业做出了重要贡献。

我们与杨大使相识是在他退休之后。2006 年，北外出于为国家对外交往培养专门人才和自身学科发展的需要，决定增设希腊语等一批新语种，学校领导把筹建新专业的任务交给了欧洲语言系。当时一无师资，二无教材，工作难以开展。时任北外校长的郝平同志非常重视非通用语种学科建设，他亲自联系，聘请当时在北京大学希腊研究中心讲学的杨广胜大使担任北外的客座教授，全面指导希腊语专业的筹建工作。我们也因工作关系，与杨大使有了越来越多的接触。

杨大使到北外以后，首先为欧洲语言系的教师作了一次精彩的讲座，介绍希腊的语言、历史和文化。他对希腊的知识十分丰富，对许多问题都有深入准确的把握，使大家眼界大开，获益匪浅。在以后的几年里，他为希腊语专业的建设牵线搭桥，争取各方面的帮助。当时，希腊语专业招收了王曼和孙涛两名青年师资，杨大使亲自为他们启蒙，指导专业学习，又通过澳大利亚友人奥斯本教授的推荐联系，将他们送到希腊塞萨洛尼基的亚里士多德大学学习。杨大使亲自担任了北外第一届希腊语专业本科生的教学，为他们讲授语音、语法、希腊历史与文化等课程。他讲课深入浅出，内容丰富，风趣幽默，在课下关心同学们的成长，深受同学们爱戴，大家都亲切地叫他“杨爷爷”。杨大使是我国对希腊工作的资深专家，不仅政治水平高，视野开阔，而且专业学识渊博，待人宽厚，虚怀若谷，对我们总是亲切鼓励。

杨大使对外语有着浓厚的兴趣。他在北外学俄语，出国专攻希腊语，回国后又在外交学院进修过英语，驾驭多语言的能力不仅使他工作上得心应手，而且也让他对这些语言有许多对比和特殊感悟。记得在 2008 年 1 月 15 日举行的《欧洲语言文化研究》创刊三周年暨新一届编委会座谈会上，杨大使做过一次非常中肯的发言。那次，他特别讲到语言研究的意义，希望青年教师在教学外语的同时也要关注语言的历史，重视对希腊语、拉丁语等欧洲语言源头的研究；要加强语言的比较研究，因为单单孤立地谈一种语言是不够的。他还讲，不能就语言论语言，而应当去探索语言承载的文化和精神。他不仅提出这样的观点，而且身体力行，将长期积累的知识写成长文《希腊语的演化及其影响》，发表在《欧洲语言文化研究》第 4 辑。这是到目前为止我们在国内能够看到的对希腊语最为系统全面的介绍和论述。

杨大使从外交一线的岗位退休后，全身心地投入到希腊语人才的培养和对希腊历史文化的译介工作。在担任北外客座教授的同时，他也是北京大学历史系的兼职教授，对北大希腊研究中心的建设也给予了许多支持。2008 年北京奥运年和中国希腊文化年之际，由他编译的《绘画本希腊神话》作为北京大学希腊研究中心西学文库的一种，由山东画报出版社出版，为当年的盛典增添了一抹亮丽。

2012 年暑期，厦门大学人文学院院长周宁先生应《全球商业经典》之邀，到欧洲考察经济危机下的希腊、波兰等国，行前希望先了解一些有关情况。为此，我们特别安排了他与杨大使的见面。7 月初的北京，天气已经很热，杨大使穿行了大半个北京城来到北外，精神矍铄、兴致勃勃地与大家见面，他纵古论今，介绍了许多有关希腊社会文化的情况。谈到希腊当今所处的经济危机，他有独到的分析和看法，他相信暂时的危机终将过去。在谈到希腊国家和人民对中国的友好时，杨大使回忆了希腊在中国 1997 年 3 月从阿尔巴尼亚撤侨时给予的重要支持。过去我们曾听老同志讲，那次危机处理过程惊心动魄，是一次外交行动的成功案例。杨大使时任驻希腊大使，以其智慧、经验和才干，通过外交渠道，在前方出色地协调指挥了撤侨工作。但在这个话题上，他讲的最多的是工作本身，而极少提到自己，这让我们深深感到了一位老外交官的崇高品德和职业风范。

2012 年 7 月 5 日，杨广胜大使（中）与厦门大学人文学院院长周宁博士（右二）谈欧债危机下的希腊，左二为北外欧洲语言文化学院院长赵刚，左一为希腊语教研室主任王曼，右一为本文作者。

8 月中旬的一天，我在内蒙的旅途中接到杨大使打来的电话。原来，他偶然看到读者对《欧洲语言文化研究》学术集刊的评论，特意把有关信息告诉我，他在以自己的方式支持我们的刊物。万没想到，那次通话竟成了永远的告别。

杨大使走了，走得那么安然、淡定，就像以往的一次赴任。此刻，可能他又回到了岢岚，用他那依旧未改的古朴乡音给村里的孩子们讲着希腊的神话故事。或许，他的在天之灵重新回到了蓝色的地中海，沐浴着灿烂的阳光，行走在他熟悉的大地和岛屿，在长绿的橄榄树下诵读古书，同宇宙天地间的希腊诸神讨论人类的危机、幸福与未来。然而，不论他走到哪里，我相信，他的心里一定还装着北外，正如我们在学校主楼三层的楼道里依然会经常看到他的身影，感受他慈祥的微笑和对我们的关爱，领悟他的教诲与厚望。

记于壬辰岁末

编后记

2013 年 1 月，拖欠多时的《欧洲语言文化研究》第七辑的书稿终于完成编审，可以交付排印。在雾霾压城的冬日里，犹如面前飘过一缕清新书香，让人看到一支寒梅报春，释怀而欣慰。

本书大体上保持原有的栏目，着力推出相关领域或方向新的研究成果。在卷首我们刊发了波兰总统科莫罗夫斯基在 2011 年 12 月举行的“中波大学校长论坛”上的讲话。近年来，中国与欧洲国家之间的关系呈全方位发展，合作领域不断拓宽，规模持续扩大，中国与波兰在教育领域的合作可谓一个亮点。总统先生的讲话阐述了新时期中波两国教育、文化和科技等领域合作的坚实基础和实现路径。他与温家宝总理 2012 年 4 月在华沙与中东欧 16 国领导人会晤时提出的“中国与中东欧国家合作的十二项举措”，都表达了一种传承友好、携手共赢的共同愿望，为应对当前各种挑战、开辟双边关系未来，提供了富有建设性的思想。

近年来，北外增设了一批新的语种，在全国都属首创。因此，我们在“语言与外语教学”栏目，分别约请斯洛文尼亚、爱沙尼亚和立陶宛三国派到北外任教的专家，介绍这三国语言的历史、特点和使用现状，这样的内容在国内还是第一次刊发，有特殊的外语启蒙和文化普及意义。目前，中国文化的世界传播方兴未艾，董希骁博士以中国文化符号在罗马尼亚语的表述为例，提出了他对中国文化符号外文转换系统的初步思考和建议，涉及到中国文化对外传播中遇到的一些带有普遍性的问题。

“关注欧洲文坛”栏目的头三篇文章，分别介绍 20 世纪末 20 年的罗马尼亚小说、诗歌和保加利亚的文学，它们都来自北外副校长金莉教授主持的国家社科基金重点项目“当代外国文学纪事：1980—2000”，其内容丰富，体现了作者长期的研究心得和独特的评价观点。青年教师李怡楠从接受理论的视角，对新世纪头十年波兰文学在中国的译介出版情况进行了梳理和评析。通过波兰文学译介的个案，也可大体看到东欧文学在我国的传播现状，或对我们思考如何在喧嚣浮躁、充满异化和背弃的当今社会，坚守文学的精神，开拓中国与东欧文学交流的一方新天地有所启发。而魏怡对意大利著名作家莫拉维亚的三次中国之行的介绍，不仅让我们对其创作生涯有新的认识，而且可从他者的视角反观中国社会在20世纪的变迁。

“欧洲国别与地区研究”栏目的文章都集中于巴尔干研究，作者对相关问题有长期深入的研究，参阅了大量一手文献资料。通过柯静的文章，我们可以对阿尔巴尼亚的历史和文明有全面系统的了解。青年教师靳乔对阿尔巴尼亚的伊斯兰教贝克塔什教派的介绍，为理解宗教在阿尔巴尼亚民族文化和心理形成过程中的重要影响，提供了新的注解。硕士研究生林洁对保加利亚华商生存发展状况的调查分析，基于作者在该国的生存体验和考察，所述及的问题在中东欧各国都不同程度存在，也是今后华人华侨海外生存与民间贸易发展需要深入关注和亟待探索解决的。

“中国与欧洲”栏目的文章主要反映中国与欧洲国家文化交流的历史。其中林温霜关于20世纪二三十年代文学家、翻译家施蛰存的研究文章，着重介绍了这位中国现代文学名家在译介东欧文学方面的贡献，对认识中国与东欧国家之间的文学关联有一定的参考价值。本栏目的其他三篇文章，都来自中国海外汉学中心主任张西平教授主持的教育部哲学社会科学研究重大课题攻关项目“20世纪中国古代文化典籍在域外的传播与影响”。罗马尼亚汉学家杨玲教授对孔子学说在该国流传的考察，通过翔实的史料和深入细致的批评，为我们展示了中国古代经典在世界传播方面若干鲜为人知的例证。保加利亚汉学家波丽娜·东切娃女士介绍的该国自19世纪中期到20世纪初接受中国小说情况，也包含大量国内学术界目前尚不了解的新史料，让我们读罢为之印象深刻。

2012年适逢北外创办芬兰语专业十周年，在芬兰驻华使馆的支持下，芬兰语教研室和芬兰研究中心举办了专题研讨会。本书也为此专辟栏目，以为祝贺。刊发文章的作者中有外交部欧洲司倪晓京参赞，他长期从事对芬工作，为我们带来了中芬合作领域的新信息和前景展望。我国芬兰语教学的开创人余志远教授，以长期教学研究的积累和感悟，概括地介绍芬兰文学的典型特征。赫尔辛基大学的余尔基·努米教授以李白为代表的中国古典诗歌及其意象为切入点，从比较文学的视角探讨了中国文化与芬兰20世纪50年代现代主义的关联。青年学者李颖对20世纪前半期芬兰人通过文化了解中国的过程进行了综述分析，内容丰富而新颖。这些文章，为我们全面认识芬兰提供了多维的视角。

《欧洲语言文化研究》第七辑付梓出版，本届编辑委员会也完成了预期的工作。在过去的五年里，承蒙许多领导同志关怀勉励，国内外诸多名家学者厚爱惠稿，全体中外编委和编辑部同仁同心协力，时事出版社重视支持，广大读者垂青不弃，令我们为之幸甚而倍受鼓舞，在此谨向大家致以诚挚的感谢。展望未来，随着我国与欧洲国家各方面务实合作不断深化和拓展，《欧洲语言文化研究》将会以更为宽广的学术视野和丰富的内容，在吸收人类优秀的文化成果、促进中欧人文交流与合作方面铺路架桥，至诚奉献，对此我们充满信心和期待。

丁　超

2013 年 1 月 23 日，北外